동아시아 담론

동아시아 담론

1990~2000년대 한국사상계의 한 단면

윤여일 지음

2016년 7월 18일 초판 1쇄 발행

펴낸이 한철희 | 펴낸곳 돌베개 | 등록 1979년 8월 25일 제406-2003-000018호
주소 (10881) 경기도 파주시 회동길 77-20 (문발동)
전화 (031) 955-5020 | 팩스 (031) 955-5050
홈페이지 www.dolbegae.co.kr | 전자우편 book@dolbegae.co.kr
블로그 imdol79.blog.me | 트위터 @Dolbegae79

주간 김수한
책임편집 윤현아
표지디자인 민진기 | 본문디자인 이은정 · 이연경
마케팅 심찬식 · 고운성 · 조원형 | 제작 · 관리 윤국중 · 이수민
인쇄 · 제본 한영문화사

ISBN 978-89-7199-726-0 (93300)
이 도서의 국립중앙도서관 출판시도서목록(CIP)은 서지정보유통지원시스템(http://seoji.nl.go.kr)과
국가자료공동목록시스템(http://www.nl.go.kr/kolisent)에서 이용하실 수 있습니다.
(CIP제어번호: CIP2016012035)

책값은 뒤표지에 있습니다.

동아시아 담론

1990~2000년대 한국사상계의 한 단면

윤여일

돌베개

일러두기

1. 이 책은 필자의 박사학위논문「탈냉전기 동아시아 담론의 형성과 이행에 관한 지식사회학적 연구」(서울대학교 사회학과 대학원, 2015)을 단행본으로 만든 것이다. 서문과 결론은 박사논문을 수정 및 보완했으며, 본문은 박사 논문의 내용과 대체로 동일함을 밝혀둔다.
2. 단행본과 정기간행물에는 겹낫표(「 」)를, 논문과 신문기사는 낫표(「 」)를 썼다.
3. 외국 인명과 지명, 도서명 등은 국립국어원의 외래어 표기법과 용례를 따랐다. 다만 국내에서 이미 굳어진 인명 과 지명의 경우에는 통용되는 표기로 옮겼다.

서문

1990년대 초 탈냉전의 국면으로 접어들면서 한국지식계에서 동아시아는 하나의 화두로 부상했다. 냉전의 종언 이전, 이 지역에서는 소련, 중국이라는 대륙의 사회주의권과 미국, 일본으로 이어지는 해양의 자본주의 진영이 첨예하게 대립해 역내 국가들을 하나의 단위로 묶어 사고하기가 어려웠다. 더욱이한반도는 체제 대립의 분절선이자 최전선, 냉전의 발원지이자 냉전의 고도孤島로 남아 있었다. 그러나 세계적인 탈냉전의 추세는 역내의 분단체제를 이완시켰고 한국은 중국, 러시아, 몽골, 베트남과 같은 과거 '적성국가'들과 국교를 맺어 한국지식계는 결여하고 있던 동아시아라는 지역적 전망을 마련했다. 이후 동아시아에 관한 논의는 세계화, 지역화, 탈국경화 등의 추세 가운데 한국지식계에서 확산되었고 동아시아 경제위기, 중국의 부상, 일본의 군국주의화, 북핵 위기, 한류의 확산에 이르기까지 현실 사건들과 맞물리며 현실감을더해갔다.

동아시아 담론의 등장, 그리고 부상인 것이다. 실로 1990년대 한국지식계에서 동아시아라는 지역상을 동반하는 지적 모색은 문학·역사·철학·문화 연구로부터 지역학에 이르기까지 다양한 분야에서 전개되었다. 인문학 영역에서는 주체 구성의 지평으로, 사회과학 영역에서는 긴박한 분석 범주로서 동아시아라는 지역상은 조명을 받았다. 그리고 동아시아라는 지역상은 수요가 컸던 만큼 용도가 다양했다. 동아시아는 그저 지역명의 하나에 머물지 않았던 것이다. 그리하여 서양중심적 근대관을 성찰한다는 비판의식이 강하게 투영되어 출발한 동아시아 담론은 곧이어 전개과정에서 여러 함의가 혼재되었다. 세계자본주의체제의 극복을 주장하는 논자가 있는가 하면, 자본주의적 발전의 필요성을 전제하는 유교자본주의적 관점도 제출되었다. 동아시아 지역의 문화적 동질성을 강조하며 탈서양화를 꾀하는 논자가 있는가 하면, 그런 시도가 문화를 화석화하는 방식임을 비판한 위에서 서양중심적 사회질서에 대한 대안체제를 모색하는 논의도 등장했다.

이처럼 되돌아보면 지난 이십여 년간 동아시아 담론은 일관된 내적 논리를 지닌 단수의 담론이었다고 말하기가 어렵다. 근대화론, 민족주의론, 여성주의론 등 여느 담론과 비교하건대 뚜렷한 자기영역을 갖는다기보다 차라리 여타의 논의들이 뒤섞이는 지적 구성체, 다양한 지적 흐름이 수렴되거나 거쳐 가는 담론장에 가까웠다. 동아시아 담론의 전개과정을 따라가다 보면 하나의 담론이 오롯이 포착된다기보다 해당 시기 한국지식계의 조감도가 그려진다고 말할 수 있을 정도다.

이러한 특수성은 무엇보다 동아시아 담론이 여느 담론과 달리 지향성이 모호한 데서 기인할 것이다. 여느 담론과 달리 동아시아 담론의 경우 '동아시아'라는 핵심어는 담론의 초점이 무엇인지를 알려주지 않는다. 무얼 위한 담론인지 알 수 없는 것이다. 실제로 동아시아 담론은 고정된 의미와 일률적 용법을 갖는다기보다 어떤 객관적 조건과 주체적 모색이 결합되느냐에 따라 함의가 크게 달라졌고, 거기에는 동양문화론부터 대안체제론, 지역주의론까지가 혼재했다.

그리고 이처럼 논자마다 상이한 방향으로 담론을 전개해 동아시아 담론이 혼란상을 빚게 된 근본 원인은 애초 '동아시아'라는 핵심어가 무엇을 가리키는지가 불분명하다는 데 있을 것이다. 동아시아 담론에서 동아시아라는 개념은 지리 범주를 가리키는 단순한 지역명에 머물지 않고 지역 지평, 지역질서, 경제권역, 문명권, 사유공간, 연대의 장 등 다양한 용법으로서 거론되었다. 그래서 동아시아 관련 연구를 보면, 동아시아는 문제의식을 개진하기 위한 전제가 되기도 하며, 문제 상황을 갈무리하는 결론에 위치하기도 한다. 문화 연구에서는 현실의 면모를 새롭게 들추는 분석틀로 쓰이며, 비판이론적 문헌에서는 마르크스주의가 힘을 잃으면서 생긴 공백을 대신하며 이념의 지위를 얻기도 한다. 영역별로 보아도 동아시아 담론은 경제·정치·역사·문화 연구, 사회운동, 지역정책 등 어디서 가동되느냐에 따라 지향이 갈라지며 동아시아에 관한 지리적 정의마저 달라진다. 동아시아라는 개념의 이러한 신축성은 한편으로 동아시아 담론이 다채롭게 펼쳐져 풍부한 쟁점을 낳는 토양으로 기능했으나, 다른 한편에서는 동아시아 담론의 정체성이 모호해지거나 동아시아 담론이 여러 갈래로 분기하는 이유로도 작용했다.

이처럼 지향과 논리가 불분명한 채로 동아시아 담론이 갖가지 논의와 접목되며 확산될 수 있었던 것은 모순할 수도 있을 터인 동아시아라는 개념의 양가성, 즉 실체성과 신축성이 편의적으로 전용되었다는 까닭이 크다. 동아시아는 여느 학술 개념과 달리 물리적 실체성을 함유하기에 이 개념과 접속되면 마치 현실성과 역사성을 띠는 듯한 효과가 생겨났다(하지만 그게 무엇인지는 정작 불분명하다). 그런데 그렇게 동아시아를 가져다 쓴 논의들 가운데 일부는 "왜 동아시아여야 하는가?"라는 본질적 물음을 누락한 채 동아시아를 모호한 지역 지평으로 삼고 그 개념의 신축성에 기대어 논의의 확장을 꾀한 탓에 동아시아 담론의 모호성을 가중시키고 말았다. 그리고 그러한 논의들은 결국 구체적 현실과 마주하면 담론의 물질성이 휘발되어 추상성, 관념성을 노출하곤 했다. 그런 식으로 동아시아라는 지역상과 결부된 여러 지적 시도가 1990년대와 2000년대 한국지식계에서 등장하고 명멸했으며, 그 과정에서 동아시아 담론은 빠른 양적 팽창과 더딘 질적 축적이라는 양면성을 지니게 되었다.

따라서 동아시아 담론을 한국지식계에서 학술 전통으로 정착시키고 동아시아 담론의 현실적 용법을 신장하려면 이제라도 그 혼란상을 정리해야 할 것이며, 이를 위해서는 동아시아 담론 자체의 인식론적 토대를 되묻는 작업이 필요할 것이다. 즉 정치·경제·문화 등 개별 영역으로 파편화된 동아시아 담론을 살펴보는 데서 그칠 것이 아니라 동아시아 담론이 움터 나오고 성장하고 분기하게 만든 변인들을 검토하고 종합적이고 중층적인 분석틀에 입각해 동아시아 담론의 지평과 전체상을 재구성해내야 하는 것이다. 그 작업은 동아시아를 지리적 실체성에 기초한 지리 범주 이상의 의미로 활용하되 그 개념의 신축성에 기대어 추상적인, 즉 분석 불가능한 수사로 전락하지 않을 수 있는 동아시아라는 지역상의 사회학적 용법을 발굴해내는 일이기도 하다.

이러한 문제의식에서 이 책은 1990년대 초반의 탈냉전기부터 2000년대 중반의 참여정부기에 이르기까지의 동아시아 담론을 지식사회학의 각도에서 탐구한다. 즉 동아시아 담론 일반을 뭉뚱그려 성쇠를 논하는 것이 아니라 다양한 양상의 논의들이 제기하는 논점을 구체적으로 살펴보고, 그 논의들 사이의 차이를 섬세하게 가려내 동아시아 담론을 단수가 아닌 복수의 담론들로 계열화하고, 그러한 분화를 초래한 사회적 요인을 포괄적으로 조사하고, 담론들 간의 길항관계·경합관계를 밝혀내고, 동아시아 담론의 이행 중에 도태된 것과 지속되는 것을 변별해내고, 그로써 동아시아 담론의 현실적 기능성과 앞으로의 가능성을 재구성해내고자 하는 것이다.

이를 위한 절차로서 1부 '동아시아 담론의 형성과 이행'에서는 먼저 1990년대 초반부터 2000년대 중반에 이르기까지 동아시아 담론의 이행 과정을 추적한다. 학술지에서 기획된 특집과 동아시아 관련 문헌들을 조사해 동아시아라는 개념이 어떠한 위상에서 어떠한 지향으로 활용되는지를 분석하고, 국면에 따른 이행과 분화의 과정을 확인하려는 것이다. 개괄하자면 동아시아 담론이라 부를 만한 논의가 등장한 데는 1990년대 초기 창비 진영의 역할이 컸다. 직후 인문학자들, 특히 한중일 삼국의 문학·역사학·철학을 전공하는 논자들이 동아시아의 정체성에 관한 논의에 불을 지폈다. 그리고 1990년대

중반에는 사회학·경제학·정치학 분야의 사회과학자들이 가세해 동아시아 경제발전의 특수성을 설명하려는 시도가 이어졌으며, 1990년대 후반의 경제위기 이후로는 동아시아 지역협력체의 필요성에 대한 논의가 외교학자, 경제학자 들을 중심으로 고조되었다. 2000년대 들어서는 국민의 정부 시기에 국제정치학, 국제관계학 연구자들이 동아시아공동체론을 본격화했으며, 2000년대 중반 참여정부기에 이르러서는 한국의 전략적 단위로서 동북아라는 지역명이 부상하며 동아시아 담론은 정책적 담론으로서 입지를 굳혔다. 그리고 이렇듯 지향성을 달리하는 담론들이 시기를 달리해 등장하고 부상하고 각축하면서 '담론의 정치'가 펼쳐졌다.

2부 '동아시아 담론의 계열화와 그 조건들'에서는 동아시아 담론들의 배치 양상과 경합 논리를 보다 명료하게 규명한다. 이를 위해 먼저 담론의 지향성이라는 기준에 근거해 동아시아 담론을 네 가지 하위담론으로 분류한다. 그것은 대안체제론, 문화정체성론, 발전모델론, 지역주의론이다. 그리고 이처럼 상이한 계열의 동아시아 담론들이 지식계 내외 요소들의 변화에 대해 각기 어떻게 달리 반응하며 혹은 어떠한 사회적 변동에 특히 민감하게 반응하며, 아울러 어떠한 학술적 전거를 끌어들여 차별화되었는지, 그로써 동아시아 담론들 사이에서 무엇이 쟁점과 상호 비판점으로 부각되었는지를 검토할 것이다. 여기서 지식계 내부 요인들로는 지적 조류의 변화, 지식인상·지식정책의 변화, 잡지매체의 변화를 중시하며, 지식계 외부 요인들은 다시 세계적-지역적 차원의 요인과 지역적-한반도적 차원의 요인으로 구분해 전자에서는 탈냉전·세계화·지역화를 다루고, 후자는 안보·경제·사회문화 영역으로 나눠서 조사한다.

3부 '동아시아 담론의 동아시아화'에서는 이상의 분석 결과를 토대로 대안적 동아시아 담론의 방향성을 탐구한다. 한국지식계에서 동아시아 담론은 한국의 지정학적 위치에 착목하는 지역구상론으로도 육성되었지만, 한국의 수요가 짙게 투영한 결과 역으로 지역 인식이 제약된 측면도 있다. 그리하여 은

연중에 한국을 중심으로 하는 상상된 지도로 동아시아를 표상해 지역구상의 당위성을 강조하더라도 그것이 역내의 지정학적 조건에서 얼마나 실천력을 가질 수 있을지, 역내의 타국으로부터 얼마나 공감을 끌어낼 수 있을지가 의문에 부쳐졌다. 따라서 동아시아 담론이 그 지향성에 비추어 기능할 수 있는 동아시아의 외연과 내포를 궁리할 필요가 생기는 것이다. 여기서 동아시아의 외연을 둘러싼 주요 쟁점은 세 가지다. 동아시아를 동북아와 등치시킬 수 있는지, 동아시아의 지역 범위를 동남아로까지 확장해야 하는지, 역외 국가인 미국 등을 동아시아 안으로 포함시켜야 하는지다. 먼저 이런 각각의 쟁점을 검토하며 동아시아 지역상의 중층성을 살펴본다. 아울러 중국과 일본의 동아시아 구상을 참조해 한국의 동아시아 구상에 관한 상대화와 역사화를 시도한다. 한편 동아시아라는 지역상은 너비로서만 존재하는 것이 아니라 깊이도 갖는다. 다시 말해 '한중일'과 같은 국가 단위의 병렬적 나열로는 드러나지 않는 층위가 있다. 이는 '동아시아의 외연'과 구분해 '동아시아의 내포'라고 부를 수 있을 텐데, 특히 국가 형태의 이질성, 국가 간·국가관계 간 비대칭성은 동아시아의 입체성을 사고할 때 반드시 중시해야 할 항목이다. 끝으로 이상의 작업을 바탕으로 한반도분단체제의 동아시아적 규정성과 한반도평화체제 구축의 동아시아적 의의를 규명해 동아시아 담론의 대안적 이론화에 나설 것이다.

*

모든 글은 다른 글들에 빚지기 마련이나 이 책은 다른 글들에 관한 글이자 다른 글들로써 작성한 글이다. 이 책에 등장하는 천 편이 넘는 글들이 없었다면 이 책은 나올 수 없었고, 그 글들의 내용이 지금과 달랐다면 이 책의 내용 역시 달라졌을 것이다. 따라서 본문에 언급된 많은 글들, 그리고 그 글들을 써낸 분들께 감사드린다.

이 책은 박사논문을 수정해 만든 것이다. 박사논문을 작성하기까지 많은 분들의 도움을 받았다. 특히 대학원에서 십 년이 넘는 시간 동안 지도해주신 정근식 선생님, 심사과정에서 조언을 아끼지 않으셨던 박명규 선생님, 김홍중 선생님, 백영서 선생님, 류준필 선생님께 감사드린다. 끝으로 든든한 둔덕이 되어주는 돌베개 출판사에 감사드린다. 이 책은 돌베개 출판사와의 일곱 번째 작업이며, 그보다 많은 작업을 앞으로 함께할 것이다.

차 례

1부 동아시아 담론의
형성과 이행

2006년 『오늘의동양사상』 봄호는 '근 10년, 동아시아 담론은 어떻게 되었는가?'라는 제목으로 동아시아 담론 총괄 특집을 마련했다. 이 기획은 다양한 갈래로 분기해온 동아시아 담론들을 망라하고 가늠하려는 시도였는데, 총론 「동아시아 담론의 어제와 오늘」에서 편집위원 홍원식은 이런 소회를 밝히고 있다.

다시 몇 년이 지난 지금, 상황은 급전하고 말았다. 열기는 고사하고 기억마저 가물거린다. 마치 '거품'이 빠져버린 것과 같다. 거기에는 거품처럼 될 수밖에 없었던 연유가 나름대로 있었을 것이란 짐작이다. 하지만 한편으로 그냥 거품이라고 인정하기에는 너무나 열을 올렸고 너무나 많은 얘기를 하였다는 생각이 든다. 그리고 허상을 바라보고 떠들어댔던 것만은 아니리라는 기대도 든다.[1]

"열기"에서 "거품"으로 "급전"한 동아시아 담론의 쇠퇴상을 대하는 회고조의 발언이다. 그러면서 왜 거품처럼 되어 버렸는지, 정녕 거품이었는지를 자문한다.

1   홍원식, 「동아시아 담론의 어제와 오늘」, 『오늘의동양사상』 14호, 2006, 50쪽.

확실히 동아시아에 관한 학술적 논의는 동아시아 담론으로 회자될 만큼 활성화되고 확산된 시기가 있다. 동아시아 담론은 일단 동아시아를 비롯한 일련의 지역명을 사용해 한반도와 세계 사이의 중범위적 수준에서 지역상을 설정하고 그로써 특정한 담론적 효과를 이끌어내려는 언어적 실천이라고 정의해둘 수 있을 것이다. 이러한 동아시아 담론은 20세기 말부터 적어도 인용문이 작성된 2000년대 중반에 이르기까지 십여 년 동안 한국지식계에서 이어져왔다. 그 시기에 나왔던 학술잡지를 살펴보면 동아시아 내지 그에 준하는 지역상을 동반하는 특집이 한 해도 거르지 않고 꾸려졌음을 확인할 수 있다.[2]

〔표 1-1〕 소련 해체 이후 참여정부기까지 '동아시아', '동북아', '아시아태평양', '동양', '극동' 등을
주제어로 담은 학술잡지 특집 목록.

년도	특집호명
1990	동양철학과 마르크스주의(『현상과인식』)
1991	동북아 신국제질서에 대한 각국의 관점(『중소연구』)
1992	동북아경제권 시대의 도시발전(『도시문제』) 아태지역에서의 경제 문화협력(『중소연구』) 아시아태평양 지역 통합의 논리와 현황(『동향과전망』)
1993	동아시아 민족학연구의 현황과 과제(『민족과문화』) 세계 속의 동아시아, 새로운 연대의 모색(『창작과비평』)
1994	동아시아 문화 제대로 보기(『상상』) 동아시아 문화 제대로 보기2(『상상』) 동아시아 경제권의 향방과 통일 한국(『역사비평』) 동아시아 근대와 탈근대의 과제(『창작과비평』)

2   조사대상에는 『동향과전망』 『문화과학』 『전통과현대』 『창작과비평』 『황해문화』 등의 사상지 내지 비평지 성격을 지닌 학술잡지, 『사상』 『상상』 『역사비평』 『역사학보』 『오늘의동양사상』 『인문연구』 『인문학논총』 『중국현대문학』 등의 인문학 학술지, 『경제와사회』 『비교사회』 『비교와전망』 『사회과학연구』 『사회와이론』 『세계지역연구논총』 『한국사회학』 『한국정치학회보』 등의 사회과학 연구지, 『대동문화연구』 『동아시아문화와사상』 『동아연구』 『동양사회사상』 『신아세아』 『아세아연구』 『아시아리뷰』 『한국동북아논총』 『아태연구』 등의 아시아 연구 관련 학술지, 『국제문제』 『국제정치논총』 『국제지역연구』 『세계정치』 『전략연구』 『평화연구』 『한국과국제정치』 『한국정치외교사논총』 등의 국제정치학 관련 학술지가 포함되었다.

년도	특집호명
1995	동아시아 소수민족의 문화(『민족과문화』) 한중관계와 동북아평화(『중소연구』) 동아시아 시대와 신문명 창조의 비전(『광장』) 21세기 물결과 동양 문명의 특징(『포럼21』) 탈근대 문명의 도래와 동아시아의 가능성(『포럼21』) 격변하는 동북아와 한반도의 선택(『역사비평』) 동서양 문명·문화의 충돌과 공존(『외국문학』) 동양과 모더니티(『상상』) 서양 제국주의의 형성과 동아시아(『역사비평』)
1996	동양적 사유의 틀로서 서구 문학 읽기(『상상』) 격변하는 동북아와 한반도의 선택(『역사비평』) 21세기 동아시아의 경제 발전(『포럼21』) 동아시아의 담론을 바로 읽는다(『문학과사회』) 변화하는 동아시아와 현대 중국 문학의 길 찾기(『실천문학』) 서양 제국주의의 형성과 동아시아(『역사비평』)
1997	대점검, 동아시아 담론의 전개와 그 본질(『상상』) 동아시아 경제발전의 역사적 조건(『경제사학』) 동아시아 성장론의 검토(『경제와사회』) 동북아 국제관계의 변화와 경제협력 방안(『동북아연구』) 한러 협력과 신동북아체제(『동북아연구』) 동북아 경제협력과 한중조 관계(『통일한국』)
1998	동아시아의 성공과 좌절(『비교사회학』) 동양학, 글쓰기와 정체성(『상상』) 아시아적 가치의 21세기적 함의, 아시아와 서구 가치의 비교분석(『사상』) 아시아적 가치는 있는가?(『전통과현대』) 위기 속의 아시아, 국가 민족을 넘어 연대는 가능한가(『당대비평』)
1999	동아시아의 샤머니즘(『비교문화연구』) 변화하는 동북아 안보환경을 점검한다(『통일한국』) 아시아적 가치란 무엇인가(『오늘의동양사상』)
2000	동아시아 지성의 고뇌와 모색: 지구화와 내셔널리티 사이에서(『당대비평』) 동아시아 예술의 현재를 묻는다(『황해문화』) 동아시아담론을 찾아서(『오늘의문예비평』) 서양문학과 동양사상의 만남(『인문학 연구』) 동북아시아 다자간 협력과 한반도 평화(『통일시론』)
2001	동아시아의 근대화와 종교(『아시아연구』) 동아시아 기층문화에 나타난 생사관(『인문학연구』) 동북아의 미래를 점검한다(『통일한국』)

년도	특집호명
2002	동아시아를 찾아서(『사상』) 동아시아 서사학의 전통과 근대(『대동문화연구』) 냉전해체와 동아시아평화(『아세아연구』)
2003	동아시아 근대 발전의 대안적 역사 경험(『황해문화』) 동아시아 민주주의의 현재와 미래(『기억과전망』) 동북아경제중심의 가능성과 문제점(『창작과비평』)
2004	21세기 동아시아와 중화패권주의(『오늘의동양사상』) 급변하는 동북아 정세와 각국의 대응(『인문사회과학논문집』)
2005	동아시아의 변화, 한국사회의 대응(『창작과비평』) 유교와 동아시아 근대(『동아시아문화와사상』) 동아시아 근대 지성의 동아시아 인식(『대동문화연구』) 근대 동아시아 세계의 상호인식과 자의식(『사림』) 동아시아 근대지식의 형성에서 문학과 매체의 역할과 성격(『대동문화연구』) 아시아인에 의한 동북아 평화는 가능한가(『창작과비평』) 동북아시아와 민족 문제(『문화과학』) 동북아의 재편과 일본의 선택(『역사비평』) 동북아 정세와 한반도(『북한』) 동북아시대와 중국(『한국과 국제정치』) 격변기 동북아 4강의 신 군사전략과 안보(『전략연구』) 동북아 신질서 어디로 가는가(『통일한국』) 중국의 동북진흥과 동북아의 평화번영(『통일한국』) 동북아 질서 재편되는가?(『북한』) 동북아시아와 민족 문제(『문화과학』) 포스트모더니즘과 동서융합의 가능성(『철학과현실』)
2006	근 10년, 동아시아 담론 어떻게 되었는가(『오늘의동양사상』) 동아시아 근대와 문화; 동아시아 근대와 영토, 문학(『인문연구』) 동아시아의 사회변혁과 신종교 (『신종교연구』) 한국인의 동아시아 인식과 구상: 역사와 현재(『역사비평』) 동북아 역사분쟁, 어떻게 연구할 것인가?(『사림』)
2007	한국과 동아시아의 평화(『문화과학』) 탈중심의 동아시아 쓰기(『역사비평』) 동아시아 근대 어문 질서의 형성과 재편(『대동문화연구』) 동아시아 상상력, 오늘의 비평에도 유효한가?(『중국어문학지』) 동아시아 종교학의 현재와 미래(『종교연구』) 한국과 동아시아 평화(『문화과학』)

그런데 특집 목록을 살펴보면 동아시아 담론 일반의 성쇠를 논하는 식으로는 놓치고 말 몇 가지 특징이 눈에 들어온다. 첫째, 동아시아, 동북아, 아시아태평양, 동양, 극동 등을 주제어로 삼은 특집호를 모두 모아놓고 보면 동아시아 관련 특집호가 압도적 다수를 차지하고 있다. 동아시아를 주제어로 삼은 특집호는 조사 기간 내내 꾸준히 등장한다. 동아시아 다음으로는 동북아가 주제어인 특집호가 많은데 이는 2000년대에 들어 빈도가 높아지며, 특히 동북아시대구상이 제기된 참여정부기에 증가세가 뚜렷하다. 반면 아시아태평양, 아태는 1990년대 초기에 특집호명으로 이따금 등장하지만, 동아시아가 학술 공간에서 주된 지역명으로 자리 잡으면서 이후 관련 특집호는 찾아보기 어려워진다.

둘째, 여러 지역명이 비중을 달리해 특집호에서 사용되고 있을 뿐 아니라 각 지역명의 인접어가 다르다. 동북아의 인접어는 국제질서, 국제관계, 경제권, 경제협력, 안보환경, 다자간 협력, 군사전략, 평화, 번영, 한반도, 정세다. 즉 동북아는 주로 지정학적·지경학적 차원에서 거론되는 지역명이다. 동양의 경우라면 지문화적 속성이 뚜렷하다. 문화, 문명, 모더니티, 정체성, 융합, 철학, 사상 등을 인접어로서 동반했다. 아시아태평양을 주제어로 삼는 특집호는 적어서 일반화하기 어렵지만, 아시아태평양은 경제협력, 지역통합처럼 경제적 지역주의 맥락에서 거론되는 양상이다. 한편 사용빈도가 가장 높은 동아시아의 경우는 지정학적·지경학적·지문화적 차원에서 두루 활용된 지역명임을 확인할 수 있다. 더욱이 연대, 민주주의, 패권주의 등 가치함축적 개념들이 인접어로 사용되기도 했다. '동아시아 담론', '동아시아론'이라는 형태로 담론적 지위를 부여받아 거론된 지역명 역시 동아시아가 유일하다. 즉 지역명으로서는 가령 아시아태평양과 비교하건대 지리적 외연이 비좁은 하위 범주겠으나 용례 면에서는 가장 폭넓게 활용되고 있는 것이다.

이상이 사용빈도와 인접어를 통해 확인할 수 있는 내용이라면, 시간이 흐르면서 특집호의 주제가 이행한다는 점 또한 주목할 대목이다. 1990년대 초중반에 자주 출현하던 문화, 문명 등의 주제어는 2000년대로 접어들면 찾아보기 어려워지고, 대신 정세, 질서 등 국제정치학 개념이 늘어난다. 특집호를 꾸린 잡지의 면면을 보더라도 1990년대 초중반에는 인문학 영역의 잡지들이 다수지만, 2000년대에 이르러서는 사회과학 영역의 잡지 비중이 커진다. 그중에서도 국제정치학 내지 정책학 분야의 잡지들에서 동북아라는 지역명의 사용빈도가 높다는 사실을 확인할 수 있다.

이렇듯 학술지의 특집 목록만을 훑어보더라도 동아시아 담론 일반의 성쇠라고 뭉뚱그리기 어려운 담론의 이행과 분화가 감지된다. 그렇다면 홍원식이 말한 '열기'란 어떤 동아시아 담론의 부흥을 가리키며, '거품'은 또 어떤 동아시아 담론의 쇠퇴를 지시하는지, 더 나아가 그 '연유'가 무엇인지를 따져봐야 할 필요성이 생기는 것이다.

실제로 앞서 정리한 특집호들에 실린 여러 편의 글들을 읽어보면 동양문화 예찬론부터 대안체제 건설론, 지역공동체 추진론까지 뒤섞여 있다. 동아시아 담론은 일관된 내적 논리 위에 구축되었다기보다 거기서 생산된 논의들을 보면 모순적이기조차 하다. 논자에 따라 동아시아는 국민국가 단위의 자국중심주의를 극복하는 장으로 모색되기도 하지만, 국익을 지역 수준에서 확대재생산하기 위한 논리로도 활용된다. 또한 동아시아공동체는 서구편향적 근대화와 신자유주의적 세계화에 맞서는 탈근대적 대안으로서 지향되지만, 지역협력체를 구축해 지역화 추세에 부응하고 경제적 근대화를 달성하기 위한 틀로도 고안된다. 아울러 동아시아라는 지역상은 지역적 경제통합과 다자적 안보협력을 모색하는 정책적 관점만이 아니라, 탈국경화에 따른 아시아 지역화를 주목하는 문화 연구, 미국 중심의 금융자본주의 공세에 대항하는 사회운동, 일본 제국주의의 상흔을 성찰하는 탈식민주의 연구에서도 활용된다. 뿐만 아니라 동아시아는 지역 범위를 넘어선 문명권으로 주목받아 국민국가의 틀로 구획되기 이전 이 지역에서 공유한 문화적·정신적 양식을 발굴하는 작업이 진척되기도 했다. 이처럼 동아시아 담론은 단수로 통칭하기 어려울 만큼 여러 양상의 논의가 뒤섞여 있으며, 내실을 들여다보면 그 사이에 갈등과 긴장이 엿보인다.

[표 1-2] 동아시아 담론의 운동 양상에 관한 분석틀

	분석대상	비고
어디서	한국지식계의 담론장 (학술지를 중심으로)	– 인문학(문학, 역사학, 철학 등)과 사회과학(사회학, 경제학, 국제정치학 등)을 가로질러 동아시아 관련 논의가 전개되었다.
언제	국면별 이행 과정 (1990년대 초반 탈냉전기~2000년대 중반 참여정부기)	– 한국사회의 변동, 동아시아의 역학관계의 변동에 따라 담론의 논리와 지향성이 변화한다. – 해당 시기 한국지식계의 어떤 논의와 접목되느냐에 따라 담론의 논리와 지향성이 변화한다.
누가	담론 참가자의 변화, 확장, 축소	– 담론 참가자가 여러 학문 영역과 다양한 정치적 입장의 논자를 아우른다. – 다양한 영역에서 논자들이 참가했을 뿐 아니라 국면의 변화에 따라 담론의 참가자가 변하고 확장/축소되며 담론의 주도 진영도 바뀐다.
무엇을	동아시아라는 지역상	– 동아시아라는 지역상이 고정되어 있지 않다. – 동북아, 동양, 아시아태평양 등의 지역명이 호환/차별화되어 사용된다. – 동아시아 담론에서 '동아시아'는 단순히 지역 범위를 지시하는 것이 아니라 학술적 시각, 이념적 가치, 제도적 권역 등의 이차적 용법을 갖는다.
왜	담론의 지향성	– 담론명에서 담론의 지향성이 드러나지 않는다. – 담론의 대상이 개별 사회에 국한되어 있지 않다.
어떻게	담론의 이론적 전거와 피설명 대상	– 담론의 지향성이 모호한 만큼 어떤 이론적 전거를 활용하느냐, 어떤 사회적 현실과 결부되느냐에 따라 전개 양상이 달라진다.

그렇다면 동아시아 담론 일반을 뭉뚱그려 성쇠를 논하기보다는 다양한 양상의 논의가 견지하는 주장들을 면밀히 살펴보고 그것들 사이의 차이를 섬세하게 가려낼 필요가 있을 것이다. 동아시아 담론의 운동 양상을 구체적으로 포착하기 위한 육하원칙을 정리해보면 [표 1-2]와 같다.

이러한 분석틀에 입각해 이제부터 통시적 각도에서 동아시아 담론의 전개 과

정을 국면별로 나눠 살펴보도록 하자. 동아시아 담론은 지향성과 논리가 일관되지 않으며, 시기에 따라 문제의식도 이행해갔다. 가령 동양의 문화적 정체성과 유대감을 강조하는 담론과 아세안+3의 수준에서 경제협력을 모색하는 담론은 모두 동아시아 담론으로 거론할 수 있겠으나 지향성과 지역상이 상이할 뿐 아니라 발생 시기나 절정기 또한 달랐던 것이다.

1. 동아시아 시각의 출현 : 1990년대 초반

동아시아 담론에 관한 연구들은 태반이 "1990년대 초 소련과 동구권의 붕괴로"라는 문구로 시작한다. 동아시아 담론의 출현 배경으로 거론할 요인은 많지만 탈냉전은 어느 연구에서나 빠짐없이 강조하는 항목이다.

냉전체제 아래서 한국사회는 휴전선 너머뿐 아니라 서해 건너로도 이동과 교류를 제약당하고 있었다. 그러나 1980년대 후반 노태우 정권기의 북방외교를 거치고 러시아, 중국을 비롯한 사회주의권과의 국교가 열리면서 지역적 시야가 확장되었다. 1990년 소련과 수교하고, 1991년 소련과 공산권의 몰락으로 진영 대립이 이완된 가운데 북한과 남북기본합의서를 체결하고, 이듬해 중국과 국교를 맺는다. 노태우 정권기에 새로 수교한 나라는 45개국에 이른다. 분명 탈냉전은 지역분단 상태를 완화하고 동아시아라는 지역 지평을 회복 내지 획득하는 계기인 동시에 새로운 지역질서를 모색하는 계기로 작용했다.

이런 전환시대의 감각을 대변하는 선구적 논문이 1993년 『창작과비평』 봄호의 특집 '세계 속의 동아시아, 새로운 연대의 모색'에 수록된 최원식의 「탈냉전시대와 동아시아적 시각의 모색」이었다. 동아시아 담론에 관한 많은 연구는 이 논문이 동아시아 담론의 포문을 열었다고 평가한다. 애초 동아시아는 냉전의 도래와 함께 바깥의 힘에 의해 분절된 채로 등장한 지역상이었지만, 탈냉전기 한국지식계는 내적 요구를 주입해 동아시아의 지역상을 새롭게 조형하고자 했으며, 제목이 시사하듯 이 논문은 그런 지향성을 명시적으로 드러냈다.

「탈냉전시대와 동아시아적 시각의 모색」이라는 논문의 선구성은 단지 발표 시점이 일러서가 아니라 이후 지속되는 중요 쟁점들을 함축했다는 데 있을 것이다. 이 논문은 첫째, 동아시아 시각의 의의를 천명했다. 먼저 '탈냉전시대'라는 시대배경과 '동아시아적 시각의 모색'이라는 시대과제를 선명하게 접목한 제목은 그것만으로도 담론의 시작을 알리는 역할을 하고 있다. 본문은 1절 '사고의 쇄신'으로 시작하는데 "변방적 경직성"에서 초래된 반소/친소, 반미/친미, 자본주의/사회주의와 같은 이분법을 경계하자고 촉구하며 자신이 속한 장에 착근하는 시각의 마련을 역설하고 있다.[3] 이러한 문제의식에서 고안된 동아시아 시각이란 한국 지식인의 역사관과 현실관, 심지어 변혁론에도 침윤된 서양중심성을 자성해 자신의 문제와 마주하고 자신의 조건을 직시하는 지적 주체성에 바탕한 것이어야 했다. 이처럼 지적 주체성 회복이라는 각도에서 동아시아 시각의 의의를 천명한 것은 추후에 전개되는 인문학 영역의 여러 동아시아 관련 논의의 문제의식과 공명하는 바가 컸다.

둘째, 동아시아 시각의 방향을 제시했다. 마르크스주의에 근거한 사회변혁이라는 전망을 상실한 이념 부재의 상태에서, 자본주의 대 사회주의 구도 위에 가설된 기존 변혁론의 한계를 지적하며 일국적 변혁을 넘어선 대안문명 건설을 동아시아 시각의 방향으로 제시했다. 즉 동아시아적 시각이란 "소비에트 사회주의도 아메리카 자본주의도 그리고 동아시아의 민족해방형 사회주의도 낡은 모델이 되어 버린 상황에서 그동안 역사적 경험을 충분히 존중하면서 협량한 민족주의를 넘어선 동아시아 연대의 전진 속에서 진정한 동아시아 모델

---

3   최원식, 「탈냉전시대와 동아시아적 시각의 모색」, 『창작과비평』 79호, 1993, 204쪽.

을 창조적으로 모색"[4]하는 것이어야 한다. 그리고 이를 위해서는 '맹목적 근대 추구와 낭만적 근대부정'[5]을 동시에 극복해야 한다며, 근대 비판의 각도에서 동아시아 시각을 가다듬었다. 이로써 동아시아 담론은 탈이데올로기화되면서도 이념적 속성을 담지할 여지가 마련되었다.

셋째, 동아시아 시각의 실천 과제를 제시했다. 바로 한반도 통일 운동이다. 그러나 한반도 통일 운동은 협량한 민족주의의 표출이 아니라 민족주의를 넘어서는 전망을 내포해야 하며, 남한 자본이 북한을 시장경제로 흡수통일하는 식이어서도 안 되며 민중적 시각에 근거해야 함을 역설했다.[6] 즉 한반도 통일 운동은 자본주의·국가주의에 대한 비판적 실천이어야 하는 것이다. 나아가 한반도 통일에 세계사적 의의를 부여했다. 동아시아는 세계사의 향방을 가를 수 있는 지역으로 중국과 일본, 미국과 러시아가 착종하는 그 중심에 한반도가 자리하고 있다. 따라서 한반도에서 작동하는 분단체제를 해체하는 작업은 동아시아에서 탈냉전 시대를 여는 단서가 되며, 나아가 서구적 근대의 진정한 대안을 모색하는 작업이기도 하다는 것이다.[7] 이로써 동아시아 시각의 실천 과제가 한반도 통일 운동으로 구체화되고 그 과제의 의의와 더불어 한반도 통일의 지역사적·세계사적 중요성에 관한 논리가 마련되었다.

이처럼 이 논문은 비교적 이른 시기에 동아시아 시각을 천명했을 뿐 아니라 동아시아 시각의 의의, 방향, 과제를 제시해 논의의 터를 제공했다는 점에서 동아시아 담론의 전개에서 선구적 역할을 맡았다. 물론 최원식의 주장은 충분한 논증을 거쳤다기보다 선언적 진술에 가까웠는데, 그렇기에 이후 현실성 여부 등을 두고 다양한 논의가 촉발된 측면이 있다.

사실 이 논문은 1990년대에 들어 처음 등장한 동아시아 관련 논문이 아니

---

4   위의 글(1993), 212쪽.
5   위의 글(1993), 224쪽.
6   위의 글(1993), 214쪽.
7   위의 글(1993), 219쪽.

다. 더군다나 냉전기까지를 포함한다면 동아시아 내지 동북아에 지리범주 이상의 의미를 담으려는 시도는 이미 등장한 바 있다. 그러나 몇몇 지식인의 파편적이거나 일시적인 주장이 아니라 여러 논자의 입에 오르내리며 지속력을 갖는 담론으로 부상한 것은 1990년대 초반이며, 이때는 역시 최원식의 논문 제목에서 드러나듯 '탈냉전'이라는 시대배경이 주효하게 작용했다.

한편 최원식 자신이 동아시아 시각을 제시한 것도 이 논문이 처음은 아니다. 그는 이미 십 년 전인 1982년 「민족문학론의 반성과 전망」에서 '동아시아적 양식'의 계발을 촉구한 바 있다. 이는 1970년대 말 제3세계론이 한국지식계에 유입되면서 민족문학론이 폐쇄적 민족주의로 경사될 위험을 딛고 또 다른 형태의 보편적 세계상을 모색할 참조체계를 획득했다는 판단에 따른 것이었다.[8] 그리하여 최원식은 이 글에서 서구중심적 담론체계에서 벗어나 새로운 사상을 모색하는 단초로서 '동아시아적 양식'을 주목했으며, 1985년에는 『전환기의 동아시아 문학』[9]을 공편하기도 했다.

하지만 1980년대에 발표한 논문은 1993년의 「탈냉전시대와 동아시아 시각의 모색」에서 개진한 논지와 유사하지만 동아시아 담론의 형성에서 시초 역할을 맡은 문헌으로 거론되지는 않는다. 그 이유는 단적으로 말해 '탈냉전 시대'가 도래하지 않았기 때문이다. 1980년대는 냉전 체제에 따른 인식적 제약으로 중국을 아우르며 온전한 동아시아상을 구도해내기가 어려웠다. 한편 진보적 지식계에서는 남한사회 변혁의 방향과 방법, 주체를 두고 사회구성체론과 같은 치열한 논쟁이 벌어졌다. 이러한 상황에서 진보적 지식계가 동아시아라는 지역 지평으로 시야를 넓히기는 어려웠고, 이념적·실천적 방향성이 불

---

8   최원식, 「민족문학론의 반성과 전망」, 『한국민족문학론 연구』, 창작과비평사, 1982.

9   최원식·임형택 편, 『전환기의 동아시아 문학』, 창작과비평사, 1985. 공편자인 임형택은 『전환기의 동아시아 문학』을 엮은 동기를 이렇게 회상한다. "휴전선으로 가로막힌 한반도의 북쪽과 불구대천의 원수로 대립하면서 지내고, 결국 그것이 남한의 정치·사회·문화 전반에서 질곡을 낳았지요. 이것을 돌파하기 위해 동아시아 담론을 제기하게 된 것입니다"(임형택·한기형·홍석률, 「대화: 한국학의 역정과 동아시아 문명론」, 『창작과비평』 146호, 2009, 339쪽).

분명한 동아시아 시각이 담론화될 토양도 마련되어 있지 않았다.

그러나 탈냉전의 시대 상황은 한국지식계에서 동아시아 담론이 부흥하는 최소한 두 가지 조건을 제공했다. 첫째, 철의 장벽, 죽의 장막을 넘어선 지역 지평이 마련되었다. 둘째, 마르크스주의의 영향력이 퇴조하는 지적 혼돈 가운데서 변혁론, 운동론이 재구성되어야 했다. 물론 동아시아 담론은 이론 부재와 지적 혼돈의 와중에 등장하고 성장한 담론이기에 이후 다양한 논의가 유입되고 뒤얽히면서 한국지식계의 혼란상을 반영하게 되는데, 오히려 그렇기에 여러 방향으로 뻗어나가며 담론적 지위를 얻었다고 말할 수 있다.

한편 최원식의 논문은 동아시아 시각을 제시했으나 '왜 동아시아 시각인가'를 구체적으로 해명하지는 않았다. 3절의 제목이 '왜 동아시아인가'이지만 이 물음에 대한 대답보다는 '어떠한 동아시아 시각이어야 하는가?'라는 주장이 개진될 따름이다. 그리하여 불분명한 채로 남겨진 '왜 동아시아인가'라는 물음은 이후 '문명권', '발전모델', '경제권역' 등의 다양한 대답들과 조우하며 동아시아 담론을 분화시키는 계기로 작용한다.

그럼에도 불구하고 이 논문은 한반도를 둘러싼 지역으로서 동아시아의 지역 범위를 구체화했다는 점에서 중요한 의의를 지닌다. 〔표 1-1〕을 보면 『창작과비평』 1993년 봄호 특집 '세계 속의 동아시아, 새로운 연대의 모색'이 나오기 전에 기획된 학술지의 특집들은 대체로 동아시아가 아닌 '아시아태평양' 혹은 '동북아'라는 지역명을 사용하고 있다. 가령 당시 유력한 매체였던 『동향과전망』은 1992년 봄호에서 '아시아태평양 지역 통합의 논리와 현황'을 특집으로 꾸렸다. 하지만 이 특집을 탈냉전 시대의 새로운 지역상 모색의 시발점으로 간주하는 연구는 보이지 않는다. 그 까닭은 주로 경제협력에 치중한 내용이었을 뿐 아니라 냉전기부터 지속되어 온 아시아태평양이라는 지역상이 유지되었기에 '전환시대'임을 명시적으로 부각하지 못한 데 있을 것이다. 그 특집에 수록된 논문 중 전창환의 「아시아태평양지역통합과 '동아시아경제지역구상'」은 동아시아라는 지역명을 담고 있으나 여기서의 지역 범위는 "미국,

일본, 아시아닉스(한국, 대만, 홍콩, 싱가포르), 아세안 국가(말레이시아, 태국, 인도네시아, 필리핀)를 중심으로 하는 아시아태평양경제권"[10]이라는 문장에서 확인할 수 있듯이 아시아태평양의 하위 범주이자 경제 발전을 성취한 아시아 일부 국가들의 병렬적 집합이며, 중국 등이 언급되지 않은 데서 알 수 있듯이 냉전 구도를 온전히 벗어나지 못한 것이었다. 탈냉전 초기에 동아시아보다 빈번히 거론된 동북아 역시 사회주의권의 아시아 국가를 가리켜온 관성에서부터 벗어나지 못한 상태였다. 따라서 당시 문헌을 보면 가령 일본은 대체로 동북아라는 지역상 속에 포함되지 않았다. 즉 최원식이 제시한 동아시아라는 지역상은 대안문명 내지 대안체제를 모색하기 위한 사고의 쇄신장으로 조형되었으며, 아울러 한반도 상황에 집중하되 중국, 일본, 러시아 등을 아우르며 이후 동북아로 명명되곤 하는 지역 범위의 윤곽을 그려냈다는 점에서 의의가 크다.[11]

한편 이 논문의 선구성은 논문 내용에서만 비롯되는 것이 아니라 창비 진영이 지닌 집단적 역량과도 무관하지 않음을 짚어둬야 할 것이다. 첫째, 최원식뿐 아니라 다른 논자들과의 공동생산을 거쳐 창비식 동아시아론이라고 부를 만한 지적구성물이 형성되었다. 먼저 최원식의 논문이 수록된 1993년 봄호에 이어 이듬해 겨울호에서 『창작과비평』은 '동아시아 근대와 탈근대의 과제'를 특집으로 내놓았으며 이후로도 문제의식을 꾸준히 이어갔다. 논자의 활동을 살펴본다면 백낙청은 최원식의 논문을 전후해 『창작과비평』을 통해 「세계 속의 분단체제를 알자」(1992년 가을호), 「분단체제의 인식을 위하여」(1992년 겨울호), 「분단시대의 최근 정세와 분단체제론」(1994년 가을호), 「민족문학론, 분단체제론, 근대극복론」(1995년 가을호) 등 분단체제에 관한 자신의 문제의식을

10　전창환, 「아시아태평양지역통합과 '동아시아경제지역구상'」, 『동향과전망』15호, 1992, 45쪽.
11　최원식의 논문이 실린 『창작과비평』79호(1993)의 특집 '세계 속의 동아시아, 새로운 연대의 모색'에는 아리프 딜릭Arif Dirlik의 「아시아태평양권이라는 개념」이 함께 수록되어 있다. 이 논문에서 딜릭은 환태평양, 아시아태평양이라는 지역명의 서구중심적 속성을 지적한다. 유일한 외국 필자의 글로서 이 논문이 수록되었다는 사실은 특집 기획자들에게 동아시아상이 어떤 의의를 지닌 것이었는지를 짐작케 한다.

지속적으로 개진하며 창비식 동아시아론의 장력을 형성했다. 최원식이 「탈냉전시대와 동아시아 시각의 모색」에서 제시한 실천 과제는 백낙청을 비롯해 창비 진영이 이미 마련한 민족문학론과 분단체제론의 기조 위에서 제출되었고 그로부터 이론적 자원을 얻고 있었다. 또한 백영서는 1993년 봄호 특집 기획에 편집자로 참여했으며, 같은 해 「한국에서의 중국현대사 연구의 의미: 동아시아적 시각의 모색을 위한 성찰」(『중국현대사연구회회보』 1호)을 필두로 동아시아 시각을 조형하는 논문들을 지속적으로 발표했다. 분단체제론만이 아니라 민족문학론, 제3세계론 등에 기반을 둔 창비식 동아시아론은 백영서가 힘을 더하며 주변으로서의 동아시아론, 복합국가론, 소국주의론 등으로 이론화를 진전할 수 있었다. 이러한 창비식 동아시아론은 이후 '변혁이론으로서의 동아시아', '비판적 지역주의론', '성찰적 동아시아론' 등으로 명명되며 동아시아 담론의 한 축을 형성한다. 최원식의 「탈냉전시대와 동아시아 시각의 모색」은 창비식 동아시아론이 지속되고 한국지식계의 동아시아 담론에서 중요한 입지를 점했기에 시간이 지나서도 꾸준히 회자될 수 있었던 것이다.

둘째, 문학적 상상력과 경세론적 진단을 아우르려는 창비 진영의 지적 특성이 창비식 동아시아론에도 반영되어 인문학적 모색과 사회과학적 분석이 접맥되었고 이것이 동아시아 담론 자체를 촉진하는 요인으로 작용한 측면이 있다. 인문학적 모색은 기존의 인식틀을 개조하려는 시도로서 드러나며, 사회과학적 분석은 역내 지역질서 재편 등을 면밀하게 주시하고 탄력적으로 대응해나가려는 면모로서 나타난다. 이로써 창비식 동아시아론은 현실 변동에 반응하면서도 긴 생명력을 갖고 지속될 수 있었고, 최원식의 논문은 창비식 동아시아론의 긴 생명력에 힘입어 선구성을 재조명받을 수 있었다. 아울러 『창작과비평』은 1995년 봄호에 와다 하루키和田春樹의 「동북아시아 공동의 집과 조선반도」를 수록한 것을 비롯해 한국지식계의 동아시아적 시야를 넓혀줄 인국 논자들의 문헌을 소개하는 데서도 공헌이 컸다.[12]

한편 다음 국면으로 넘어가기 전에 이 시기에 창간된 『문화과학』과 『황해

문화』의 역할도 기록해둬야겠다. 『문화과학』은 1992년에 창간된 이후 문화적 실천을 모색하며 공간·자본·욕망·육체·언어·교류·소통·통치 등에 관한 이론적 시각을 조형하고 쟁점을 마련하는 데 분주했다. 비록 2005년 겨울호 특집 '동북아시아와 민족문제'에 이르기까지 『문화과학』이 동아시아 관련 특집호를 전면으로 내놓은 적은 없지만, 특히 인문학계의 동아시아 담론에서 사용되는 개념 자원을 제공했다는 측면에서 일정한 역할을 맡았다고 말할 수 있다.

1993년에 창간된 『황해문화』는 창간사에서 '전 지구적 시각, 지역적 실천'을 모토로 밝혔다. 창간호 특집은 '국제경제 질서의 재편-지역주의의 부상'으로 북미자유무역협정, 아태평양경제협력체, 확대 EC를 검토하는 한편 「환황해 경제권의 형성」이 한 꼭지로 들어가 『황해문화』의 지향성이 잘 드러난다. 『황해문화』 역시 2000년 여름호 특집 '동아시아 예술의 현재를 묻는다' 전까지는 동아시아 관련 특집을 꾸린 적이 없지만 인천을 기반으로 삼아 동아시아의 지역정치, 도시 간 연대의 실천상을 제시했으며 문화지형·대안운동·세계체제·미국 패권·일본의 국가주의·중국의 개혁개방·신자유주의·민족주의·재일조선인 등을 특집 주제로 선정해 동아시아 시각의 구체적 용법을 보여줬다.

한편 부산을 거점으로 삼는 까닭에 서울 중심의 지식계에서 매체로서의 파급력은 약하지만 그런 만큼 지역성이 뚜렷한 『오늘의문예비평』은 이에 앞서 1991년 봄호로 창간되었다. 창간사에서는 "우리 사회가 모든 영역에서 제

12 또한 출판사업도 거론할 수 있을 것이다. 1995년 서남동양학학술총서가 문학과지성사에서 제1권 『동아시아, 문제와 시각』을 출간하기 시작해 지금껏 가장 오래되고 종수가 많은 동아시아 관련 시리즈로 자리매김하고 있다. 특히 이 가운데 한국지식계의 동아시아 논의에서 주요하게 회자된 공저 제1권 『동아시아, 문제와 시각』, 제4권 『동아시아인의 '동양' 인식』, 제10권 『발견으로서의 동아시아』, 제20권 『주변에서 본 동아시아』는 최원식과 백영서가 공편자 역할을 맡았다. 또한 창비는 여러 종수의 동아시아 관련 서적을 펴냈고, 특히 '동아시아의 비판적 지성' 시리즈는 번역을 통해 인근 학자의 주요한 사색을 소개했을 뿐 아니라 번역 논문의 선택과 대담에서 한국지식계의 주체적 요구를 반영해냈다.

갈 길을 향해 진전하지 못하고 악순환이 계속되고 있는 것은 각 영역마다 살아 있는 비평정신에 기초한 비평풍토가 조성되어 있지 못하기 때문"이라며 비평전문 계간지로서의 방향성을 명확히 밝혔다. 창간호 특집은 '1990년대 한국문학의 쟁점-포스트모더니즘'이었는데 포스트모더니즘에 대한 소개가 아닌 기능과 폐해에 대한 고찰에 무게가 실렸다. 동아시아 관련 특집호는 2000년 봄호 '동아시아담론을 찾아서'에서야 마련되었지만, (동)아시아에 관한 기획에 꾸준히 지면을 할애했다.

2. 동아시아 담론의 형성 : 1990년대 중반

하지만 사실상 동아시아 담론의 등장은 그 이후라고 말해야 한다. 최원식이 '동아시아 시각'을 제출했지만 그것이 개별 논자의 독창적 사색에 그치지 않고 이후 논의가 확산되었기에 동아시아 담론이라고 명명할 만한 지적구성물이 출현할 수 있었던 것이다.

1993년 『창작과비평』 봄호의 특집 이후 거의 즉각적으로 다른 잡지에서도 동아시아를 주제어로 삼은 특집들이 연이어졌다. 뿐만 아니라 학문 영역별로 관심사별로 논의가 빠르게 확산되고 분화되었다. 이처럼 빠른 전개 양상은 『창작과비평』 특집호의 여파라기보다 마르크스주의라는 거대담론의 쇠퇴 이후 담론의 공백으로 인한 지적 갈구가 컸으며, 동아시아 담론은 여느 담론과 견주어보건대 지향성이 뚜렷치 않아 여러 논의와 접목될 여지가 많았고, 이론적 체계가 갖춰져 있지 않아 진입장벽이 낮은데다가, '동아시아'라는 지역상과 결부된 까닭에 현실성과 역사성을 담보하는 것처럼 여겨지는 매력에서 기인하는 바가 컸다고 하겠다. 아울러 중국과의 교류가 복원되자 전통적 사상자원들을 반추할 지적 공간이 마련되었고, 진영 논리를 넘어 동양문화에 대한 관심이 고조된 것도 한몫했다. 거기에 동아시아 담론은 오리엔탈리즘 비판론,

탈근대론, 탈식민주의론 등 이 시기에 대폭적으로 유입된 이론들의 활용 사례로서 기능한 측면이 있다. 특히 이런 이론들을 먼저 도입한 인문학 영역에서 동아시아 담론은 활성화되었는데 담론의 지향성이 모호한 만큼 역사·문학·철학 등의 영역에서 양상을 달리하며 전개되었다.

다만 동아시아 담론의 확산기로 명명할 수 있는 이 시기에 여러 논자와 영역을 가로질러 엿보이는 공통된 특징은 동아시아 담론이 지적 보편성을 독점하는 서구적 지식권력에 대한 비판의식, 한국의 지적 식민주의에 대한 문제의식 가운데서 퍼져갔다는 점이다. 사실 한국 학문의 대외 종속성, 특히 대미 종속성을 개탄하는 목소리는 1980년대에도 존재해 민족적·민중적 학문운동이 대두되었다. 그러나 1980년대의 민족적·민중적 학문운동은 학문 종속성 탈피보다 이것의 토대가 되는 정치경제적 종속성을 극복하는 사회변혁에 관심을 집중해 학문 종속성 탈피를 위한 학문 전략을 구체화하지는 못했다.[13] 그러나 1990년대에 들어 마르크스주의의 공백을 대신하는 각종 포스트 담론들로 서구적 근대 이성주의에 대한 비판의식이 심화되고, 특히 오리엔탈리즘 비판론이 여러 학문 분야에 뿌리를 내리자 동아시아 담론은 이러한 추세 속에서 서구중심적 보편주의를 되묻는 지적 각성의 한 가지 양식으로서 기능했다.

1993년과 1994년에 연이어 출간된 경상대학교 인문학연구소의 인문학 총서 두 권에 실린 서문은 당시 분위기를 살펴보는 데 도움이 될 것이다. "우리는 1980년대의 격심한 사회 변화를 겪으면서 자신의 학문에 대해 헤아릴 수 없이 많은 물음을 던져왔다. 물음은 대개 사회 변화에 적극적으로 참여하는 이론이나 학자, 그리고 그러한 참여를 통해 이루어지는 학문의 자기 정체성 확립을 위한 노력들을 지켜보면서, 우리가 느껴야 했던 인문학의 현실이나 인문학의 정체성에 대한 반성을 주조로 한 것이었다. 나아가서 이러한 반성적 물음은 실천하는 지식인이라는 이름 앞에서의 자괴심, 현실을 통해 확보된 이

---

13 신정완, 「학문 주체화로 가는 항해 길에 배를 띄우며」, 『우리 안의 보편성』, 한울, 2006, 5쪽.

론 앞에서의 무력감으로 이어졌고, 우리는 이러한 자괴감과 무력감을 되돌아보고 이를 실천적으로 극복하는 작업을 시도해보고자 하였다."[14] "우리는 과거 우리가 주체적으로 겪어내지 못한 19세기 말과 20세기 초반의 체험을 아픈 마음으로 기억한다. 바로 그 세기 전환기의 수동적 시대 체험으로 인해 우리는 금세기 내내 세계사적 흐름의 뒷전에 밀려나서, 항상 우리를 제어하는 거대한 힘의 중심을 의식하는 변방 의식에 사로잡혀 있을 수밖에 없었던 것이다. 그리하여 우리는 지금 또 다른 세기말에 서서 다음 세기의 벽두를 주체적으로 맞이할 수 있기 위한 진지하고도 주체적인 작업에 대한 절박한 필요를 느낀다. 금세기 우리 학문의 역사가 우리 것의 논의를 위한 토대의 상실과 새로운 논의를 위한 근본 없음으로 인한 고난의 그것이었음을 우리는 뼈저리게 되새기고 있기 때문이다."[15] 2권이 나온 1994년에는 『모더니티란 무엇인가』[16]가 출간되는 등 지식계에서 근대성 논의가 전면적 화두로 떠오르기도 했다.

이 시기 서양에서 전래된 시각과 규범에 의지하지 않고 동아시아의 특질을 발굴하는 방향으로 동아시아 담론을 육성하는 데 중요한 역할을 했던 잡지는 『상상』이다. 『상상』은 '소설대중화론'을 제시하거나 문예지이면서도 시를 게재하지 않는다는 편집원칙을 수립하는 등 상품미학에 대한 자의식으로 무장된 독특한 잡지였다. 『상상』은 '동아시아문학론'도 개진했는데, 1994년 여름호 특집 '동아시아 문화 제대로 보기', 겨울호 특집 '동아시아 문화 제대로 보기2'를 통해 그동안 서구적 가치체계 아래서 평가절하되거나 왜곡 폄하된 '동아시아 문화'를 제대로 볼 것을 촉구했다. 특집의 글들은 서구문화의 주변화 책략에 맞서 동양 고전을 재해석하고 전통사상을 현대화하는 방안을 강구하는 내용을 담고 있었다. 『상상』의 동인 정재서는 이 방면의 대표적 논자였다.

14 경상대학교 인문학연구소, 『새로운 인문학을 위하여』, 백의, 1993, 3쪽.
15 경상대학교 인문학연구소, 『현대의 새로운 패러다임과 인문학』, 백의, 1994, 3쪽.
16 김성기 편, 『모더니티란 무엇인가』, 민음사, 1994.

그는 1994년『불사의 신화와 사상』에 이어 1996년『동양적인 것의 슬픔』을 출간했는데, 이 책에서 그동안 근대 시기 서구 문학론의 잣대로 고전을 포함한 동아시아 문학을 비평해왔음을 지적하며 '문학상의 지배론'을 들춰냈다.[17] 그러면서 동아시아인으로서 동양을 대하는 주체적 시각의 모색을 역설했다.

지적 주체성 회복이라는 이러한 문제의식은 앞서 살펴본 최원식 논문이 지니는 첫째 논점과 닿아 있다. 하지만 차이도 존재했다. 먼저 쉽게 확인할 수 있는 바로서 최원식 논문의 둘째, 셋째 논점은『상상』의 특집에서 다뤄지지 않았다. 즉 동아시아 담론을 변혁이론으로 조형하는 데 힘을 기울이거나 한반도 분단 상황에 천착하지 않았다.『상상』의 기획에서 동아시아는 사회 변혁의 모색처가 아니라 정체성의 거점을 의미했던 것이다.

여기서 파생되는 또 다른 차이로서『상상』의 기획에서 동아시아는 때로 동양과 호환 가능한 개념으로서 등장했다. 1994년의 특집호에 수록된 논문들 다수가 동양을 주제어로 삼고 있을 뿐 아니라 이후 특집을 살펴보면 '동양과 모더니티'(1995년 겨울호), '동양적 사유의 틀로서 서구 문학 읽기'(1996년 여름호), '대점검, 동아시아 담론의 전개와 그 본질'(1997년 여름호), '동양학, 글쓰기와 정체성'(1998년 여름호)처럼 동아시아와 동양이 주제어로서 번갈아가며 사용되었으며, 그것들의 인접어는 근대성·서구성·정체성 등이었다. 즉『상상』은 서구적 근대성으로 환원되지 않는, 혹은 서구적 근대성에 맞선 동양적 정체성에 관한 모색을 꾸준히 이어갔다. 따라서 1993년과 1994년『창작과비평』의 특집호에서 동아시아가 탈냉전을 시대배경으로 삼아 구도되는 지정학적 개념의 성격이 강했다면,『상상』에서는 서양 문명에 대응하는 문명 지평으로서의 동양이라고도 옮길 수 있는 지문화적 개념에 가까웠다. 동아시아 담론의 확산과 함께 분화의 조짐이 감지되는 것이다.

물론 이 시기 동아시아 담론의 확산과 분화는『상상』만의 몫이 아니었다.

---

17 정재서, 「다시 서는 동아시아 문학」, 『동양적인 것의 슬픔』, 살림, 1996, 44~45쪽.

역사 연구 영역에서는 『역사비평』이 1994년 가을호 특집 '동아시아 경제권의 향방과 통일 한국', 1996년 여름호 특집 '격변하는 동북아와 한반도의 선택', 1996년 겨울호 특집 '서양 제국주의의 형성과 동아시아'를 이어갔다. 이처럼 『역사비평』의 특집에서는 동아시아와 더불어 동북아라는 지역명이 사용되었다. 이후 여러 잡지에서 지경학적·지문화적 각도에서는 동아시아, 지정학적 각도에서는 동북아가 선별적으로 사용되는 양상을 확인할 수 있다. 물론 이런 대응관계가 엄밀한 것은 아니다. 다만 『상상』에서 동아시아가 동양과 호환 가능한 개념이었음을 감안한다면, 동북아는 서양 대 동양의 구도로는 다루기 어려운 역내의 문제를 포착하기 위해 필요한 개념이었음을 짐작할 수 있다. 실제로 1995년에는 『동북아』가 창간되어 창간호와 2호에 걸쳐 한중일 개국의 차이, 19세기 세계질서와 동북아 정세, 삼국의 근대화 운동과 영토 문제 등에 초점을 맞췄다. 이 경우 동북아는 주로 한중일 삼국을 가리키는 지역명이었다. 그런데 『상상』에서도 동양은 대체로 삼국을 일컫는 개념이었다. 그렇다면 이들 지역명 간에 동양 〉 동아시아 〉 동북아라는 포함관계로는 섣불리 갈무리할 수 없는 길항관계가 발생하리라는 것을 예상할 수 있다. 즉 지역명의 용법을 살펴보려면 그 지역명이 지시하는 지리 범주만이 아니라 그 지역명이 함축하는 문제의식과 지향성을 주시해야 하는 것이다.

이밖에도 동아시아 담론의 확산을 위한 물적 토대 역할을 할 잡지들이 이 시기에 다수 창간되었다. 『전통과현대』, 『아시아적 가치』, 『동아시아문화와사상』, 『동아시아 비평』 등이 모두 1990년대 중반에 등장했다. 기성 잡지에서도 『광장』 1995년 봄호의 특집 '동아시아 시대와 신문명 창조의 비전', 『포럼21』 1995년 여름호의 특집 '21세기 물결과 동양 문명의 특징', 이어 가을호, 겨울호의 특집 '탈근대 문명의 도래와 동아시아의 가능성'이 기획되는 등 동아시아 관련 논의가 활발했다. 『외국문학』은 1995년 가을호 특집으로 '동서양 문명·문화의 충돌과 공존'을 꾸리며 에드워드 사이드Edward Said의 「문명의 충돌인가, 정의의 충돌인가」와 에드워드 사이드와의 대담 「문화와 제국주의」에 대한 성찰」을 수록해 이론적 자원을 제공했다.

　확산기에 동아시아 담론은 세계화와 지역화, 근대와 탈근대, 종속과 탈식민, 민족주의와 탈민족주의, 전통과 현대, 문명의 충돌과 동양적 정체성, 우리의 글쓰기와 현대에 고전 읽기 등 한국지식계에서 논의 중이던 문제군들과 폭넓게 접목되었다. 동아시아 담론은 이미 일관된 내적 논리를 지닌 단수의 담론이 아니라 1990년대 초중반의 다양한 지적 흐름이 수렴되거나 거쳐가는 담론장에 가까웠다. 그리하여 1996년에 이르면『문학과사회』겨울호의 특집 '동아시아의 담론을 바로 읽는다', 이듬해에는『상상』여름호의 특집 '대점검, 동아시아 담론의 전개와 그 본질'이라는 메타비평이 필요해졌다.[18]

　잠시 시간대를 옮겨 1부를 시작하며 인용한 2006년『오늘의동양사상』봄호의 특집 '근 10년, 동아시아 담론 어떻게 되었는가'를 돌이켜보자. 이 특집에서는 동아시아 담론을 총괄하며 일곱 가지 세부 주제를 선정했다. 그 면면을 들여다보면 유교자본주의, 공동체주의, 여성주의, 해체주의, 생태주의, 깨달음 및 동아시아공동체론이다. 이 가운데 유교자본주의론은 동아시아 여러 나라의 비약적 경제 성장을 문화론적 각도에서 설명하려는 시도로서 1990년대 후반의 동아시아 경제위기가 도래하기 전까지 활발했으며, 동아시아공동체론은 오히려 동아시아 경제위기 이후에 부상한 것으로서 등가적으로 병렬할 논의들은 아니지만, 두 가지 모두 동아시아라는 지역상을 전제하고 있으니 동아시아 담론의 영역 안으로 끌어들이는 것은 어색하지 않다. 그러나 공동체주의, 해체주의, 생태주의, 깨달음이라는 항목은 동아시아 담론의 하위 범주로 간주해야 할 필연성이 약하다. 이것들은『오늘의동양사상』이라는 매체의

18　『상상』1997년 여름호는 특집명에 걸맞게 동아시아 담론을 다각도에서 입체적으로 접근했다. 특집호에는 「동아시아 상생 구조의 가능성」(공성진), 「동아시아 담론의 실체」(김광억), 「같은 것과 다른 것: 방법으로서의 동아시아」(성민엽), 「동아시아 문화, 그 초월적 기의로서의 가능성」(정재서), 「90년대 동아시아 담론의 개관」(조병한), 「동아시아 담론들이 만나고 헤어지고 다시 만나는 자리」(진형준), 「동아시아 담론의 철학적 해명」(최종덕)이 수록되었다.

특징을 감안했을 때 개인주의, 서구중심주의, 기계론적 세계관, 인간의 사물화 경향과 같은 서구 근대의 특정한 면모의 역상으로 도출해낸 동양문명론의 항목들임을 짐작할 수 있다. 한편 여성주의는 그것을 기치로 내건 동아시아 담론이 제기된 적이 없음에도 불구하고 한 자리를 차지하고 있다. 이런 식의 분류가 얼마나 타당한지를 차치하더라도, 이는 동아시아 담론의 탄력성을 보여주는 사례라고 말할 수 있겠다. 그러나 역시 이 항목들을 '동양 담론'이 아니라 굳이 '동아시아 담론'에 들여야 할 필연성은 특집 내용에서도 확인할 수 없으며 실제로 이 특집이 기획된 2000년대 중반 무렵에 이르러서는 동아시아 담론에서 관련 논의를 찾아보기 힘들어진다. 그리고 〔표 1-1〕에서 확인할 수 있듯이 2000년대 중반, 특히 2005년에 동아시아공동체 관련 특집이 대거 기획되었다는 사실을 감안한다면 『오늘의동양사상』의 편집위원이 "거품이 빠졌다"며 동아시아 담론의 쇠퇴상을 안타깝게 토로했을 때, 그것은 동아시아 담론 일반이라기보다는 주로 동양문명론을 두고 한 발언이었다고 해석할 수 있다. 그리고 그가 "너무나 열을 올렸고 너무나 많은 이야기를 했다"라고 묘사한 것은 바로 1990년대 중반부터 시작된 확산기의 풍경이었던 것이다.

이처럼 동아시아 담론이 여러 갈래로 뻗어갔지만 지속되지 못하고 사그라진 계열이 있었다면, 여기서 얻을 수 있는 문제의식은 동아시아 담론 일반을 뭉뚱그릴 것이 아니라 어떤 계열이 외적 수요에 반응하고 동아시아 담론이어야 할 내적 논리를 충족해 생산적 논점을 제시하며 지속되었는지, 어떤 계열이 일시적으로 부상하고 명멸했는지, 그 차이는 어디서 비롯되었는지를 밝혀내야 한다는 점일 것이다.

한편 확산기에는 다수의 잡지가 동아시아 관련 특집을 기획하고, 많은 지식인이 나름의 관점으로 특집호에 글을 보냈다. 그러나 동아시아 관련 특집호에 글을 싣거나 동아시아 시각 관련 논의에 참여했다고 해서 그 필자들을 섣불리 동아시아 논자로 분류해서는 안 될 것이다. 달리 말해 그들 개개인의 지적 모색과 행방에서 동아시아적 시각이 지속적으로 중요한 의미를 갖지 않을 공산이 있는 것이다. 그런데도 많은 지식인, 특히 인문학자가 당시 동아시아를 거론한 것은 이 시기에 동아시아 담론이 학문적 탈식민, 즉 기존의 공식화된 세계관과 인식체계, 문화해석의 틀에 대한 문제제기의 장으로서 기능했기 때문이었다. 그 문제의식을 공유하는 지식인들이 대거 동아시아를 논했기에 동아시아 담론은 빠르게 확산될 수 있었다.

가령 근대문학 형성과정의 규명을 연구과제로 삼아온 조동일은 "보편적인 원리의 인식과 실현"[19]을 목표 삼아 『동아시아 문학사 비교론』(1993)으로써 유럽중심주의적 세계문학사 서술을 비판하고 동아시아 각국의 문학사 서술과 전개를 비교해 고찰했으며, 『세계문학사의 허실』(1996)을 파헤쳐 "여러 문명권, 많은 민족의 문학을 대등하게 다루는 제3세계의 대안"[20]을 마련하고자 동아시아 문학에 관한 관심을 심화시켰다. 그것은 한국 소설의 이론에 천착해 동아시아 소설 일반의 원리를 해명하고, 이를 제3세계 문학론과 세계소설 일반에 투사해 "진정한 세계적 보편성"을 찾아나서는 노정이었다.[21] 특히 그는 동아시아 문학사를 서술하려면 "무리한 주장을 되풀이하는 마르크스주의, 수입한 이론이나 되씹고 있는 사회학, 개별적인 사실 고증에 매몰되어 있는 역사학"과 같은 인접학문의 세 가지 기존 학풍을 극복해야 한다고 강조했다.[22]

일찍이 1985년에 최원식과 함께 『전환기의 동아시아문학』을 펴낸 임형택은 조동일과는 다른 각도에서 동아시아 시각을 국문학에 도입하고자 했다. 국문학 가운데서 한문학을 전공한 그는 자생적 틀을 갖추지 못해 빚어진 "고전문학과 현대문학의 단층, 한문문학과 국문문학의 괴리, 그리고 남한문학과 북한문학의 단절"을 극복하기 위해 동아시아 시각의 필요성을 역설했다.[23] 이후

19 조동일, 『동아시아 문학사 비교론』, 서울대학교 출판부, 1993, 3쪽.
20 조동일, 『세계 문학사의 허실』, 지식산업사, 1996, 10쪽.
21 조동일, 「소설이론의 방향 전환과 동아시아 소설」, 『세계의 문학』 63호, 1992; 조동일, 「중국·한국·일본 '소설'의 개념」, 『한국문학과 세계문학』, 지식산업사, 1991.
22 조동일, 「동아시아근대문학 형성과정 비교론의 과제」, 『한국문학연구』 17권, 1995, 8쪽.
23 임형택·한기형·홍석률, 「대화: 한국학의 역정과 동아시아 문명론」, 『창작과비평』 146호, 2009,

로도 그는 동아시아를 단위로 삼아 삼국에서 각기 존립한 국학, 특히 국학운동의 의미를 아우르며 역사적 공통성을 포착해내고자 시도했다.[24] 최원식 역시 비슷한 시기에 일국적 사유틀인 내재적 발전론과 제국주의적 시각인 비교문학론에서 벗어나 진정한 국제주의적 시각을 확보하고자 동아시아 문학론을 주창했다.[25] 한편 중문학 연구자인 정재서는 서구의 이성중심주의적 논리틀을 해체하고자 동아시아 문화의 내재적 원리에 천착하되 동아시아 안에 잠류하는 중화주의라는 '내부적 억압'으로부터도 자유로워져야 한다는 점을 지적했다.[26]

그런데 이들 이외에도 고재광은 「동아시아 담론에 관한 비판적 고찰」에서 조한혜정을 동아시아 담론의 주요 논자로 거론한 바 있다.[27] 분명 조한혜정은 한국지식계에 침윤된 식민지성을 적출해내는 데 공을 들인 지식인이다. 그의 목소리를 직접 들어보자. "나는 여기서 자신의 문제를 풀어 갈 언어를 가지지 못한 사회, 자신의 사회를 보는 이론을 자생적으로 만들어가지 못하는 사회를 식민지적이라 부르고자 한다."[28] 그러나 조한혜정이 동아시아적 시각을 적극 개진한 적은 없다. 이후 인터아시아 컬처럴 스터디즈와 아시아 페미니스트 네트워크 등에서 활동하기는 하지만, 오히려 유교자본주의, 아시아가치론 등 근대화 편향의 동아시아 담론에는 여성적 시각이 부재하다는 게 그가 동아시아 담론을 두고 꺼낸 주된 발언이었다.[29] 그러면서 동아시아 담론이 변형된 문화적 우월주의에 기대고 있는데다가 권력지향적이어서 지적 허영에 그치고 말지 모른다는 경계심을 내비쳤다.[30] 그럼에도 불구하고 그가 이 시기에 광의

332쪽.

24   임형택, 「20세기 동아시아의 '국학' – 동아시아적 시야를 열기 위한 반성」, 『창작과비평』 124호, 2004, 364쪽.

25   최원식, 「동아시아문학론의 당면과제」, 『생산적 대화를 위하여』, 창작과비평사, 1997; 최원식, 『문학의 귀환』, 창비, 2001.

26   정재서, 『동양적인 것의 슬픔』, 살림, 1996.

27   고재광, 『동아시아 담론에 관한 비판적 고찰』, 서강대학교대학원 정치학과 석사학위논문, 1999.

28   조한혜정, 『글읽기와 삶읽기1』, 또하나의문화, 1995, 5쪽.

29   조한혜정, 「아시아 지역의 페미니스트, 왜, 그리고 어떻게 만날 것인가?」, 『당대비평』 5호, 2003.

의 동아시아 논자로 분류되었다는 것은 그 분류가 얼마나 타당한지를 떠나 당시 동아시아 담론의 탄력성 그리고 동아시아 시각의 용법이 무엇인지를 전해 준다. 인문학자들이 수도한 이 시기의 동아시아 담론은 한국지성사에서 근대 이성중심주의에 대한 비판이라는 점에서 탈근대적 기획이며, 서구중심주의에 대한 비판이라는 점에서 탈식민적 모색이라는 의의를 지녔다.

그러나 확산과 동시에 분화가 진행된다. 『오늘의동양사상』의 특집이 공동체주의, 해체주의, 생태주의, 깨달음 등을 동아시아 담론의 세부 항목으로 꼽은 데서 알 수 있듯이 동아시아 시각은 문학, 철학, 역사 영역에서 서구산 지식과 논리틀이 우세를 점하는 지적 식민화 상태, 냉전시기에 길들여진 이분법적 사고방식, 권위주의 개발 독재체제 속에서 경제개발에 매달려온 근대화 노선, 생태 파괴를 초래하는 기계론적 세계관과 도구적 자연관, 물질주의에 사로잡힌 왜곡된 인간관, 폐쇄적 집단주의 이면의 파편화된 개인주의 등 층위와 속성을 달리하는 여러 문제 상황을 진단하고 처방하는 데 쓰였다. 이렇듯 다양한 문제 상황과 상대하면서 동아시아 담론은 확산될 수 있었으나 다른 한편으로 상대해야 할 문제가 너무나 다양했기에 담론의 지향성이 모호해지고 분화가 초래되었다.

가장 중요한 분기점으로는 이상 나열한 문제 상황이 서양적 산물인지 근대적 산물인지에 대한 판단에 따라 '탈서구주의'냐 '탈근대주의'냐로 갈렸다. 물론 두 노선은 '서구중심적 근대화에서 대안적 근대성으로'라는 기치 아래 합류될 수도 있다. 하지만 어느 쪽에 방점을 두고 진단하느냐에 따라 내리는 처방도 탈서구주의의 방향에서 동양의 원형 내지 전통 자원을 재활용할 것인지, 탈근대주의의 방향에서 인식틀과 세계관을 재구성할 것인지로 갈렸다. 앞서 살펴본 『창작과비평』과 『상상』 진영의 분기점 역시 이와 무관하지 않다. 즉 주

---

30 조한혜정, 「페미니스트들은 부상하는 '아시아' 담론에 어떻게 개입할 것인가?」, 『성찰적 근대성과 페미니즘』, 또하나의문화, 1998.

체성의 재건이라는 입지점을 공유하더라도 담론의 지향에 따라 논리, 자원 그리고 동아시아라는 지역상조차 차별화되었던 것이다.

앞서 살펴보았듯이 『상상』 진영은 서구중심주의 극복에 초점을 맞췄으며, 주로 문학 연구자들이 동아시아 담론의 사상적 자원을 동아시아적 원형 내지 전통 속에서 발굴해내는 데 주력했다. 이러한 지향성은 『포럼21』에서 보다 두드러진다. 『포럼21』은 1995년에 '탈근대문명의 도래와 동아시아의 가능성'이라는 주제로 '아시아 포럼'을 개최해 역량을 과시했으며, 여기에는 문학 연구자뿐 아니라 이른바 문명론자도 가세했다. 이어령은 『포럼21』에 「탈근대문명과 동북아시아의 선택」(1994), 「아시아 문명의 카오스 도형」(1995)을 잇달아 발표하며 한국문화론과 동아시아문명론을 개진했다. 한국의 장구문화는 상생의 원리로써 상극과 모순을 결합할 수 있으며, 동양 문명은 음양의 조화, 태극 사상에 기반해 서양 문명을 변혁할 수 있다는 논지였다.[31]

같은 시기 김용운도 『포럼21』에 「한중일의 원형과 미래」(1994), 「동양 문명의 기원과 특징」(1995)을 발표했다. 제목만으로도 한중일이라는 범위의 동양 문명에서(사실 김용운은 인도도 아우른다) '원형'과 '기원'을 발굴해 그 '특징'을 규명하고 '미래'를 개척하려는 시도임을 짐작할 수 있다. 이 글들에서 김용운은 모든 민족은 고유한 문화를 갖는다는 '민족원형론'을 제시하고 한중일 삼국은 민족 원형이 유사해 공통의 문명을 건설할 수 있다고 힘주어 말했다. 이때 그가 원형으로 꼽는 것은 '융합성', '조화력', '중화력', '포용성'이었다.[32]

문학 연구자와 문명론자들의 이러한 주장은 김광억과 조한혜정 같은 인류학자들로부터 서구적 근대를 피상적이고 도식적으로 이해한 나머지 역오리엔탈리즘의 편향에 빠져 동아시아의 문화를 화석화한다는 비판을 샀다.[33] 하지

---

31 이어령, 「탈근대문명과 동북아시아의 선택」, 『포럼21』 1994년 봄호; 이어령, 「아시아 문명의 카오스 도형」, 『포럼21』 1995년 가을, 겨울호.

32 김용운, 「한중일의 원형과 미래」, 『포럼21』 1994년 여름호; 김용운, 「동양문명의 기원과 특징」, 『포럼21』 1995년 겨울호.

만 이 공방을 학문 분야의 차이라고 정리해서는 안 될 것이다. 가령 문학 진영 내부에서도 미묘한 분화가 일어났다. 앞서 언급한 조동일과 정재서는 모두 서양중심주의를 공박하며 동아시아 문학에 대한 관심을 피력했지만 논의의 전개 과정에서 차이점도 드러났다. 조동일은 한국적 요소를 전제하고 그러한 요소를 인국의 문화 항목에서 발굴해낸다면 한국문화의 보편성을 입증하는 동아시아적 형태를 확보할 수 있다고 주장했다. 동아시아 문화를 요소주의의 시각에서 접근하고 한국적 요소의 확장태를 동아시아 문화로 상정한 것이다. 하지만 정재서는 서구인들이 오리엔탈리즘에 기대어 구축한 동양학을 문제 삼는 동시에[34] 동양학 내부의 중화주의적 편견을 걷어내고 중심과 주변이라는 인식의 허구성을 직시하자고 설파한다. 이를 위해 "문화적 정체성의 문제를 근원주의가 아닌 대위법적인 조화의 차원에서 이해해야 한다"[35]라고 강조했다. 그는 구심적 문화사관에 입각한 동아시아 문화론의 허구성을 벗겨내는 방향에서 동아시아 문화에 관한 이해를 진척시키고자 했던 것이다. 한편 최원식은 앞의 논문에서 '동아시아 시각'을 제시하며 "동아시아적 시각이 아시아의 다른 지역은 물론이고 아프리카·라틴아메리카 등 기왕에 제3세계로 포괄되었던 지역들에 대한 성찰을 포기해서도 아니 된다"[36]라고 주장했다. 즉 동아시아를 고유문화를 공유하는 특수 지역으로 설정하기보다 세계체제 주변부의 근대 경험에 대한 수평적 관심을 넓혀가는 데 역점을 두었다. 이렇듯 서양중심적 근대화에 대한 문제의식을 공유하며 여러 논자가 지리범주 이상의 의미를 동아시아에 주입해 동아시아 담론이 확장될 수 있었지만, 확장기의 동아시아 담론은 전제, 논리, 전거, 지향 등 여러 위상에서 복잡한 분화를 겪었다.

33   김광억, 「동아시아 담론의 문화적 의미」, 『정신문화연구』 70호, 1998, 10쪽: 조한혜정, 「페미니스트들은 부상하는 '아시아' 담론에 어떻게 개입할 것인가?」, 『성찰적 근대성과 페미니즘』, 또하나의문화, 1998.
34   정재서, 『동양적인 것의 슬픔』, 살림, 1996, 17쪽.
35   위의 책(1996), 114쪽.
36   최원식, 「탈냉전시대와 동아시아 시각의 모색」, 『창작과비평』 79호, 1993, 213쪽.

3. 동아시아 담론의 정치: 1990년대 후반

동아시아 담론의 형성기와 확장기에는 입장을 달리하더라도 주로 인문학자들에 의해 논의가 주도되었다. 사회과학 영역의 연구자들도 폭넓게 참가하고 저널리즘도 가세해 논쟁이 활발해진 것은 1990년대 중후반이었으며, 그 계기는 동아시아 발전모델론으로 명명할 수 있는 담론 계열의 부상이었다.

동아시아 발전모델론은 아시아 여러 국가의 경제발전 현상에 대한 관심에서 비롯되었으며 그 원인을 설명하는 데 주력한다. 이 계열에는 유교자본주의론, 아시아적 가치론, 동아시아 발전국가론 등이 포함되는데 공통점만큼이나 차이점도 존재한다. 활성화된 시기도 시차가 있으며, 이것들 사이에는 담론의 정치가 벌어졌다.

한국지식계에서 먼저 부상한 것은 유교자본주의론이었다. 유교자본주의론은 자본주의를 경유하는 경제 성장을 불가피한 역사 경로로 받아들이되, 이를 성취한 비서구 국가들이 동아시아에 집중해 있음을 주목해 동아시아의 공통적 문화기반인 유교라는 가치체계와 자본주의라는 경제양식 사이의 친연성을 주장하는 논의다. 20세기 초 막스 베버Max Weber는 유교가 자본주의 발전을 저해한다는 견해를 밝혔는데, 자본주의적 발전을 성취했다는 현상에 근거해 베버의 견해를 뒤집어 유교의 자본주의적 기능성에 관한 이론을 확립해내고자 한 것이다.

동아시아 발전모델론이라고 부를 만한 학술 경향온 일본을 비롯한 동아시아 일부 국가들이 빠른 성장세를 보인 1970년대 이후부터 존재했으며, 문화적 요소로써 발전 현상을 설명하려는 시도 역시 서구학계에서는 이미 1980년대에 등장했다. 하지만 한국지식계에서 유교자본주의론이 본격적으로 부상한 것은 1995년 무렵이다. 뚜 웨이밍杜維明의 「유가철학과 현대화」가 이 해에 『동아시아, 문제와 시각』에 실려 소개되었고[37] 한국정치학회의 연례학술대회는 두 분과를 '유교와 자본주의', '유교와 민주주의'라는 주제에 할애했다. 이 자리에서 김석근은 「유교자본주의의 선택적 친화력?: 한국의 경험과 비판 그리고 전망」을 발표한 이래 1998년 「유교자본주의, 아시아적 가치, 그리고 IMF: '세기말' 한국과 '철학의 빈곤'」(한국정치학회 연례학술대회 발표 논문), 1999년 「유교 윤리와 자본주의 정신?: 베버 테제의 재검토」(『동양사회사상』 2호), 「아시아적 가치의 계보학: 기원과 함의 그리고 전망」(『오늘의동양사상』 2호)을 통해 유교자본주의와 아시아적 가치에 관한 논의를 이어갔다. 김석근이 일정한 거리를 유지하며 유교자본주의론의 학술적 의의를 따져갔다면, 유석춘은 유교자본주의론의 대표적 논자라고 불릴 만하다. 유석춘 역시 1997년 「유교자본주의의 가능성과 한계」(『전통과현대』 창간호), 1998년 「동양, 서양, 그리고 자본주의」(『사상』 봄호), 「'유교자본주의'와 IMF의 개입」(『전통과현대』 가을호), 「동아시아 유교자본주의 재해석: 제도주의적 시각」(『전통과현대』 겨울호)을 통해 꾸준하게 유교자본주의론을 쟁점화시켰다.[38] 또한 구종서도 한국을 동아시아모델의 전

---

37 뚜 웨이밍, 「유가철학과 현대화」, 『동아시아, 문제와 시각』, 문학과지성사, 1995.

38 『동아시아문화와사상』, 『오늘의동양사상』, 『전통과현대』는 유교, 특히 유교자본주의론을 매개해 협력관계를 도모했다. 2003년 4월 『동아시아문화와사상』 측이 주최해 성균관대학교 유학·동양학부 장실에서 열린 좌담회 「동아시아 담론의 오늘과 내일」에는 『동아시아문화와사상』 편집인 겸 주간인 송하경, 『전통과현대』 편집위원인 유석춘, 『오늘의동양사상』 측의 홍원식이 참가하고 사회는 『동아시아문화와사상』 편집장인 최영진이 맡았다. 토론 내내 발언자들은 세 잡지 간의 유기성을 강조했

형적 사례로 보며 그 내용은 유교주의, 개발독재체제, 국가주도형 수출지향공업화, 선경제·후정치형 사회발전 등 네 요소로 구성된다고 주장했다.[39] 논문명에서 유교가 동아시아와 함께 등장한 경우를 보더라도 1990년부터 1994년까지의 5년간은 한 편에 불과하지만 1995년부터 1999년까지의 5년 동안에는 열다섯 편으로 늘어난다. 주로 동양이라는 지역명에 기대왔던 유교가 경제적 시각을 매개로 동아시아라는 지역상과 결부된 것이다. 그 열다섯 편의 논문은 대부분 유교자본주의론에 관한 내용이다.

유교자본주의론은 논자마다 논지의 차이가 있긴 하지만, 전반적으로 유교가 동아시아 지역의 경제발전에 기여한 바를 미시적 차원과 거시적 차원에서 강조한다. 첫째, 미시적 차원에서 유교문화의 전통은 교육열과 노동윤리를 끌어올려 경제발전에 필요한 인적 자본을 형성하는 데 기여했다. 둘째, 거시적 차원에서 유교적 정치질서와 사회제도의 전통은 정부가 주도권을 갖고 경제정책을 펼칠 수 있는 환경을 조성해 경제발전의 근간을 다질 수 있었다.

그러나 유교자본주의론은 1997년 동아시아 경제위기로 직격탄을 맞는다. 동아시아 경제위기를 바로 앞둔 시기에 김석근은 『전통과현대』 창간호에 발표한 글에서 1990년대 한국사회에서 일어난 유교에 대한 관심은 "지난 시절에 대한 반작용 혹은 보상심리인가, 아니면 이념이 바랜 시대를 일거에 점령해버리려는 '보수' 혹은 '복고'의 단수 높은 전략인가, 아니면 또 무엇인가?"[40] 라고 물었다. 그리고 같은 호에 실린 글에서 함재봉은 1990년대에 유교가 부상한 이유를 두 가지 차원에서 설명하고 있다. 첫째, 국내적 차원에서는 '성공

는데, 홍원식이 문학에서 '문학과지성파', '창작과비평파' 등의 학파가 형성됐듯이 세 잡지를 중심으로 한 학파를 형성하자고 제안하자 송하경과 최영진은 공동세미나 개최와 공동의 네트워크 구축 제안으로 화답했다(송하경·유석춘·홍원식, 「동아시아 담론의 오늘과 내일」, 『동아시아문화와사상』 10호, 2003, 127~128쪽). 인적 연계도 뚜렷해 최영진은 『오늘의동양사상』 편집위원을 겸하고 이승환은 『전통과현대』 편집위원을 겸했다.

39 구종서, 「아시아 발전모델과 한국」, 『한국정치학회보』, 30집 2호, 1996.
40 김석근, 「자유주의와 유교: 만남과 갈등 그리고 화해」, 『전통과현대』 창간호, 1997, 129쪽.

의 위기'를 겪고 있는 한국사회를 읽어내는 새로운 시각이 필요했다. 즉 한국사회는 민주화와 산업화의 성취에도 불구하고 가치관의 혼란과 정치적 이상의 상실, 물질만능주의, 무실서, 이기주의로 피폐해지고 있는데 여기에 유교적 처방이 필요하다는 것이다. 둘째, 국제적 차원에서는 한국을 비롯한 동아시아 유교권 국가들의 비약적 경제발전으로 유교가 세계사적 가치를 지니게되었다. 따라서 유교에 관한 논의는 유교의 특수성에 국한되지 않고 근대 자본주의 사회에 관한 근본적이고 포괄적인 재검토의 기회를 제공한다는 것이다.[41]

그런데 동아시아 경제위기가 닥치자 유교는 국내적 차원에서도 국제적 차원에서도 그 의의를 상실하고 만다. 유교적 속성은 족벌주의, 연고주의, 온정주의, 정경유착, 정실인사, 부패, 관치금융 등 부정적 양상들과 계열화되었고, 유교적 사회 풍토는 오히려 위기의 주범이자 문화적 결함으로 지목되었으며, 유교자본주의는 '정실자본주의'로 폄하되었다. 그리하여 저널리즘에서는 유교자본주의에 대한 기존의 관심이 급속히 식어 버렸다.

하지만 학계에서는 유교자본주의론이 바로 떠내려가지 않았다. 여기서 학계의 고유한 관성을 확인할 수 있다. 즉 해당 주제에 관한 학술적 작업이 진척되던 중이라면 저널리즘처럼 시류 변화를 재빨리 좇지 않는다. 이때 중요한 역할을 한 잡지가 1997년 여름에 창간된 『전통과현대』다.[42] 잡지명에서 분명

---

41 함재봉, 「유교의 세계화: 특수성과 보편성의 문제」, 『전통과현대』 창간호, 1997, 26~28쪽.

42 서명훈은 『전통과현대』의 등장을 이렇게 평가한다. "1997년에는 좌파연然하지 않고서는 발도 붙이기 힘들었던 사회과학 잡지계에 전혀 새로운 잡지가 하나 생긴다. 『전통과현대』가 그것이다. 계간으로 출발한 이 잡지는 '전통을 긍정하는 새로운 담론'의 정립을 목표로 하고 있다. 한국적인 것과 동양사상에 대한 관심이 고조되고, 또 때맞춰 동아시아 경제모델에 대한 재평가가 활발하게 이루어지는 상황을 타면서 사회과학계의 한 틈새를 나름대로 차지했다는 평가를 받는다"(서명훈, 「학문과 시장 - 사회과학 학술잡지의 변민」, 『사회비평』 20호, 1999, 122쪽). 『동아시아문화의사상』 편집장이었던 최영진의 발언도 확인해두자. "『전통과현대』가 나왔을 때 우리는 조금 당황했습니다. 유학은 우리의 전유물인 줄 알았는데, 사회과학자들이, 그것도 기독교 대학인 연세대학교 교수들이 주체가 됐다고 하는 사실이 부럽기도 하고 또 한편으로는 당황하기도 했습니다"(송하경·유석춘·홍원식, 「동아시아 담론의 오늘과 내일」, 『동아시아문화와사상』, 2003, 120쪽).

하게 드러나듯 전통과 현대의 연관성을 주목하고 이들의 융합을 지향했던 이 잡지는 '유교와 21세기 한국'을 창간호 특집으로 꾸린 이래 동서양 가치문제와 결부된 정치·경제·사회·문화 특집을 이어갔다. 특히 동양학 영역에 국한되던 유교 연구를 확장시켜 정치학·사회학·경제학 분야에서 유교를 현대 한국사회의 문제들과 결부지어 탐구하는 데 공을 들였다. 유교자본주의론의 둔덕이 된 매체도 『전통과현대』였다.

그런데 『전통과현대』는 동아시아 외환위기가 번져나간 1997년에 창간되었다는 점을 상기할 필요가 있다. 동아시아 외환위기는 1997년 6월 말 태국에서 촉발되었으니 시간적으로 보았을 때 여름호로 발간된 창간호에서 유교자본주의론에 관한 비판론을 개진할 이유는 없었다. 2호인 가을호도 '한국의 권력'을 특집으로 삼았으며 동아시아 외환위기를 다룬 논문은 찾아보기 어렵다. 또한 공간적으로 보았을 때도 태국을 비롯한 동남아시아의 위기 상황을 '유교'적 가치의 퇴조로 받아들여야 할 필요는 없었다. 3호인 겨울호에는 유석춘의 「유교자본주의의 재해석」이 실리지만 유교자본주의를 기각하는 내용은 아니었다. 4호의 특집은 '다문화주의 시대의 전통문화'로, 함재봉이 편집자의 말로서 「경제위기와 문화」를 쓰고 박홍규가 「IMF 시대의 반성」을 발표하지만, 같은 호에 함규진의 「유교문화와 자본주의적 경제발전」이 수록되는 등 유교자본주의론이 곧바로 쇠락하지는 않았다. 특히 유석춘은 외환위기 상황에서 유교자본주의에 관한 글을 지속적으로 발표하며 IMF 구제금융이 동아시아 발전모델 혹은 유교자본주의의 실패를 뜻하지 않는다는 논의를 개진했다.[43]

더불어 동아시아의 외환위기는 동아시아의 경제구조 탓이 아니라, 서방 각국의 정부와 금융기관 및 기업체들이 의도적으로 동아시아의 은행과 기업의 자산가치를 부풀려 놓은 다음 갑자기 떨어뜨린 탓이라는 주장이 제기되었다. 이런 음모론은 IMF가 지원의 조건으로 시장자유화를 강요해 기업과 금융기관

---

43 유석춘, 「유교자본주의와 IMF 개입」, 『전통과현대』 6호, 1998.

을 외국자본에 매각하는 등 서방의 자본이 지배권을 확보하는 데 맞서자는 시장실패론으로 이어진다.[44] 카지노자본주의와 시장만능주의를 향한 이런 비판론은 동아시아 외환위기에 내해 IMF의 구제금융 프로그램이 아닌 동아시아적 처방을 내놓았으며, 여기서 유교자본주의론도 운신의 여지를 마련할 수 있었다. 경제위기로 삶이 피폐해진 상황에서 전통적 문화자산인 유교를 현대적으로 재해석해 한국의 윤리자산으로 삼자는 주장도 간헐적으로 등장했다.

그러나 추세로 보건대 유교자본주의가 설득력을 유지하며 지속되기란 어려웠다. 유교에 근거한 문화론적 설명 방식은 경제성장기에도 논리적 인과성을 결여했다는 비판을 샀으며, 경제위기에 직면하자 그 설득력을 빠르게 잃어갔다. 이렇게 유교자본주의론이 쇠퇴하자 그 공백을 메운 것이 아시아적 가치론이다.

실상 동아시아 외환위기 직후 미국 학계에서는 유교자본주의론만이 아니라 아시아적 가치론에 대해서도 공격이 거셌다. 『이코노미스트』지는 「아시아적 가치에 대한 재고: 이제 공자는 뭘 말할 것인가?」라는 기사를 통해 "아시아적 가치는 4마리 용의 놀라운 경제적 성공을 설명해주는 요인이 아니었다. 그리고 아시아적 가치는 그들의 놀라운 경제적 쇠퇴의 이유 또한 아니다"라고 지적했다. 『뉴욕타임즈』 역시 아시아의 금융위기는 근면, 성실, 가족으로 대변되어온 아시아적 가치가 허풍 내지 속임수에 지나지 않았음을 보여준다는 기사를 실었다.[45]

---

44 마하티르 모하마드는 소르스 같은 투기 자본가와 IMF를 앞세운 미국의 시장만능주의가 동아시아 경제위기를 초래했다며 공개적으로 비판했다. 그리고 1998년 9월 통화투기자, 헤지펀드, 기타 투기적 약탈자들이 말레이시아로 진입하는 것을 차단하겠다며 고정환율제를 시행하고 외환거래를 통제했다(『한겨레』1998년 9월 3일). 한국에서도 이교관 등은 미국 재무부-IMF-월가의 초국적 금융자본들 간의 연대, 이른바 '삼자 복합체'가 한국의 자본시장을 개방시키기 위해 IMF 구조조정 프로그램을 강요했다며 음모론을 제기했다(이교관, 『누가? 한국 경제를 파탄으로 몰았는가 : 3자복합체의 정체와 그 음모』, 동녘, 1998).

45 설한, 「'아시아적 가치'에 대한 재소고」, 『국제지역학논총』 1집, 2008, 68쪽.

그러나 한국지식계에서는 동아시아 경제위기가 서양의 물질만능주의를 추종하다가 일어난 폐단이기도 했다는 각성에서, 오히려 동아시아 경제위기 이후 신자유주의적 시장경제질서가 보급되는 가운데 아시아적 가치를 재고한다는 방향 전환이 일어났다. 또한 위기 국면에서 가족은 위기 극복의 최후 보루로 담론화되었는데 가족윤리의 복원이라는 측면에서 아시아적 가치는 활용의 여지가 있었다. 더불어 외환위기가 아시아권에 집중되었으니 유럽권이나 미주권처럼 경제공동체를 만들어 인적·물적 교류를 활성화하고 통화가치를 안정시켜 아시아의 번영을 재창출하자는 바람도 아시아적 가치론이 회자되는 배경이 되었다.[46] 그리하여 '유교자본주의'라는 일부 국가의 경제양식을 대신해 '아시아'라는 지역상을 부각시키고 그 지역상을 아우를 수 있도록 유교라는 단일의 문화적 요소를 '가치'로 확장한다는 식으로 아시아적 가치론이 전용되었다.[47]

이처럼 유교자본주의론과 아시아적 가치론은 공통점보다 차이점이 부각되었다.[48] 좀 더 세부적으로 살펴보자. 첫째, 유교자본주의론은 경제 영역에서의 발전 현상을 유교라는 문화적 요인으로 설명하지만, 아시아적 가치론은 서구와의 대비를 보다 강조하는 대신 경제만이 아닌 정치도 담론 영역으로 삼는다. 후술하겠지만 실상 아시아적 가치론은 인권 문제를 둘러싼 서구적 시각과 아시아적 시각의 충돌에서 촉발된 측면이 컸다. 둘째, 유교자본주의론은 유교

---

46 강수돌, 「아시아적 가치와 경영경제 현상」, 『오늘의동양사상』 2호, 1999, 77~78쪽.

47 이후 동아시아 경제가 회복세에 들어서면 한국과 싱가포르·홍콩 같은 국가와 지역이 태국·말레이시아·인도네시아 등과 비교하건대 혼란이 덜했고 경제위기로부터도 빠르게 벗어나 '우등졸업'했다는 데서 아시아적 가치론은 다시 조명을 받기도 했다(박홍기, 「아시아적 가치 논쟁: 논쟁의 추이와 주요쟁점에 관한 비판적 검토」, 『비교경제연구』 12권 1호, 2005, 182쪽).

48 물론 아시아적 가치론은 유교자본주의론의 연장선상에서 등장한 측면도 있다. 가령 1999년 함재봉이 발표한 글의 제목은 '아시아적 가치논쟁의 정치학과 인식론'이지만 논지는 유교의 현대적 재해석을 도모하며 부국강병·위민사상·도덕정치를 실현하는 유교적 국가의 역할에 주목해 유교사상에 입각한 '강력, 청렴, 투명한' 정부의 재건을 주장하는 것이었다(함재봉, 「아시아적 가치논쟁의 정치학과 인식론」, 『아시아적 가치』, 전통과현대, 1999, 232~234쪽).

를 단일의 설명변수로 삼지만, 아시아적 가치론은 보다 포괄적인 문화적 요인을 끌어들인다. 셋째, 그 결과로 유교자본주의론은 유교문화권으로 분류될 수 있는 한중일과 타이완, 싱가포르를 지역 범위로 삼지만, 아시아적 가치론의 지역 범위는 보다 넓어진다.[49] 특히 싱가포르의 리콴유李光耀와 더불어 아시아적 가치론의 실질적 주창자라고 할 마하티르 모하마드Mahathir Mohamad는 말레이시아의 총리였으며, 말레이시아는 유교문화권보다는 이슬람문화권에 가까웠다.

1997년 동아시아 경제위기 이후 유교자본주의론이 쇠락하고 아시아적 가치론이 힘을 얻는 것은 유교자본주의론의 거점이었던 『전통과현대』를 보더라도 알 수 있다. 1998년 가을호에는 유석춘의 「유교자본주의와 IMF 개입」이 실린 것과 나란히 편집주간인 함재봉이 「아시아적 가치 논쟁의 정치학과 인식론」을 발표해 방향 전환이 시사되고 있다. 함재봉은 이듬해 『철학연구』 44호에 「아시아적 가치와 민주주의: 유교민주주의는 가능한가?」를 발표해 유교라는 역사 자원을 경제 영역에 국한시키지 않고 정치 영역에서도 활용하고자 했다. 한편 아시아적 가치론과 관련해서는 이승환의 역할이 눈에 띄는데, 여러 편의 개별 논문을 발표했을 뿐 아니라 1999년에는 여러 논자와 함께 『아시아적 가치』라는 단행본을 출간하는 데서도 주요 중심 역할을 맡았다. 다만 이 책은 아시아적 가치를 주창하려는 기획이라기보다 아시아적 가치의 타당성을 다각도에서 검증하려는 기획에 가까웠다.

이렇듯 한국지식계에서 아시아적 가치론은 1997년 경제위기 이후 3~4년간 활발했는데, 실상 리콴유와 김대중 사이에서 벌어진 아시아적 가치를 둘러싼 대표적 논쟁은 이보다 앞선 1994년에 있었다. 1994년 리콴유는 『포린어페

---

49 함재봉은 아시아적 가치론을 정치학의 주제와 접목하는 데 중요한 역할을 맡았다. 함재봉, 『탈근대와 유교: 한국정치담론의 모색』, 나남, 1998; 함재봉, 「아시아적 가치논쟁의 정치학과 인식론」, 『전통과현대』 가을호, 1998; 함재봉, 「아시아적 가치와 민주주의: 유교민주주의는 가능한가?」, 『철학연구』 44호, 1999.

어스』Foreign Affairs지 3·4월호에 「문화는 숙명이다」Culture is Destiny를 발표해, 서구사회와 아시아 사회의 문화적·정치적 차이를 부각하며 서구식 제도를 아시아 국가에 무차별적으로 강요하는 것을 비판했다. 이를 위해 그는 서구의 개인주의와 다른 동아시아의 특성을 강조한다. "사회와 국가에 대한 서구적 개념과 동아시아적 개념의 근본적 차이점은 바로 동아시아 사회들에서는 개인이 가족 속에 존재한다고 믿고 있다는 것입니다. 여기서 내가 동아시아라고 할 때는 중국문화와 인도문화가 혼합된 동남아시아와는 대별되는 한국, 일본, 중국, 베트남을 의미합니다."[50]

이 글을 두고 김대중은 같은 학술지 11·12월호에 「문화는 숙명인가? 아시아의 반민주적 가치의 신화」Is Culture Destiny? The Myth of Asia's Anti-Democratic Values를 기고해 정면으로 반론을 폈다. 리콴유의 주장과 달리 서구식 민주주의는 아시아에도 적용해야 할 가치이며, 또한 아시아는 서구적 인권과 민주주의를 실현할 수 있는 사상적 토대를 갖고 있다는 것이 논지였다. 그리고 가족 중시는 아시아 정부들이 개인의 일상에 간섭하는 현실을 정당화하려는 논리에 불과하며, 새로운 경제질서 하에서 성공하려면 개인이 창의력을 발휘할 수 있고 정보 유통이 자유로운 사회적 토양이 중요하다고 강조했다.[51]

리콴유는 싱가포르의 초대 총리로서 1959년부터 1990년까지 역임했으며 글을 발표한 시점에도 수석 총리였다. 김대중은 당시 아태평화재단의 이사장으로서 국제적으로는 가장 명망 있는 한국의 정치인이었다. 그러나 이들이 주고받은 논쟁은 동아시아 담론이 부상하던 해당 시기의 한국지식계에서는 그다지 주목받지 못했다. 이 논쟁을 소개하는 글조차 찾아보기 힘들다. 한국지식계에서 아시아적 가치에 관한 논의는 3년 정도 지난 1997년 동아시아 경제위기를 맞닥뜨리며 본격화되었고, 리콴유와 김대중이 『포린어페어스』지에 발

---

50 리콴유 외, 「문화는 숙명이다」, 『아시아적 가치』, 전통과현대, 1999, 22~23쪽.
51 김대중, 「문화는 숙명인가?」, 『아시아적 가치』, 전통과현대, 1999, 51~64쪽.

표한 글들은 1999년 『아시아적 가치』가 출판될 때 번역문으로 수록되었다. 이 점은 아시아적 가치에 관한 한국지식계의 논의가 아시아를 향한 지역적 시야에 근거한 것이라기보다 한국지식계 내부의 '담론의 정치' 가운데서 파생된 것임을 짐작케 한다. 아시아적 가치론만이 아니라 형성기에 인문학자들이 지적 주체성의 문제의식에 기반해 동아시아 시각을 조형한 경우도 한국지식계의 동향에 따른 것이지 동아시아 담론을 지역적 담론으로 육성한 것이라고 보기는 어렵다. 인국의 비판적 지식인들과 잡지의 특집호, 동아시아 관련 출판 시리즈, 국제학술대회 등을 통해 활발히 교류한 것은 2000년대 초반부터의 일이다.

이 시기 잡지의 동향을 살펴보면 『사상』 1998년 봄호 특집이 '아시아적 가치의 21세기적 함의, 아시아와 서구 가치의 비교분석'[52], 『포럼21』 1998년 가을호 특집이 '아시아적 가치는 있는가?', 1999년에 나온 『동아시아비평』 2호의 특집이 '아시아적 가치론을 어떻게 볼 것인가?', 마찬가지로 1999년에 나온 『오늘의동양사상』 2호의 특집이 '아시아적 가치를 말한다'였다. 아울러 1998년에는 『동아시아문화와사상』과 『동양사회사상』이 창간되어 아시아적 가치를 조명할 매체가 늘어났다.

관련 학술회의도 빈번해 1998년만 해도 5월 한신대학교 철학연구소 심포지엄 '아시아적 가치?', 6월 연세대학교 동서문제연구원과 『전통과현대』 주최 국제학술회의 'Liberal, Social, and Confucian Democracy', 9월 한백연구재단이 주최하고 중앙일보가 후원한 국제심포지엄 '아시아적 가치는 존재하는가', 10월 한국철학자 연합학술대회 '경제위기와 철학적 대응', 11월 서울대

---

52 1999년 『사상』 여름호 특집은 '경제발전과 민주주의'였다. 권두언에는 이렇게 적혀 있다. "이른바 '아시아 가치론'을 주장하는 사람들은 권위주의가 민주주의를 향해 가는 역사적 발전 과정이라고 생각하지 않는다. 그들은 아시아적 가치, 가령 공동체적 윤리, 가족 중심주의, 연령에 따른 위계질서 등은 민주주의가 내세우는 가치들, '개인주의, 합리주의, 지적 자유' 등보다 본질적으로 우월하다고 믿는다"(「'경제 발전과 민주주의' 특집을 내면서」, 『사상』 1998년 여름호, 4쪽). 전호에 이어 아시아적 가치에 관한 논의를 경제와 정치 영역에서 구체화한 것이다.

학교 사회발전연구소가 개최한 심포지엄 '동아시아의 근대화와 유교: 아시아적 가치에 대한 재론', 11월 철학연구회 심포지엄 '아시아적 가치는 있는가?' 가 이어졌다.

이렇듯 빼곡한 일정 속에서 아시아적 가치론은 빈번히 회자되었을 뿐 아니라 다양한 영역으로 뻗어나갔다. 가령 11월에 열린 철학연구회 심포지엄의 발표문들은 이듬해 『철학연구』 44집에 수록되었는데 정치학(함재봉), 경제학(조혜인), 여성학(김혜숙), 철학(정인재) 등 다방면의 주제를 아우르고 있다.

김석근은 아시아적 가치론의 이러한 부흥이 거둔 성과를 세 가지로 요약한다. 첫째, 서구 중심의 보편주의를 상대화하는 데 크게 기여했다. 둘째, 서구 지식인들이 만들어낸 부정적 이미지, 예컨대 아시아적 전제, 아시아적 공동체, 아시아적 생산양식에 관한 편향된 이해방식을 상당 정도로 불식시켰다. 셋째, 아시아인 스스로 콤플렉스를 벗어던지고 자기주장을 펼칠 수 있게 되었다.[53]

그러나 1995년부터 본격화된 유교자본주의론과 아시아적 가치론을 두고 옹호론만이 힘을 얻었던 것은 아니다. 1999년에 출판된 『공자가 죽어야 나라가 산다』[54]의 대중적 반향에서 확인할 수 있듯 비판론의 토양도 만만치 않았다. 먼저 유교자본주의론에 가해진 비판부터 살펴보면, 유용태는 유교자본주의론의 방법론적 오류로서 자본의 본원적 축적과정에 대한 오해, 환원론적 단순화의 오류, 역사적 맥락을 무시한 비교방법상의 오류를 꼽았다.[55] 이수훈은 유교자본주의론이 문화론, 내인론, 결과론이라고 가치절하했고[56], 최배근은 유교와 자본주의라는 개념의 결합은 그 자체가 모순이어서 동아시아에서 시장과 국가의 결합 양상, 동아시아의 역동성과 한계를 파악하는 데 실패했다고

---

53 김석근, 「아시아적 가치와 불교 : 새문명의 모색과 지적 유산의 재발견」, 『전통과현대』 14호, 2000, 161쪽.
54 김경일, 『공자가 죽어야 나라가 산다』, 바다출판사, 1999.
55 유용태, 「집단주의는 아시아 문화인가: 유교자본주의론 비판」, 『경제와사회』 49호, 2001, 266~271쪽.
56 이수훈, 「동아시아 자본주의와 유교」, 『동아시아비평』 창간호, 1998, 89~92쪽.

지적했다.[57]

아시아적 가치론도 비판을 면치 못했다. 강수돌은 아시아적 가치의 허구성을 꼬집었고[58], 최장집은 '공동체주의'라는 명분 아래 권위주의적 위계질서와 반민주적 가치가 잠복한다고 경계했다.[59] 또한 김영명은 아시아적 가치론의 공동체주의는 '지도자=집권당=정부=국가'라는 왕조시대적 발상에 따라 시민사회의 정부 비판을 원천봉쇄하고 국익을 명분으로 내세워 개인의 자유와 권리를 자의적으로 박탈하는 데 쓰이며 이승만, 박정희, 김일성, 김정일, 장개석, 리콴유, 수카르노, 수하르토 등 아시아 지도자들에 의해 장기 집권과 권위주의 체제를 정당화하는 도구로 악용되었다고 지적했다.[60] 한편 임반석은 「아시아적 가치와 유교자본주의 담론의 함정」에서 유교자본주의론과 아시아적 가치론을 구분하기보다 함께 비판했다. 두 가지 모두 첫째, 일본의 경제발전에 대한 환상에 사로잡혀 그 요인과 과정에 대한 이해를 그르쳤고 둘째, 도덕결정론이라서 현실성이 떨어지며 판단력을 마비시킨다는 것이다.[61] 이러한 공세 가운데 1999년 무렵부터 기세 좋게 부상한 아시아적 가치론은 2002년 이후 적어도 학술지에서는 찾아보기 힘들어진다.

한편 이 시기에는 유교자본주의론, 아시아적 가치론 이외에도 유사한 기능을 맡았던 논의로서 동아시아 발전국가론이 있었다. 동아시아 발전국가론은 유교자본주의론처럼 동아시아의 경제성장을 출현 배경이자 설명 대상으로 삼지만, 유교라는 문화적 요소보다 국가의 전략적 시장 개입이라는 정책적·제도적 요소를 주목한다는 점에서 차이가 난다.

발전국가론은 신고전경제학의 시장중심적 접근법, 마르크스주의 전통의

57   최배근, 「유교자본주의론의 위기와 상상력의 빈곤」, 『경제와사회』 39호, 1998.
58   강수돌, 「아시아적 가치와 경영경제 현상」, 『오늘의동양사상』 2호, 1999.
59   최장집, 「아시아적 가치는 대안인가」, 『중앙일보』, 1998년 12월 1일.
60   김영명, 「유교적인 것이 동아시아와 한국의 자본주의를 설명할 수 있는가?」, 『동향과전망』 48호, 2001, 68~74쪽.
61   임반석, 「아시아적 가치와 유교자본주의 담론의 함정」, 『동향과전망』 43호, 1999, 248~258쪽.

사회중심적 접근법(도구주의적 국가론)에서 드러난 단선적 설명방식과 환원주의를 넘어 국가주도형 개발모델을 경로화하려는 시도였다. 이를 위해 국가 자율성state autonomy, 국가 능력성state capacity, 지도 자본주의guided capitalism, 관리된 시장governed market과 같은 분석적 개념 도구들이 마련되었다. 간단히 정리하자면, 국가주도형 개발 모델은 국가가 경제성장을 최우선시하여 시장에 적극 개입해 다양한 정책도구로써 자원을 계획적으로 할당하고, 산업정책을 통해 전략산업을 지정하고 육성해 산업기반을 구축하며, 무역장벽을 설치하고 이자율·환율·원자재가격·농산물가격을 억제하며, 수출지향적 전략을 수립해 국부를 창출해낸다는 것이다.

다만 동아시아 발전국가론은 유교자본주의론이나 아시아적 가치론처럼 특정 시기에 특집호가 잇달아 이어지며 부상했다기보다, 동아시아의 경제성장을 설명하는 일종의 경향성으로 존재하다가 경제위기에 직면하자 사회과학자들의 사정권 안으로 들어온 경우다. 1998년 한국비교사회학회는 '동아시아의 성공과 좌절'을, 한국정치연구회는 '동아시아발전모델은 실패하였는가'를 학술 의제로 삼았다. 개별 논자의 주장을 살펴보면, 조희연은 1997년『경제와사회』겨울호에 발표한「동아시아 성장론의 검토 – 발전국가론을 중심으로」에서 발전국가론은 국가를 사회로부터 분리된 자율적 실체인양 물신화했으며, 국가권력 담당자 내지 국가 엘리트의 이해를 옹호하는 것으로 귀결된다고 비판했다.[62] 박은홍은「발전국가론 재검토」에서 발전국가론은 다분히 결과론적이며 국가기구를 동일한 목표와 이해관계를 지닌 단일행위자monolithic entity로 간주할 위험성이 있고, 계급정치가 부재하며, 권위주의 체제를 옹호할 혐의가 있다고 지적했다.[63] 또한 동아시아 발전국가론 역시 동아시아 국가들이 보인

---

62 조희연,「동아시아 성장론의 검토 – 발전국가론을 중심으로」,『경제와사회』36호, 1997, 59~60쪽.

63 박은홍,「발전국가론 재검토 : 이론의 기원, 구조, 그리고 한계」,『국제정치논총』39호, 2000, 126
     ~128쪽.

성장의 예외성만을 주목할 뿐 예외적 성장의 이면에 잠복한 내부 결함은 간과하고 있었다. 더구나 발전국가론이 전제하는 경제성장 방식은 1990년대의 한국에는 더 이상 적용되기가 어려워 더 이상 설득력 있게 들리지 않았다. 한국의 국가 주도 추월전략은 이미 1987년 전후로 타격을 입었다. 1985년 플라자 합의 이후 세계시장 여건이 개선되자 이에 편승해 한국의 재벌은 외형을 확대했고 국가의 조정력은 상대적으로 약화되었다. 또한 민주화운동의 진전으로 자원 유출 혹은 수탈의 대상이었던 노동·농업·환경 부문의 정치력이 일정하게 성장해 국가가 나서서 요소가격을 낮추고 자본-노동관계를 조절하던 종래 방식은 한계에 부딪쳤던 것이다.

이상의 유교자본주의론, 동아시아 발전국가론은 내적 논리야 다르지만 모두 경제성장을 배경으로 삼아 현실추수적 설명에 치중하며, 자본주의 세계체제에서 입지를 다지는 것을 유일한 경로로 전제한다는 점에서 자본주의에 대한 대안체제, 대안적 근대화의 경로를 모색하거나 서양중심주의에 대한 자성의 색채가 짙었던 초기 동아시아 담론에 비해 비판적 문제의식이 크게 무뎌졌다고 말할 수 있다. 유교, 공동체성, 국가주도성에 대한 강한 긍정은 자칫 '개발독재 근대화의 문화론적 재포장'으로 변질될 위험성마저 지니고 있었다.

하지만 이상의 논의들은 동아시아 담론의 이행에서 중요한 의의를 지닌다. 사회과학자들이 동아시아 담론으로 대거 진입하는 계기를 제공했기 때문이다. 물론 1990년대 초부터 일부 사회과학자들이 동아시아의 신흥발전국가들을 분석하고자 발전국가론을 원용한 적은 있었으나 1990년대 중후반에는 이상의 논의들을 개진하거나 비판하는 양면에서 사회과학자들의 역할이 컸다. 동아시아 경제의 발전과 침체가 분석대상인 만큼 설명변수가 문화적 요인이든 제도적 요인이든 사회과학자들이 개입할 여지가 클 수밖에 없었던 것이다. 1998년 3월 『동아시아문화와사상』 창간 특집으로 마련된 좌담회 「동아시아 담론의 현주소-유교는 제3의 대안이 될 수 있는가」에는 구태훈(일본사), 정재서(중문학), 김홍규(국문학) 이외에도 강정인(정치학), 이대근(경제학)이 참석했다. 그리고 이 시기 『국제정치논총』, 『경제와사회』, 『비교사회학』, 『한국정치학회보』, 『한국사회학』 등의 사회학과 정치학 분야의 학술지에는 동아시아 경제에 관한 논문들이 대거 실렸다.

또한 이 시기에는 저널리즘에서 '동아시아 경제위기', '동아시아 경제협력'라는 형태로 동아시아라는 개념이 빈번히 회자되면서 학계를 넘어 사회적 신분을 갖고 유통되었으며, 그 과정에서 동아시아라는 개념에는 경제적 색채가 짙게 드리웠다는 사실도 기록해둬야 할 것이다.

4. 동아시아 담론의 지역(주의)화: 2000년대 초반

지금 동아시아에서는 얼마 전까지만 해도 예상하지 못했던 일들이 일어나고 있다. 최근만 해도 우리는 한국이 이 지역에서 가장 반미적인 정서를 가진 나라로 인식되리라 예상하지 못했으며, 일본 경제가 가장 침체한 경제가 되리라고도 생각하지 못했다. 그리고 중국의 경제성장은 널리 알려진 사실이었지만 다른 어느 나라보다도 가장 역동적인 고속성장 경제를 이룰 것이라 생각한 사람도 많지 않았다. 또한 놀라울 정도로 활동적이었던 아세안이 그렇게 쉽게 무기력하게 되리라고도 예상하지 못했던 것이다. 그 밖에도 "아시아적 가치"라든지 "네 마리의 호랑이" 같은, 한때 널리 유행했던 아시아적 개념들도 지금은 아시아 지역 안에서뿐만 아니라 세계 어느 곳에서도 오늘의 담론에서 사라진 지 오래다. 무엇이 이와 같이 예상하지 못했던 변화를 일으키고 있는 것일까? 우리는 우선 우리들 자신이 경솔했다는 사실을 인정해야 한다.[64]

---

[64] 편집부, 「동아시아 특집을 내면서」, 『사상』 55호, 2002, 3~4쪽.

2002년 『사상』 겨울호에 실린 「동아시아 특집을 내면서」의 일부다. 인용구에서 확인할 수 있는 사항은 2002년 6월 미군 여중생 장갑차 압사사건으로 한국사회에서 반미정서가 고조되었으며, 일본이 장기침체의 늪에 빠져 있으며, 아세안과 한국을 비롯한 신흥발전국가들은 경제위기의 여파에서 헤어 나오지 못했으며, 하지만 중국은 고속성장을 구가하고 있으며, 그리고 한국지식계에서는 아시아적 가치론이 퇴조했다는 것이다.

실상 인용구가 작성된 2002년에도 아시아적 가치론에 관한 논문이 간간히 학술지의 지면을 채우고 있었음을 감안한다면 "아시아적 개념들도 (……) 오늘의 담론에서 사라진 지 오래다"라는 표현은 아시아적 가치론 등의 몰락세가 그만큼 뚜렷했다는 의미로 받아들여져야 할 것이다. 확실히 1990년대 말의 경제위기로 말미암아 유교자본주의론과 발전국가론은 심각한 타격을 입었고, 경제위기 상황을 전유해 잠시 부흥한 아시아적 가치론 역시 쇠퇴의 길로 접어들었다. 그렇게 1990년대 중반부터 1990년대 말에 이르는 동아시아 담론의 한 국면이 마감되고 있었다.

돌이켜보면 소련의 해체 이후 1990년대 말까지 동아시아 담론을 추동해온 요소는 크게 세 가지였다. 첫째, 탈냉전으로 동아시아라는 지역 지평이 복원되고 역내 질서의 변화 가능성이 높아졌다. 둘째, 다양한 포스트 담론과 오리엔탈리즘 등이 지식계로 유입되고 서양중심적 근대관과 세계관에 대한 비판이 심화되고 반사적으로 동양에 대한 복권 풍조가 조성되었다. 셋째, 동아시아 국가들의 경제성장을 배경으로 동아시아적 특수성에 관한 탐구열이 고조되었다.

그런데 둘째와 셋째 견인 요소는 1990년대 말에 이르자 변질되거나 효력을 잃는다. 먼저 둘째 요인과 관련해 세기말에는 근대 비판론이 다수 등장했지만, 1990년대 초중반처럼 서구적 근대성이 아닌 한국사회의 압축적·모방적 근대화를 겨냥하는 논의들이 많았다. 몇 가지 사례만 분야별로 나눠서 살펴보자면 1996년 역사문제연구소가 편찬한 『한국의 '근대'와 '근대성' 비판』

은 한국의 근대화가 주체적 측면도 있지만 근대화의 전형에서 일탈된 혹은 변형된 근대화라는 논지를 전개했다.[65] 1997년 철학자 송두율은 「우리에게 근(현)대는 무엇을 의미하는가」에서 한국사회는 식민지기에는 일본적 근대를 주입받고 냉전 체제 아래서는 미국적 근대를 이식받으면서 근대화가 왜곡되었다며 그 역사적 내력에 관한 자성을 촉구했다.[66] 1998년 사회학자 장경섭은 「압축적 근대성과 복합위험사회」에서 한국이 추구해온 급속한 물질적 확대재생산 중심의 압축적 근대화가 지닌 치명적 약점이 경제위기, 정치민주화의 한계, 성수대교와 삼풍백화점 붕괴 등 일련의 충격적 안전사고를 통해 치명적 허점을 드러냈다고 진단했다.[67]

이처럼 세기 말에는 중앙집권적 근대국가의 형성, 자본주의적 산업화, 대의민주주의 실현이라는 과제를 따라잡기 식으로 추진해온 한국의 근대화에 대한 성찰적 목소리가 높아졌다. 즉 도구적 자연관, 물질주의적 인간관과 같은 근대의 부정적 속성은 서양에 배분하고는 동양의 전통을 긍정하는 방식으로 동아시아 담론을 끌어가기는 어려워진 상태였다. 한국의 근대가 이식된 근대, 모방적 근대, 압축적 근대인 까닭에 한국 근대화의 성과도 한계도 서구 근대의 그것들로부터 섣불리 가려낼 수 없었던 것이다.

한편 또 다른 견인 요소였던 동아시아 경제발전은 세기말에 동아시아 경제위기로 바뀌었고 국내에서는 1997년 여름 태국과 인도네시아에서 환율폭등과 주가급락이 일어나기 전에 이미 한보철강 등 대기업의 부도사태가 이어지며 경제위기를 예고하고 있었다. 이리하여 경제발전에 기대온 논의들은 입지가 크게 약화되었다. 더욱이 경제위기의 여파는 유교자본주의론, 동아시아 발

---

65 이 책은 두 부분으로 구성되는데 제2부 '한국의 근대와 근대성'에 무게가 실려 있다. 여기에는 「사회과학에서의 근대성 논의」(임현진), 「사상의 전개를 통해 본 한국의 '근대' 모습」(김동춘), 「근대화 프로젝트와 한국 민족주의」(박명림) 등 한국적 근대에 대한 다각도의 비판적 접근이 담겨 있다(역사문제연구소 편, 『한국의 '근대'와 '근대성' 비판』, 역사비평사, 1996).

66 송두율, 「우리에게 근(현)대는 무엇을 의미하는가」, 『현대사상』 1997년 여름호, 103~107쪽.

67 장경섭, 「압축적 근대성과 복합위험사회」, 『비교사회』 2호, 1998, 373~376쪽.

전국가론 등 일부 논의에 국한되지 않고, 담론의 기세를 꺾었다는 점에서 동아시아 담론 전반에 미치고 있었다. 따라서 동아시아 담론은 방향 전환을 겪지 않을 수 없었고, 지속되려면 새로운 견인 요소가 필요했다.

여기서 중요한 의미를 지니는 사회적 배경이 1997년 아세안+3 체제의 출현과 1998년 국민의 정부의 출범이었다. 동아시아 경제위기는 일국의 무역수지 악화, 성장률 저하와 같은 형태가 아니라 외환위기·금융위기의 형태로 들이닥쳐 동남아를 포함한 동아시아 전역으로 확산되었다. 동남아발 쇼크를 입은 지 두 달여 만에 원화가치도 폭락했던 것이다. 이로써 경제위기를 계기로 동아시아는 밀접한 경제적 연관성을 지닌 실체처럼 인식되었다. 그리고 경제위기에 대한 처방으로 IMF의 구제금융 프로그램을 수용하는 과정에서 신자유주의적 세계화의 위력과 위험성이 명시적으로 드러났다. 그런데 그것이 한편으로는 한국지식계 내에서 한국의 근대화에 대한 성찰을 불러일으켰고, 다른 한편으로는 지역 차원의 공동 대응을 고심하도록 이끌었다. 더욱이 아세안+3 체제가 출현하자 사회과학자들은 지역주의regionalism의 시각에서 국가 간 협력체를 모색하는 데 힘을 기울여 동아시아 담론은 지역주의론이라는 형태로 활로를 마련한다.

물론 이전에도 환발해만경제권, 황해경제권, 환일본해경제권 같은 국지적 협력 구상이나 아태지역을 포괄하는 광역 단위의 협력 논의가 등장한 바 있다. 그러나 동아시아 경제위기를 겪고 아세안+3 체제가 출현하자 동아시아라는 지역상이 경제적 지역주의의 핵심 단위를 맡게 된다.[68] 더욱이 1998년 국민의 정부가 출범하면서 동아시아 지역주의론은 현실적 둔덕을 얻는다. 경제위기와 IMF 구제금융이라는 어수선한 상황 속에서 대통령으로 당선된 김

---

68 이미 1993년 『동향과전망』 19호에서는 두 번째 특집으로 '범세계화인가, 지역주의인가'가 다뤄진 적이 있으나 동아시아라는 지역 권역이 구체화되지는 않았다. 다만 당시 지역주의론이 세계화론의 대항물이자 파생물이었음을 짐작할 수 있다.

대중은 무엇보다 경제위기를 탈출하고 성장동력을 확보하는 것을 최우선 국정과제로 삼았으며, 이를 위한 대외정책으로 경제위기를 지역 차원에서 극복할 수 있는 협력의 제노화를 모색했다.

이 시기 동아시아 담론에서 일어난 중요한 변화로 꼽아야 할 것은 지역주의론의 부상 말고도 그로 인해 동아시아의 지역상이 동남아를 포함하는 방향으로 확장되었다는 사실이다. "지난 1997년 태국에서 시작된 경제위기가 인도네시아 한국 등으로 확산된 예에서 보듯이 이제 동남아시아 동북아시아의 구분은 의미가 없습니다."[69] 아세안+3 정상회의 기조연설에서 김대중 대통령이 한 발언이다. 외환위기를 계기로 동아시아의 상호연관성을 강하게 의식하게 되었다는 것은 단지 외교적 수사로서 꺼낸 이야기가 아니며, 김대중 대통령은 임기 내내 동북아와 동남아를 아우르는 동아시아 경제협력에 관한 구상과 정책화를 이어갔다.

1998년에 개최된 비공식 아세안+3 정상회의에서 김대중 대통령은 동아시아 국가들 간의 협력을 증진하기 위한 방안을 마련하고자 동아시아비전그룹EAVG을 제안했다. 그리하여 결성된 동아시아비전그룹은 최초로 동아시아공동체EAC의 형성을 제안하고, 그 비전을 '평화'Peace, '번영'Prosperity, '진보'Progress라는 세 단어로 압축하는 보고서 「동아시아 공동체를 향하여 – 평화·번영·진보의 지역」을 2001년 5차 정상회의에 제출했다.

그리고 2000년 아세안+3 정상회의에서 김대중 대통령은 동아시아비전그룹 보고서가 제안한 방안들을 실무적으로 평가하기 위해 동아시아연구그룹EASG의 설립을 제안했다. 2001년 아세안+3 정상회의에서는 동아시아 국가 사이의 협력을 제도화하기 위해 동아시아자유무역지대를 창설하고 아세안+3 정상회의를 동아시아정상회의로 격상했다. 또한 광범위한 사회적 교류를 촉

---

69 김대중, 「2001년 아세안+3 정상회의 기조연설」, 『김대중 대통령 연설문집 제4권』, 대통령비서실, 2002, 534쪽.

진하기 위해 정부와 비정부기구를 망라하는 동아시아포럼을 설립할 것을 제안했다. 그런 주도적 역할에 힘입어 2002년에는 서울에서 제1차 동아시아포럼이 개최되고, 2004년에는 아세안+3 국가들이 전격적으로 동아시아정상회의를 조기 개최하는 데 합의했다.

김대중 대통령의 임기 동안 이렇듯 동아시아 지역협력의 모색과 더불어 제도화가 꾸준히 진행되면서 학계에서 동아시아는 유럽과 북미의 지역통합에 대응하는 제도적 권역의 성격이 강해졌고, 그 지역 범위는 아세안+3의 형태로 확장되어 동남아가 시야로 들어오게 되었다. 이는 한반도를 중심에 두고 중국과 일본, 미국과 러시아를 주요 행위자로 상정하던 창비 진영의 동아시아 표상, 서양과 대비되는 동양 혹은 유교문명권·한자문명권으로 동아시아를 구도하던 일부 인문학자들의 동아시아 표상, 중국보다 일본을 중심에 두고 아시아의 신흥개발국을 아우르던 유교자본주의론자, 발전국가론자의 동아시아 표상과 사뭇 다른 것이었다.

한편 국민의 정부 시기에는 햇볕정책을 대북정책의 기조로 삼고 동북아 다자협력을 적극 추진했는데, 이 또한 동아시아상의 구체화에서 중요하게 작용했다. 특히 2000년에 6·15 남북정상회담을 개최하고 5개항의 공동선언문을 채택한 것은 안보평화공동체의 단초를 제공한 역사적 사건이었다. 한반도에서 냉전적 대치구도가 이완되지 않는 한 역내에서 안보평화공동체를 형성하기란 요원하다. 김대중 대통령의 햇볕정책은 한반도비핵화공동선언과 개성공단 건설, 금강산 관광사업 등의 구체적 성과를 냈고, 남북 간의 다양한 협력사업이 진전되면서 한반도를 하나의 전략적 단위로 사고하는 것이 가능해졌다. 아울러 협력사업이 워싱턴, 동경, 베이징, 모스크바로부터 다자적 국제지원을 약속받으면서 안보평화공동체를 구성하는 것이 21세기 한반도 발전전략의 핵심과제로 부상했다. 이리하여 지경제학 측면에서는 아세안+3라는 수준에서 동아시아가, 지정학적 측면에서는 6자회담의 틀과 포개지는 동북아가 차별적으로 거론되는 양상이 점차 정착되었다.[70]

이렇듯 정책 과제로서 동아시아 경제협력, 동북아 다자주의가 추진되자 학계에서 사회과학자들의 관련 연구도 활발해졌다. 다만 이때는 사회학, 정치학 분야의 연구보다는 국제정치학, 외교학 분야의 연구가 주종을 이룬다. 2001년 발족한 한국동북아지식인연대NAIS Korea는 동북아시대의 도래에 발맞춰 동북아공동체의 결성이 필요하다며 333인의 지식인들이 역내 지역통합의 필요성을 역설하는 창립선언문을 발표하기도 했다.[71] 그리고 이 무렵부터 '동아시아공동체', '동북아공동체', '경제통합', '안보협력' 등을 표제로 하는 단행본이 비약적으로 늘어난다.

반면 잡지계를 살펴보면 2000년대에 들어서는 지역주의론을 제외한 동아시아 관련 특집이 줄어드는 양상이다. 기본적으로 경제위기 이후 출판계가 위축되고 잡지들이 한파를 맞아서이기도 하지만, 외부의 정치적·경제적 변동과 학술계 내부의 다기한 지적 모색에 반응하며 확산되고 분화되었던 동아시아 담론의 탄력성이 줄어들었음을 보여준다고도 말할 수 있다. 특히 정책 담론으로 육성되는 동아시아 지역주의론에 인문학자들이 참여할 여지는 거의 없었다. 점차 인문학자들이 주도하는 논쟁적 특집호는 줄어들고 대신 사회과학적 분석기법에 근거한 개별 논문이 부지기수로 늘어났다. 양적으로 보았을 때 동아시아 관련 연구는 여전히 증가세였지만, 지식인들 사이에서 화두가 되고 논의가 오가는 담론적 속성은 약화된 것이다. 이는 정부의 학술지원책과도 무관하지 않은데, 특히 2000년대에 들어 국제정치학과 외교학 분야에서 발표된

---

70 당시 신문 기사에서도 동아시아와 동북아라는 지역명의 차별적 사용을 어렵잖게 확인할 수 있다. 가령 『문화일보』 2000년 1월 5일자는 김대중 대통령이 참석한 가운데 열린 2000년 1월 5일 NSC 회의에 관해 "냉전종식을 위한 외교를 강화하기 위해 동북아 다자안보대화 협의체 구성을 추진하고 아세안ASEAN과 한·중·일 3국을 포괄하는 동아시아 공동체 의식을 강화해 나가기로 했다"라고 보도하고 있다(「올해 '한반도 평화정착 원년으로'」, 『문화일보』, 2000년 1월 5일).

71 한국동북아지식인연대는 결성 직후 국제회의를 열고 동북아 지식인연대의 국제적 조직 결성을 꾀하는 '2001 인천선언'을 선포했으며, 2002년 10월에는 '동북아공동체' 실현전략을 모색하기 위한 한중일 국제회의를 개최했다.

동아시아 지역주의 관련 논문에서는 "이 논문은 ○○○○년도 한국학술진흥재단의 지원에 의해 연구되었음"이라는 문구가 자주 눈에 띈다. 특히 동아시아 공동체 관련 연구는 정책적 수혜를 크게 입었고, 그런 와중에 논쟁적인 비평보다는 정형화된 논문이 동아시아 관련 문헌의 주류 형태를 점하게 된다.

1990년대 말부터 2000년대 초반에 이르는 이 시기 동아시아 담론의 특징은 한마디로 '동아시아 담론의 지역주의화'라고 표현할 수 있을 것이다. 동아시아는 서양중심적 근대성을 반성적으로 성찰하거나 동양적 문명을 대안적으로 조명하기 위한 문제의식의 장이라기보다 지역협력과 다자주의로써 다져가야 할 제도적 권역인 것이다. 이처럼 십 년도 지나지 않아 동아시아 담론은 비판 담론에서 후원 담론으로 옮겨가게 되었다.

그러나 국가 단위의 지역협력을 구상하는 지역주의론이 위로부터 육성되는 것이라면, 이 시기에는 아래로부터의 대안적 지역화regionalization 움직임도 일어났다. 여기서 지역주의와 지역화를 구분해둘 필요가 있겠는데, 국가 수준의 협력을 의미하는 '지역주의'가 제도적 차원에서 추진되는 것이라면, 아래로부터의 민간 연대를 의미하는 '지역화'는 분산적이고 비조직적이다. 그리고 지역주의의 이슈가 경제와 안보 영역에 집중된다면, 지역화는 문화·역사·사회운동 등 보다 다양한 영역에서 전개된다.[72]

앞서 살펴봤듯이 1990년대 후반 한국지식계에서는 한국적 근대화에 관한 비판적 성찰이 이어졌고 국가주의·민족주의·집단주의 등이 비판의 도마 위에 올랐다. 동아시아 담론이 지역주의적 시각을 장착해 국익을 지역 수준에서 확대재생산하는 논리 마련에 부심하던 무렵, 역방향에서는 국가주의를 비판하고 국경을 넘어선 아래로부터의 연대를 향한 문제의식이 심화된 것이다. 국민국가가 주도하는 지역주의 추세는 국민국가 내부에서 주변화된 소수자의 목소리를 무시하고 생활세계의 표준화를 강요할 공산이 크다. 아울러 역내 타

---

72 Pempel, T. J. ed., *Remapping East-Asia: The Construction of Region*, Cornell University, 2005.

국과의 교류는 경제와 안보 이슈를 둘러싼 협력사업을 추진하기 위해서만이 아니라 뒤얽힌 과거사와의 조우, 탈민족주의적 연대의 모색, 패권주의적 국가주의의 극복을 위해서도 요청된다. 2002년 '신자유주의의 패권적 지배로 절대적 피해 현실에 처한 동아시아의 소통과 상생의 창을 열기 위해' 한중일의 학자와 문화예술인이 모여 '동아시아 문화공동체 포럼'을 출범시킨 것은 이러한 문제의식의 발로였다.

이 시기 이 방향에서 중요한 역할을 맡은 잡지는 『당대비평』이다. 사실 『당대비평』이 동아시아 시각과 관련된 이슈를 꾸준하게 공들여 다뤘다고 보기는 어렵다. 차라리 『당대비평』의 비판적 문제제기 가운데 동아시아 시각의 지역적 용법이 드러났다고 하는 편이 맞겠다. 『당대비평』은 1997년 창간해 2005년 휴간하기까지 29호에 걸쳐 전방위적으로 사회문제를 검토했고 다양한 분야의 논자들이 대거 참여했다. 『당대비평』이 조명한 사회문제를 분야별로 가늠한다면 탈식민주의, 위안부 문제, 친일파, 역사주의, 역사갈등, 교과서의 국민화 책략 등 민족주의와 역사인식에 관한 논의를 이어가고, 박정희 시대의 폭력, 1980년 광주, 친일파, 민간인 학살 등의 한국의 과거사 문제를 들춰내고, 대북정책, 통일전략, 반공주의, 북핵, 탈북자 등 분단체제의 현실을 조명하고, 세계화, 신자유주의, 금융자본, 시장질서, 재벌개혁, 노사관계, 실업문제 등을 쟁점화해 경제민주화의 방향을 모색하고, 가부장주의, 가족주의, 군사주의, 학력주의, 관료주의, 지식권력, 언론권력·종교권력 등 한국사회의 어두운 이면을 파헤치고, 인문학의 위기, 생명공학, 한류, 월드컵 열풍 등을 주목해 당대 한국사회를 비평하고, 시민운동, 노동운동, 평화운동, 장애운동, 동성애운동, 병역거부운동 등을 주목해 실천의 방향을 탐구했다.

이렇게 주제들을 나열해본 까닭은 『당대비평』이 여느 학술지보다 사회비평적 성격이 강했음을 보여주기 위함이다. 이 시기에는 『당대비평』 이외에도 『이론』을 계승해 1999년 창간된 『진보평론』처럼 학계와 현장을 잇는 운동적 성격의 잡지들이 등장했다. 그러나 2005년 『당대비평』의 휴간을 비롯해

2000년대 중반에는 『사회비평』, 『전통과현대』, 『아웃사이더』, 『인물과사상』 등의 휴간, 종간, 폐간과 함께 한국지성사에서 잡지 운동이 크게 쇠퇴한다. 그리고 1990년대 좌파 학술운동 진영을 대표하던 『경제와사회』, 『동향과전망』 등이 제도권 학술지로 변모하고, 문학 이외의 비평지는 점차 사라지고, 대신 전문연구지·학회지만이 늘어나면서 횡단적 소통이 일어야 할 잡雜지 세계는 크게 위축된다. 동아시아 관련 연구가 양적으로 줄지 않았는데도 2000년대 중반을 동아시아 담론의 쇠퇴기라고 진단하는 것도 동아시아 담론의 특성상 지식계의 활발한 논의에서 다양한 문제의식을 꾸준히 공급받아야 하는데, 논쟁적 지식 공간이 축소되자 그로 인해 동아시아 담론 역시 활력을 잃고 담론적 속성이 약화되었기 때문이다.

다시 『당대비평』으로 돌아오자. 『당대비평』의 등장과 소멸은 시기적으로 국민의 정부와 겹치는데, 그동안 정부 차원에서 동아시아 지역주의가 진전되었다면 『당대비평』은 아래로부터의 대안적 지역화를 견인하는 한 축을 맡았다. 경제위기가 고조되던 1997년 가을에 창간된 이래 창간호 특집 '자유와 평등을 넘어 사회적 연대로', 2호 특집 '새로운 공화국을 꿈꾸며', 3호 특집 '다가온 신질서 축복인가 재앙인가', 4호 특집 '거대 금융 군단과 난쟁이들의 저항'을 연이어 기획하며 신자유주의적 세계화에 맞선 지적 거점으로서 기능했으며, 5호인 1998년 합본호 특집으로 '위기 속의 아시아, 국가·민족을 넘어 연대는 가능한가'를 기획해 경제위기에 따른 사회질서 변화를 일국 단위로 대처하는 데서 그치지 않고, 이른바 '세계화의 함정'에 맞서 지역적 연대의 가능성을 모색하고 제3세계 민중 간의 연대를 도모하고자 부심했다. 그리고 10호인 2000년 봄호에서는 '동아시아 지성의 고뇌와 모색: 지구화와 내셔널리티 사이에서'를 특집으로 꾸려 저항적 민족주의도 예외일 수 없는 민족주의에 잠재된 권력욕구를 추궁했는데, 여기서 임지현 이외의 필자들은 모두 인국의 지식인이었다.[73]

특집호가 아니어도 『당대비평』은 인국의 지식인, 활동가의 목소리를 한국

지식계의 공론장으로 전달하며 역내로부터 다원적 참조체계를 끌어들이려는 시도를 이어갔다. 특히 탈민족주의, 탈식민주의의 문제의식으로부터 일본에서 활동 중인 지식인들에게 많은 지면을 할애했는데 김석범, 서경식, 강상중, 이효덕 등의 재일조선인 지식인, 나카노 토시오中野敏男, 도미야마 이치로冨山一郎, 사카이 나오키坂井直樹, 와다 하루키, 요시미 순야吉見俊哉, 우에노 치즈코上野千鶴子, 우카이 사토시鵜飼哲, 이와사키 미노루岩崎稔, 이타가키 류타板垣龍太 등의 비판적 지식인들이 『당대비평』에 글을 실었다. 이들 중 다수는 『당대비평』을 통해 한국어 잡지에 글을 처음 발표했다. 역으로 『당대비평』을 매개해 일본으로 문제의식이 소개된 한국인 필자들도 여럿이다. 특히 『당대비평』은 『현대사상』現代思想과 공동으로 특집과 좌담 등을 기획하기도 해서 2000년부터 『당대비평』이 종간하는 2005년까지 『당대비평』에 수록된 논문 가운데 스무 편 넘게가 『현대사상』을 통해 일본어로 발표되었다. 『창작과비평』과 『세계』世界가 냉전질서, 분단체제, 민주화 운동을 매개해 1970년대부터 오랜 유대를 이어왔다면, 『당대비평』과 『현대사상』은 문부식과 이케가미 요시히코池上善彦가 2000년의 첫 만남 이후 탈식민주의와 (9·11 테러로 부각된) 신제국주의에 관한 문제의식에서 빠르게 접점을 형성한 경우라고 하겠다. 아울러 『당대비평』은 도미야마 이치로를 비롯한 『임팩션』Impaction 편집진과의 교류에도 힘을 썼다.

반면 『당대비평』의 창간부터 휴간에 이르기까지 중국의 지식인이 글을 발표한 경우는 왕후이王輝가 유일하다. 이 사실은 『당대비평』의 인적 네트워크를 반영하는 것이기도 하지만, 당시 한국의 비판적 지식계에서 동아시아 담론이 어떤 사회적 의제를 주목했고 어떤 지향성을 지녔는지도 짐작케 한다. 『당

---

73 이 특집에는 임지현의 「한반도 민족주의와 권력 담론: 비교사적 문제 제기」 외에 왕후이의 「세계화 속의 중국, 자기 변혁의 추구: 근대 위기와 근대 비판을 위하여」, 강상중의 「혼성화 사회를 찾아서: 내셔널리티 저편으로」, 우카이 사토시의 「국민이란 무엇인가: '시민 캘리번' 혹은 에르네스트 르낭의 정신의 정치학」이 수록되었다.

대비평』만이 아니라 2000년대 초중반부터 그린비, 논형, 동북아역사재단, 문학과지성사, 삼인, 소명출판, 역사비평사, 이산, 창비, 푸른역사 등의 출판사는 다양한 동아시아 관련 시리즈를 기획했는데, 전반적으로 일본어 번역서가 중국어 번역서보다 압도적으로 많았다. 이 또한 언어체계의 인접성으로 인해 일본어 번역이 보다 수월하며, 일본 지식인들과의 학술교류가 보다 활발했다는 사실 말고도 탈민족주의 · 탈식민주의의 문제의식에서는 제국–식민지의 역사관계를 가진 일본 지식계와의 접점이 보다 많았음을 보여준다. 그리고 동아시아 관련 시리즈로 소개된 일본어 문헌은 국제정치, 경제, 문화 분야의 연구서보다는 역사서, 사상서, 비판이론서가 주종이었음도 짐작할 수 있다.

『당대비평』의 특집과 기획 가운데서도 8호 '우리 안의 파시즘', 9호 '우리 안의 파시즘2', 13호 '근대와 식민주의 인식의 전복을 위하여', 16호 '국민 만들기로서의 교과서' 등은 중국지식계보다 일본지식계와 논의가 활발할 수 있는 주제였다. 그중에서도 한국과 일본 지식인 간의 중요하고도 지속적인 의제는 역시 '민족주의'였다. 민족주의 문제는 식민화와 근대화, 역사주의와 국민주의 등과 얽혀 있는 학적 난제이며, 위안부 문제, 친일파 청산, 영토분쟁, 역사분쟁과 닿아 있는 현실상의 논제다. 그리고 2001년 후소샤판 역사교과서 검정과 발행 그리고 이를 둘러싼 양국 시민사회 차원의 교과서 불채택운동처럼 사회적 동향으로부터 지속적으로 논의의 동력을 공급받는다.

후소샤판 역사교과서 검정 문제가 비화되자 『당대비평』은 2002년에 '기억과 역사의 투쟁'이라는 특별호를 꾸려 발 빠르게 대응했다. '비판과 연대를 위한 동아시아 역사포럼'의 명의로 「전유된 기억의 복원을 위하여」라는 머리글이 실렸고, '한일 지식인의 대화: 죄의식과 부끄러움 사이에서', '특집: 역사교과서 비판–내셔널 히스토리의 해체를 향하여', '좌담: 동아시아 역사학의 반성–국민국가의 담 밖에서'가 이어졌다.

여기서 등장한 '비판과 연대를 위한 동아시아 역사포럼'은 일국사적 민족주의 사학을 비판하고 국민국가의 경계를 넘어선 새로운 연대의 가능성을 모색한다는 기치 아래 2000년 1월에 결성된 모임으로 한국과 일본의 비판적 역사연구자들이 주축이었다. 이 포럼은 취지문에서 "국가에 의해 전유된 기억을 비판적으로 성찰하고 해체하여 자율적 개개인의 밑으로부터의 연대를 구축하는 기억을 복원해야겠다는 문제의식에서 출발"한다는 지향성을 뚜렷하게 밝혔다.[74]

이 포럼의 주창자기도 한 임지현은 여러 논문을 통해 탈민족주의, 탈국사주의에 관한 자신의 문제의식을 개진했다. 그의 기본적 논지는 민족주의를 국민 통합과 동원의 이데올로기로 사용하는 동아시아의 국가권력은 겉보기에는 적대적이나 실상 내연관계를 맺고 있다는 것이었다. 민족주의를 떠받치는 국사의 이론적 지주는 공히 역사주의이며, 그로 인해 각국의 국사, 특히 제국의 국사와 식민지의 국사는 자국중심적 기술에도 불구하고 '적대적 공범관계'를 이루며, 동아시아의 민족주의는 서로를 배제하고 타자화하면서 동시에 서로를 강화하는 역설에 놓여 있다는 것이다.[75] 물론 이런 견해는 제국과 식민지가 겪는 역사 경험의 차이를 간과하며, 따라서 과거의 제국과 식민지였던 일본과 한국에서 오늘날 역사갈등이 갖는 의미와 위상이 다르다는, 즉 비대칭성을 고려하지 않았다는 등의 비판을 받았지만, 상호연관된 지역 단위로서의 동아시아 역사를 서술하는 시각을 제시했다는 점에서 중요한 의의를 갖는다.

아울러 윤해동은 국민국가가 전유한 과거의 기억을 전복하고 민족주의를 넘어선 민중 연대에 나설 것을 역설했다. 2002년 『당대비평』의 특집호에 발표한 「억압된 '주체'와 '맹목'의 권력 — '동아시아역사논쟁'과 국민국가」에서는 "민족, 국민, 국민(민족) 국가, 계급이 아닌 인간의 존재, 그 모든 것을 포괄하고 보편적 인간의 존재를 사유"하는 새로운 시대를 열어가야 한다며 "각국의

---

74 임지현·이성시 편, 「비판과 연대를 위한 동아시아 역사포럼 취지문」, 『국사의 신화를 넘어서』, 휴머니스트, 2004, 474쪽.

75 임지현, 「국사의 안과 밖-헤게모니와 '국사'의 대연쇄」, 위의 책, 22~29쪽.

시민사회 내에서 의사소통적 합의를 도출하고 이를 통하여 공공적 역사를 구성하려는 시도를 통하여, 인권과 평화에 기반한 동아시아 시민연대를 구축하는 방향으로 나가지 않으면 안 된다"라고 강조했다.[76]

이러한 모색들은 분명히 시야를 인국으로까지 넓혔다는 것 이상의 의미를 갖는다. 한일, 한중과 같은 이항적 틀을 넘어 지역의 역사와 현실을 다각도에서 바라보는 시각으로서 동아시아를 조형하고 있기 때문이다. 뒤얽힌 역사로 말미암아 오히려 각 사회 사이에 초래된 간극과 단절을 직시해야 할 필요성이 확인되었고, 동아시아는 그 작업을 위한 인식적, 방법적, 실천적 지평으로 요청되었던 것이다.

물론 동아시아 지식인들이 연대해 제국이 남긴 상흔, 국민국가가 가한 폭력을 성찰하려는 시도가 이때 처음 등장한 것은 아니다. 가령 서승과 정근식이 주도한 '동아시아평화인권 국제회의'는 1997년 2·28사건 50주년을 기념해 타이완에서 '동아시아의 냉전과 국가테러리즘'이라는 주제로 처음 개최된이래 1998년에는 제주 4·3사건 50주년을 맞이해 제주도에서 제2회를 이어가 결과물이『동아시아의 평화와 인권』으로 출간되었다.[77] 그리고 1999년 제3회는 오키나와 나하에서, 2000년 제4회는 광주항쟁 20주년을 맞이해 광주에서 개최되었으며 두 차례에 걸친 국제회의의 결과물 역시『동아시아와 근대의 폭력 1·2』로 나뉘어 출간되었다.[78] 이 국제회의는 2002년 일본의 교토, 2003년 한국의 여수로까지 이어졌으며 동아시아의 비판적 지식인들이 오랜 시간에 걸쳐 함께 일궈낸 소중한 성과로 남았다.

그렇다면 이 대목에서 동아시아 담론의 지역화를 자극한 지적 교류의 궤적

---

76 윤해동, 「억압된 '주체'와 '맹목'의 권력 – '동아시아역사논쟁'과 국민국가」, 『당대비평』 2002년 특별호, 41, 2002, 52쪽.
77 제주4·3연구소 편, 『동아시아의 평화와 인권』, 역사비평사, 1999.
78 정근식·하종문 편, 『동아시아와 근대의 폭력1』, 삼인, 2001; 정근식·김하림·김용의 편, 『동아시아와 근대의 폭력2』, 삼인, 2001.

을 마저 살펴봐도 좋을 것이다. 특히 '중일 지知의 공동체'와 '인터아시아 컬처럴 스터디즈'에 관해서는 언급해둘 필요가 있다. 두 가지 모두 1990년대 말부터 활동을 시작했는데 2000년내 초중반에 이르면 한국의 주요 동아시아 논자 일군이 그 활동 반경 안으로 들어가기 때문이다.

먼저 '지의 공동체'는 미조구치 유조溝口雄三와 쑨거孫歌가 합심해 1997년에 생겨났다. 당시 미조구치 유조는 중국 역사의 내재적 운동 원리에 천착하는 일본의 드문 중국학자였으며, 쑨거는 중국인 연구자로서 중국론을 개진하는 게 아니라 일본의 전후 사상가인 다케우치 요시미의 아시아(중국)에 관한 사유로부터 동시대사를 성찰하기 위한 논제들을 끄집어내 '사유공간으로서의 아시아'를 가다듬는 데 공을 들이고 있었다. 두 사람의 활동이 시사하듯 '지의 공동체'는 국적을 단위로 하여 중국과 일본의 지식인이 자국의 상황을 대변하는 자리가 아니라 함께 동아시아적 주체성을 모색하는 장이었다.

그리고 이를 위해 '지의 공동체'는 동아시아라는 이름을 내건 여느 학술대회가 그러하듯 공동의 주제를 놓고 다양한 시각을 표출하는 데서 그치지 않고 서로를 충분히 이해하지 못한다는 전제 아래 소통의 어려움을 확인하고, 그 감각의 낙차로부터 서로가 공유할 문제의식을 건져내고자 노력했다. 쑨거는 '지의 공동체'의 활동 방침을 다음과 같이 밝힌 적이 있다.

하나, '지의 공동체'는 전문가형의 지적 교류를 목표로 하지 않는다. 지식공동체는 전문가형 교류가 은폐해버린 문화적 차이 또는 문화충돌의 문제를 다루고 각각의 지식이 배치된 상태나 서로의 곤경을 성찰하는 것을 목표로 한다. 둘, '지의 공동체'는 전공분야를 달리하는 학자들과 행동하는 지식인 간의 대화를 전제로 한다. 따라서 상대방 문화 내부의 고유한 분야를 연구의 전제로 삼지 않는다. 참가자는 기본적으로 자국문화와 사회에 존재하는 근본적 문제에 대해 위기감을 갖고 있어야 하고, 이에 개입할 의사가 있으며 현재의 지식 지형도를 반성하는 정신을 가져야 한다.

셋, '지의 공동체'는 실체화와 제도화에 반대하며 민족이나 문화의 대변자가 되는 일을 거부한다. 따라서 참가자는 개인 자격으로 대화와 토론에 참가하며, 교류과정은 항상 유동적 상태를 유지한다. 정해진 시간 내의 교류에서 되도록 많은 문제점들을 제시하고 국경으로 분할된 틀을 뛰어넘을 수 있는 사유의 실마리를 탐구한다.[79]

'지의 공동체'는 베이징에서의 첫 번째 회합에서 시민사회와 공공성, 전통과 모더니즘을 논점으로 꺼낸 이후 회합을 거듭하며 중국혁명과 동아시아사, 문화적 차이, 역사인식의 간극, 감정기억의 괴리 등으로 논제를 심화해갔다. 이 과정에서 중일 간 회합으로 국한되지 않고 여러 지역과 사회로부터 참가자를 받았으며, 서구적 보편성과 아시아의 특수성이라는 지적 위계구도를 발본적으로 또 실천적으로 되물었다는 점에서도 동아시아 담론의 지역화에 소중한 자양분이 되었다고 하겠다.

'인터아시아 컬처럴 스터디즈'Inter-Asia Cultural Studies, IACS는 아시아권의 주요한 비판적 문화연구자인 천광싱陳光興이 주도했는데, 서구와 아시아(비서구) 사이의 학문적 비대칭성을 혁파하고자 지식 생산과 교류의 대안적 경로를 모색한다는 취지를 내세웠다. 1998년 타이페이에서 예비 컨퍼런스를 개최하며 활동을 시작했고, 2000년 후쿠오카에서는 다양한 지역의 문화연구자가 대거 집결하는 대회를 성사시키며 국제적 네트워크로서 빠르게 자리잡았다. 2004년에는 차세대 아시아 문화연구자들의 활동 반경을 넓히고자 IACS Society를 설립했다.

'인터아시아 컬처럴 스터디즈'는 국가 단위가 아니라 타이페이, 베이징, 홍콩, 서울처럼 도시 단위로 동시대 아시아 사회의 행방에 접근하고자 했으며,

---

79 쑨거, 「세계화와 문화적 차이」, 『아시아라는 사유공간』, 류준필 외 옮김, 창작과비평사, 2003, 111쪽.

지역도 동북아 중심이 아니라 동남아시아는 물론 오스트레일리아와 인도로도 연구의 지평을 넓히고자 시도했다는 점에서 여느 동아시아 학술 교류와 뚜렷이 차별화되었다. 아울러 동아시아 관련 회합이 대체로 지역 수준의 역사 자원 탐구, 국가 단위의 경제·안보 협력 등을 의제로 상정하는 데 반해 자본의 흐름, 노동력의 이동, 이민, 여행, 사회운동, 페미니즘, 영화와 소설, 대중문화 등 생활세계로부터 공동의 논제를 끌어냈다는 점도 주요한 특징이자 의의라고 말할 수 있겠다.[80]

'아시아 연구의 아시아화'라는 이러한 흐름에 조응하고자 당시 한국학계에서는 연구기관이 생겨나기도 했는데, 특히 성공회대학교 동아시아연구소가 중요하다. 성공회대학교 동아시아연구소는 2003년에 설립되었는데, 그 설립 취지를 기록한 내용을 확인해두는 일은 당시 동아시아 담론의 지형을 살펴보는 데도 유용하겠다. "당시 신자유주의적 지구화, 그리고 이에 대한 적응이자 반작용인 지역화가 급격히 진행됨에 따라 한국에서는 동아시아 담론이 활발히 제기되고 있었습니다. 그러나 이들 담론이 국가안보나 경제협력과 같은 현실 논리에 의해 침윤되거나 혹은 추상적인 문화주의에 빠지면서 새로운 아시아에 대한 구상을 제시하지 못하고 있다는 것이 저희들의 문제의식이었습니다."[81] 성공회대학교 동아시아연구소는 창설된 이래 백원담, 권혁태, 이남주 등이 주축으로 문화연구, 중국학, 일본학의 영역에서 '아제亞際, Inter-Asia적' 지식 생산의 거점으로 성장하고자 노력해왔다. 특히 백원담은 '인터아시아 컬처럴 스터디즈'와의 협력에 크게 힘을 기울였다.

성공회대학교 동아시아연구소가 비판적 문화연구라는 문제의식에서 중국, 일본, 타이완, 싱가포르 등으로 동아시아 시각을 넓혀갔다고 한다면, 한양

---

80 '지의 공동체'와 '인터아시아 컬처럴 스터디즈'의 지적 유산과 네트워크는 2012년 시행된 아시아현대사상계획(MAT 프로젝트, Modern Asian Thought Project)로 계승되고 있다.

81 성공회대학교 동아시아연구소 웹사이트 참조. http://www.ieas21.or.kr

대학교 비교역사문화연구소는 비교연구의 각도에서 세계체제의 (반)주변부로 시야를 확장했다고 하겠다. 한양대학교 비교역사문화연구소는 임지현이 소장을 맡아 2004년 창립되었는데, 창립기념 국제학술대회 '근대의 국경, 역사의 변경'을 개최한 이래 두 해만을 살펴보더라도 대중독재 연구, 협력 비교연구, 트랜스내셔널 연구, 비교문화 연구, 일상사 연구, 전쟁기념 연구를 정력적으로 추진했다. 한양대학교 비교역사문화연구소를 동아시아 연구기관으로 간주할 수는 없겠으나, 국민국가 비판론을 동아시아 담론의 영역에 지속적으로 제공하고 이 과정에서 사카이 나오키酒井直樹를 비롯해 일본의 소위 총력전체제 연구그룹과 긴밀한 협력관계를 도모했다는 점에서 동아시아 담론의 주요 행위 집단으로 볼 수 있을 것이다.

한편 성균관대학교 동아시아 학술원은 2000년대 중반에 『근대 전환기 동아시아 속의 한국』, 『동아시아 민족주의의 장벽을 넘어』, 『동아시아 서사학의 전통과 근대』, 『동아시아학의 모색과 지향』, 『근대전환기 동아시아 삼국과 한국』, 『충돌과 착종의 동아시아를 넘어서』 등을 연이어 발간하며 기존의 유학연구를 이어가되 근대 전환기로 연구 영역을 확장하고 동아시아학의 기반을 마련하는 데 공을 들였다.

그리고 대학 바깥의 학술 집단으로는 연구공간 수유+너머가 동아시아를 한 가지 화두로서 삼고 있었다. 고미숙의 조선 후기 연구나 권보드래의 근대 계몽기 연구도 동아시아를 지역 지평으로 삼고 있었으며, 정선태는 제국(주의)과 민족(주의) 문제에 천착해 전시기 일본사상계를 탐색하는 데 치중했다. 특히 류준필과 이정훈은 쑨거, 왕후이, 허자오티앤賀照田과 같은 동시대 중국 지식인의 사유를 유입하는 데 분주했다. 아울러 최태원, 이정화, 이케가미 요시히코, 사카이 나오키 등의 소개로 일본과 미국에서 찾아오는 활동가, 연구자들과의 교류가 빈번했다.

이렇듯 이 시기는 인국 사상계와의 교류가 활성화되며 지식생산의 새로운 회로를 만들어내려는 움직임이 일어났다. 기존의 동아시아 담론이 '한국의 논리'를 지역 수준에서 확대재생산하는 방편으로써 동아시아라는 지역 지평을 끌어오려는 경향이 강했다면, 이때는 동아시아가 복잡한 문제계로서 한국의 동아시아 담론에 다가왔다고 밀힐 수 있겠다. 그리고 이는 상당 정도 (두 번째) '중국의 충격'에서 비롯된 효과였다. 1990년대 초 중국과의 교류가 트이자 동아시아라는 지역상이 복원되어 전통적 사상 자원을 반추할 지적 공간이 마련되는 한편으로 변동하는 지역질서에 대처할 필요에 따라 동아시아 시각이 계발되었다면, 2000년대 초에는 지역의 향방을 가늠할 굴기하는 대국이자 여러 내적 모순을 끌어안고 동요하는 복합 사회인 중국과 마주하면서 한국의 동아시아 담론은 자기중심성과 높은 추상 수준을 재고할 계기를 얻게 되었다.

중국과의 관계는 한국과 중국의 이항관계라고 부르기 어려운 비대칭성을 띠는데다가, 1990년대 말부터 오키나와, 타이완 등지의 지식인·활동가 그룹과의 교류가 늘면서 동아시아라는 지역상은 여러 각도에서 입체화될 수 있었다. 사실상 이 시기의 일은 인국 사상계와의 교류로 다층적 소통구조가 만들어졌다며 간단히 정리할 성질의 것이 아니었다. 한국지식계 내부를 보자면 『창작과비평』, 『황해문화』, 『당대비평』 등 잡지 진영마다, 또 연구기관마다 동아시아 시각의 초점이 달라서 겹치되 이질적인 네트워크를 통해 인국의 지식인들과 만남을 가졌다. 더구나 중국, 타이완, 일본, 오키나와 내부의 저마다 다른 정치 환경과 이데올로기 구조로 인해 '사유공간으로서의 동아시아'에서 펼쳐지는 교류는 교착하고 그때의 시선은 서로 난반사되는 수밖에 없었다. 사회마다, 그 안의 진영마다 관건적 문제의식이 다르고, 같은 용어를 주고받더라도 함의가 달랐다. 어디를 또 누구를 향하느냐에 따라 발신한 메시지는 다른 문제계를 동반해 되돌아왔다. 그러면서도 중국이 부상하자 다기한 논점과 사상과제들은 '중국과 동아시아'라는 지평에서 복잡하게 뒤얽혔다. 돌이켜 보자면 그 혼돈스런 과정이야말로 동아시아 담론이 지역화=동아시아화될 수 있는 소중한 계기였다고 말할 수 있다. 하지만 그로부터 자기비평을 수반하는 상호 참조의 얼개를 가다듬어내 동아시아 담론이 질적으로 쇄신되었는지, 아니면 그 기회를 유실하고 말았는지는 따로 검토해야 할 문제로 남아 있다. 그때 무엇보다 추궁되어야 할 대목은 한국의 동아시아 담론이 동아시아적 담론이고자 했는지, 나아가 어떻게 해야 동아시아적 담론일 수 있는지일 것이다.

다시 한국지식계 내의 동향에 초점을 맞춘다면, 이 시기에는 동아시아 관련 국제학술회의도 활발했다. 1993년 한림대학교에서 '17~19세기 동아시아 각국에서 신국가 질서 모색'이라는 제목으로 토론회가 열렸을 때만 해도 역사학계에서 드문 사례였으나 이 무렵에 이르면 동아시아라는 이름을 내건 관계사·비교사 관련 토론회가 끊이지 않는다. 역사학계에서 동아시아는 공간적 차원만이 아니라 시간적 차원에서도 다종의 연구과제와 결부되어 있다. 이 지역의 국가들은 한자·한문, 유교, 불교, 호적(율령) 등의 전통 자산뿐 아니라 19세기 후반부터 서구적 근대에 강제적으로 편입된 역사 경험을 공유하기 때문이다. 분명 임진왜란, 조선통신사, 청일전쟁, 러일전쟁, 일본 제국주의, 만주국, 중일전쟁, 8·15, 한국전쟁 등 조선근세사와 한국근대사의 주요 사건은 일국 단위로는 접근하기 어려운 주제다. 유용태는 동아시아 시각이 역사학계에서 갖는 유용성에 관해 국가사로 포착하기 어려운 부분을 동아시아사의 틀에서 보완할 수 있다고 밝혔는데[82], 특히 한중일 범위에서 교류, 대응, 교역 등을 기본 개념으로 하는 관계사 관련 학술대회에서는 동아시아(내지 동북아)가 어김없이 키워드로 등장했다.

이처럼 역사학계에서 동아시아라는 키워드가 범람하게 된 것은 일단 1990년대에 들어 민중사학이 퇴조하고 민족사의 학적 권위가 약화된 징후로도 간주할 수 있다. 또한 1990년대 역사학계에서 식민지 근대(성) 및 식민지 근대화를 둘러싼 논의가 고조된 사정도 동아시아라는 지역 수준의 분석틀이 도입되는 데 주효하게 작용했다. 1980년대 말까지는 기존 내재적 발전론의 연장선상에서 식민성과 근대성 또는 식민화와 근대화의 논리적·역사적 양립

82　유용태, 『환호 속의 경종: 동아시아 역사인식과 역사교육의 성찰』, 휴머니스트, 2006, 481~482쪽.

불가능성을 주장하는 경향이 강했다. 그러나 1990년대에 들어 근대의 다종성을 인정하는 '복수의 근대'multiple modernities 개념이 유효성을 획득하며 식민지 근대(성)론은 일부 경세사학자와 소수 해외 한국학자들의 논의를 넘어 한국근현대사 연구의 주요 쟁점이 되었다.

더불어 1990년대 역사 연구의 대상과 방법의 전환도 기록해둘 사항이다. 사회사학계와 서양사학계에서 논의되던 새로운 역사학 방법론은 1990년대 중후반에 이르자 한국사 연구에도 본격 도입된다.[83] 이것이 한편으로는 '식민지 근대(성)'론과 결부되어 식민지 수탈론에서 벗어나 문화사적 관점에서 식민지기를 다루려는 연구가 대거 등장했으며, 탈식민주의·하위주체성이라는 문제의식에서 비롯된 기억 연구는 구술사 등의 방법론을 전유해 디아스포라, 여성 주체, 식민화, 전쟁, 폭력, 분단 등의 주제들과 결합되며 시야를 지역으로 확장해갔다.[84]

이처럼 동아시아라는 지평에서 한국사를 되돌아보는 데서 큰 역할을 맡은 잡지는 『역사비평』이다. 『역사비평』은 1987년 창간된 이래 국수적 한국사를 반성하고, 한국근현대사에 대한 학문적 논쟁을 제기하며, 역사문제 인식의 사회적 저변을 넓히고자 애써왔다. 이는 『역사비평』을 발행하는 역사문제연구소의 한국사 연구자들 가운데 근현대사 연구자가 다수고, 역사문제연구소가 사회학·정치학·문학 등 다양한 전공자로 구성되었다는 특징과 무관하지 않았다.

1990년대 들어 『역사비평』이 동아시아 차원의 역사와 현실에 특집 형태로 관심을 내보인 첫 번째 주제는 1994년의 '동아시아 경제권의 향방과 통일

---

83 일상사, 심성사, 문화사 언어로의 전환 등 사회사 이후 구미 역사학의 동향을 한국에 소개한 서적으로는 안병직 외, 『오늘의 역사학』, 한겨레신문사, 1998 참조.

84 하지만 하세봉은 역사학계에서 동아시아를 무대로 등장한 연구들과 동아시아 담론은 큰 관련이 없다고 평가한다. 동아시아에 관한 역사학 논문이 동아시아 담론 관련 문헌을 인용하는 경우는 거의 없으며, 동아시아사에 관한 연구가 동아시아 담론에 파급 효과를 낳은 흔적도 찾기 어렵다는 것이다 (하세봉, 「동아시아 역사상, 그 구축의 방식과 윤곽」, 『역사학보』 200호, 2008, 7쪽).

한국'이었다. 여전히 통일이라는 민족 과제를 앞세우고 있지만 대동아공영권, 중화경제권, 동북아경제권 등을 분석단위로 삼아 통일한국의 의의를 지역 차원에서 조명했다. 이후 『역사비평』은 한반도를 둘러싼 동아시아 정치환경의 변화를 지속적으로 시야에 두면서도 식민, 제국, 냉전체험 등의 동아시아 근현대사에 관한 접근을 이어갔다.[85] 비록 특집명에 동아시아가 들어가지는 않았지만 '제국주의의 식민통치의 성격 비교'(30호), '사회진화론 수용의 비교사적 검토'(34호) 역시 동아시아를 비교의 장으로 도입한 시도였다. 그리고 1998년부터 2001년에 이르기까지는 '일본 내셔널리즘과 한국인식'(46호), '일본 천황제와 과거청산'(50호), '일본 우경화의 재해석'(55호)을 배치해 현실적 문제의식이 강하게 투영된 일본 관련 기획을 이어갔다. 2000년대 중후반에 이르면 '탈중심의 동아시아사 글쓰기'(79호), '동아시아 속의 변경'(83호)을 특집으로 삼아 한중일이라는 국가 단위의 동아시아상에 함몰되지 않고 주변의 원심력을 시야에 두며 다원적 동아시아상을 구상했다.

이 시기에는 역사 연구만이 아니라 문화 연구의 활성화도 동아시아 담론의 지역화를 촉진했다. 2000년대에 들어 한국의 대학에서는 문화콘텐츠학과, 문화예술경영학과, 문화관광학과, 문화철학학과, 문화엔터테인먼트학과처럼 소위 '문화'를 이름으로 내건 학과가 다수 개설되었다. 하지만 유사 학부의 범람 자체는 문화 연구의 상업적 붐을 반영할 뿐 문화 연구가 애초 지향하던 비판적인 통합학문적 실천과는 거리가 멀다. 권경우는 이런 현상을 두고 "한국에서 문화 연구의 제도화는 인문학의 분과학문의 위기를 모면하는 포장술로 사용되거나, 학생들을 유치하기 위한 대학의 상업적 전략으로 선택되고 있다"라고 비판하기도 했다.[86] 그리고 이 시기 문화 연구의 활성화는 영미권의 최신

---

[85] '특집1: 격변하는 동북아와 한반도의 선택'(33호), '특집: 서양 제국주의의 형성과 동아시아'(35호), '특집: 21세기 동아시아와 한반도의 선택'(53호), '기획1: 동아시아의 성과 씨'(53호), '쟁점: 동아시아의 신식민주의'(63호), '특집2: 동북아의 재편과 일본의 선택'(72호), '기획: 동아시아의 지식인'(87·89호).

이론을 재빠르게 가져다 사용하는 식민지적 아카데미즘과 대중문화의 소비와 유희적 요소로 관심이 치우친 포퓰리즘에 기인한 바도 크다.

그러나 문화 연구는 비판이론의 현장이자 지적 식민주의에 가장 민감한 영역이기도 하다. 특히 동아시아 담론의 견인 요소였던 학문적 주체성에 관한 문제의식은 동아시아 담론과 문화 연구의 가교 역할을 했다. 동아시아 문화연구에서는 동아시아를 일종의 문화구성체로서 포착해 미국 중심의 전지구화·문화적 균질화에 맞서 동아시아의 특수한 근대성을 주목하거나 평화 공존을 위한 동아시아 문화교류의 다원화 방향을 모색하는 시도들이 이어졌다.[87]

또한 이 국면에서는 국내 학술계의 매체만이 아니라 다국어 잡지의 역할도 거론해야 할 것이다. 아시아 학자들이 주축이 되어 1993년부터 듀크대학에서 발간하기 시작한 『포지션스』*Positions*는 아시아 각국의 문화정체성을 조명하는 특집들을 이어갔다. 2000년 창간된 아시아 문화 연구자들의 공동학술지 『인터-아시아 문화연구』*Inter-Asia Culture Studies*는 창간취지문에서 "비판적인 아시아 주체(성)들의 구성 및 재구성을 향한 부단한 운동의 일부로서 자리매김한다"라고 선언했으며 여성주의, 섹슈얼리티, 대중문화, 중화주의, 미디어 같은 아시아의 정치적·경제적·문화적 쟁점들을 폭넓게 다뤘다. 1999년 창간된 다언어 국제저널인 『흔적』*Traces*은 창간호 서문에서 "지정학적으로 특수한 장소들에서 생산되는 지식 내부의 초국적 연계성과 지구적 흔적들에 주목하고, 이론들이 다른 지점들에서 실행될 때 어떻게 그 실질적 효과들이 바뀌는지 탐구하는 것"이라며 활동 방향을 천명했으며, 이후 아시아를 비롯한 주변부의 식민지 근대를 관통하는 언어와 폭력, 이주와 기억의 문제들을 다루며 '번역의 연대'를 모색했다.[88]

86   권경우, 「한국 문화연구의 제도화와 과제」, 『문화사회』 창간호, 2005.
87   백원담, 『아시아 문화연구를 상상하기』, 그린비, 2006, 137쪽.
88   위의 책, 94~95쪽.

실상 문화 연구는 동아시아의 문화적 동질성에 기반하던 문학과 철학 분야에서의 논의가 위축된 이후 역사학과 더불어 인문학에 남아 있는 얼마 안 되는 동아시아 담론의 영토였다. 그 지점에서 동아시아 문화 연구가 지니는 중요한 의의라면 문학, 철학 분야와 달리 국가 단위 혹은 문명권으로 표상되던 동아시아라는 지역상을 분절해 주체의 단위, 문제의 단위로 재구성하려 했다는 점을 거론할 수 있다. 아울러 기존의 동아시아 담론에서는 간과하기 십상이었던 타이완, 홍콩, 싱가포르, 태국 등의 지역을 아시아 문화의 혼성성이라는 각도에서 조명했다는 점도 주목할 대목이다.

정리하자면 이 시기는 동아시아 담론의 위로부터의 지역주의화와 아래로부터의 지역화가 동시에 진행되었다. 한국지식계에서 생산되고 유통되고 소비되는 내수용에 머물지 않고 동아시아 담론이 지역적 담론으로서 기능성을 갖추고 또한 현실성을 검증받아야 하는 때에 이른 것이다.

5. 동아시아 담론의 쇠퇴 : 2000년대 중반

국민의 정부에 이어 2003년 참여정부가 출범했다. 이 시기 동아시아 담론의 성격을 결정하는 관건적 요인은 동북아시대구상을 비롯한 참여정부의 지역주의 정책이며, 그런 점에서 이 시기는 동아시아 시각의 정책화기로 명명할 수 있을 것이다. 그리고 후술하겠지만 그 이유에서 역설적으로 동아시아 담론의 쇠퇴기이기도 했다.

노무현 대통령은 후보 시절에 "남북문제를 바라보는 시각은 한반도의 차원을 넘어 동북아의 평화와 번영으로 넓혀야 한다"는 목표 아래 대통령선거 캠페인에서 한국을 "동북아의 질서를 주도하는 중심국가"로 만들겠다는 핵심 공약을 내걸었다.[89] 햇볕정책을 기조로 한 김대중 정부의 대북정책을 발전적으로 계승해 지역구상을 제시한 것이다. 노무현 후보가 당선되자 대통령직인수위원회는 '동북아중심국가 건설'을 8대 주요국정과제의 하나로 확정했으며[90], 2003년 2월 동북아중심국가 건설을 위한 국정토론회에서 노무현 당선자는

---

89 2002년 9월 10일 노무현 후보의 아시아 유럽 프레스 포럼 연설 「동북아의 평화와 번영을 위한 새로운 질서」, 『문화일보』, 2002년 9월 10일.
90 「인수위, 8대 국정과제 사실상 확정」, 『한국일보』, 2003년 1월 6일.

동북아중심국가건설이 "단순히 경제적인 차원 이상의 것"으로서 "적극적으로 지역질서를 주도하고, 수평적으로 대등하게 참여하는 '주도의 역사', '자주의 역사'를 만드는 측면이 있다"라고 강조했다.[91] 그리고 2003년 3월의 대통령 취임사 「평화와 번영과 도약의 시대로」에서 '동북아시대'를 참여정부의 대외정책 기조이자 국가발전의 장기전략으로서 제출했다.

이러한 참여정부의 동북아시대구상은 국민의 정부 시기의 지역주의 구상과 비교하건대 먼저 지역상에서 차별성을 지닌다. 참여정부의 지역주의 구상에서는 동아시아가 아닌 동북아가 핵심 개념으로 등장했다. 국민의 정부기에는 아세안+3라는 지역 범위로서 동아시아가 빈번히 거론되었지만, 참여정부기에는 국익의 심화와 확장을 위한 전략적 단위로서 동북아가 부각되었다. 한반도를 탈피해 행동반경을 넓히되 한국의 국가안보에 실질적이고도 일차적인 영향을 미칠 수 있는 행위자들을 아우르는 범위에서 지역상을 설정한 것이다. 그리고 이러한 동북아시대구상을 구체화하는 과정에서 학술계의 담론을 적극 흡수해 동북아시대위원회와 동북아역사재단을 설립했다.[92]

이 시기 동아시아 담론은 사회과학자들이 주도했는데, 이전 시기와 달리 지식계에서 새로운 동아시아적 시각이 제기되기보다는 정부가 선도적으로 제시한 지역구상의 현실성을 검증하는 내용들이 주종을 이뤘다. 특히 참여정부의 지역구상명이 '동북아중심국가', '동북아경제중심국가', '동북아시대'를 오가며 혼란을 빚는 동안 학자들 사이에서는 이를 둘러싼 해석이 분분했다.

특히 참여정부기의 전반부에 논란이 된 것은 동북아균형자론이었다. 동북아균형자론은 한국이 동북아시아에서 균형추 역할을 맡아야 한다는 제언으로서 국가안전보장회의는 "무력이나 힘의 사용에 의존하지 아니하고, 동북아 역

---

91 「노당선자 仁川토론회 '동북아시대는 한국주도의 미래'」, 『서울신문』, 2003년 2월 7일.
92 동북아시대위원회는 대통령자문위원회로서 신설된 것이지만, 동북아역사재단은 동북공정 등 한중 간의 역사갈등에 대처하기 위해 2004년 3월 설립되었던 고구려역사재단을 일본과의 역사갈등 등을 아우르며 동북아 역사에 관한 전문연구와 정책연구를 병행하도록 2006년 8월 확대개편한 것이다.

내에서 중견 국가의 위상에 맞는 역할을 하고자 하는 것이다. 우리의 국익을 위해, 변화하는 국제사회에서 존경받는 협력국가가 되기 위해, 과거 우리가 종속적 변수였던 상황에서 벗어나 직극적으로 우리의 역할을 찾아 나가자는 것이다"라고 설명한 바 있다.[93]

이에 대해 학계, 논단, 저널리즘에서 타당성과 현실성을 두고 논의가 오갔으며 시민단체들 사이의 충돌로 비화되기도 했다. '자유지식인선언'은 "동북아균형자론은 한미동맹을 해체시킬 위험이 있다"라며 강력히 경고했지만, 참여연대 평화군축센터가 주최한 토론회에서는 한국의 균형자 역할이 동북아 평화정착의 대안으로 기능할 수 있다는 의견이 다수 표출되었다.[94] 특히 동북아균형자론을 둘러싼 논의가 이념적 공방의 양상으로 치달은 것은 동북아균형자 구상과 한미동맹의 양립성이 쟁점으로 부각된 까닭이었다. 가령 김영호는 동북아균형자론이 한미동맹에 부정적 영향을 끼칠 테니 오히려 한미안보공동선언을 채택하자고 제안했고[95], 김우상은 한미동맹에 기대어 한국이 중국, 일본, 러시아와 대등한 협력외교를 펼 수 있었는데 참여정부의 자주외교론은 한국을 고립으로 내몰 것이라고 비판했다.[96] 반면 김기정은 동북아균형자론이 세력균형체제의 재편을 꾀하는 균형자론이 아니라 동북아 협력질서의 창출을 위한 균형외교론이기 때문에 동북아균형자론과 한미동맹은 양립가능하다는 입장을 내보였다.[97] 박영준은 동북아균형자론에 근거해 한국이 동북아에서 평화번영질서를 창출하는 데서 적극적 역할을 해내려면 한미동맹과 함께 협력적 자주국방정책을 기반으로 삼아야 한다고 주장했다.[98] 문정인은 동북아균형자론과 한미동맹은 모순관계가 아니라 보완관계가 되어야 한다며,

93 「청와대, 동북아균형자론 홍보에 총력전」, 『오마이뉴스』, 2005년 4월 27일.
94 「'동북아 균형자론' 시민단체서 찬반논란」, 『문화일보』, 2005년 4월 8일.
95 김영호, 「동북아균형자론 이렇게 본다」, 『조선일보』, 2005년 4월 6일.
96 김우상, 「무모한 탈3국 동맹론, 고립만 부른다」, 『조선일보』, 2005년 3월 24일.
97 김기정, 「동북아 균형자론의 국제정치학적 의미를 중심으로」, 『국가전략』 34호, 2005.
98 박영준, 「'동북아균형자'론과 21세기 한국외교」, 『한국정치외교사논총』 28집 1호, 186쪽, 2006.

이를 위해서는 다자안보체제의 구축이 필요하다고 역설했다.[99]

이밖에도 참여정부 초기에 논란이 되었던 동북아 중심국가의 개념적 모호성에서부터 중반기의 동북아시대구상과 한미FTA의 양립가능성에 이르기까지 정부가 제시한 지역구상을 두고 학계에서 논란이 뜨거웠는데, 그로 인해 동아시아 담론의 문제의식이 구체화될 수 있었지만, 다른 한편으로는 그만큼 문제의식이 제약된 측면도 있었다. 아울러 이 시기에는 지역 수준에서 국익의 최적화를 꾀하는 국가론도 정책학 연구로서 대거 제출되었는데, 이 또한 동북아균형자론이 지닌 문제의식의 자장 안에서 펼쳐진 시도였다. 그 연구들은 대체로 강국들의 주변에 위치한다는 한국의 지정학적 특징으로부터 한국의 입지를 다지는 논리를 취하고 있었다. 그리하여 정책학적 관점에서 동아시아 담론이 흡수되었을 때 한국은 동아시아에서 가교 역할을 맡는 국가로서 상정되곤 했다. 중추교량국가hub bridge state, 가교국가bridge building state, 중견국가 middle state, 거점국가hub state, 협력국가cooperation-promoting state 등 내용은 조금씩 다르지만 모두 중간자 내지 가교 역할의 발상에서 제출된 국가상들이다.

그리고 이 시기에는 학술진흥재단을 통한 연구지원, 동북아시대위원회·통일부 등 정부기관의 연구 수주, 외교안보연구원·국방연구원·대외경제정책연구원·통일연구원 등 정부 산하 연구기관의 프로젝트 등을 통해 동아시아 관련 연구가 정책적으로 육성되었다. 이에 따라 한국의 대학들과 소속 연구소들은 동아시아 연구에 경쟁적으로 뛰어들었고 수많은 프로젝트가 기획되고 국제회의가 열렸다.[100]

---

99 문정인, 「동북아균형자역할론」, 『조선일보』 2005년 4월 11일.

100 이동연의 조사에 따르면 국민의 정부로부터 참여정부에 이르는 1999년부터 2006년까지 학진에서 지원한 국내대학중점연구소지원현황을 보면 총 55개 지원연구소 가운데 동아시아와 연관된 명칭을 사용하는 연구소는 12개에 이르고, 동아시아(아시아 포함) 관련 주제에 지원한 과제들은 55개 지원연구소 중 15개나 차지했다(이동연, 「동아시아 담론 형성의 갈래들」, 『문화과학』 52호, 2007, 99쪽).

대표적 수혜자는 한류 담론이었다. 참여정부는 2003년 출범과 함께 '문화산업 강국의 실현'을 12대 핵심 국정과제 중 하나로 선정하고 문화산업을 대폭적으로 지원한다는 정책구상을 발표했다.[101] 그리하여 같은 해 한국 대중문화의 아시아 시장 진출을 위해 문화행정혁신위원회 산하에 '한류문화 TF팀'이 구성되어 중화권에 거점별 한류기지를 구축하고 아시아문화산업교류재단을 설립하는 등의 정책방안이 마련되었다. 아시아문화산업교류재단은 매해 한류를 중심으로 한 글로벌 문화산업포럼을 개최하고 한류 관련 각종 현지조사사업도 담당했다.[102] 또한 문화관광부 중심의 한류자문위원회를 범정부 차원에서 지원할 수 있도록 백여 명으로 구성되는 한류확산자문위원회가 설립되었는데, 여기에는 문화산업 종사자들과 더불어 문화 연구자, 지역 연구자가 다수 참여했다. 이 자문위원들이 중심이 되어 2006년에는 『한류의 세계화 전략』이라는 보고서가 작성되었고, 여기에 국가정보원까지 가세해 『한류의 경제적 활용실태 및 보완방안』이라는 보고서를 내놓기도 했다.

한류 담론은 이와 같은 정부의 지원책으로 빠르게 성장했고, 또 정부의 지원책에 크게 영향받았다. 한류 관련 논문을 조사해보면 참여정부의 등장과 시기를 같이해 2003년부터 대거 쏟아지고 있음을 알 수 있다. 정책에 따라 연구영역이 구축된 대표적 사례인 것이다. 그리하여 일각에서는 문화의 상품가치를 극대화하려는 경제주의적 관점이 창의성과 자율성을 근간으로 하는 문화의 근본적 속성과 배치된다며 한류 담론, 한류 정책을 비판하는 목소리가 터져 나왔다.

시야를 넓혀보면 한류 담론뿐 아니라 동아시아 담론 전반이 후원 담론화의 폐해로부터 자유롭지 않았다. 참여정부 시기에 등장한 지역 정책은 장기 구상

---

101 김정수, 「'한류' 현상의 문화산업정책적 함의: 우리나라 문화산업의 해외진출과 정부의 정책지원」, 『한국정책학회보』 11호, 2001, 9쪽.
102 아시아문화산업교류재단, 『한류확산을 위한 동남아 한국문화상품 소비자 및 정책조사 보고서』, 한국문화산업교류재단, 2005.

보다 단기 과제에 무게가 실렸으며, 그 여파로 학계에서는 짧은 호흡으로 비슷한 내용을 찍어내다시피 양산한 연구들이 쏟아졌다. 또한 재정 지원을 받기위해 자율적인 연구주제를 후순위로 미루거나 지원을 받을 수 있도록 동아시아 연구의 방향을 설정해 동아시아 담론이 관변화되는 부작용이 따랐다. 더욱본질적인 문제도 발생했다. 첫째, 한국중심적 한류 담론이 타국에서는 기대만큼의 호응을 거두지 못하고, 동북아 관련 정책들이 얼마 지나지 않아 사실상용도폐기된 사례에서 드러나듯 '현실주의적' 동아시아 담론은 한국의 현실을벗어나면 현실성을 상실하는 내수용 담론으로 전락할 위험성이 생겼다. 둘째, 동아시아를 국가 간 전략이 충돌하는 공간으로 상정하고 그 안에서 국익을 확보하고자 경합한다는 관념에 기반한 동아시아 시각은 담론을 현실화하는 계기를 제공하는 동시에 국가에 대한 비판적 거리를 상실케 만드는 이중적 작용을 했다.[103]

동아시아 담론이 소위 거점론으로 수렴되어간 양상은 이러한 두 가지 폐단을 압축해 보여준다. 거점론은 일본, 홍콩, 싱가포르 등 동아시아의 경계국가나 중진국이 공통적으로 욕망해온 관문이다. 거점론은 국익을 최우선 가치로삼아 자국을 중심에 위치시키는 지역상을 구도해내지만, 그 지역상이 타국으로부터 공감을 이끌어낼 수 있을지는 미지수다. 그렇다면 거점론은 지역적 현실로부터 유리되어 현실성을 잃고 말 것이다. 한국발 거점론 역시 그 위험성을 늘상 끌어안고 있다.

그런데 참여정부기의 후반으로 접어들면 동아시아 담론의 정책화 경향이수그러든다. 그것은 학계에서 동아시아 담론의 변질을 경고하는 목소리가 힘을 얻어서라기보다 정계에서 발생한 일련의 사건들 탓이었다. 먼저 2004년 3월 야당의원들이 국회에서 현직 대통령을 탄핵하며 5월 헌법재판소가 대통령에 대한 탄핵을 기각하기까지 국정 공백이 발생했다. 국정으로 돌아온 노무

---

103 이정훈, 「비판적 지식담론의 자기비판과 동아시아론」, 『중국현대문학』 41호, 2007, 8쪽.

현 대통령은 동북아구상의 중심축을 경제중심구상에서 지역협력구상으로 되돌려놓기로 결심해 6월 동북아경제중심추진위원회는 동북아시대위원회로 개편되고 동북아시대구상은 추진력을 회복한다.

그러나 채 1년도 지나지 않아 2005년 5월 동북아시대위원회의 진로에 치명적 타격을 입히는 소위 '행담도 사건'이 일어난다. 행담도 사건이란 행담도라는 서남해안의 휴양지 개발에 투자 의향을 보인 싱가포르 국유기업의 자회사를 지원했다는 이유로 외국인투자유치 업무를 담당하던 위원회의 위원장과 기조실장이 기소된 사건이다. 1심에서 둘다 무죄 선고를 받았으나, 항소심에서 기조실장은 직권남용 권리행사방해 및 강요미수 혐의로 징역 6개월에 집행유예 1년을 선고받았다. 그러자 보수언론은 이 사건을 대통령 측근의 권력형 비리로 몰아갔으며, 마땅한 단서가 드러나지 않자 비난의 화살은 대통령령으로 설치된 위원회로 옮겨가 위원회가 월권을 행사한다며 참여정부를 '위원회 정부', '로드맵 정부'라고 비판했다. 동북아시대위원회도 이 사건의 여파로 동력을 잃는다. 집권 초 해당 우수인력을 파견했던 부처들이 파견공무원을 복귀시켜 동북아시대위원회는 부처들과의 효율적 협력을 기대하기가 어려워졌다.

행담도 사건이 동북아시대위원회라는 조직의 와해를 야기했다면, 한미FTA는 동북아시대구상의 근간을 뒤흔들었다. 2005년 9월부터 한미FTA 논의가 급물살을 타면서 동북아시대구상은 정책의 우선순위에서 밀려났다. 그리고 2005년 11월 경주에서 개최된 한미정상회담을 전후로 한미FTA 추진 움직임이 탄력을 받더니, 2006년 1월 워싱턴에서 열린 장관급 전략대화에서 한국이 주한미군의 전략적 유연성을 양해해준 이후 2월 워싱턴에서 김현종 통상교섭본부장과 롭 포트먼 미국 무역대표부 대표가 한미FTA 협상개시를 공식 선언했다. 주한미군의 전략적 유연성에 대한 전격 수용과 한미FTA 협상은 한국 외교정책의 중점이 동북아균형자에서 한미동맹으로 급격하게 옮겨가는 신호로 받아들여졌다.

이후 참여정부의 동북아시대구상은 추진력을 잃고 동아시아 담론 역시 후원 담론으로서의 지위를 상실하자 방향을 잃고 표류한다.[104] 동아시아 관련 학술연구가 줄어들지는 않았지만, 참여정부기에는 국제정치학 분야의 연구물로 편중되는 경향이 뚜렷했으며, 1990년대 중후반처럼 인문학과 사회과학을 가로지르는 논의를 찾아보기 어려워졌다. 물론 전공을 달리하는 지식인들이 잡지를 매개해 벌이는 논쟁이 줄어든 것은 동아시아 담론에만 국한된 현상이 아니라 소위 인문학의 위기와 잡지 매체의 퇴조가 겹쳐진 데 따른 지식계의 일반적 풍경이었으나 동아시아 담론의 경우는 1990년대에 그 확산이 빨랐던 만큼 퇴조 양상이 도드라졌다.

한편 2005년은 동아시아 담론과 관련해 특기할 만한 해였다. 우선 〔표 1-1〕에서 확인할 수 있듯이 관련 특집이 가장 많이 기획되었다. 여기에는 논란이 뜨거웠던 동북아시대구상의 여파가 크다. 또한 2005년은 9·19공동성명을 통해 6자가 "동북아의 항구적인 평화와 안정을 위해 공동노력하기로 공약"하고 "동북아의 안보협력 증진을 위한 방안과 수단을 모색하기로 합의"한 해이기도 하다.[105] 하지만 매스컴에서는 주로 '동아시아 역사갈등', '동아시아 영토분쟁'이라는 형태로 동아시아가 '충돌의 장'으로 묘사된 해였다. 한국 근현대사에 비춰보건대 을사조약 100주년, 해방 60주년, 한일조약 40주년 등 일본과의 관계를 되돌아볼 국면이었고, 한일 양국정부는 '한일우정의 해'로 정했지만, 정작 이 해에는 반일시위가 격발했다. 역사교과서 문제와 야스쿠니신사참배 문제로 한국과 중국에서 반일정서가 격앙되었는데, 일본 언론은 이를 괜한 내정 간섭처럼 보도해 사태를 악화시켰다. 그리고 한동안 일본과 한국, 중국 사이에서는 역사 인식의 시각차, 온도차를 실감케 하는 사건이 이어

---

104 한편 2007년에 집권한 이명박 정부는 한반도와 동북아중심의 좁은 시야를 탈피하겠다며 '신아시아 구상'을 제시했는데 신아시아 외교가 신냉전적 양상을 연출하는 동안 정부 차원의 동아시아 지역주의 구상은 퇴조한다. 이명박 정부가 구상한 '신아시아'는 동북아 4국, 아세안의 동남아, 인도 등의 서남아, 키르기스스탄 등의 중앙아, 오스트레일리아와 뉴질랜드 등의 남태평양 지역을 포괄했다. 이처럼 광활하고 모호한 '신아시아'라는 지역상 속에서 참여정부의 동북아 구상은 사실상 폐기되었다.

105 「6者합의 이행案 마련 착수」, 『한국일보』, 2005년 9월 29일.

졌다. 한편 2005년에는 한중일 삼국의 역사 연구자들이 협력해 동아시아의 근현대사를 다룬 『미래를 여는 역사』[106]가 간행되기도 했다. 비록 국가 단위의 기존 기술방식으로부터 자유롭지 못했지만, 동아시아 학술 연대의 실질적 성과라는 점에서 의미하는 바가 컸다.

그리고 2006년에는 '동아시아의 연대와 잡지의 역할'이라는 주제로 『창작과비평』 창간 40주년 기념 국제심포지엄이 열렸다. 취지문은 "중국, 대만, 일본과 한국의 주요 비판적 잡지 편집인들이 참석하는 이번 국제심포지엄은 동아시아 질서의 변화와 자국 개혁의 연관성, 평화와 공동번영의 동아시아공동체를 발전시키기 위한 우리의 과제를 고민하고, 상호 연대와 협력을 통해 실천적 네트워크를 구축하는 기회가 될 것입니다"[107]라고 밝히고 있으며, 네 나라의 비판적 잡지 편집진들이 모여 동아시아 지역통합, 평화구축, 진보적 시민사회 형성, 지식인 연대 등을 두고 논의를 주고받았다. 이것은 창비 진영이 1990년대 초반부터 견지해온 대안적 동아시아 시각이 비판적 잡지 간의 연대라는 형태로 일단의 결실을 맺은 자리라고 말할 수 있다. 이후로도 '비판적 잡지 회의'라는 명칭으로 동아시아의 잡지 간 교류가 지속되고 있다.

또한 2006년에는 문예예술인이 주축이 된 최초의 아시아 문예지 『아시아』(도서출판 아시아)가 창간되었다. 『아시아』는 한중일 중심의 기존 동아시아상에서 탈피해 동남아와 중동 등지로 시야를 넓혔으며, 특히 문학과 주변성에 초점을 맞췄다는 점에서 당시 늘어나던 동아시아 관련 전문학술지와는 뚜렷하게 차별화되었다. 한글 원고와 영어 원고를 함께 수록하는 점도 특징이다. 그리고 같은 해 동아시아 연대운동 관련 백서가 처음으로 발간되었다.[108]

그러나 이 시기는 앞서 언급했듯이 한국지식계에서 잡지의 영향력이 퇴

---

106 한중일3국공동역사편찬위원회, 『미래를 여는 역사』, 한겨레신문사, 2005.
107 창비·세교연구소, 「창작과비평 창간 40주년 기념 국제심포지엄 취지문」, 『동아시아의 연대와 잡지의 역할』, 2006, 4쪽.
108 서남포럼 엮음, 『2006 동아시아 연대운동단체 백서』, 아르케, 2006.

조하고, 특히 운동색이 짙던 잡지들이 하나둘씩 사라진 시기이기도 했다. 1990년대에 등장해 담론적 실천을 펼쳐나가던 계간지들은 갈수록 재정난이 심각해졌고 온라인 포퓰리즘의 위력에 밀려 입지를 잃어갔다. 몇몇 잡지는 재정난의 돌파구로서 제도권 학술지가 되는 길을 택했지만, 그 길로 향할 수 없었던 비평지는 점차 명멸해갔다. 1997년 창간된 『현대사상』은 3년 만인 2000년 봄호로 종간했다. 1988년에 창간된 『사회비평』은 이후 휴간과 재창간을 거친 끝에 2003년 종간했다. 『전통과현대』도 창간 6년 만인 2003년에 종간했다. 1999년에 창간되어 소위 '전투적 글쓰기'에 기반해 전체주의와 국가주의를 비판하고 사회적 소수자를 주목하던 『아웃사이더』는 20호를 끝으로 2004년 종간했다. 이듬해인 2005년 1월에는 『인물과사상』이 33호를 끝으로 종간했다.[109] 그리고 『당대비평』도 2005년 봄 특별호 '불안의 시대, 고통의 한복판에서'를 끝으로 잠정 휴간했다.

강준만은 『인물과사상』 종간호의 머리말 「인터넷시대의 커뮤니케이션」에서 인터넷시대의 명암을 조명해 종간사를 대신했다. 거기서는 "인터넷이 활자 매체의 목을 조르고 있다"라며 "신속성과 영향력, 만족도 등 모든 면에서 책은 인터넷의 경쟁상대가 되질 않는다. 지난 몇 년간 그 이전과는 달리 시사적인 이슈를 다루는 책이 대중의 호응을 얻은 건 거의 없다. 특히 정치 분야가 그렇다. 『인물과사상』은 그런 세상의 변화에 순응하기로 했다"라며 쓰라리게 토로했다.[110] 『인물과사상』의 초판 발행 부수는 1만 부에 육박했으나 종간호에 이르러서는 2,000부에 못 미쳤다.

동아시아 담론은 1990년대 초중반의 '잡지의 계절'에 부흥했다. 그 계절의 끝과 운명을 함께하지는 않았지만 활력을 잃고 지향성도 변해갔다. 물론 다른

---

109 『인물과사상』은 이후 월간으로 재발행되지만 "성역과 금기에 도전한다"는 문제제기적 성향은 상대적으로 약화되었다.

110 강준만, 「인터넷시대의 커뮤니케이션」, 『인물과사상』 33호, 인물과사상사, 2005.

여러 학술적 논의도 잡지계의 위기와 함께 침체를 겪지만, 동아시아 담론은 지향성이 모호하고 실체가 불분명하다는 특징으로 인해 부침이 더욱 뚜렷했다. 즉 지식계의 활발한 논의로부티 문제의식을 공급받고 조정되어 가야 담론적 생명력을 유지할 수 있었던 것이다. 그러나 후원 담론으로 육성되는 과정에서 담론적 탄력성을 잃고 담론의 지향성이 굳어가더니 후원 담론의 자리에서 밀려나자 담론적 지위마저 잃게 될 위기에 놓였다.

물론 담론적 파급력이 약화되었다고 해서 동아시아 시각의 시효도 만료된 것은 아니다. 특히 이 시기 이후로도 한반도 문제와 결부된 동아시아 시각은 한반도 문제와 더불어 지속되었고 이론적 진전을 거듭했다. 그 동향에 관해서는 3부에서 다루기로 하자. 또한 이 시기는 오히려 동아시아 시각이 학계에서 뿌리내린 시기였다고도 평가할 수 있다. 참여정부기에 동아시아를 잡지명으로 내건 학술지는『동아시아: 비교와 전망』(동아대학교 동아시아연구원, 2003년 창간),『동아시아문화학회』(동아시아문화학회, 2004년),『동아시아물류동향』(부산발전연구원, 2003년),『동아시아브리프』(성균관대학교 동아시아지역연구소, 2006년),『동아시아불교문화』(동아시아불교문화학회, 2007년) 등 다섯 종이 창간되었다. 동북아 내지 아시아, 아태와 같은 지역명을 포함하면 그 수는 더욱 늘어나『동북아관광연구』(동북아관광학회, 2004년),『동북아법연구』(전북대학교 동북아법연구소, 2007년),『동북아역사논총』(동북아역사재단, 2004년),『동양문화연구』(영산대학교 동양문화연구원, 2007년),『동양정치사상사』(한국동양정치사상사학회, 2002년),『아시아문화연구』(경북대학교 아시아연구소, 2005년),『아시아아동복지연구』(대한아동복지학회, 2003년),『아태시대』(한양대학교 아태지역연구센타, 2002년),『아태연구』(위덕대학교 아시아태평양연구소, 2002년),『아태쟁점과 연구』(한양대학교 아태지역연구센타, 2006년) 등 열다섯 종에 이른다. 이 가운데『동북아역사논총』과『동아시아물류동향』을 제외하면 모두 대학 연구기관이나 학회가 발행한 것이다. 동아시아 담론의 전개를 이끌어온 계간지가 힘을 잃었지만, 학계에서는 동아시아 관련 전문연구지가 부쩍 늘어난 것이다.

참여정부기에 창간된 동아시아 관련 전문연구지는 대체로 사회과학계의 산물이었다. 한편 인문학계에서는 동아시아학 설립을 제창하는 목소리가 나왔다. 2004년 임형택은 동아시아학부의 제도화를 거론했고[111], 2007년에는 한기형이 동아시아적 시각에 근거한 한국학을[112], 백영서가 동아시아한국학을 주창했다.[113] 이들의 문제의식은 단지 지역학의 하위 영역으로서의 동아시아학이 아닌 분과학문 간의 경계를 극복하는 대안적 학문을 만들어내자는 것이었다. 그리고 성균관대학교에는 동아시아학과, 성공회대학교에는 인터아시아문화학과가 대학원 과정으로 신설되기도 했다.[114]

그러나 전문연구지가 다수 등장하고 관련 논문이 대거 양산되고 학과가 신설되었더라도 동아시아 담론이 부흥했다고 평가하기는 어렵다. 동아시아 담론은 지향성이 불분명한 까닭에 학제적 성격을 띠고 논쟁적 요소를 지닐 수밖에 없었는데, 바로 그 점이 1990년대에 담론화의 촉진 요인으로 작용했다. 그런데 2000년대에 들어서면 관련 매체와 논문의 종수는 늘어나지만 동아시아 시각의 사정권은 되레 좁아지고 정치성이 약화되고 논쟁도 사라진다. 국제정치학과 국제경제학에 치우친 연구의 활황은 연구주제의 전문화, 방법론의 도식화, 인문적 성찰의 부재를 대가로 치르고 있었다. 달리 말해 '담론의 기술화'technologization of discourse[115]가 진행되며 특정 목적에 따라 전문가 집단만이 담론을 가공해내는 양상이 심화되었다. 그리하여 학계 일부에서 동아시아 관련 논문은 늘어났지만 학제간 논의는 형성되지 않았고 사회적 반향도 크게

---

111 임형택, 「한국문학연구자는 지금 어떻게 할 것인가?」, 『고전문학연구』 25호, 2004.

112 한기형, 「대동문화연구원의 현재와 미래: 동아시아적 시각에 의한 한국학의 재정립」, 『대동문화연구』 60호, 2007.

113 백영서, 「인문한국학이 나아가야 할 길: 이념과 제도」, 『한국학연구』 17호, 2007. 이 해에 백영서는 연세대학교 국학연구원 원장으로 취임한 이래 국학연구원을 한국학 영역을 넘어선 동아시아 지적 교류의 거점으로 자리매김하는 데 힘을 기울였다.

114 '인터아시아문화학과'는 2014년 '국제문화연구학과'로 개칭되었다.

115 Fairclough, N., *Media discourse*, London, Edward Arnold, 1995.

줄었다. 동아시아론·동아시아 담론을 주제로 삼은 특집 기획도 계간지에서 더 이상 찾아보기 힘들어졌다.

6. 담론 이행의 결과

1) 동아시아 연구의 추이

이상으로 동아시아 담론의 형성, 이행, 분화 과정을 자세하게 들여다봤다. 이제 동아시아 담론의 이러한 운동을 둘러싼 사회적 배경을 살펴볼 차례인데, 동아시아 담론의 운동 과정에 관한 전체적 윤곽을 정리해두도록 하자. 이를 위해 일단 학술지에 등장하는 동아시아 내지 동북아가 표제어로 들어간 문헌을 토대로 통계조사를 시행하겠다. 조사대상인 학술지는 계간만이 아니라 반년간, 연간, 부정기간을 망라한 것이다. 다만 이제껏 동북아론을 동아시아 담론 안에 포함해 다뤘다면 여기서는 동아시아라는 지역상의 용례를 보다 구체적으로 확인하고자 동북아의 경우와 견줘볼 필요가 있다.[116]

---

[116] 물론 동아시아 내지 동북아가 표제어로 나와야만 동아시아 담론과 관련된 문헌은 아닐 것이다. 따라서 이러한 통계조사는 동아시아 담론보다는 동아시아 관련 연구의 윤곽을 보여준다고 말해야 정확할 것이다. 아울러 동아시아와 동북아가 표제어로 들어간 논문만을 취한다면 동양, 동아, 아태가 표제어로 등장한 논문처럼 동아시아 담론의 반경 안으로 들여야 할 데이터가 누락될 소지가 있다. 다만 동아시아, 동북아를 표제어로 사용한 논문의 표본수는 그것들에 비해 압도적으로 많으니 이 작업은 적어도 동아시아 관련 연구의 윤곽을 살펴보는 데는 유용하다고 말할 수 있다.

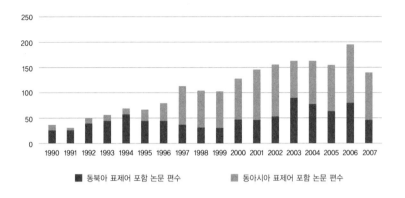

먼저 위의 그림은 소련이 해체되기 직전인 1990년부터 참여정부기의 2007년까지 동아시아/동북아라는 표제어를 포함하는 합계 논문 편수의 추이를 보여준다. 여기에 사용된 데이터는 1990년부터 2007년까지 동아시아, 동북아라는 개념이 표제어로 등장하는 논문 전체의 논문명으로 동아시아의 경우는 1,010편, 동북아의 경우는 887편의 논문명을 확보할 수 있었다. 다만 「동아시아에서의 기후 변동」처럼 동아시아 내지 동북아가 단순한 지리 범주로 사용된 논문은 포함시키지 않았음을 밝혀둔다.

〔그림 1-1〕을 보면 시간이 지남에 따라 동아시아/동북아 표제어 포함 합계 논문 편수는 증가하는 추세로 나타난다. 이는 동아시아, 동북아가 지역상 내지 지역 시각으로서 학계에서 수요를 얻고 입지를 다져갔음을 의미한다. 다만 조사 기간의 마지막 해인 2007년에는 논문 편수가 크게 줄어드는데, 이는 잡지계의 전반적 위축에 따른 동아시아 담론의 쇠퇴와 함께 참여정부의 말기에 이르러 한미FTA 협상이 개시되는 등의 이유로 동북아시대구상의 정책 동력이 떨어지자 그 영향이 학계의 연구 동향에도 반영된 것으로 해석할 수 있다.

이제 연구 동향을 보다 분석적으로 파악하기 위해 동아시아와 동북아를 표제어로 포함하는 논문 편수 추이를 나눠서 비교해보자.

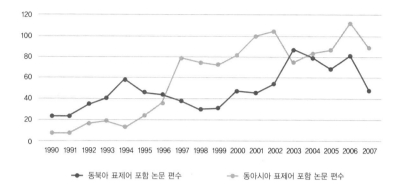

〔그림 1-2〕를 보면 1990년대 초기에는 동북아 표제어 포함 논문 편수가 동아시아 표제어 포함 논문 편수를 상회한다. 동북아는 이미 냉전기에도 아시아의 사회주의권을 가리키는 맥락에서 학술적 입지를 확보한 지역상이었으며, 탈냉전기 초기 국면에는 지정학적 용법이 심화되고 지경학적 용법이 더해지고 있었다. 따라서 비교적 신생의 지역상인 동아시아보다 회자될 여지가 많았다. 비록 1993년의 시점에 최원식이 한반도와 주변 4강의 반경으로서 동아시아라는 지역상을 구도했지만, 그 지역 범위를 감당하는 유력한 지역명은 여전히 동아시아가 아닌 동북아였다. 앞서 살펴보았듯이 1990년대 초기에 동아시아는 지문화적 시각에서 쓰임새가 컸으며, 동북아만큼이나 동양이라는 지역상과 경합관계였다. 그 경우 동아시아의 실질적 지역 범위는 한중일 삼국이었다.

그런데 1997년부터는 동아시아 표제어 포함 논문 편수가 동북아 표제어 포함 논문 편수를 앞지른다. 이 결과는 1997년의 경제위기는 동북아가 아닌 동아시아라는 지역상을 동반해 표상되었고, 더불어 이 시기 등장한 국민의 정부가 동아시아 수준에서 지역정책을 추진한 것이 크게 작용했다. 이 무렵에는 경제 관련 동아시아 연구가 대폭 증가한다. 그런데 2003년 일시적으로 재역

〔그림 1-3〕 동아시아/동북아 표제어 포함 논문 편수 비율 추이

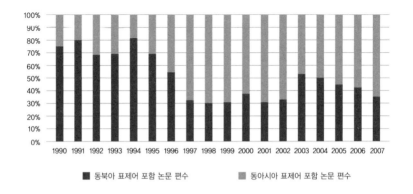

■ 동북아 표제어 포함 논문 편수　　　■ 동아시아 표제어 포함 논문 편수

전이 일어난다. 이는 참여정부의 출범과 함께 동북아구상이 등장해 관련 연구가 갑자기 늘어났기 때문으로 풀이된다. 그럼에도 불구하고 2004년부터는 동아시아 표제어 포함 논문 편수가 동북아 표제어 포함 논문 편수를 줄곧 상회하는데, 이 국면에 이르면 동아시아라는 지역상은 지문화적 용법만이 아니라 지정학적·지경학적 용법도 다져진 터라 동북아에 비해 거론될 여지가 많았던 것으로 풀이할 수 있다. 동북아의 지역 범위는 주로 지정학적 차원에서 한반도와 주변 4강으로 고정되어 있으나 동아시아는 지문화적 시각에서는 한중일 삼국, 지정학적 시각에서는 동북아 수준의 지역 범위, 지경학적 시각에서는 동북아와 동남아 지역을 아우르는 등 탄력적으로 활용되었다. 그 탄력성이 한편으로는 동북아 담론이 아닌 동아시아 담론의 부상을 가능케 했으며, 다른 한편으로는 동아시아 담론의 정체성을 모호하게 만들었다.

동아시아/동북아 표제어 포함 논문 편수를 빈도가 아닌 비율 중심으로 그려보면 동아시아라는 지역상의 입지가 공고해지는 추세를 한눈에 확인할 수 있다. 〔그림 1-3〕을 보자.

1990년대 초기에는 동북아 표제어 포함 논문 편수의 비중이 압도적이지만, 1996년에 이르면 동아시아 표제어 포함 논문 편수의 비율이 50%에 육박

하고, 이후에는 참여정부가 출범한 2003년을 제외하고는 줄곧 50%를 상회한 다. 1996년은 학계에서 발전모델론이 본격화된 해다. 이를 계기로 사회과학 자들이 동아시아 관련 연구에 대거 뛰어들자 동아시아 표제어 포함 논문에서 는 경제, 정치, 사회 연구가 고루 증가했다. 그리고 1997년 동아시아 경제위 기를 거치면서는 경제 연구가 크게 증가했다.

이상의 그림들로부터는 시간이 지남에 따라 동아시아라는 지역상의 용법 이 동북아의 경우보다 다양해지거나 긴요해졌음을 짐작할 수 있는데, 이를 확 인하고자 키워드네트워크를 그려보겠다. 〔그림 1-4〕와 〔그림 1-5〕는 동아시 아를 중심으로 한 키워드네트워크와 동북아를 중심으로 한 키워드네트워크 다.[117]

일단 두 그림 모두 동시 출현 횟수 상위 15%에 해당하는 키워드만을 추출 한 것인데도 동아시아의 키워드가 동북아의 경우보다 많다는 사실이 한눈에 들어온다. 단지 키워드가 많을 뿐 아니라 동아시아의 경우 정치안보, 경제 영 역만이 아니라 사회문화 영역에 걸쳐 키워드가 두루 분포되어 있다. 전통, 근 세, 예술, 한류, 기억, 환경 등의 키워드는 동북아의 경우에는 등장하지 않는다. 또한 사상, 철학, 인문학, 한국학, 대성, 민족주의 기억, 신화, 아시아적 가치 등 의 키워드도 등장해 동북아와는 다른 학술적 용법이 있음을 짐작케 한다.

한편 동북아를 중심으로 한 키워드네트워크는 동아시아의 경우와 비교하 건대 키워드가 정치안보, 경제 영역에 국한되어 있지만 동아시아의 경우에는

---

117 키워드네트워크를 작성한 방식은 다음과 같다. 한 논문에서 동시에 사용된 키워드, 가령 「동아시아 지역의 정치적 전망」이라면 동아시아, 정치, 전망이라는 키워드는 서로 연결된다고 가정한다. 그리 고 동아시아(동북아)의 키워드네트워크를 그리기 위해 동아시아(동북아)가 표제어로 나오는 논문 에서 논문명으로 등장하는 키워드들의 전체 네트워크를 그리고, 그중 연결의 강도, 즉 동시출현 횟 수가 상위 15%에 포함되는 키워드들 간의 연결만 추출했다. 그리고 뒤에 나오는 가령 '중국을 중 심으로 한 키워드네트워크'는 이렇게 추출된 상위 15%의 키워드네트워크에서 '중국'이라는 키워 드와 연결된 키워드들 간의 연결을 다시 추출한 것이다. 노드들 사이의 링크 굵기는 동시출현 횟수 에 비례하며, 노드들의 위치는 Kamada & Kawai 방식으로 결정되었다. 사용 프로그램은 넷마이너 Netminer다.

〔그림 1-4〕동아시아를 중심으로 한 키워드네트워크

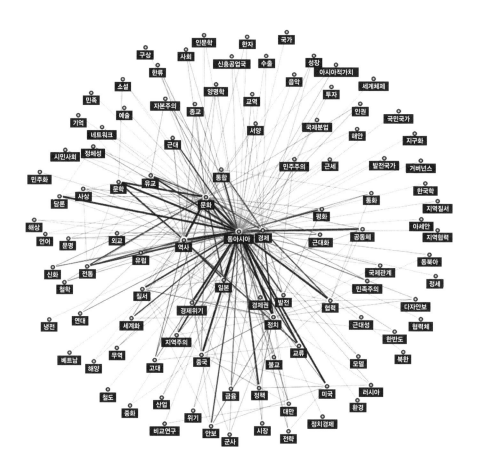

〔그림 1-5〕 동북아를 중심으로 한 키워드네트워크

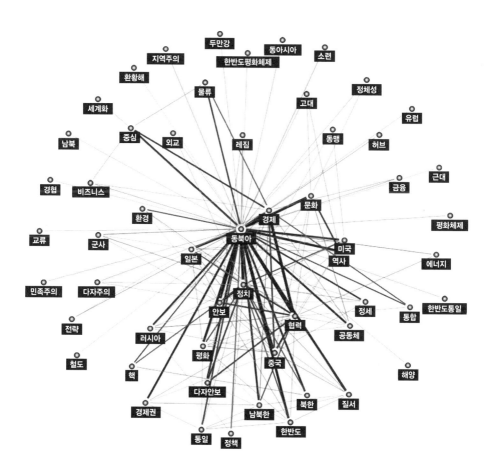

〔표 1-3〕 소련 해체 이후 참여정부기까지 동북아를 표제어로 담은 학술지 특집 목록

년도	특집호명
1991	동북아 신국제질서에 대한 각국의 관점(『중소연구』)
1992	동북아경제권 시대의 도시발전(『도시문제』)
1995	한중관계와 동북아평화(『중소연구』)
1996	격변하는 동북아와 한반도의 선택(『역사비평』)
1997	한러 협력과 신동북아체제(『동북아연구』)
	동북아 경제협력과 한중조 관계(『통일한국』)
1999	변화하는 동북아 안보환경을 점검한다(『통일한국』)
2000	동북아시아 다자간 협력과 한반도 평화(『통일시론』)
2001	동북아의 미래를 점검한다(『통일한국』)
2003	동북아경제중심의 가능성과 문제점(『창작과비평』)
2004	급변하는 동북아 정세와 각국의 대응(『인문사회과학논문집』)
2005	아시아인에 의한 동북아 평화는 가능한가(『창작과비평』)
	동북아의 재편과 일본의 선택(『역사비평』)
	동북아 정세와 한반도(『북한』)
	동북아시대와 중국(『한국과 국제정치』)
	격변기 동북아 4강의 신 군사전략과 안보(『전략연구』)
	동북아 신질서 어디로 가는가(『통일한국』)
	중국의 동북진흥과 동북아의 평화번영(『통일한국』)
	동북아 질서 재편되는가?(『북한』)
	동북아시아와 민족 문제(『문화과학』)
2006	동북아 역사분쟁, 어떻게 연구할 것인가?(『사림』)

발견할 수 없는 키워드들, 가령 경협, 레짐, 환황해, 물류, 비즈니스, 중심, 허브 같은 경제협력 관련 개념과 다자주의, 다자안보, 한반도통일, 한반도평화체제 등 정치외교협력 관련 개념이 눈에 띈다. 이는 동북아라는 지역상이 지정학적, 지경학적 속성이 강하다는 사실과 함께 그 지역 범위가 대체로 한반도를 둘러싼 4강으로 설정되어 있음을 시사한다.

동아시아에서는 존재하는 키워드인 대만이 동북아의 경우에는 나오지 않고, 반면 동아시아의 키워드네트워크에서 한반도는 등장하지만 동북아의 경우에는 존재하는 남북·남북한이 키워드로 나오지 않는다는 사실도 눈여겨볼 대목이다. 한반도와 남북한은 동일한 지시 대상이라고 말할 수도 있지만, 한반도가 한 단위로서의 표상이라면 남북한은 양자 간 관계를 보다 부각시키는 개념이다. 즉 남북한의 관계는 동아시아가 아닌 동북아라는 지역상을 동반해 표상되는 양상인 것이다.

여기서 학술계에서 동북아라는 지역상의 용도가 무엇인지를 보다 분명하게 확인하고자 탈냉전기의 학술지 특집 가운데 동북아를 표제어로 삼은 것만을 모아보겠다. 〔표 1-3〕을 보면 동북아의 인접어로는 국제질서, 국제관계, 체제, 경제권, 경제협력, 안보환경, 다자간 협력, 군사전략, 평화, 번영, 한반도, 정세 등이 등장하는 것을 알 수 있다. 즉 동북아는 지정학적 시각이 농후한 지역상으로서 정치안보적 차원에서 주된 용법을 갖는다. 또한 동북아 관련 특집에서는 어떤 나라보다도 중국이 빈번히 거론된다는 사실도 주목할 만하다. 즉 동북아는 진영 대결이 해소되어 대륙을 향하는 한국의 지역 관념을 반영하는 지역상인 것이다.

이제 동아시아와 동북아의 용례 차이를 보다 선명히 드러내고자 논문 영역의 비율을 살펴보겠다. 이를 위해 동아시아/동북아가 표제어로 포함된 논문들을 나머지 키워드가 무엇인지에 따라 구분했는데, 논문의 해당 영역을 구분하는 분류 기준은 〔표 1-4〕와 같다.

먼저 동아시아 표제어 포함 논문 중 영역별 논문 비율을 살펴보자. 〔그림 1-6〕이다. 사회문화 연구 논문 비율은 전 시기에 거쳐 높게 형성되며, 정치안보 연구와 경제 연구가 1990년대 말까지 유사한 등락의 추이를 보인다는 것이 특징이다. 사회문화 연구 논문 비율은 북한의 1차 핵위기가 고조된 1993년을 제외하면 줄곧 30%를 상회한다. 동아시아라는 지역상이 지문화적 시각에서 활용되거나 사회문화적 논제와 긴밀히 결부되어 거론되었다는 점은 이미

[표 1-4] 키워드에 따른 논문 영역의 분류 기준

경제	정치안보	사회문화
시장, 산업, 투자, 수출, 물류, 환율, 통화, 금융, 주식 등	외교, 안보, 정세, 평화, 국제질서, 군사, 군비, 다자주의 등	민족주의, 민주주의, 정신, 전통, 생활, 인권, 문학, 인문학, 음악, 교육 등

확인한 바다. 경제 연구와 정치안보 연구는 중국과 수교한 1992년에 높아졌고, 다시 WTO가 출범하고 발전모델론이 부상한 1995년, 그리고 1997년 경제위기 이후 높아졌다가 2000년대 이후로는 사회문화 연구의 비율에 비해 낮게 분포하고 있다. 물론 사태의 성격에 따라 연구로 반영되기까지 소요되는 시간은 다를 수 있으니 비율의 등락을 해당 시기에 발생한 사태로 환원해 해석해서는 안 될 것이다. 또한 이 그림은 비율을 보여주는 것으로 논문 편수 자체는 2003년과 2007년을 제외하고는 줄곧 늘어났다.

이제 [그림 1-7]의 동북아의 경우로 시선을 옮기면 먼저 동아시아의 경우와 비교하건대 사회문화 연구 논문 비율이 가장 낮게 머무는 것이 눈에 띈다. 그러다가 2003년 참여정부가 들어선 이후로는 증가세이며, 특히 역사교과서 문제, 영토 문제 등으로 반일시위가 격발한 2005년에 크게 올라간다. 비율상으로는 2007년이 2005년보다 높지만 2007년에 논문 편수가 크게 줄어들었음을 감안한다면, 2005년이 사회문화 영역에서도 동북아라는 지역상이 가장 활발히 거론된 해라고 말할 수 있다.

다음으로 정치안보 연구 논문 비율을 보자면 조사 시점의 첫 해인 1990년에는 83%에 이른다. 이처럼 수치가 극단적으로 높은 것은 그 해에 발표된 동북아 표제어 논문이 24편에 불과했기 때문이지만, 소련과의 수교가 특히 정치안보상의 전기로 간주되었음도 짐작할 수 있다. 그 해 나온 논문들을 살펴보면 한소 정상회담, 한소 접근, 한소 수교 등에 변화, 정세, 질서 등의 개념이 어우러져 다수의 논문명이 만들어졌다. 한편 1992년에는 정치안보 연구 논문

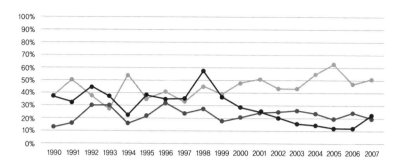

〔그림 1-6〕 동아시아 표제어 논문 중 영역별 논문 비율

동아시아 표제어 논문 중 경제 연구 논문 비율
동아시아 표제어 논문 중 정치안보 연구 논문 비율
동아시아 표제어 논문 중 사회문화 연구 논문 비율

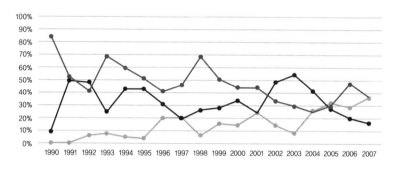

〔그림 1-7〕 동북아 표제어 논문 중 주제별 논문 비율

동북아 표제어 논문 중 경제 연구 논문 비율
동북아 표제어 논문 중 정치안보 연구 논문 비율
동북아 표제어 논문 중 사회문화 연구 논문 비율

비율과 경제 연구 논문 비율이 동률을 이루는데 탈냉전의 여파가 먼저 정치안보 연구에, 이윽고 경제 연구에 미쳤다고 해석할 수 있다. 특히 한중수교 관련 논문에서는 경제협력, 경제권, 경제공동체라는 키워드가 속출한다. 즉 소련과의 수교가 정치안보상의 커다란 전기로 인식되었다면, 중국과의 수교는 경제협력의 전망을 밝히는 계기로 작용했던 것이다. 그렇지만 북한 1차 핵위기가

고조된 1993년에는 해빙 무드가 주춤하고 지역정세가 불투명해지면서 정치안보 연구 논문 비율이 올라간다. 1997년의 경제위기도 동북아 표제어 논문 중 경제 연구의 논문 비율을 끌어올리지는 못하는데, 이는 경제위기가 동아시아라는 지역상을 동반해 표상되었기 때문으로 풀이된다. 대신 1998년에 정치안보 논문의 비율이 치솟는데 해당 논문들은 대체로 다자안보, 지역안보에 관한 내용이었다. 이 시기에 이르면 '동아시아 경제협력, 동북아 안보협력'이라는 구도가 공고해진 것이다. 한편 경제 연구 논문 비율은 2003년 참여정부가 출범한 해에 정점을 그리고 이후로는 줄어드는 추세다. 그런데 이상의 비율을 주제별로서 정리하면 흥미로운 양상이 포착된다.

먼저 〔그림 1-8〕을 보면 동아시아/동북아 표제어 논문 중 정치안보 연구 논문의 비율은 참여정부의 등장에 이르기까지 전반적으로 반대 양상을 그린다. 동북아 표제어 논문 중 정치안보 연구 논문의 비율이 높을 때 동아시아 표제어 논문 중 정치안보 연구 논문이 낮은 비율에 머무는 것이다. 각각 동아시아와 동북아라는 다른 범주에서 비율을 정리한 것이기에 제로섬 관계일 이유가 없는데도 추이가 대조적이다. 반면 〔그림 1-9〕를 통해 동아시아/동북아 표제어 논문 중 사회문화 연구 논문 비율을 보면, 동아시아의 경우가 동북아의

〔그림 1-8〕 동아시아/동북아 표제어 논문 중 정치안보 연구 논문 비율

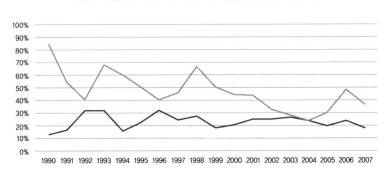

——— 동아시아 표제어 논문 중 정치안보 연구 논문 비율
——— 동북아 표제어 논문 중 정치안보 연구 논문 비율

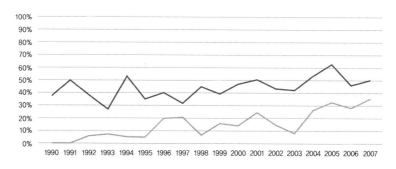

경우에 비해 비율이 줄곧 높게 형성되지만 동조 양상이 확인된다.

이는 연구 영역에 따라 동아시아, 동북아라는 지역상이 선택적인지 아니면 호환적이거나 병행적인지를 보여준다고 말할 수 있다. 가령 북한의 1차 핵위기는 동아시아가 아닌 동북아라는 지역상에서 표상되었다. 정부의 지역구상 역시 특정 지역명을 동반했다. 따라서 정치안보 연구에서 동북아가 자주 거론되는 시기에는 동아시아가 등장하는 비율이 낮아진다. 어느 시기에나 그렇다고 말할 수는 없지만, 사회문화 연구 논문 비율과 견준다면 그 차이는 뚜렷하다. 사회문화 연구의 경우, 가령 그 비율이 가장 높게 형성된 2005년의 반일 문제는 동아시아라는 지역상으로도 동북아라는 지역상으로도 표상할 수 있는 것이었다. 즉 '동북아냐 동아시아냐'라는 논제는 특히 정치안보 영역에서 유의미했던 것이다.

한편 동아시아/동북아 표제어 논문 중 경제 연구 논문 비율을 살펴보자. 〔그림 1-10〕이다. 이 경우는 동아시아에서의 추이와 동북아에서의 추이 사이에서 특별한 상관성이 나타나지 않는다. 다만 1997년 경제위기와 2003년 참여정부의 출범기에는 한 쪽이 높을 때 다른 쪽은 낮게 머무르고 있다. 1997년 경제위기의 여파가 연구 동향에 확실하게 반영된 1998년에는 동아시아 표

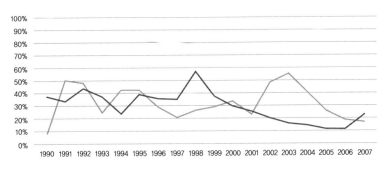

〔그림 1-10〕동아시아/동북아 표제어 논문 중 경제 연구 논문 비율

— 동아시아 표제어 논문 중 경제 연구 논문 비율
— 동북아 표제어 논문 중 경제 연구 논문 비율

제어 등장 논문에서 경제 연구 논문의 비율이 급증했다. 보다 구체적으로 경제위기, 금융위기, 통화위기라는 형태로 '위기'라는 표현이 논문명으로 등장한 사례가 1998년 동아시아 표제어 등장 논문 74편 가운데 14편, 1999년 71편 가운데 18편에 이르고 있다. 반면 동북아 표제어 등장 논문의 경우에는 1998년 31편 가운데 1편, 1999년 79편 가운데 2편에 불과하다. 당시 경제위기가 동아시아라는 지역상을 동반해 표상되었음을 다시금 확인할 수 있는 대목이다. 한편 동북아 표제어 논문 중 경제 연구 논문 비율은 참여정부의 집권 초기에 높아지지만 동아시아의 경우는 낮아지는 추세다.

이상으로 살펴본 정치안보 연구, 경제 연구는 내용을 확인해보면 대체로 지역의 현황을 분석하거나 청사진을 제시하는 것들이다. 즉 현재와 미래를 시간대로 취하며, 과거더라도 근 수 십 년 동안의 추세를 다룰 뿐이다. 반면 사회문화 논문에는 역사 연구도 다수 포함되어 있다. 동아시아와 동북아 표제어 논문 중 역사 연구 논문의 비율을 비교해보면 동아시아와 동북아라는 지역상의 용도 차이가 보다 뚜렷하게 드러난다.

〔그림 1-11〕을 보자. 동아시아의 경우 1998년을 제외한다면 역사 연구의 비율이 전체 연구 가운데 20%를 꾸준히 상회한다. 반면 동북아의 경우는

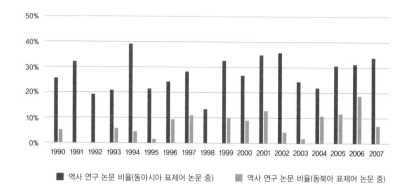

〔그림 1-11〕 동아시아/동북아 표제어 논문 중 역사 연구 논문 비율 비교

■ 역사 연구 논문 비율(동아시아 표제어 논문 중)　　■ 역사 연구 논문 비율(동북아 표제어 논문 중)

10%에도 미치지 못하는 해가 태반이다. 역사 연구는 한중일 삼국이라는 지역 범위에서의 비교사·관계사 연구가 대부분인데 동아시아와 동북아 공히 한중일 삼국을 표상할 때가 있지만, 역사 대상으로서의 삼국에 관해서라면 동아시아가 주된 지역상으로 거론된 것이다.

동아시아와 동북아라는 지역상의 용도 차이는 관련 연구지의 표제에서도 확연하게 드러난다. 〔표 1-5〕와 〔표 1-6〕은 1990년부터 2007년 사이에 동아시아, 동북아를 표제어를 취해 발행된 연구지의 목록이다. 계간만이 아니라 반년간, 연간, 부정기간 연구지를 망라한 것이다.

동아시아 표제어 연구지와 동북아 표제어 연구지를 비교하면 연구지명에서 동아시아 표제어 연구지가 보다 다양한 영역에서 발행되었음을 알 수 있다. 동북아 표제어 연구지 가운데 문화 연구를 명시적으로 표방한 것은『동북아문화연구』한 종뿐이다. 발행처를 보더라도 동북아 표제어 연구지는 대부분 사회과학계에서 발행되었음을 확인할 수 있다. 특히 동북아라는 지역명이 지정학적·지경학적 시각에서 입지가 공고하던 1990년대 중반에 창간된 것들이 다수이며, 대부분 정치안보·경제 영역의 연구지다.

〔표 1-7〕을 통해 동양 표제어 연구지의 면면을 살펴보면 동북아 표제어 연

[표 1-5] 동아시아 표제어 연구지

잡지명	발행처	발행기간
동아시아 : 비교와 전망	동아대학교 동아시아연구원	2003-2014
동아시아경제연구	한성대학교 동아시아연구소	1998
동아시아문화연구	한양대학교 동아시아문화연구소	2009-2014
동아시아고대학	동아시아고대학회	1999-2014
동아시아문화와사상	열화당	1998-2003
동아시아문화포럼	동아시아문화포럼	1998-2005
동아시아문화학회	동아시아문화학회	2004-2010
동아시아물류동향	부산발전연구원	2003-2014
동아시아불교문화	동아시아불교문화학회	2007-2014
동아시아브리프	성균관대학교 동아시아지역연구소	2006-2014
동아시아비평	한림대학교 아시아문화연구소	1998-2001
동아시아식생활학회지	동아시아식생활학회	1991-2014
동아시아역사연구	동아시아역사연구회	1996-2000
동아시아연구	조선대학교 동아시아경제연구소	2008-2009
동아시아연구논총	제주대학교 동아시아연구소	1990-2005

＊발행기간이 2014인 경우는 조사 시점인 2014년에도 발행되었음을 의미하며 이하도 마찬가지임.

[표 1-6] 동북아 표제어 연구지

잡지명	발행처	발행기간
동북아문화연구	동북아시아문화학회	2001-2014
동북아	동북아문화연구원	1995-1998
동북아경제연구	한국동북아경제학회	1997-2014
동북아관광연구	동북아관광학회	2004-2014
동북아발전연구	인천대학교 동북아발전연구원	1998-2014
동북아법연구	전북대학교 동북아법연구소	2007-2014
동북아역사논총	동북아역사재단	2004-2014
동북아연구	경남대학교 극동문제연구소	1995-2014
동북아연구	조선대학교 동북아문제연구소	1995-2014
동북아연구	중앙대학교 동북아연구소	1997-2002
동북아연구	홍익대학교 동북아연구소	1997-2003
동북아연구논총	관동대학교 동북아평화연구소	1995-2002
한국동북아논총	한국동북아학회	1996-2014

구지와의 차이가 확연하다. 동양 표제어 연구지는 모두 인문학계에서 발행되었고 문화·역사 영역의 연구지가 주종이다. 그리고 동아시아, 동북아 표제어 연구지와 달리 절반 가량이 1990년대 초반에 창간되었다는 점도 눈여겨볼 대목이다. 후술하겠지만 이 연구지들은 1990년대 초중반에 문화정체성론 계열의 논의가 활성화되는 물적 토대 역할을 맡는다.

다음으로 아시아/아세아 표제어 연구지와 아태/아시아태평양 표제어 연구지도 살펴보자. 〔표 1-8〕과 〔표 1-9〕다.

아시아/아세아 표제어 연구지가 문화 연구 중심이고 대체로 인문학계에서 발행된 데 비해 아태/아시아태평양 표제어 연구지는 발행처를 보건대 지역학·국제정치학·국제경제학 연구지임을 알 수 있다. 실상 냉전기에 아시아태평양은 동아시아보다 중요한 위상의 지역상으로서 거론된 바 있다. 냉전기 한국 정부의 지역구상을 돌이켜보면 동아시아를 핵심 개념으로 내세운 경우는 없으며, 이승만 정권기의 '태평양동맹', 박정희 정권기의 '아시아태평양각료이사회', 전두환 정권기의 '태평양지역국가 정상회담 제안'처럼 태평양을 핵심 개념으로 삼아 한국을 해양세력의 일부로 설정하는 식이었다. 냉전기 한

〔표 1-7〕 동양 표제어 연구지

잡지명	발행처	발행기간
동양문화연구	영산대학교 동양문화연구원	2007-2014
동양미술사학	동양미술사학회	2012-2014
동양예술	한국동양예술학회	2001-2014
동양음악	서울대학교 동양음악연구회	1996-2013
동양정치사상사	한국동양정치사상사학회	2002-2014
동양종교학	원광대학교 동양종교학과	1991
동양철학	한국동양철학회	1990-2014
동양학연구	동양학연구학회	1989-2001
동양한문학연구	동양한문학회	1991-2014
오늘의동양사상	예문동양사상연구원	1998-2011

〔표 1-8〕 아시아/아세아 표제어 연구지

잡지명	발행처	발행기간
Global Asia	동아시아재단	2006-2014
신아세아	신아세아연구소	1994-2014
아세아민속연구	국제아세아민속학회	1997-1999
아세아여성법학	아세아여성법학연구소	1998-2014
아세아연구	고려대학교 아세아문제연구소	1958-2014
아시아	도서출판 아시아	2006-2014
아시아교육연구	서울대학교 교육연구소	2000-2014
아시아리뷰	서울대학교 아시아연구소	2011-2014
아시아문화	한림대학교 아시아문화연구소	1986-2014
아시아문화연구	가천대학교 아시아문화연구소	1996-2014
아시아문화연구	경북대학교 아시아연구소	2005-2014
아시아민족조형학보	아시아민족조형학회	2000-2014
아시아아동복지연구	대한아동복지학회	2003-2014

〔표 1-9〕 아태/아시아태평양 표제어 연구지

잡지명	발행처	발행기간
아시아태평양지역연구	전남대학교 아시아태평양지역연구소	1998-2001
아태	아세아태평양문제연구소	1987-2004
아태시대	한양대학교 아태지역연구센타	2002-2012
아태연구	경희대학교 국제지역연구원	1994-2014
아태연구	위덕대학교 아시아태평양연구소	2002-2005
아태쟁점과 연구	한양대학교 아태지역연구센타	2006-2008
아태지역동향	한양대학교 아태지역연구센타	1990-2006

국발 지역구상은 미국으로부터 일정한 자율성을 획득하기보다 확고한 지원을 끌어내려는 목적이 컸고, 장기적인 국가 전략의 관점에서 독자적 발상과 논리를 마련했다기보다 강대국 간의 역학관계가 규정하는 국제체제를 추수하는 방안에 가까웠다. 지역구상의 명칭과 지역 범위 또한 미국친화적이어서 아시

아태평양, 환태평양처럼 '태평양'이라는 지역명이 빠짐없이 등장했다. 태평양은 냉전기에 대륙으로의 진출로가 차단되어 있던 한국에게 세계와 연결되는 통로였으며, 미국에게는 아시아로 들어가는 입구였던 것이다.

그러나 냉전기 동안 한국 정부의 지역구상에서 줄곧 핵심 개념을 차지했던 태평양·아시아태평양은 냉전의 종언과 함께 위세를 잃고 동아시아와 동북아에 자리를 넘겨준다. 탈냉전기로 접어들어 아시아태평양은 반공적 색채가 희석되고 대신 경제지향적 속성이 짙어졌으나 학계에서 동아시아, 동북아처럼 주요한 지역상으로 거론되지는 못했다. 위의 표들을 봐도 동아시아, 동북아, 동양, 아시아 등 다른 표제어의 연구지들이 조사 시점인 2014년에도 과반수가 지속되고 있는데 반해 아태/아시아태평양 표제어 연구지는 단 한 종만이 이어지고 있다는 사실은 아태/아시아태평양라는 지역상의 상대적 쇠퇴를 시사하고 있다.

끝으로 〔표 1-10〕을 보자. 동아 표제어 연구지인데, 이것들 모두 문화 연구지의 성격이 강하다. 모두 냉전기에 창간되었고 종수는 적지만 현재까지 지속되는 것이 특징이다. 동아는 오래되고 끈질긴 지역상이다.

〔표 1-10〕 동아 등 기타 표제어 연구지

잡지명	발행처	발행기간
대동문화연구	성균관대학교 대동문화연구원	1964-2014
동아문화	서울대학교 동아문화연구소	1963-2014
동아연구	서강대학교 동아연구소	1985-2014

2) 동아시아 용법의 변화 - 내포

동아시아 연구, 나아가 동아시아 담론은 십여 년에 걸친 이행 과정 동안 이처럼 다양한 문제의식과 접속하며 풍부한 논점을 생산했다. 그동안 동아시아 담론에서 동아시아라는 개념은 지리 범주를 가리키는 단순한 지역명에 머물지 않았다. 동아시아 담론이 여러 갈래로 분기한 필연적 이유는 방금 확인했듯이 동아시아라는 개념이 중의적으로 사용되었기 때문이다. 동아시아는 사회문화, 정치안보, 경제 영역에서 지리 범주, 사유 지평, 문명권, 경제권역 등 다양한 용법으로서 거론되었다. 앞서 살펴본 동아시아 담론의 이행 과정에서는 크게 세 가지 차원의 동아시아의 용법이 확인된다. 동아시아는 일차적으로 한중일, 동북아와 동남아처럼 지리 범주를 가리키지만, 이차적으로는 세 가지 용법으로 분기하고 이러한 이차적 용법들이 동아시아 담론의 형성과 전개에서 보다 중요하게 작용했다. 그 세 가지 용법이란 '학술적 시각', '이념적 가치', '제도적 권역'을 말한다.

첫째, 학술적 시각이다. 학술적 시각으로서의 동아시아는 일국적 수준과 세계체제적 수준의 매개항으로 기능하며 그 사이의 중범위적 과제에 관한 인식을 유도해냈다. 이로써 국가를 단위로 하는 기존의 국제관계 틀에 근거하던 시각을 전환시켜 탈경계적 동향과 다자간 상호연동 관계를 주목하도록 이끌어냈다.

동아시아를 이와 같은 학술적 시각으로 조형하는 데 특히 의식적인 노력을 기울인 논자는 백영서다. 백영서는 동아시아 담론이 범하기 쉬운 자민족중심주의와 국가주의적 편향을 경계하고자 '지적실험으로서의 동아시아'를 제시하며 "'지적실험으로서의 동아시아'는 동아시아를 어떠한 고정된 실체로도 간주하지 않고 항상 자기성찰 속에서 유동하는 것으로 파악하는 사고와 그에 입각한 실천의 과정을 뜻"[118]한다고 강조했다. 아울러 "동아시아로 일단 한정하는 것은 그것이 우리가 일상적으로 하나의 문명 단위로 간주하는 지역 범위이기도 하지만, 한민족 공동체가 자기 속의 타자(즉 동아시아)와 타자 속의 자기를 돌아보는 성찰적 주체로 성장하는 데 적절한 범위이기 때문"[119]이라며 동아시아 시각의 효용도 밝혔다.

사회학자인 박명규는 오늘날 주된 인식 단위인 국민국가적 시공간을 절대화하지 않으면서도 곧바로 '장기적-지구적' 시공간으로 옮겨가지 않는 중간적 시공간, 곧 '국면적-지역적' 시공간으로서 동아시아의 중요성을 부각시켰다. 이러한 시공간 범주는 국민국가중심적 사고로부터 일정한 전환을 가능케 하는 동시에 추상적인 세계사·장기사의 흐름으로 환원되지 않도록 기여하며, 역사적 현실을 과도하게 개별화함으로써 구조적 측면을 간과하는 오류를 벗어나는 데도 보탬이 되리라고 전망했다.[120]

인문학계에서도 역내의 교류사를 연구할 때 한중, 한일, 일중이라는 양국 간의 비교연구가 전형적인 국민국가 단위의 발상인 까닭에 일국사와 세계사를 잇는 중간 단위의 지역사적 시각을 통해 다자간 상호연동에 관한 이해를 심화하려는 노력들이 이어졌다. 문학연구자인 임형택은 역내 문학들 간의 단계적 공통성을 포착하고 근대문학의 전환 과정을 살피고자 동아시아적 시각의 유용성을 강조하며, 서구의 모방이라는 관점을 은연중에 내포하는 제국주의적 시각인 비교문학과 국제적 고리를 망실한 내재적 발전론을 동시에 극복하고자 했다.[121] 문화 연구에서는 동아시아 시각을 매개·중간항·참조틀·간언어적 실천 등의 개념과 접목해 문화교류상에서 일어나는 복잡다기한 현상들을 포착하려는 연구들이 시도되었다. 또한 인하대학교 BK한국학사업단은 『동아시아 한국학입문』을 엮어내면서 동아시아 시각이 "서구적 근대와 보편

---

118 백영서, 「중국에 '아시아'가 있는가?」, 『발견으로서의 동아시아』, 문학과지성사, 2000, 58쪽.

119 백영서, 「20세기형 동아시아문명과 국민국가를 넘어서」, 『창작과비평』 106호, 1999, 28쪽.

120 박명규, 「복합적 정치공동체와 변혁의 논리 — 동아시아적 맥락」, 『창작과비평』 107호, 2000, 10~11쪽.

121 임형택, 「한국문학 연구의 동아시아적 시각과 세계적 지평」, 『국어국문학』 131호, 국어국문학회, 2000, 49~69쪽.

의 논리, 일국 사회주의의 변종 계급 논리, 고립된 민족주의의 내재적 발전 논리, 중심과 주변의 차별적 인식 논리 등 숱한 편향된 논리를 극복하고, 그 그늘에 가려져 있던 실체적 신실과 가능성을 다시 조명할 수 있는 가능성"[122]을 제시해준다고 주장하기도 했다. 다만 동아시아를 학술적 시각으로 조형하려는 시도는 그 자체가 국민국가 단위의 인식틀을 상대화하려는 것이니 만큼 국민국가주의 비판이라는 이념적 가치의 성분도 일정하게 포함한다고 말할 수 있다.

둘째, 이념적 가치다. 동아시아 담론은 서구중심적 근대화 도식, 서구편향적 지식체계에 대한 성찰의 거점으로 기능해 동아시아에는 지리 범주 이상의 의미가 주입되었다. 탈냉전의 시대 조류에 걸맞은 인식틀과 실천방향을 모색하는 과정에서 가치함축적 속성을 갖게 된 것이다. 다만 그 가치가 무엇인지는 논자의 지향성에 따라 달라진다. 앞서 확인했듯이 최원식은 마르크스주의의 쇠퇴로 인한 변혁론의 위기 속에서, 동아시아에 자본주의는 물론이거니와 사회주의를 포함한 서구 근대체제의 대안상을 모색하는 거점이라는 의미를 부여했고, 이어령과 김용운은 왜곡되고 폄하된 동아시아 전통의 복원을 강조하며 세계문명의 조화를 이뤄낼 문명사적 가능성을 동아시아로부터 발굴하고자 했다.

동아시아 시각을 사회운동과 접목해 '아래로부터의 동아시아'를 기도한 경우도 이념적 가치로서의 용례로 볼 수 있을 것이다. 이남주는 민주주의, 사회정의, 평화, 인권, 생태주의와 같은 지역 의제를 논의할 틀로서 동아시아를 주목했다. 지역화에 의해 긴밀하게 연결된 상황에서 가령 생태문제나 노동문제를 일국 차원에서 대처해도 그것은 문제의 해결이 아닌 문제의 이전이 될 소지가 높기에 기층 차원의 지역 협력의 틀로서 동아시아를 강조한 것이다.[123]

122 인하BK한국학사업단, 『동아시아 한국학입문』, 역락, 2008, 38쪽.
123 이남주, 「동아시아 협력론에 대한 비판적 검토」, 『창작과비평』 127호, 2005, 81쪽.

탈식민주의 역사 연구의 경우라면 지역정책을 통해 확보할 미래의 국익이 아니라 현재까지도 이어지는 역사적 상흔을 중시한다. 윤해동은 국민국가를 넘어선 민중연대의 시각에서 동아시아라는 지역 지평을 설정해 "민족, 국민, 국민(민족)국가, 계급이 아닌 인간의 존재, 그 모든 것을 포괄하는 보편적 인간의 존재를 사유"하자고 역설했다.[124]

셋째, 제도적 권역이다. 1990년대 후반 동아시아 경제위기와 아세안+3의 성립을 경유하면서 동아시아는 지리적 범주에 그치지 않고 제도적 권역으로서의 의미가 짙어졌다. 특히 사회과학자들은 국가와 자본이 주도하는 정치·경제 영역에서 날로 상호의존도가 높아지는 지역적 현실(지역화)과 그것에 기반한 지역협력체제의 제도화(지역주의)를 분석하고 모색하는 데 치중했다. 그리하여 등장한 지역주의 계열의 동아시아 담론은 동아시아를 다중적 상호연결망이 가동되는 제도적 권역으로 부각시켰다. 이때 동아시아는 해당 구성국들이 경제적·안보적 공통 의제를 다루기 위한 다자주의적 협력틀과 지역통합을 추진하기 위한 제도적 장치로 짜인다. 이러한 제도적 권역으로서의 동아시아는 지정학적인지 지경학적인지라는 관점에 따라 그 지역 범위가 달라진다.

1990년대 초반부터 2000년대 중반에 이르는 담론의 이행 과정 동안 이러한 이차적 용법의 무게중심도 옮겨갔다. 단적으로 1990년대 초반 '변혁이론으로서의 동아시아'에서 1990년대 중후반 '아시아적 가치'를 거쳐 2000년대 초반 '동아시아 경제공동체'에 관한 논의로 이전된 데서 드러나듯, 이념적 가치에서 제도적 권역으로 이차적 용법의 무게중심이 옮겨갔다. 한편 학술적 시각으로서의 용법은 동아시아 담론의 성립 조건으로서 시기마다 영역마다 논자마다 그 용례를 조금씩 달리하면서 동아시아 담론의 지속과 함께 해왔다고 말할 수 있다.

---

124 윤해동, 「억압된 '주체'와 '맹목'의 권력 – '동아시아역사논쟁'과 국민 국가」, 『당대비평』, 2002년 특별호, 41쪽.

보다 구체적으로 살펴보면, 1990년대 초기에는 인문학자들이 동아시아 담론을 주도했다. 그들은 1989년 이후 변화한 나라 안팎의 상황, 즉 국내의 민주화 진전과 세계적 탈냉전의 추세에 맞춰 새로운 이념을 모색하는 과정에서 동아시아를 주체성 재구성의 지평으로 삼았다. 창비 진영의 논자들은 냉전체제의 이념적 대립에 근거한 반공자유주의와 사회주의 지향 간의 낡은 구도를 깨는 새로운 전망을 동아시아에서 구하고자 했으며, 문사철 영역의 인문학자들은 서구중심주의 비판과 동양의 복원이라는 지향을 동아시아에 주입했다. 1990년대 중반에는 유교자본주의, 동아시아 발전국가론 등을 거치며 정치학자와 사회과학자들이 가세했고, 1997년 동아시아 경제위기와 아세안+3 체제의 출범 이후에는 주로 외교학자·국제정치학자들이 지역주의 문제에 천착해 지정학적·지경학적 차원에서 기획되는 국가 간 협력체를 뜻하는 방향으로 동아시아는 제도적 권역의 용법이 심화되었다.

이처럼 이차적 용법의 무게 중심이 이동해 간 것은 지식계 내부의 논의를 거친 결과이기도 하지만 국가에 의한 정책적 지원도 크게 작용했다. 이로써 동아시아 담론은 초기의 혼란상에서 벗어나 지향성이 구체화되고 정책적 의제의 생산 역할도 맡았지만, 다른 한편으로는 지역 차원의 주도권, 국익 확보라는 이슈로 관심이 수렴되면서 서양중심주의, 자본주의, 근대주의, 국민국가주의에 대한 초기의 비판의식은 무뎌지고, 신자유주의적 사회질서, 패권주의적 지역질서를 극복하기 위해 주입되었던 이념적 가치 역시 약화되었다.

3) 동아시아 지역 범위의 변화 – 외연

동아시아 담론에서 동아시아의 지역 범위는 물리적 실체로서 고정되어 있지 않았다. 애초 지역이란 고정된 외연을 갖는 지리적 실체라기보다 지역을 논하는 주체의 문제의식과 환경의 변동에 따라 유동하고 재구성되는 사회적 산물이다. 그리하여 학술적 시각인지 이념적 가치인지 제도적 권역인지 그 용법에 따라 동아시아의 지역 범위에 관한 이해방식이 달라지고, 문명 논의인지 역사 논의인지 경제 논의인지 안보 논의인지 그 시각에 따라서도 지역 범위는 달리 설정되었다. 그 결과 동아시아의 지역 범위는 한중일 삼국으로 제한되기도 하며 동남아시아와 미국으로까지 확장하기도 했다. 이렇듯 동아시아의 외연에 관한 상이한 접근방식에는 동아시아의 내포에 관한 인식의 차이가 반영되어 있다.

동아시아 담론의 이행 과정에서 동아시아 지역 범위가 어떻게 변해갔는지를 개괄하자면 초기에는 '서양 대 동아시아' 구도로서 때로 동양과 호환될 만큼 동아시아의 지역 범위가 탄력적이었지만, 역내의 주도권을 둘러싼 동아시아 지역주의 모색 가운데 동아시아의 지역 범위는 구체화되었고, 동아시아는 동양은 물론이고 동북아, 아시아태평양 등의 지역명과도 차별화되어가는 양상이었다.

구체적으로 살펴보자면, 1993년 최원식이 「탈냉전시대와 동아시아적 시각의 모색」에서 제시한 동아시아의 지역 범위는 한반도와 중국, 일본 그리고 러시아까지를 아우르고 있었다. 그것은 한반도분단체제를 둘러싼 지정학적 역학구도를 조명하기 위한 외연이었다.[125] 직후 지적 주체성의 문제의식에 근거해 인문학자들이 대거 동아시아 담론을 전유하면서는 반서구중심주의의 색채

---

125 사실 「탈냉전시대와 동아시아 시각의 모색」에서는 동아시아의 지리적 외연이 분명히 드러나지 않았다. 하지만 이 시기를 돌아보며 최원식은 "우리는 왜 동아시아를 말하는가? 그것은 남북의 적대적 공존을 화해적 공생으로 바꾸는 일을 선차적으로 고려하는 공동의 과업을 통해서 세계 4강이 겯고트는 동(북)아시아에 항구적인 평화를 정착시키고자 하는 염원에 기초하고 있다. 탈냉전 시대의 입구에서 제기된 '동아시아론'은 한반도(남과 북)·중국(그리고 타이완, 홍콩, 마카오), 일본(그리고 오키나와)을 하나의 사유단위 또는 분석단위로 설정함으로써 민족주의와 국제주의(또는 세계주의)를 횡단하는 중도中道로서 비판적 지역주의를 실험한다"라고 밝힌 바 있다(최원식, 「동아시아 공동어를 찾아」, 『제국 이후의 동아시아』, 창비, 2009, 55쪽). 한편 창비 진영은 동아시아를 동남아시아까지를 포함한 지역상으로 확대하고자 노력을 기울이기도 했다(최원식·백영서 외, 『교차하는 텍스트 동아시아』, 창비, 2010; 유용태·박진우 외, 『함께 읽는 동아시아 근현대사 1·2』, 창비, 2010).

가 강해서 동아시아의 지역 범위는 구체적 외연을 갖는다기보다 동양, 비서구로 호환될 수 있는 탄력성을 지녔다.

한편 지문화적 관섬에서 동아시아에 접근하는 인문학자들은 한자를 사용하고 유교의식 등의 문화습속을 공유하는 한자문화권, 유교문화권 혹은 중화문명권이라는 수준에서 동아시아의 지역 범위를 설정하려는 경향이 강했다. 특히 문화 교류에 관한 역사 서술의 범위는 삼국으로 제한되곤 했다. 가령 정규복은 「동아시아 문화의 동질성과 이질성」에서 "동아시아 문화는 유·불·도 삼교가 주축이 되어 이루어졌음은 주지의 사실이다. 동아시아 문명권의 지역은 삼교사상을 중심으로 지정학적으로 중국 대륙을 시발점으로 하여 그 대륙 문화가 육접陸接된 한국으로 유입되고, 이것이 다시 일본으로까지 전파된 소위 삼국문화를 지칭한다"[126]라고 명시적으로 밝혔다. 이 발언에서 동아시아는 삼국으로 치환되고 있다.

동아시아의 지역 범위를 이렇게 설정하는 방식은 국제정치적 역학관계를 그다지 중시하지 않기 때문에 미국은 물론 지리적으로는 유라시아 대륙에 속하지만 문화가 이질적인 러시아를 누락시킨다. 또한 한국과 함께 한반도에 존재하는 북한은 문화적 교류가 단절되었고 이데올로기적 장벽 너머에 있기에 좀처럼 거론되지 않는다. 대신 지리적으로는 떨어져 있지만 한자문화와 유교사상의 영향이 남아 있는 베트남과 싱가포르는 시야에 들어오기도 한다. 그러나 회교·불교 등 문화적 요소가 복합적인 동남아 일반은 논외가 된다.

이후 유교자본주의론에서는 경제적 성취에 힘입어 타이완의 존재가 거론되지만 대신 베트남은 빠지는 양상이다. 이윽고 전개된 아시아적 가치론에서는 아시아적 가치론의 진원지인 싱가포르와 더불어 말레이시아가 거론되며, 동아시아 발전국가론은 비슷한 외연을 취하되 '날아가는 기러기 모델'flying geese model의 선두인 일본과 더불어 고도경제성장의 대열에 합류한 소위 '아

---

126 정규복, 「동아시아 문화의 동질성과 이질성」, 『동아인문학』 1집, 2002, 32쪽.

시아의 네 마리 용'인 한국, 타이완, 홍콩, 싱가포르의 존재감이 부각된다.

이를 앞선 국면과 비교하자면 한중일 삼국 중심에서 그 밖의 나라들로 외연이 확대되었다기보다는 한중일 삼국만을 거론하면서도 동아시아 문화, 동양 문명을 운운할 만큼 외연의 구체성이 문제시되지 않다가 경제발전 현상을 둘러싸고 유교자본주의론, 아시아적 가치론, 동아시아 발전국가론이 차별적으로 제시되며 지리적 외연이 구체화되었다는 점에 주목해야 할 것이다. 유교자본주의론, 아시아적 가치론, 동아시아 발전국가론은 설명지향적 논의이며, 여기서 거론되는 지역 범위는 곧 피설명대상이었기 때문이다. 유교자본주의론의 지역 범위는 유교라는 문화 요소를 공유하며 자본주의적 성취를 일궈낸 나라들로 한정되어야 하지만, 아시아적 가치론이라면 유교 이외의 설명변수를 포함하기에 지역 범위가 동남아시아의 일부 나라로까지 확장될 수 있다. 그리고 동아시아 발전국가론은 국가주도형 근대화로써 성과를 낸 나라들을 아우른다. 그 결과 이러한 계열의 동아시아 담론은 다른 계열에서라면 핵심적 위치를 점하는 중국의 존재감이 미미했다. 중국은 사회주의 경제체제를 취해 왔으며, 개혁개방 이후 중국의 비약적 경제성장을 설명하려면 별도의 이론적 접근이 필요했기 때문이다.

이후 1990년대 후반에는 동아시아 경제위기, 아세안+3 출범, 김대중 정부의 동아시아 지역주의 구상 등을 배경으로 지역주의론 계열의 동아시아 담론이 본격화되는데 거기서는 동남아의 존재가 아세안이라는 형태로 부각되었다. 물론 김영삼 정부 시기에는 세계화를 기치로 내걸고 '아태시대'의 도래를 예견하기도 했다. 그러나 1997년 동아시아 경제위기에서 APEC이 제구실을 못하고 아세안+3가 출범하자 아시아태평양이라는 지역상은 한국지식계의 지역 담론 속에서 제 역할을 찾지 못하고 동아시아가 주된 지역상으로 자리잡는다. 그리고 동아시아는 동북아와 동남아를 아우르는 지역이라는 인식이 확산된다.

이 점은 김대중 대통령의 다음 발언에서도 잘 드러난다. "이제 과거에 있었던 동남아시아 동북아시아 간의 어떤 차별도 더 이상 필요 없다는 것입니다. 동아시아라는 하나의 개념으로 서로 협조해야 한다는 생각들을 하게 되었습니다. 무엇보다도 이번 외환위기를 겪었을 때만 해도 동남아시아, 동북아시아가 따로 있는 것이 아니었습니다. 오직 동아시아 전체에 어려움이 있었을 뿐입니다."[127]

동아시아 외환위기는 동남아에서 시작되어 동북아로 번졌으며, 더욱이 아세안이 아시아의 지역주의에서 가장 실체적인 주도세력이었기에 지역주의론에서 동남아의 중요성이 부각된 것이다. 그 결과 때로 동아시아와 호환되어 사용되던 동북아라는 지역상은 동남아와 더불어 동아시아의 하위 범주가 되고, 동아시아가 한중일 삼국이나 중화문명권의 다른 이름으로 간주될 여지는 줄어든다.

한편 동아시아가 동북아와 동남아의 상위 범주라는 인식이 자리잡으면서 동북아의 지리적 윤곽도 보다 뚜렷해진다. 여기에는 앞서 정리했듯이 참여정부의 동북아시대구상이 주효하게 작용했는데, 그와 함께 참여정부가 출범한 2003년에 6자회담이 처음으로 개최되었다는 사실도 특기해둬야 할 것이다. 2003년 1월 북한이 NPT를 다시 탈퇴하며 제2차 북핵위기가 발생하고 역내 안보상황이 긴장되자 이를 관리하고자 주요 당사국 간에 6자회담이 개최되었다. 2003년 4월 베이징의 북·중·미 3자회담에서 북핵문제의 다자적 해결이라는 새로운 실마리가 마련되었으며, 중국의 적극적 중재 하에 미국은 한국과 일본의 참가를 요청하고 북한도 러시아의 참가를 요청해 6자회담이 성사되었다. 6자회담의 진행과정은 줄곧 동북아라는 지역명을 동반했으며, 6자회담의 성사는 동북아 지역 최초의 정부간 다자회담을 뜻했다. 그리고 6자회담 참여국은 참여정부의 동북아 지역 범위에 관한 이해방식과도 일치해 동북아는 한

---

127 김대중, 「1998년 베트남 방문 및 아세안 정상회담 참석 귀국기자회견」, 『김대중 대통령 연설문집 제1권』, 대통령비서실, 1999, 690쪽.

반도와 주변 4강이라는 인식이 점차 정착해갔다.

이렇듯 십여 년에 걸친 동아시아 담론의 이행 과정에서 확인할 수 있는 지역 범위의 변화 양상은 크게 두 가지다. 첫째, 동아시아의 지역상이 확대 일로였다고는 말할 수 없지만 확장되는 추세였다. 동아시아라는 지역상의 관건적 요소가 문화적 동질성에서 경제적 연계로 옮겨 갔기 때문이다. 둘째, 동아시아의 지역 범위가 보다 명료하게 구획된 외연을 갖추게 되었다. 특히 동아시아 지역주의론에서 지역 설정은 일차적 사항이다. 그것은 지역 공동체의 정체성, 지향, 제도화 수준과 밀접히 연관되어 있기 때문이다.

4) 동아시아 연구에서 각국별 표상의 차이

이상으로 동아시아의 유동하는 외연을 기술했으니 끝으로 거기에 포함된 각국은 어느 정도의 비중으로 거론되고, 어떻게 다르게 표상되었는지까지도 확인해두자. 여기서도 일단 동아시아 표제어 포함 논문과 동북아 표제어 포함 논문을 구분해 국가별 등장 빈도부터 살펴보겠다.

〔그림 1-12〕와 〔그림 1-13〕을 통해 동아시아/동북아 표제어 논문 중 국가별 등장 빈도를 보면 어느 경우나 중국과 일본이 높고 다음이 미국 순이다. 그런데 동아시아에서는 일본이 수위이나 동북아에서는 중국이 가장 높은 빈도를 차지한다. 이것은 중국과 일본이 정치안보·경제 영역에서는 모두 높은 빈도로 거론되어 동북아 표제어 논문에서 큰 비중을 차지하지만, 사회문화 영역의 논문 비중이 높은 동아시아 표제어 논문에서는 중국 관련 연구가 일본 관련 연구에 비해 상대적으로 적기 때문으로 풀이된다. 그런데도 동북아 표제어 논문 중 국가별 등장 빈도에서 중국이 일본을 상회하는 것은 지정학적, 지경학적 차원에서 지역구상을 수립할 때 중국이 일본보다 중요한 위상을 점한다는 사실을 보여준다.

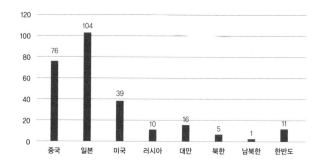

〔그림 1-12〕 동아시아 표제어 포함 논문 중 국가별 등장 빈도

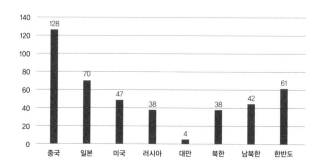

〔그림 1-13〕 동북아 표제어 포함 논문 중 국가별 등장 빈도

　　한편 역전 현상은 러시아와 대만 간에서도 일어난다. 러시아는 동북아 표제어 논문에서는 대만보다 높게 나타나지만 표제어를 동아시아로 바꾸면 적게 등장한다. 또한 동북아 표제어 논문의 경우 러시아는 미국에 버금가는 정도로 거론되는데, 특히 동북아 경제협력구상에서 러시아가 주요국으로 거론되기 때문이다. 동북아 표제어 논문에서는 같은 맥락에서 러시아와 더불어 북한, 남북한, 한반도도 비교적 높은 수치를 나타내고 있다. 특히 한반도의 등장 빈도가 미국을 상회한다.

　　반면 동북아라는 지역상에서 대만은 좀처럼 포착되지 않는다. 대만은 동아시아라는 지역상과 결부해야 연구의 시야 속으로 들어온다. 반면 동아시아의 경우에서는 러시아의 빈도가 낮아진다. 더구나 동아시아 표제어 논문에서는 북한, 남북한, 한반도를 모두 합쳐봐야 대만과 등장 빈도가 비슷할 만큼 북한에 대한 시각이 결여되어 있다. 이 점에 관해서는 3부 가운데 '동아시아 담론의 사각지대- 북한'에서 자세히 다룰 것이다.

이상의 통계적 경향성은 키워드네트워크 분석을 시행하면 보다 분명하게 드러난다. 먼저 중국, 일본, 미국을 중심으로 한 키워드네트워크를 보자. 동아시아 표제어 포함 논문의 키워드와 동북아 표제어 포함 논문의 키워드를 합치고 상위 15%의 키워드를 추려낸 뒤, 거기서 각국별로 키워드네트워크를 그려본 결과다.

키워드를 대거 동반하는 국가는 역시 '중국'과 '일본'이다. 두 국가의 키워드들은 다양할 뿐 아니라 정치안보, 경제, 사회문화 영역에 두루 걸쳐 있다. 또한 질서, 정세 등의 국제정치 관련 용어가 키워드로 등장하는 경우도 두 국가뿐이다. 동아시아, 동북아 수준의 지역구상에서 두 국가는 핵심적으로 거론

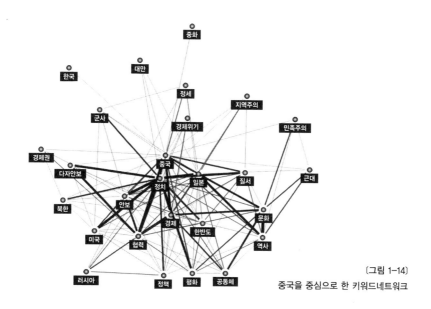

[그림 1-14]
중국을 중심으로 한 키워드네트워크

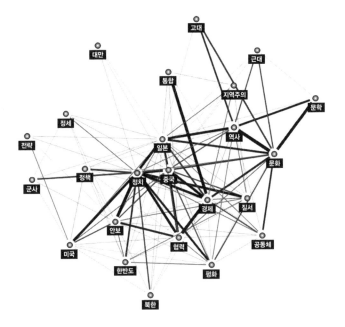

〔그림 1-15〕 일본을 중심으로 한 키워드네트워크

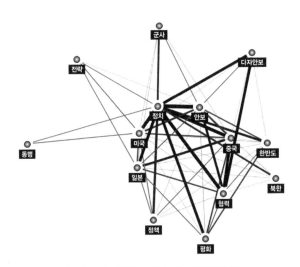

〔그림 1-16〕 미국을 중심으로 한 키워드네트워크

되는 것이다.

그렇다면 중국과 일본의 차이를 살펴보자. 중국의 경우는 경제 영역에서 경제위기, 경제권이 키워드로 등장하지만 일본의 경우에는 이것들을 찾아볼 수 없다. 일본의 경우에도 협력이 키워드로 확인되지만 경제권역으로서의 동아시아, 동북아를 표상할 때는 중국이 관건적 국가로 상정되는 것이다. 한편 일본의 경우는 키워드가 사회문화보다 정치안보·경제 영역에 치우쳐 있으나 사회문화 영역에서는 중국의 경우에는 등장하지 않는 고대, 문학이 눈에 띈다. 이 또한 언어적 인접성, 지적 조류의 유사성 등의 이유로 역사, 문학 등의 인문학 연구에서는 중국보다 일본 관련 연구가 활발했던 까닭으로 풀이할 수 있다.

한편 미국의 키워드는 군사, 동맹, 안보, 전략, 정책 등으로 오로지 정치안보 영역에 국한되어 있다. 상위 15%에서는 경제 영역의 키워드도 사회문화 영역의 키워드도 확인되지 않는다. 그 맥락에서 미국이 표상될 때는 한반도와 북한이 인접어로 등장하는 사례가 많으며 그것들을 매개하는 개념이 다자안보, 평화 등이었음을 알 수 있다.

이제 그 이외의 국가로 옮겨가보자. 먼저 러시아다.

러시아는 사회문화 영역의 키워드가 없고, 소수의 키워드는 경제와 정치안보 영역에 국한되어 있다. 키워드들을 문장으로 조합해본다면 '러시아는 경제

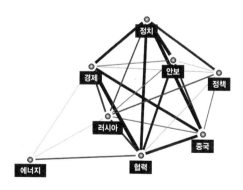

〔그림 1-17〕
러시아를 중심으로 한 키워드네트워크

와 정치안보상의 정책적 협력의 대상'으로 표상된다고 할 수 있다. 그리고 타국의 경우에는 찾아볼 수 없는 키워드인 에너지가 러시아를 협력대상으로 인식하는 주된 이유임을 알 수 있다. 또한 러시아가 표상될 때 중국을 동반하는 경우가 많다는 사실도 눈여겨볼 대목이다. 러시아와 중국이라는 거대한 대륙은 함께 표상되며 동북아 지역, 특히 경제협력에 관한 한국지식계의 상상력을 자극하고 있다.

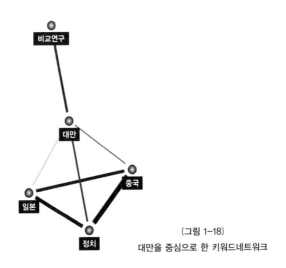

〔그림 1-18〕
대만을 중심으로 한 키워드네트워크

대만은 키워드 자체가 적다. 대만의 키워드네트워크를 통해서는 눈에 들어오는 것이 별로 없다는 점이 눈에 띄는 사실이다. 정치가 거론되지만 상위 15%에서는 다른 키워드들이 포착되지 않아서 함의를 가늠하기 어렵다. 다만 다른 국가의 경우와 확연히 다른 점은 비교연구가 주요 키워드로 등장한다는 사실이다. 또한 대만의 키워드네트워크에 포착된 네 개에 불과한 키워드 중 하나가 중국이고 하나가 일본이다. 즉 대만은 동아시아라는 지평 속에서는 일본과 중국을 매개한 비교연구의 대상으로 설정되어 있는 것이다. 식민지기와 냉전기로 나눠본다면 식민지기 대만에 대한 관심은 실은 제국 일본에 대한 관심인 경우가 대부분이다. 신중국 성립 이후의 대만 연구 역시 결국 대륙 중국 연구의 파생물인 경우가 많다. 이는 제국 일본과 대륙 중국을 거치지 않고서는 한국 쪽에서 타이완이 보이지 않는다는 사실을 시사하는 것으로, 그렇다면 주변과 주변은 어떻게 해야 마주볼 수 있는지가 문제로 남을 것이다.

이제 북한으로 시선을 옮겨보자. 여기서는 대만이 아닌 북한조차 동아시아 시각에서 외면당하고 있음이 드러난다.

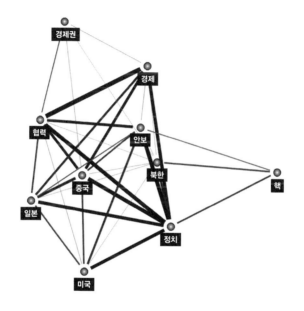

〔그림 1-19〕 북한을 중심으로 한 키워드네트워크

북한 역시 상위 15%의 경우 등장하는 키워드는 아홉 개에 불과하며, 그중 세 개가 중국, 일본, 미국이다. 동아시아 연구에서 북한이 독자적으로 거론되는 경우는 많지 않으며 주요 삼국을 대동하고서야 등장하고 있는 것이다. 또한 경제, 경제권이라는 키워드에 비해 정치와 안보가 인접해 있으며, 타국에서는 찾아볼 수 없는 핵이 키워드로 포착된다. 즉 북한은 협력의 대상인 동시에 안보적 불안요인으로 거론되고 있다. 북한을 대하는 몹시 일면적인 시각을 확인할 수 있는 대목이다.

실상 북한을 대하는 시각이 일면적일 뿐 아니라 북한에 관한 연구 자체가 몹시 적다. 그나마 동북아 표제어 논문 중 국가별 등장 빈도를 보면 북한은 38회이나 동아시아 표제어 논문에서는 다섯 차례밖에 등장하지 않는다. 이제껏 살펴보았듯이 동아시아 담론의 여러 경향 가운데 가령 문화정체성론은 한중일 삼국을 일러 동아시아라고 표상하곤 하는데 여기서는 이미 북한의 존재가 누락되어 있다. 발전모델론도 근대화가 지체된 혹은 근대화가 이질적인 북한은 논외로 친다. 지역주의론조차 북한을 시야 바깥에 두든지 종속변수로 다루는 경향이다. 핵이 주요 키워드인 데서 확인되듯이 북한은 안보환경을 저해하는 제약요소로 묘사되곤 한다. 동아시아는 북한과의 관계라는 난제에 천착하기보다는 그것을 우회하거나 혹은 회피하는 매개일 수도 있는 것이다.

2부   동아시아 담론의 계열화와
지식계 내외의 조건들

동아시아 담론은 속성상 20세기 말과 21세기 초에 걸치는 과세기跨世紀적 담론이라고 말할 수 있다. 20세기에 대한 반추와 더불어 21세기에 대한 전망 가운데서 동아시아 담론은 시대 변화의 과도기적 혼란상을 반영하며 이행하고 분화했다.

1부에서 확인했듯이 동아시아 담론은 일관된 지향성을 갖는다기보다 국면 변화 가운데 여러 갈래로 분기했다. 자본주의, 민족주의, 문화전통에 대한 논자의 입장에 따라, 그리고 인문학과 사회과학, 정부와 민간, 학술과 운동, 진보와 보수 등 논자의 위치에 따라 논의들은 갈라지고 복잡하게 교차했다. 가령 유교자본주의론과 신자유주의 비판의 각도에서 등장한 대안체제론은 근대화에 대한 인식, 한국 현실에 대한 진단, 대안 마련의 방향에서 거의 극단적으로 대조된다. 따라서 동아시아 담론을 단수로 뭉뚱그리기는 어려우며, 하위담론들 그리고 그것들을 파생시킨 담론장을 밝혀내야 할 필요성이 생겨난다.

지금까지는 통시적 각도에서 자료들을 조사해 동아시아 담론의 이행 과정을 확인했다. 이제 공시적 각도에서 동아시아 담론의 분화상을 정리하고 해석할 차례다. 즉 담론의 이행기 동안에 등장한 이질적 경향들을 체계적으로 분별해내고, 상이한 계열의 동아시아 담론이 사회적 환경의 변화에 어떻게 달리 반응하고 학술적 논의들과 어떻게 접목하며 분화했는지, 그리고 어떤 쟁점을 두고 충돌했는지, 그러한 담론의 정치를 조사하려는 것이다.

사회적 파급력을 갖는 담론이 등장하면 그것을 어떻게 전유할 것인지를 둘러싸고 세력이 형성되고 교착관계가 만들어질 수 있다. 동아시아 담론이 그러했다. 동아시아 담론은 개념(동아시아), 표현매체(문헌), 지시대상(역사적 현실)이 자율적으로 존재한다기보다 담론의 정치 가운데서 계열화되는 양상을 보였다. 동아시아라는 같은 개념을 사용하더라도 매체 내지 진영에 따라 용법을 달리해 복수의 논의로 갈린 것이다. 물론 이런 계열화가 매체 내지 진영의 내적 필요성에 따라서만 발생하고 진행되는 것은 아니다. 특히 동아시아 담론은 지향성이 불분명한 까닭에 지식계 내외의 환경 변화에 따라 담론의 전개 양상이 크게 달라졌고 그 과정은 계열화를 동반했다.

동아시아 담론의 형성과 이행 그리고 분화에 영향을 미친 요인으로는 여러 가지를 거론할 수 있다. 지식계 내부 요인으로서는 마르크스주의의 위기, 오리엔탈리즘과 포스트주의의 부상, 근대성 논쟁, 민족주의 비판, 문화 연구의 부흥 등과 같은 지적 조류의 변화뿐 아니라 인문학의 위기, 학술진흥재단의 전면화, 등재지의 부상, 비평지의 쇠퇴와 결부된 지식정책의 변화도 동아시아 담론의 이행과 성쇠에 큰 영향을 미쳤다. 또한 지식계 외부의 사회적 요인 중 국제적으로는 현실사회주의권의 해체, 동아시아 경제위기, 9·11 테러, 역사·영토분쟁, 국내적으로는 1987년 민주화, 1990년대의 자유화·세계화, 2000년대의 신자유주의화 그리고 정권교체 등이 특정 계열의 동아시아 담론이 부흥하거나 쇠퇴하는 배경으로 작용했다.

1. 동아시아 담론의 네 가지 계열

동아시아 담론은 인문학과 사회과학 영역을 망라하는 학제적 담론이다.[1] 하지만 영역에 따라 담론의 지향성은 달랐다. 인문학 영역에서는 문학·역사·철학 해석에 사용되는 서구에서 유입된 이론, 이념, 개념, 논리에 대해 의문을 제기하고 서양중심적 지식체계에 맞서려는 언술들이 도드라졌으며, 그러한 지식체계에 의해 망각되거나 가치절하되었던 사상적 전통을 복원하려는 논의들이 힘을 얻었다. 사회과학 영역에서는 동아시아 지역의 경제적 발전 혹은 쇠퇴를 설명하거나 정치·경제 영역에서 지역협력체제의 제도화를 모색하는 데 치중하는 경향이었다.

　물론 인문학과 사회과학 영역 내부에도 편차는 존재했다. 인문학 영역에서는 동아시아의 동질성 내지 정체성을 추구하는지, 서구추종적 근대화를 비판

---

[1]　박명림과 지상현은 동아시아 담론에서 인문학과 사회과학 간의 통합적 연구가 부족했다고 지적한다. "인문학의 시도가 과거 역사와 문화담론에 주로 천착하고, 정책논의가 미래 전망과 정책제시에 그치는 동안, 양자를 연결하는 한국의 동아시아 인식과 구상에 대한 통합적 연구는 결락되었다"(박명림·지상현, 「탈냉전기 한국의 동아시아 인식과 구상: 김대중 사례연구」, 『한국정치학회보』 43집 4호, 2009, 152쪽). 다만 이러한 지적은 동아시아 담론이 학제적 담론이어야 한다는 전제 위에서 나왔다고 말할 수 있다.

적으로 성찰하되 동양문화본질주의 역시 경계하는지 등에 따라 입장이 갈렸다. 사회과학 영역에서도 기존의 현상을 설명하려는 시도인지 앞으로의 방향을 설정하려는 시도인지 등에 따라 입장차를 보였다. 이 차이가 불분명한 형태로 잠재적 대립 상태에 머물러 있더라도 특정 국면에서는 관점과 이해관계를 달리하는 세력 간의 움직임과 맞물려 표면화될 수 있다. 그리고 그 경우 담론공간은 합리적 의사소통의 장으로 기능할 수도, 당파성에 근거한 각축장으로 변모할 수도, 소통은 유실된 채 '담론들의 게토'로 변질될 수도 있다.

그렇다면 이러한 분화상을 감안해 이제부터 동아시아 담론을 단수로 뭉뚱그리기보다는 복수의 하위 계열로 구분해 정밀하게 탐색해보자. 그 하위 계열은 네 가지로 정리할 수 있으며, 앞으로는 각각을 '동아시아 문화정체성론', '동아시아 대안체제론', '동아시아 발전모델론', '동아시아 지역주의론'이라고 명명할 것이다.[2] 이때 분류 기준은 담론의 지향성이다. 담론을 분류할 때는 담론의 주체, 담론의 영역, 담론의 매체 등을 기준으로 삼을 수도 있지만, 역시 가장 본질적인 분기점은 담론의 지향과 목표다. 더욱이 동아시아 담론은 속성상 담론명에서 지향성이 드러나지 않으며, 그로써 담론의 분화가 가속화되고 담론의 정체성이 모호해진 측면이 있으니 상이한 담론의 지향성에 따른 계열화를 시행해 혼란상을 수습할 필요가 있다. 결국 '어떤 동아시아 담론인가'를 궁극적으로 결정하는 것은 '왜 동아시아인가', '무엇을 위한 동아시아인가'다.

---

2   장인성은 「한국의 동아시아론과 동아시아 정체성」에서 이와 유사한 분류를 내놓고 있다(장인성, 「한국의 동아시아론과 동아시아 정체성」, 『세계정치』 26집 2호, 2005, 6쪽). 그는 한국지식계의 동아시아 담론을 '문명론적 아시아론', '동아시아/동북아공동체론', '동아시아 민중연대론', '성찰적 동아시아론'으로 분류했다. 이러한 분류는 다양한 논의를 포괄하면서도 체계적이다. 다만 '문명론적 아시아론'은 원형적 동질성을 강조한다는 점에서 '문명'이 아닌 '문화'라는 개념으로 바꾸는 편이 적절하며, '동아시아/동북아공동체론'은 주로 사회과학자들이 제기되는 지역주의론임을 강조하고자 공동체라는 모호한 용어 대신 '지역주의론'이라고 명기했다. 또한 '성찰적 동아시아론'은 '동아시아 대안체제론'으로 그 지향성을 분명히 밝혔으며 '동아시아 민중연대론'은 이 논의가 국민국가와 자본주의적 질서의 극복을 지향한다는 점을 감안해 '동아시아 대안체제론'에 포함시켰다. 그리고 누락된 '동아시아 발전모델론'을 추가했다.

그리고 이러한 네 가지 계열의 동아시아 담론에는 이행 과정에서 등장한 여러 논의가 각론으로 포함된다. 가령 동아시아 문화정체성론에는 동아시아 한자문명권론, 유교문명권론, 동아시아 문학론 등이, 동아시아 대안체제론에는 동아시아 탈근대주의론, 동아시아 탈민족주의론, 동아시아 탈국민국가론 등이, 동아시아 발전모델론에는 유교자본주의론, 동아시아 발전국가론 등이, 동아시아 지역주의론에는 동아시아 안보공동체론, 경제공동체론 등이 포함된다.

1) 동아시아 문화정체성론

동아시아 담론이 갖는 지성사적 의의 가운데 하나는 이식된 근대·모방적 근대화에 관한 성찰에 있을 것이다. 동아시아를 지리 범주를 넘어선 지적 지평으로 삼으려 했던 논자들은 서구추종적 근대화가 초래한 국가주의의 억압과 동원, 자본주의의 독점과 착취 문제에 관한 비판적 시각을 조형하는 데 역점을 두었다. 따라서 이식된 근대·모방적 근대화로 역사적 상흔과 현실적 갈등이 축적된 이곳에서 동아시아 담론은 근대 이해의 성찰적 계기를 마련했으니 그 지성사적 가치는 쉽게 저버릴 수 없는 것이었다.

특히 한국지식계의 식민성 문제를 두고 강한 공감대가 형성되어 초기에는 인문학자들이 논의를 주도했다. 서구 제국주의가 세계를 분할한 이후 '서구=보편, 비서구=특수'라는 표상체계는 비서구 지식인의 정신세계를 옥죄는 인식틀로 기능했다. 동아시아 사회를 이해하는 데 쓰이는 범주 내지 기본 개념, 가령 국가·국민·개인·주체·시민사회·시민권·민주주의·인민주권·인권·공적영역·사적영역·합리성 등은 대체로 서유럽과 미국의 사회구성체로부터 파생되었거나 유럽의 지성사에 기대어 고안된 개념들이다. 초창기 인문학자들이 주도한 동아시아 담론은 이러한 서구중심적 근대의 표상체계로부터 벗어나려는 의지를 추진력으로 삼고 있었다.

그러나 탈근대·탈서구·탈식민의 문제의식을 공유하더라도 동아시아를 어디에 어떻게 위치 지을 것인지를 두고 인문학자들 사이에서 분화가 일어났다. 일군은 고유의 가치·문화·사상 등 '동아시아적인 것'을 재발굴해 '하나의 동아시아'를 구축하는 데 힘을 기울였다. 이러한 시도는 "동아시아에는 동아시아만의 정체성identity이 있다"라고 전제한다는 점에서 동아시아 정체성론이라고 부를 수 있으며, 그 정체성을 삶의 양식인 문화로부터 확보하려는 특징을 지닌다는 점에서 동아시아 문화정체성론이라고 부를 수 있다.

동아시아 문화정체성론은 동아시아 역내의 국가, 민족과 같은 구성 단위들은 문화적 특성을 공유하며, 그 특성은 서구문화와 달리 독자적인 것이며, 그로써 공동의 정체성을 형성할 수 있다는 입장이다. 나아가 특수성에 기반한 동아시아 정체성에는 서구문화에 맞선다는 의미에서 주체성의 함의가 부여되기도 한다.[3]

물론 이러한 지적 입장이 탈냉전기가 되어서야 비로소 등장한 것은 아니다. 동양문화주의·동양문명론이라고 부를 만한 논의들은 '서양의 충격'에 직면한 19세기 말부터 존재해왔다. 다만 당시 그것은 서세동점에 대응하는 수세적 담론에 가까웠다. 물질문화가 우월한 서구와 정신문화가 우월한 동양을 대비시키고 그것들을 절충·융합하려는 형태로 제시된 동도서기론·중체서용론·화혼양재론 등은 논지의 차이는 있지만, 열세의 상황에서 서양 문물의 수

---

3 『문학과사회』 1996년 겨울호 특집 「동아시아의 담론을 바로 읽는다」 편집의 말에서 강진아는 동아시아 담론의 등장 배경을 다음처럼 정리하는데, 이는 동아시아 담론 일반보다는 문화정체성론에 해당하는 내용으로 이해할 수 있을 것이다. "동아시아의 담론은 후기 구조주의 이후 근대적 이성에 대한 비판 경향의 확산이라는 사상적·문화적 맥락 속에서 한층 활성화되고 있다. (……) 즉, 동아시아의 근대 사상과 근대 문화는 서구중심주의·이성중심주의에 함몰된 가운데 형성되고 전개되어왔다. 서구중심주의와 이성중심주의는 동아시아적인 것을 부당하게 평가절하했으며 부당하게 부정적으로 착색했다. 그것은 일종의 이데올로기이다. 더욱 문제인 것은 우리가 그 이데올로기에 함몰되어 우리 자신을 서구적 근대의 시각으로 왜곡되게 바라보아왔다는 점이다. 그 이데올로기로부터 벗어나야 한다. 동아시아적인 것의 정당한 복권이 요청된다. 라는 것이다"(강진아, 「동아시아의 담론을 바로 읽기 위하여」, 『문학과사회』 36호, 1996, 1713~1714쪽).

용을 전제로 한 방어적 논의였다. 그러나 탈냉전기에 등장한 동아시아 문화정체성론은 동아시아의 경제적 발전에 대한 자신감에 근거해 억압된 자기인식을 회복하고 나아가 서양문명에 관한 대안을 제시한다는 적극적 면모를 갖추기도 했다.

동아시아 문화정체성론은 동양의 재발견, 나아가 복권을 기도했다. 국민국가의 틀로 구획되기 이전에 이 지역에서 공유되었던 문화적·정신적 연계를 중시하고, 그러한 동양의 전통 내지 원형 속에서 오늘날의 사상 자원을 발굴하고자 노력했던 것이다. 동아시아를 문화 단위로 상정하고자 할 때 전통적 요소로는 다양한 것들이 거론되었다. 한자라는 의사소통수단이자 인식체계, 유불도라는 사유체계, 부계율을 근간으로 하는 가족제도와 혈연조직, 조상숭배 등의 문화전통과 관료제 같은 사회제도가 문화권, 나아가 문명권으로서의 동아시아를 성립시키는 구성 요소로서 주목받았다.

그중에서도 단연 중시된 것은 유교였다. 유교는 단지 일개 사조일 뿐 아니라 태극太極의 원리에 기반하고 음양오행陰陽五行의 생성변화작용에 바탕한 우주론이고, 천리天理를 숭상하는 세계관이며, 인의예지신仁義禮智信을 강조하는 인생관이자, 공도정치公道政治를 추구하는 정치론이다. 뿐만 아니라 시간적으로 중국 전한의 무제 때로 소급한다면 2,000여 년간 지속되어온 사회사조이며, 공간적으로 유교를 통치이념으로 삼은 관료제도는 동아시아 여러 지역에서 통치의 근간을 형성해왔다.

가령 성균관대 동아시아학술원은 개원하며 동아시아의 지리적 외연을 이렇게 획정했다. "동아시아는 실질적으로 한·중·일 삼국을 의미하고, 하나의 문화권, 즉 동아시아문화권으로 묶어서 불리는 것이다. 동아시아문화권은 곧 한자문화권, 특히 유교문화권으로 특징지어진다. 그 이유는 종교적 기능을 수행한 불교와는 달리 유교는 고대로부터 전장제도典章制度와 정치문물에 커다란 영향을 미쳤기 때문이다. 따라서 중세와 근대 시기에 그 정도와 방향의 차이가 존재하였어도 역사적으로 동아시아는 유교문화권이라고 할 수 있다. 이런 역사적 배경 하에 동아시아학은 서구문화권(기독교문화권)이나 중동문화권(회교문화권)과 구분하여 유교문화권을 대상으로 하는 학學이라고 말할 수 있겠다."[4]

그러나 유교만이 동아시아 문화정체성을 성립시키는 유일한 요소로 거론된 것은 아니다. 특히 유교자본주의론이 위축된 이후 세를 얻은 아시아적 가치론은 특정 문화 요소를 중시한다기보다 서구문화와 다른 동아시아의 문화적 속성을 강조하는 경향이었다. 즉 자연과 인간의 일체화, 유기체론적 시각, 공동체 윤리, 순환적 사고방식 등을 동아시아의 문화적 특징으로 내세웠다.

2) 동아시아 대안체제론

동아시아 문화정체성론이 탈냉전의 추세를 탈서구의 시대 상황으로 진단하고 논의를 전개해갔다면, 동아시아 대안체제론은 탈근대 내지 근대 비판에 보다 힘을 실었다. 동아시아 대안체제론은 1980년대 말 이래 사회주의권의 몰락, 미국 주도의 자본주의 세계화라는 세계 질서의 급격한 변화 가운데서 서구중심적 근대체제를 대신할 대안적 사회원리를 모색하는 입론으로 등장했다. 그런 의미에서 동아시아 문화정체성론이 19세기 말 서세동점 하에서 출현했던 동양문화주의를 오래된 연원으로 삼는다면, 동아시아 대안체제론은 1970~80년대 냉전기의 한국사회변혁 운동을 비판적으로 계승한 것이라고 하겠다. 백영서의 표현에 따르면 1990년대 초반 냉전적 대립관계가 완화되고 지구화와 신자유주의의 진전으로 전 지구적 자본의 획일화 논리가 횡행하는 와중에 "1970년대 민족민주운동 진영이 1990년대 이후 변화한 나라 안팎의 상황에 맞춰 새로운 이념을 모색하는 과정에서 (……) 일국적 시각과 세계체제적 시각의 매개항"[5]으로 동아시아가 주목을 모았던 것이다.

4   이우성, 「동아시아와 한국」, 『동아시아학의 모색과 지향』, 성균관대학교 출판부, 2005, 13쪽.
5   백영서, 「중국에 '아시아'가 있는가?」, 『동아시아의 귀환』, 창비, 2000, 66쪽.

1970~80년대 변혁운동의 지향점은 민족주의와 민주주의라는 '근대(화)' 과제를 한반도에서 실현하는 것이었고, 이것이 반자본주의적 노동해방운동과 함께 존재했다. 그런데 이러한 변혁운동은 1980년대 말 현실사회주의의 몰락, 냉전의 종식, 동아시아의 경제적 도약이라는 역내 환경의 변동으로 변화를 요구받았다. 현실사회주의권의 몰락으로 진보진영 담론의 현실적 준거가 사라진 지적 공황의 상황에서 일군의 논자들이 새로운 활로를 동아시아에서 찾는 가운데 대안체제론은 등장할 수 있었다. 그들은 전환기의 시대 상황을 사회주의의 몰락이라기보다는 기존 근대질서의 전반적 위기로 규정하고 대안 마련에 부심했기에 그 노력의 산물인 대안체제론은 이념적·운동적 속성이 강할 수밖에 없었다. 이후 전개과정에서 대안체제론은 탈국가주의, 소수자주의 등과 접목되면서 양상이 조금씩 변화하기도 했다.

　　동아시아 대안체체론에서는 먼저 창비 진영의 논자들이 포진해 있다.[6] 최원식은 「탈냉전시대와 동아시아 시각의 모색」에서 "서구적 근대를 넘어설 새로운 세계 형성의 원리"[7]로서 동아시아적 특수성을 탐색한 바 있다. 그리고 백낙청은 자본주의 문명을 대신할 대안 문명의 모색이 긴박하다면서, 국가 단위(분단체제 극복)로부터 지역 단위(동아시아 민중 연대)로, 나아가 세계 차원(새로운 전지구적 문명 건설)에서 기존 근대질서를 타파한다는 사고를 전개했다.[8] 백영서 역시 동아시아 담론의 지적 실천을 통해 "전 지구적 자본의 획일화 논리에 저항하는 커다란 과제를 실현할 거점을 확보할 수 있을 것으로 기대"[9]했다. 그러면서도 창비 진영의 동아시아론은 '미완의 근대'로 인해 남겨진 분단 극복의

6　'동아시아의 비판적 지성' 시리즈에 공동으로 수록된 기획의 말 「비판적 지성이 만드는 동아시아」는 동아시아에 다음과 같은 의의를 부여한다. "제국주의에 대항하기 위한 지역연대를 꿈꾸는 상상력의 근거"(19세기), "세계경제의 활력을 불러일으키는 거점으로서의 자부심을 표상하는 기호"(20세기 후반), "세계의 번영과 쇠퇴, 평화와 전쟁을 갈음하는 핵심적 지역"(21세기 초입).

7　최원식, 「탈냉전시대와 동아시아 시각」, 『창작과비평』 79호, 1993, 224쪽.

8　백낙청, 「민족문학론, 분단체제론, 근대극복론」, 『창작과비평』 89호, 1995, 16~18쪽.

9　백영서, 「중국에 '아시아'가 있는가?」, 『동아시아의 귀환』, 창비, 2000, 66쪽.

과제를 중시했기에 탈근대를 전면에 내세우기보다는 '근대적응과 근대극복'
이라는 이중과제론을 견지했다.[10]

창비 진영만이 아니라 대안체제론으로 분류할 수 있는 논자들은 '미완의
근대'에 발목 잡힌 현실 속에서 '강력한 근대'(세계화)에 직면해 이론적으로는
'탈근대'(포스트모더니즘)를 공급받는다는 한국 근대구조의 중층성으로 말미암
아 서구추종적 근대화에 대한 비판의식을 견지하면서도 전면적 근대의 초극
을 내세우기보다는 대안적 근대 인식을 도모해야 하는 과제를 끌어안고 있었
다. 그리하여 대안체제론은 성찰적 근대화reflexive moderization, 다중적 근대
성multiple moderities의 방향으로 전개되는 양상이었다.

한편 근대 비판이라는 문제의식은 자본주의체제와 국민국가질서 비판으
로 구체화되기도 했다. 먼저 조희연과 박은홍은 자본이 주도하는 아시아의 지
역통합이 아닌 '사회적 아시아'를 지향했다. 사회적 아시아란 미국 중심의 시
장질서가 자의적으로 분절한 아시아의 분단을 넘어선 '아시아의 저항적 재구
성'이되 중국의 중화주의나 일본의 대동아공영권과 같은 '패권적 아시아주의'
와도 차별화되는 '아래로부터의 아시아'다. 보다 구체적으로 말하자면 사회적
아시아는 시장 자율이 아닌 시장에 대한 공적·정치적 규율, 국가 안보가 아닌
인간 안보, 경제정책에 의한 사회정책의 희생이 아닌 사회적 관심에 의한 경
제정책의 조정, 생태적 지속가능성 등 시민사회의 목표를 실현하기 위한 이념
형으로 제시된 개념이었다.[11]

---

10   백낙청, 「한반도에서의 식민성 문제와 근대 한국의 이중과제」, 『창작과비평』 105호, 1999; 최원식,
      「세계체제의 바깥은 없다」, 『창작과비평』 100호, 1998; 백영서, 「동아시아론과 근대적응·근대극복
      의 이중과제」, 『창작과비평』 139호. 2008. 김성보는 근대가 내포하는 억압과 해방의 양면성에 천착
      한 창비 진영의 '근대적응과 근대극복의 이중과제'라는 문제의식에 동의하면서도 '적응과 극복'이라
      는 용어는 서유럽을 근대의 생산자로 보고 비서유럽을 수용자로 보는 비주체적 시각이 전제되어 있
      다며, 근대성 자체가 고정적이지 않고 끊임없이 변동·확장되고 있음을 강조하고자 '확장과 지양'
      이라는 표현을 사용한다(김성보, 「탈중심의 세계사 인식과 한국근현대사 성찰」, 『역사비평』 80호.
      2007, 245쪽).

11   조희연·박은홍, 「사회적 아시아를 향하여」, 『동아시아와 한국』, 선인, 2007, 295~296쪽.

또한 대안체제론의 시각에서 보건대 국민국가는 지상 과제인 근대화를 견인하기 위한 강력한 이념적 결정체였다. 근대화에 뒤처진 후발산업국가들은 근대화를 위해 민족주의와 애국주의를 활용해 국민을 동원했다. 특히 제국주의와 독재체제를 경험한 20세기 동아시아사에서는 국민국가의 억압기제로서의 면모가 두드러졌다. 그리하여 국민국가의 폐해를 극복하는 정치구성체에 관한 모색이 시도되었고, 그것이 창비 진영에서는 복합국가론으로 제출되었다. 한편 백원담은 국민국가들의 동아시아가 아닌 동아시아적 문화지역화를 구상했다. "우리가 상상하는 문화지역화란 미국식 패권주의가 가상화한 문명의 충돌, 그 문화적 지역 블럭의 추상이 아니다. 또 국가주의로의 전화 가능성을 담지한 중화질서나 대동아공영권에의 편입도 아니다. 그것은 (……) 또 다른 문화적 패권의 관철이 아닌 차이를 바탕으로 한 다원성의 공존, 진정한 평화와 상생이라는 지향을 분명히 하는 문화적 가치 생산, 문화 민주주의 참다운 실현 공간"이라는 것이다.[12]

이처럼 동아시아 대안체제론은 동아시아 문화정체성론과 탈근대·탈서구라는 입지점을 공유하는 것처럼 보이지만 차이점도 뚜렷하다. 지향성의 차이는 방금 확인한 바이며, 방법론 면에서도 동아시아 대안체제론은 원형적 문화를 재발굴한다는 식의 접근을 꾀하지 않는다. 동아시아 대안체제론으로 분류할 수 있는 논자들 가운데 동아시아의 전통적 사상을 비교적 중시하는 창비 진영의 경우도 가령 '동아시아의 비판적 지성' 시리즈를 기획하면서 작성한 취지문 격인 글 「비판적 지성이 만드는 동아시아」에서 "동아시아란 고정된 경계나 구조를 가진 실체가 아니라 이 지역을 구성하는 주체의 행위에 따라 유동하는 역사적 공간"[13]이라고 밝히고 있다. 이들에게 동아시아란 문명권이 아

12 백원담, 『아시아 문화연구를 상상하기』, 그린비, 2005, 340쪽.
13 '동아시아의 비판적 지성' 기획위원, 「비판적 지성이 만드는 동아시아」, 『여럿이며 하나인 아시아』, 창비, 2003, 6쪽.

니라 한반도의 정치안보적 교착과 긴장의 원인인 분단체제, 국가주의, 패권주의를 극복하기 위한 지역 지평이자 지적 지평인 것이다.

구체적으로 살펴보자면 백낙청과 최원식은 동아시아의 전통 내지 '문명적 유산'으로부터 분단체제를 극복하고 패권주의를 견제하는 데 참고할 지혜를 구하지만, 백낙청은 "문명 유산 및 문화적 연속성의 유지는 그 창조적 활용을 통해서만 가능한 법"[14]임을 분명히 밝히며, 최원식 역시 동아시아적 시각이란 "서양의 모방도 아닌, 그렇다고 전통으로서의 복귀도 아닌, 전통사상에 근거해서 서양 철학과 대결하면서 현대의 철학적 과제에 창조적으로 부응한"[15] 것이라고 주장한다. 물론 동아시아 문화정체성론에 속하는 논자에게도 전통이란 변치 않는 소여가 아니라 현대적 쓰임새를 갖도록 재구성한 산물일 것이다. 그러나 백낙청과 최원식이 활용하는 동아시아의 전통은 유교와 같은 문화요소가 아니라 오늘날의 전환기를 이해하는 데 역사적 참조항이 될 만한 전근대사의 사건 혹은 고전문학과 사상이다. 그리고 그들의 동아시아 지역상은 유교문명권이라고도 할 한중일 삼국이 아니라 20세기의 지정학적 변동을 겪으며 형성된 한반도와 주변 강국들의 정치지형으로 상정된다.

보다 뚜렷하고도 중요한 차이점으로서 창비 진영의 동아시아론은 제3세계론적 시각을 견지하고 있다. 제3세계론은 서구중심주의를 상대화하고, 냉전체제 아래의 동서 진영 논리에서 빠져나온다는 의의도 갖지만, 근대 이래 아시아에서 뿌리 깊었던 동서문명 담론을 혁파한 공적도 있다. 최원식은 예의 논문에서 냉전기에는 제3세계가 친소와 친미의 양극단 사이에 다양한 편차대로 도열해 있어 진정한 통일성의 성취가 어려웠으니 탈냉전기에야말로 제3세계론의 시각을 복원해야 한다고 힘주어 말했다.[16] 아울러 아프리카, 라틴아메

---

14 백낙청, 「새로운 전지구적 문명을 향하여」, 『창작과비평』 92호, 1996, 13쪽.
15 최원식, 「탈냉전 시대와 동아시아적 시각의 모색」, 『창작과비평』 79호, 1993, 224쪽.
16 위의 글(1993), 213~214쪽.

리카 등을 전범으로 삼는 제3세계주의는 서구중심주의 못지않은 '타자애'의 표출이니 아프리카, 라틴아메리카로 우회하지 말고 '제3세계론의 동아시아적 양식'을 창출하자고 주장했다.[17] 이러한 시가은 동양 속의 동아시아가 아닌 세계체제 주변부로서의 동아시아를 사고하도록 이끌고, 서구사회가 독점한 보편성을 전제하지 않고도 주변부 간의 소통을 기도한다는 점에서 중요한 의의를 지닌다. 하지만 이러한 제3세계론적 시각이 동아시아 대안체제론에서 지속적으로 전개되거나 창비 진영에서조차 실효성 있게 계발되었다고 보기는 어렵다.

3) 동아시아 발전모델론

동아시아 발전모델론은 동아시아 국가, 특히 신흥발전국가들의 경제적 성공을 동아시아 국가들만의 사회적 특성으로 설명하려는 지적 입장이다. 그런데 동아시아 발전모델론은 다른 계열의 동아시아 담론에 비해 외생성이 강하다. 한국지식계에서 부상한 것은 1990년대 중반이었지만, 발전모델론 자체는 1970년대에 이미 존재했다. 1960년대 이래 동아시아의 몇몇 국가가 고도성장을 거듭하자 독특한 경영구조 및 경제정책 등의 제도적 측면 말고도 고유한 문화적 요소가 큰 기여를 했다는 주장이 제기되었다. 1970년대 말 서구 언론에서 점화된 동아시아 경제발전에 대한 논의는 1980년대 일본이 세계경제 무대에서 미국에 버금가는 경제대국으로 부상하고 한국·타이완·홍콩·싱가포르 등 소위 '아시아의 네 마리 용' 역시 중남미를 비롯한 여타 지역에 비해 빠른 속도로 성장하자 지리적 인접성 이상의 공통 요인을 찾는 과정에서 유교자본주의론으로 응결되었으며, 1990년대에 들어서는 긍정적 문화 요소들이 아

---

17   최원식, 「천하삼분지계로서의 동아시아론」, 『제국 이후의 동아시아』, 창비, 2009, 65쪽.

시아적 가치Asian value라는 용어로 집약되기도 했다. 하지만 유교자본주의론이나 아시아적 가치론은 신자유주의적 세계화에 이은 동아시아 경제위기를 거치며 서구 학계에서는 학술적 의제로서의 입지를 점차 상실했다.

그러나 폴 크루그먼Paul Robin Krugman 등의 경제학자가 동아시아 발전모델론을 공박하던[18] 시기인 1990년대 중반에 한국지식계에서는 관련 논의가 집중적으로 전개되었다. 1980년대 말부터 1990년대 중반까지는 올림픽·북방외교·세계화·OECD 가입 등 외양적 성과가 도드라졌는데 이러한 사회적 배경 속에서 발전모델론이 세를 얻을 수 있었다. 또한 유교자본주의론이 아시아적 가치론보다 여러 잡지에서 먼저 특집으로 다뤄졌는데, 두 논의가 보완관계만큼이나 경합관계였다는 점도 특징적이다. 그러나 유교자본주의론, 아시아적 가치론 그리고 동아시아 발전국가론은 논지의 차이는 있지만 한국의 동아시아 담론 안에서 동아시아 발전모델론으로 계열화할 수 있을 것이다. 이 담론들은 서구 학계에서의 경과 양상과는 달리, 한국지식계에서는 사회주의권이 몰락해 마르크스주의 경제학이 위축되는 가운데 오히려 1990년대에 이르러 부상할 수 있었다. 물론 경제주의적 속성이 탈색된 아시아적 가치론이라면, 동아시아 발전모델론보다는 문화정체성론의 하위 항목으로 분류하는 편이 타당할 것이다.

동아시아 발전모델론으로 계열화할 수 있는 논의들을 구체적으로 살펴본다면, 먼저 유교자본주의론은 동아시아 국가들의 고도성장이 공동의 문화적 기반인 유교에서 비롯된다고 주장한다. 김석근은 유교자본주의론을 "유교의 덕목, 구체적으로 가족중심주의, 사회기강 유지, 건전한 노동정신, 교육존중,

---

18 Krugman, P., "The Myth of Asia's Miracle", *Foreign Affairs*, vol. 73 no.6(Nov/Dec), 1994. 물론 동아시아 발전모델론에 대한 비판론 일색은 아니었다. 가령 1990년대 중반 에반스는 연계된 자율성embedded autonomy론을 주장하며 유교적 연고주의·학연·지연·혈연 등 비공식적 네트워크가 올바른 정책 수립에 필요한 정보비용과 거래비용을 절감해 경제성장의 동력이 되었다고 주장했다(Evans, P., *Embedded Autonomy : States and Industrial Transformation*, Princeton University Press, 1995).

성취의욕, 근면절검, 가족 및 소속 단체에 대한 귀속충성, 개인에 대한 단체의 우선, 질서서열의 존중 등이 경제성장과 발전을 가져온 것으로 설명"하려는 논의라고 정리한다.[19] 이승환 역시 유교적 가치로서 "강한 리더십, 검약과 절제의식, 높은 교육열, 가족적 인간관계, 협동과 근면 등"을 거론한다.[20]

아시아적 가치론은 서구와 대비되는 아시아적 문화 풍토를 경이적인 경제발전의 추동요소로 꼽는 주장이다. 아시아적 가치 논쟁의 주요 당사자이기도 한 리콴유에 따르면 "근면과 성실에 대한 믿음, 대가족 속에서의 효도와 충성, 또 무엇보다 학문과 배움에 대한 존경" 등은 서구와 구별되는 동아시아의 독특한 문화 풍토로서 이 지역의 급속한 경제발전을 이끌어냈다.[21]

개발국가론으로 대표되는 동아시아 발전국가론은 경제개발에서 강력한 정부의 역할을 중시한다. 서구 시장주의자들의 우려와 달리 동아시아의 신흥공업국가들이 경제발전을 이룩할 수 있었던 것은 정부가 경제질서에 적극 개입하고 사회통합과 질서유지에 나섰으며, 관료가 체계적인 계획을 수립해 국가의 의지를 구현했기 때문이라는 것이다.

이상의 논의들은 경제발전을 추동해낸 (동)아시아적 요소가 문화인지 제도인지, 문화라고 한다면 유교가 주된 것인지에 따라 갈라진다. 또한 의도적인 차별화도 진행되었는데 유교자본주의론이 경제위기에 맞닥뜨려 쇠퇴하자 아시아적 가치론은 유교라는 단일변수에 얽매이지 않고 서구문화와의 대비 가운데서 아시아적 가치의 외연을 넓히는 동시에 경제주의적 색채를 희석시켜 정치와 문화 영역에서 활로를 모색했다.

한편 유교자본주의론과 아시아적 가치론은 문화적 요소에 근거해 지역 정체성을 마련하려고 한다는 점에서 동아시아 문화정체성론과 닮아 있다. 그러

---

19 김석근, 「유교자본주의? 짧은 유행과 긴 여운 그리고 남은 과제」, 『오늘의동양사상』 14호, 2006, 69쪽.

20 이승환, 「'아시아적 가치'의 이론학적 분석」, 『아시아적 가치』, 전통과현대, 1999, 314쪽.

21 리콴유 외, 「문화는 숙명이다」, 『아시아적 가치』, 전통과현대, 1999, 25쪽.

나 문화정체성론과 발전모델론은 두 가지 지점에서 차이를 보인다. 첫째, 주도한 학자군이 다르다. 동아시아 문화정체성론이 문사철을 중심으로 하는 인문학자의 영역이었다면, 동아시아 발전모델론에는 사회과학자들이 대거 가세했다. 이로 인해 논리의 전개 양상도 달라졌다. 동아시아 문화정체성론에서 문화적 동질성은 전제에 가까웠다. 그러나 동아시아 발전모델론에서 문화적 동질성은 설명변수이자 그 자체가 피설명대상이다. 즉 문화적 요인만으로 동아시아의 특수성을 상정하려는 문화결정론적 속성이 약화된 것이다. 대표적인 유교자본주의론자로 알려진 유석춘도 "한·중·일 3국에서 발생한 경제의 역동성은 각각의 국가가 모두 자본주의라는 경제의 작동방식을 나름대로의 유교적 사회관계와 조화시키면서 제도적 동형화에 성공하여 경제활동의 거래비용을 줄일 수 있었기 때문에 지속적으로 가능한 일이었다"[22]라며 동아시아 경제발전을 해석할 때 문화적 요소만이 아니라 제도적 요소도 고려한다. 더욱이 동아시아 발전국가론이라면 유교와 같은 문화적 요소가 아닌 정책, 관료제와 같은 제도적 요소를 관건으로 삼는다.

둘째, 여기서 파생되는 차이로서 동아시아 문화정체성론은 유교문화권·한자문화권 혹은 중화문명권처럼 중국을 중심으로 하는 방사형 공간으로 동아시아를 표상하지만 동아시아 발전모델론은 일본을 중심으로 한국·타이완·홍콩·싱가포르 등을 아우르는 식이다. 앞서 언급했지만 동아시아 발전모델론에서 중국의 존재감은 크지 않다. 한국에서 동아시아 발전모델론이 부상하던 1990년대 중후반은 중국모델론보다 중국위협론이 횡행하던 시기다. 더욱이 정치체제·경제체제의 이질성으로 말미암아 중국을 동아시아 발전모델론의 시야 안으로 들이기는 어려웠다. 동아시아 발전모델론에서 중요한 국가는 1960년대부터 비약적인 성장세를 보인 일본이었다. 실상 유교자본주의라는 개념은 1978년 모리시마 미치오森島通夫가 일본식 자본주의를 수식하기 위

---

22   유석춘, 「동아시아 '유교 자본주의' 재해석: 제도주의적 시각」, 『전통과현대』 1997년 겨울호, 136쪽.

해 처음 사용했으며[23], 동아시아 발전국가론은 1982년 찰머스 존슨Charlmers Johnson이 일본의 발전을 통산성이라는 독특한 제도를 통해 설명한 이후 여러 연구자에게 수목받았다.[24]

　동아시아 발전모델론을 동아시아 대안체제론과 비교하자면 차이는 보다 뚜렷해진다. 무엇보다 지향성이 확연히 다르다. 한국지식계에서 근대를 둘러싼 인식의 스펙트럼은 다양하다. 근대 달성을 이념형으로 세워두고 거기에 근접해가려는 근대화론이 있다면, 미완의 근대와 근대 극복 사이의 이중과제론도 있으며, 반근대주의적 근대초극론도 있으며, 기성의 근대를 대체하려는 대안적 근대론도 있다. 동아시아 발전모델론은 (변형된) 근대화론에 입각해 있다고 말할 수 있다. 서양과는 다른 문화적 요소를 강조하는 유교자본주의론 역시 유교자본주의라는 개념을 자본주의의 하위 범주로 자리매김해 자본주의적 발전의 동아시아적 특수성을 해명하려는 시도. 반면 동아시아 대안체제론은 논자에 따라 다르지만 근대화가 아닌 이중과제론, 근대초극론, 대안근대론 중 어딘가에 해당한다. 그 까닭은 근대를 경제발전과 부국강병이라는 혜택이 아닌 착취·억압·지배·동원·독점·차별 등의 폐해로 계열화하기 때문이다.

4) 동아시아 지역주의론

지역주의란 복수의 정치 단위가 새로운 지역질서의 창출을 의도해 지역 내의 정책협력에 나서고, 나아가 새로운 정치·경제·사회의 공동체를 추진하려는 시도와 동학을 뜻한다. 지리적으로 인접해 상호의존도가 심화되는 추세인 지

23 김홍경, 「유교자본주의론의 형성과 전개」, 『동아시아문화와사상』 2호, 1999, 15쪽.

24 Johnson, Chalmers, *MITI and the Japanese miracle : the growth of industrial policy, 1925-1975*, Stanford University Press, 1982.

역화와는 구분되는 개념인 것이다. 그렇다면 동아시아 지역주의론은 역내 국가들의 공조, 나아가 지역 통합의 추진을 통해 공동의 경제적·안보적 이익을 제고하려는 지적 입장이라고 말할 수 있다. 동아시아 지역주의론은 다른 계열의 동아시아 담론과 비교하건대 탈냉전 이후에야 등장한 신생 입론이다. 물론 냉전기에도 이승만 정부의 태평양동맹 추진, 박정희 정부의 아시아태평양각료이사회 창설 주도와 같은 사례가 있긴 하지만, 이것들은 반공反共 연대의 성격이 강해 동아시아 지역주의론보다는 반反/半지역주의론에 가까웠다.

동아시아 지역주의론은 목표와 지향이 뚜렷해 다른 계열의 동아시아 담론에 비해 내부 편차가 덜하다. 다만 지역주의의 적용 영역, 협력체의 제도화 수준, 구성주의냐 정부간주의냐 등의 이론적 전거 등에 따라 변별될 수 있다.

한국지식계에서 동아시아 지역주의론은 주되게는 경제 영역과 정치안보 영역에서 가동되고 있다. 물론 사회문화 영역에서도 지역주의 모색의 시도가 없지는 않지만, 현재 수준에서 사회문화적 유대는 지역주의의 과제라기보다 지역화에 따른 부산물에 가깝다. 동남아와 동북아는 문화적 이질성이 크고, 동북아 내에서는 각국 간에 긴장과 갈등이 여전해 사회문화적 공동체의 추진은 미래, 더군다나 가깝지 않은 미래의 일로 남겨져 있다.

경제 영역에서 동아시아 지역주의론은 특히 1990년대 말의 동아시아 경제 위기로 경제협력의 필요성에 대한 관심이 고조되며 부상했다. 가속화되는 세계경제의 지구화, 신자유주의화, 지역화 추세 속에서 일국 단위의 경쟁을 통해서는 발전의 한계에 이른 동아시아 국가들은 경제통합을 통해 안정적 성장을 도모해야 한다는 주장이 힘을 얻은 것이다. 먼저 동북아 지역으로 좁힌다면 1990년대 초부터 동북아 지역의 경제 협력에 대한 논의가 국제경제, 국제통상 분야의 경제학자들에 의해 제기된 바 있다.[25] 대체로 역내 국가 간 양자 간·다

25 손병해, 『동북아경제협력권 형성을 위한 선형자유무역지대 구상과 그 기대효과 : 동북아 무역개발의 신 구상』, 대외경제정책연구원, 1992; 이창재, 『러시아 경제개혁의 지방별 파급영향』, 대외경제정책연구원, 1994 등.

자 간 자유무역협정 체결을 경제공동체 구축의 관건으로 간주해 역내에 자유무역지대의 구축을 제안하고[26] 동북아 경제협력체의 구성을 주장하고 있다.[27]

하지만 점차 동아시아의 지역 범위를 동남아로까지 확장하고 아세안+3의 틀에서 경제협력과 경제공동체 구축을 논하는 연구의 비중이 높아졌다. 먼저 동아시아 경제위기가 외환위기와 금융위기의 형태로 찾아왔기 때문에 초기에는 통화 및 금융협력에 대한 논의가 주를 이뤘으며[28], 점차 무역과 투자 등 전반적 경제협력, 나아가 지역의 경제적 통합을 주장하는 연구들도 아세안+3, 동아시아정상회의의 발전과 궤를 함께해 제기되었다.[29]

정치안보 영역에서도 탈냉전 이후 가속화하는 세계질서 변화에 대응하고 역내 국가들의 공조로써 안보협력체를 구축한다는 구상이 대두되었다. 영토 분쟁, 해양 분쟁, 자원 경쟁, 초국가적 범죄, 국제 테러 등 제반 인간 안보에 대한 위협에 공동으로 대처할 필요가 있을 뿐 아니라 북핵문제 등 지역의 안보사안에 공동으로 대처하거나 미국의 일방주의, 중국과 일본의 패권 지향을 견제하기 위해 다자주의적 안보협력이 모색된 것이다.

정치안보 영역의 연구는 동아시아보다는 동북아라는 지역 범위에서 다자 간 안보협력과 안보공동체의 필요성을 거론하는 사례가 주를 이뤘다.[30] 이들은 동북아에서 안보공동체를 실현하는 방법으로 6자회담 참여국 중심으로 평

---

26 박상진 외, 「동북아 자유무역지대 구성에 관한 연구」, 『기업경영연구』 4호, 1995; 정인교 외, 「동아시아내 자유무역시대 창설의 경제적 효과」, 『국제경제연구』 3호, 1997 등.

27 정행득, 「동북아지역 경제협력에 관한 연구」, 『인문사회과학논문집』 24호, 1995; 정현철, 「동북아 경제협력 전망과 협력방안」, 『경영경제연구』 20호, 1997; 이덕무, 「동북아권 국가의 경제현황과 경제협력 증진방안」, 『한국동북아논총』 9호, 1998 등.

28 문우식 외, 「아시아 위기 및 유로화 출범에 대비한 동아시아 통화·금융협력」, 『경제분석』 6집 2호, 2000; 조종화, 『동아시아의 통화협력 구상』, 대외경제정책연구원, 2001 등.

29 박인원, 「동아시아 경제통합의 경제적 타당성 연구」, 『국제경제연구』 7집 2호, 2001; 권율, 「최근 동아시아 경제통합의 성과와 과제」, 『동남아시아연구』 15집 2호, 2005 등.

30 류재갑, 「동북아지역 평화·안보와 한미안보협력체제 개선을 위한 양자-다자주의적 접근」, 『국제정치논총』 43집 3호, 2003; 김우은, 「동북아안보공동체를 위한 시론: 구성주의적 시각을 중심으로」, 『국제정치논총』 44집 4호, 2004 등.

화협의체 구성을 제안하기도 하고[31], 안보레짐 구축을 제안하기도 했다.[32]

이제 다른 계열의 동아시아 담론과 비교해보자. 먼저 동아시아 문화정체성론이 공동의 문화유산·사상자원 등 지속되는 과거를 중시한다면, 동아시아 지역주의론은 현실의 문제 상황을 타개할 목적으로 미래의 전망 수립에 치중한다. 담론의 주체를 보더라도 두 계열은 인문학자와 사회과학자로 확연하게 갈린다. 아울러 동아시아 지역주의론은 서양중심성 비판이라는 문제의식이 약하고, 문화적 요소보다 정책적·제도적 요소를 중시하며, 동아시아의 지역상도 중국을 중심으로 한 유교문화권에 머물지 않고, 안보 영역에서는 역외 국가인 미국을 중시하고 경제 영역이라면 동남아시아로까지 시야가 확장된다.

다만 동아시아 지역주의론은 동아시아 문화·동아시아적 가치 등을 동아시아공동체의 정체성 형성을 위한 보완물로서 주목하기도 한다. 하지만 이 경우에도 동아시아 문화정체성론은 유교 등의 문화 요소를 재해석해 동아시아적 정체성 확인을 도모한다는 점에서 문화에 대한 실체론적 관점에 서있지만, 동아시아 지역주의론은 이미 존재하는 문화적 정체성을 재발견하기보다 미래 지향적으로 함께 추구해야 할 공동의 가치·규범·관념을 창안하려는 점에서 문화에 대한 구성론적 관점에 입각해 있다.

한편 동아시아 지역주의론과 동아시아 발전모델론은 모두 경제 영역에서의 발전을 중시한다는 유사성을 갖지만, 동아시아 발전모델론의 동아시아는 경제발전이라는 현상, 그것을 추동한 문화적·제도적 요인을 공유하는 몇몇 국가를 결과론적으로 범주화한 것이지 지역주의적 개념이라고 볼 수 없다. 사실 설명 기법상 동아시아 발전모델론은 지역주의보다 일국주의적 시각에 가

---

31 조명현, 「통일정책의 과제와 전망」, 『사회과학연구』 4호, 1994; 최영관, 「동북아안보협력체의 예상 모형에 관한 연구 : 한반도를 중심으로」, 『전략논총』 3호, 1994 등.

32 김유남 외, 「동북아 안보레짐의 형성 및 가능성 : 다자간 안보협의체와의 상호보완성 연구」, 『국제 정치논총』 39호, 1999; 정경영, 「동북아 다자간 군사안보협력 제도화 방안 연구」, 『전략연구』 13호, 2006 등.

깝다. 담론의 등장 순서를 보건대도 일국 단위의 경제발전이 한계에 직면하자 동아시아 발전모델론은 위세를 잃고 동아시아 지역주의론이 부상했다. 또한 동아시아 발전모델론이 현상 설명에 치우친 현상추수적 담론이라면, 동아시아 지역주의론은 청사진을 제시하려는 구성지향적 담론이라는 점에서도 차이가 난다. 그럼에도 불구하고 동아시아 발전모델론은 동아시아를 경제 범주로서 표상해내 동아시아 지역주의론이 성립하는 중요 계기를 제공했다고 말할수 있다.

동아시아 대안체제론과는 유사점이 보다 많아 보인다. 동아시아 지역주의론과 동아시아 대안체제론은 모두 구성지향적 담론이며, 따라서 문제의식의 초점에 따라 동아시아의 지역 범위가 유동한다. 그러나 담론의 방향이 다르다. 동아시아 지역주의론은 동아시아 대안체제론처럼 근대 비판·자본주의 비판·국민국가 비판으로 향하지 않는다. 동아시아 지역주의론 역시 동아시아 발전모델론처럼 근대 자본주의체제를 전제한 담론이며, 국민국가를 넘어선 지역공동체를 구상하더라도 사고의 기본 단위는 여전히 국민국가다. 현재 한국지식계에서 제시되는 동아시아공동체론도 대체로 '국가의 초극'이 아닌 '국가 간 협력'에 무게가 실려 있다. 반면 동아시아 대안체제론은 '위로부터의 동아시아'가 아니라 '아래로부터의 동아시아'를 꾀하며, 행위 주체로서 국가만이 아니라 시민 내지 민중의 역할을 강조하고[33], 국가와 시민 간의 공치를 모색하기도 한다.[34] 아울러 국민국가 단위로만 동아시아를 표상하는 것이 아니라 오키나와·제주·금문도 등 뒤틀린 근대화, 뒤얽힌 지역사의 주요 현장들을 주시해 대안적 동아시아상을 구상하기도 한다.

---

33 김민웅, 「아시아의 새로운 길, 밑으로부터의 연대와 그 대안」, 『당대비평』 5호, 2003; 조희연·박은홍, 「사회적 아시아를 향하여」, 『동아시아와 한국』, 선인, 2007.

34 백영서, 「동아시아론과 근대적응·근대극복의 이중과제」, 『창작과비평』 139호, 2008, 43~44쪽.

2. 동아시아 담론 형성·분화의 지식계 내부 요인

이리하여 동아시아 담론을 말끔하게 정의하기란 어렵다. 서두에서 동아시아 담론은 동아시아를 비롯한 일련의 지역명을 사용해 한반도와 세계 사이의 중범위적 수준에서 지역상을 설정하고 그로써 특정한 담론적 효과를 이끌어내려는 언어적 실천이라고 정의해뒀는데, "일련의 지역명", "특정한 담론적 효과"라는 표현에서 드러나듯 범박하고 잠정적인 정의였을 뿐이다. 동아시아 담론의 지향성이 불분명한 데서 빚어진 궁여지책이었다. 동아시아 담론을 정의하기가 어려운 까닭에 역으로 정의를 어렵게 만드는 동아시아 담론의 다양한 계열을 정리할 필요가 있었던 것이다.

그렇다면 다른 정의 방식은 어떤지 살펴보자. 정종현의 정의는 이렇다. "동아시아 담론은 동아시아라는 권역을 설정하고, 이 지역의 특수성을 매개로 새로운 세계 질서와 문화를 설명, 모색하려는 90년대 이후의 일군의 새로운 지적 흐름이다."[35] 이러한 정의라면 한층 뚜렷하다. 대신 놓치고 마는 논의가 생

---

[35] 정종현, 「'동아시아' 담론의 문제와 가능성 – 30년대 '동양' 담론과의 비교를 중심으로」, 『상허학보』 9집, 2002, 39쪽.

긴다. 먼저 동아시아를 단순한 지역 범주 이상으로 상정하되 지역주의론처럼 '권역'이라는 응집된 틀로 간주하지는 않는 계열도 존재하며, 문화정체성론처럼 지역적 '특수성'이라는 공통항을 중시하지는 않는 계열도 존재하며, 대안체제론처럼 '새로운 세계 질서와 문화'를 기획한다는 문명사적 전망을 내세우지는 않는 계열도 존재한다. 그 밖의 다른 정의 방식들도 구체화하려 들면 빠뜨리는 계열이 생기고 포괄하려다 보면 모호해지는 딜레마를 면치 못한다. 다만 저 정의에서 마지막 항목인 "90년대 이후의 새로운 지적 흐름"이라는 표현은 어느 계열에든 공통적으로 들어맞는다고 말할 수 있을 것이다. 하지만 그 새로움 역시 1980년대의 담론과 견줘봤을 때 무엇을 계승하고 또 단절한 산물인지, 또한 동아시아 담론의 각 계열마다 새로움의 양상이 어떻게 다른지는 검토할 과제로 남아 있다.

동아시아 담론은 분명 1990년대의 산물이다. 왜인가. 그 이유는 얼핏 자명해 보인다. 1980년대 말부터 이어진 지정학적 전환의 여파 속에서 동아시아 담론은 등장한 것이다. 그러나 이 해석은 결과론의 소지가 다분하다. 동아시아 시각이 제기된 배경은 설명하지만, 그것이 담론적 지위를 차지할 만큼 빠르게 확산되고 십여 년간 지속된 까닭은 설명하지 못한다. 동아시아 시각이 제기된 이후 확산되고 분화된 이유를 밝히려면 사회적 배경만이 아니라 그것이 담론화될 수 있었던 지식계 내부의 조건도 시야에 둬야 한다. 즉 동아시아 담론은 한국지식계에서 무엇의 공백을 메우고 어떤 용법을 지녔기에 부상했으며, 또한 지식계의 어떤 요소가 동아시아 담론의 이행을 추동하고 나아가 쇠퇴로 이끌었는지를 검토해야 하는 것이다.

이를 위한 밑그림으로서 동아시아 담론을 이전 시기에 등장한 사회구성체론과 견줘보자. 하세봉은 1980년대 쟁점적 담론이었던 사회구성체론과 1990년대 부상한 동아시아 담론의 차이를 이렇게 정리한다. 첫째, 사회구성체론은 진보진영 내부의 이론투쟁이었으나 동아시아 담론에서는 진보와 보수를 구분하기 어렵다. 둘째, 사회구성체론은 한국 내부에 국한된 논의였으나

158

동아시아 담론은 국경을 넘어 국내외에서 동시에 진행되었다. 셋째, 사회구성체론에서는 뚜렷하게 대립되는 논점이 있었지만 동아시아 담론은 논쟁적 성격이 약했다. 넷째, 동아시아 담론은 사회구성체론에 비해 학계 외부와의 관련성이 그다지 높지 않지만, 학계 내부에서는 인문사회과학의 전 분야가 개입했다고 할 정도로 전형적인 학제간 담론이었다.[36]

그런데 하세봉의 비교 역시 동아시아 담론의 하위계열들 간의 차이를 면밀하게 고려하지 않은 결과 동아시아 담론을 단순화했다는 인상을 지우기 어렵다. 첫째, 가령 『포럼21』과 『당대비평』 측에서 개진한 동아시아 시각은 정치적 지향의 차이가 뚜렷했다. 둘째, 1990년대 중반의 발전모델론처럼 지역의 경제 동향, 인국의 학술 동향과 유리된 채 펼쳐진 논의도 존재했다. 따라서 셋째, 동아시아 담론은 사회구성체론의 경우처럼 뚜렷한 논점을 둘러싸고 전개되지는 않았더라도 여러 층위의 다양한 영역에 걸쳐 논점들이 산재했으며, 그점이 사회구성체론과는 전개 양상이 달라진 이유로 작용했다. 넷째, 대안체제론과 지역주의론의 경우라면 학계 외부의 사회적 변동에 반응하거나 대응한 산물이라고 말할 수 있으며, 학계 외부의 사회적 변동은 동아시아 담론 자체의 이행과 성쇠를 크게 좌우했다. 그리고 이상의 이유들로 하세봉이 진단하듯 동아시아 담론은 인문사회과학의 여러 분야에 걸친 복합적 담론일 수 있었다. 하지만 분과적 구획을 넘어 학제간 담론으로 발전했는지, 아니면 상호소통이 부재한 채 각 영역에서 상이한 방향으로 전개되고 말았는지는 따져볼 대목이다.

다만 여기서 분명하게 말할 수 있는 것은 사회구성체론이 1980년대산 담론이듯 동아시아 담론은 1990년대의 산물이라는 사실이다. 그리고 1부에서 확인했듯이 동아시아 담론은 지향성이 불분명한 까닭에 담론의 전개 양상이 지식계 내부의 동향에 크게 좌우되었다. 따라서 이제껏 동아시아 담론 자체에 주목해 그 형성·이행·분화의 과정을 추적해보았다면, 이제부터는 1980년대

---

36 하세봉, 「한국학계의 동아시아 만들기」, 『부대사학』 23호, 1999, 2쪽.

와 구분되는 1990년대 지식계의 담론장을 정리해 그 안에서 동아시아 담론의 행방을 분석해볼 필요가 있다. 그 맥락에서 먼저 담론장의 구성요소로서 지식계 내부의 지적 조류, 지식계를 에워싼 지식정책, 그리고 담론의 물적 기반이 되는 잡지 매체의 변화를 나눠서 고찰하겠다.

1) 지적 조류의 변화

동아시아 담론은 1990년대의 산물이나 1980년대의 지적 축적 그리고 1980년대로부터의 지적 전환이 있었기에 출현할 수 있었다. 동아시아 담론은 1980년대 지식계의 계승과 단절의 산물이라는 양 측면을 지니며, 그 까닭에 1990년대에 접어들어 동아시아 담론은 대안체제론 내지 지적 주체성 모색과 결합된 비판 담론으로 출발하고 곧이어 문화정체성론이 부상할 수 있었다.

먼저 지적 조류의 변화라는 각도에서 1980년대와 1990년대 지식계의 차이점과 연관성을 살펴보자. 1980년대는 관념적 급진성이라는 한계에도 불구하고 한국지성사에서 특기할 시대였음이 분명하다. 1980년대에는 이전 시대와 비교하건대 중대한 지적 전환이 일어났다. 1940~50년대 인문사회과학계는 해방·분단·전쟁을 거친 터라 국가주의·반공주의·자유민주주의적 기치에 속박당해 있었다. 1960년대에는 근대화론을 필두로 한 미국의 주류 학문이 사회과학계에 만연했고 사회과학계는 발전주의 이데올로기의 재생산 역할을 맡았다. 1980년대의 특징을 부각시키기 위한 투박한 정리이기는 하나, 이처럼 반공 이데올로기의 제약, 미국 이론의 무비판적 수용, 그리고 과거사를 덮어두려는 반역사적 세력의 영향력으로 인해 김진균이 지적하듯 1970년대까지의 사회과학계는 '몰역사성'을 띠었다.[37] 인문학계 역시 1950~60년대에

---

37   김진균, 「한국사회학, 그 몰역사성의 성격」, 『한국사회연구』 1호, 1983.

『사상계』, 『창작과비평』, 『청맥』 등이 창간되며 어렵사리 비평공간이 개척되었지만, 주류 학계는 영미 중심의 실증주의의 영향권 안에 있었다.

그런데 1970년대 말부터 사회과학계 일각에서 장기적 군사독제체제와 비자주적 경제구조에 관한 비판적 접근이 일어나 종속적 자본주의, 주변적 자본주의라는 인식틀이 도입되고 마르크스주의에 관한 이론적 접근이 모색되었다.[38] 또한 근대화론과 구조기능주의 패러다임 등 몰역사적 사회학 이론에 반발해 사회사 연구가 태동했으며 1980년에는 '한국사회사연구회'가 발족했다.

특히 1980년 광주민중항쟁은 인식론적 전환의 계기였다. 적어도 진보적 지식계에서 1980년대는 광주민중항쟁 이후의 시간대였다. 시간이 흐르면서 광주민중항쟁의 실상과 함께 계급모순과 민족모순이 적나라하게 드러나 한국사회에 관한 철저한 해부가 요구되었다. 하지만 기성의 지식체계로는 거기에 부응할 수 없었기에 급진적 소장학자와 대학원생들은 새로운 이론적·방법론적 탐색에 나섰다. 그리하여 서구 맑시즘과 종속이론 연구가 부상하기도 했지만 서구 맑시즘은 종속적 자본주의 경제체제가 빚어내는 착취와 억압을 분석하기에는 역부족이었고, 종속이론은 사회변혁에 대한 이론화가 취약해 정치적 실천을 유기하는 약점을 드러냈다. 이렇게 판단한 젊은 지식인들은 한국사회를 근본적으로 분석하고 변혁하기 위한 지적 원천, 나아가 군사독재에 대한 저항의 방편으로서 금기시되었던 마르크스주의로 대거 향했다. 한편 국사학, 국문학을 비롯한 인문학계에서는 식민사관에서 벗어나 이른바 '내재적 발전론'에 입각해 독자적 민족사를 구성하는 것이 중심 과제로 설정되었다.

하지만 1980년대라는 시간대는 국내적으로는 진보 세력이 집중한 1987년 대선에서 노태우 정권이 집권하고, 국제적으로는 1989년 베를린 장벽이 무너지고 1991년 소련이 해체되며 마무리된다. 그 사이에 있었던 1988년 서울 올림픽은 차라리 이후 북방외교, OECD 가입, 세계화론 융성에서 IMF 사태

38　김진균, 「지식인과 한국사회」, 『진보평론』 15호, 2003, 18~19쪽.

로 이어지는 1990년대라는 시간대의 초기 사건으로 가늠할 수 있을 것이다. 1980년대 끝자락에서 사회변혁 지향의 패러다임은 급속히 퇴조하고 지식계의 조류는 크게 변화한다.

지식계에서 1990년대는 이리하여 비판적·실천적 사고의 거점이던 시간과 공간의 범주가 무효화된 채로 맞이한 시간대라고 이해할 수 있을 것이다. 사회주의권 해체는 마르크스주의 같은 특정 이론의 쇠퇴를 초래했을 뿐 아니라 인식틀로 기능하던 거대 범주의 상실을 뜻했다. 사회주의는 진보서사 가운데 가장 전위적인 신념을 대표했는데, 인간해방의 노정이라는 시간관이 사회주의권 해체라는 현실에 배반당한 것이다. 또한 베를린 장벽의 붕괴는 사회주의권의 몰락만이 아니라 비판적 사고의 거점이었던 공간적 범주, 즉 제1세계 – 제2세계 – 제3세계라는 관념의 붕괴도 뜻했다. 대항헤게모니 담론이 기대왔던 제2세계가 소멸했으며, 신흥공업국이 부상하자 제3세계도 더 이상 균질한 것일 수 없었다. 비판적 지식계로서는 역사적·지정학적 자기인식의 근거가 무너진 셈이다.[39] 그리하여 1990년대 지식계에서는 위기와 종언 그리고 변화와 새로움이 현실을 규정하는 수사들로서 빈번히 등장했다. 1980년대 지식 조류와의 단절이 내세워졌고, 1980년대와의 단절만이 아니라 근대적 시간대로부터의 탈각이 주창되기도 했다.

현실사회주의권의 해체로 대안적 사회모델의 원상이 사라지자 진보적 사회과학자들은 공황 상태에 빠졌다. 마르크스주의가 용도폐기되고 계급론에 기반한 사회이론이 가치절하된 상태에서 일군은 침묵에 들어갔고, 일군은 동요하면서도 민중과 민족 개념에 정초한 변혁운동에서 '신사회론'에 입각한 시민운동으로 모색을 이어갔다. 같은 시기 문학계에서는 민족·민중문학론에 대한 비판이 일고 소위 신세대론이 부상했다. 한편 주류 지식계에서는 '인간의 얼굴을 한 자본주의'라는 화두가 한동안 유행어가 되었으며, 심지어 자

---

[39] 황종연, 「황종연: 종언 없는 비평」, 『인터뷰 한국 인문학 지각변동』, 그린비, 2011.

본주의와 자유민주주의의 최종적 승리를 선언하는 프랜시스 후쿠야마Francis Fukuyama의 『역사의 종언』같은 묵시적 사고가 침윤하기도 했다.

특히 1990년대 초기에는 '포스트'라는 접두어가 붙은 포스트모더니즘, 포스트구조주의, 포스트식민주의, 포스트마르크스주의 등과 같은 일련의 담론들이 대거 수입되고 유통되며 지적 풍토가 갑작스레 변모했다. 불과 몇 년 전만 하더라도 생경했던 사상·담론·개념들이 쇄도하더니 이윽고 자명시 되었다. 포스트 계열의 담론들은 마르크스주의가 퇴조해 발생한 지적 공백을 얼마간 메웠지만, 한편으로 담론의 급진성을 훼손한 측면이 있다. 당시 민족민주운동연구소 측은 포스트주의의 활성화를 '포스트 증후군'이라 부르며 "제국주의의 자유주의 이데올로기의 침투"라며 강한 어조로 비판했다. 특히 포스트모더니즘은 자본주의 시장논리를 대중화해 계급적 특성과 경제적 토대를 인식 속에서 지우는 이데올로기적 역할을 맡는다며 "정신적 타락"으로 일축했다.[40] 적어도 기존의 이론적 패러다임이 무력화된 자리에서 성행한 포스트 계열의 담론이 이론의 부재를 해결하지는 못했다. 대신 포스트 담론은 한동안 사회과학의 위기, 인문학의 위기, 문학의 위기, 비평의 위기 등 각종 위기론의 논거로 쓰였다. 그리고 위기론은 담론 생산과 주체 형성에 관한 이론을 재구축하지 못한 조건에서 이론의 부재라는 난제를 드러내면서도 빗겨가는 회로로 기능했다.

이론·주체·지향의 부재, 그로 인한 담론의 위기로 빚어진 1990년대 지식계의 혼돈 가운데서 동아시아 담론은 특이한 한 가지 출로였다. 이론적이지 않은 이론, 주체성에 관한 새로운 문법, 전망을 다시금 찾아나서는 창구로 기능했기에 동아시아 담론은 출현 이후 빠르게 확산될 수 있었다. 동아시아 담론이 지식계에 활기를 불어넣었던 것은 기존의 이론틀, 특히 서양의 사회구성

---

40 민족민주연구소 문학분과, 「지식인의 위기와 90년대 민족문학의 진로」, 『정세연구』 37호, 1992, 114쪽.

체에서 연원한 이론틀을 그대로 차용하지 않고도 이 지역의 현실과 역사를 파악하는 시각을 마련할 수 있다는 기대를 동반했기 때문이었다. 물론 기원의 서사를 끌어들이고 '동양적', '민족적', '독자적'이라는 형용어구를 사용해 정체성을 제시하는 논의라면 이론의 부재 상황을 수습하기보다는 이론에 대한 초극을 시행한 경우에 가까웠지만, 대안체제론은 시간적·공간적 축의 전환 가운데서 진보적 전망을 재구성하려는 시도였으며, 따라서 이론과의 결별이 아닌 재구축에 나선 경우라고 할 수 있다. 현실사회주의의 붕괴가 곧 자본주의의 승리를 뜻하지는 않으며 전 세계적인 부의 양극화, 에너지 고갈과 환경 파괴, 군산복합체의 발전과 전쟁의 지속으로 자본주의의 모순이 노골화되었기에 자본주의도 사회주의도 아닌 제3의 길을 동아시아라는 지평에서 개척하고자 했던 것이다. 그리하여 포스트 계열의 담론 가운데서도 대안체제론은 포스트식민주의론 정도를 지적 자원으로 취하는 양상이었다.

한편 1990년대로 접어들며 공간관이 재편되는 가운데 서구중심주의를 극복하고 다원적 세계관을 지향하는 분위기가 조성되기도 했는데, 이는 문화정체성론이 출현하는 배경이 된다. 여기에 문화담론의 활성화가 문화정체성론의 부상을 촉진했다. 1980년대가 사회과학의 시대였다면 1990년대는 문화의 시대로 불린다. 1980년대 대학 안팎에서 사회 동향에 적극 개입한 학술운동의 중심에는 사회과학이 있었다. 그러나 1988년 서울올림픽을 거치며 대중소비문화가 퍼지고 (형식적·제한적) 민주화를 성취하자 이제는 문화를 말할 수 있다는 자신감이 생기고 문화 관련 매체들이 늘어나면서 문화담론은 빠르게 확산된다.[41] 동아시아 담론 역시 문화담론에서 담론의 동력을 공급받은 바가 컸

---

41 하상일은 1980년대를 주도했던 사회구조에 관한 정치경제학적 시각으로부터 1990년대 문화담론으로 패러다임이 전환된 것은 우선 문화적 실천을 수반하지 않는 정치경제적 변혁은 공허하다는 사실을 경험했고, 1980년대 후반 포스트모더니즘의 영향으로 문화 관련 이론들이 늘어났기 때문이라고 진단한다(하상일, 「90년대 문화담론을 둘러싼 세 가지 질문·문화잡지에 대한 비판적 점검」, 『오늘의문예비평』 32호, 1999).

으며, 1990년대 초에 급성장한 문화담론은 1980년대부터 지속되어온 민족문학론 등의 문학 담론과 더불어 인문학계에서 동아시아 담론이 퍼져가는 지적 자양분으로 기능했다. 그리고 탈냉전으로부터 이어진 세계화의 파고 속에서 자타관계의 재설정이 요구되자 오히려 한국의 문화·전통·역사에 대한 관심이 고조되었는데, 이 또한 인문학계에서 득히 문화정체성론이 세를 얻는 배경이 되었다. 1990년대 초기에는 『우리문화의 수수께끼』, 『나의 문화유산답사기』를 필두로 『한권으로 읽는 조선왕조실록』, 『이야기 한국사』, 『조선시대 사람들은 어떻게 살았을까?』 등이 대중적으로 읽혔고 영화 〈서편제〉가 선풍적 인기를 끌었고, 방송 〈KBS 역사스페셜〉 등도 '우리 것 찾기'에 동참했다.

그러나 단절만이 아니라 계승도 거론해야 할 것이다. 동아시아 담론의 경우, 확산 이전에 형성은 분명 1980년대의 지적 유산에 크게 빚지고 있다. 또한 1990년대 지식계가 1980년대와의 단절을 내세웠다고 하더라도 그것은 역으로 1980년대가 1990년대의 인식준거로 작용했음을 의미한다.[42] 그런 의미에서 이해영은 1990년대를 이러한 1980년대의 유산으로부터 형성된 시대로 파악한다.[43] 현실사회주의의 붕괴와 사회운동의 퇴조 속에서 1980년대에 마련된 계급적·민족적 주체상이 힘을 잃자 1990년대에는 1980년대 주체상에 대한 비판적 계승으로서 시민, 대중 등 '다른 주체상'을 구성하고자 부심했다. 하지만 이런 동향 역시 1980년대 주체성에 대한 전면적 단절이라기보다 대안적 주체성 모색의 연장이라고 읽을 수 있는 것이다.[44]

---

42 한편 2000년대는 1990년대와의 관계가 무엇인지, 1990년대로부터 무엇을 계승하고 단절했는지가 불분명한 채이며, 그 시대적 성격을 밝혀내려는 노력도 문학계를 제외한다면 찾아보기 힘들다. 더구나 2010년대는 그 표현조차 사회적으로 성립하지 못했다. 십 년 단위의 연대기적 기술은 그 한계가 분명하지만, 성찰대상조차 되지 않은 채 2010년대가 그저 나쁜 지속, 그조차도 아니라면 퇴행의 시간대라는 씁쓸하고 모호한 인상으로 남겨진다면 그 폐해가 더욱 클 것이다.

43 이해영, 「사상사로서의 1980년대: 우리에게 1980년대란 무엇인가」, 『1980년대 혁명의 시대』, 새로운세상, 1999, 31쪽.

44 김원, 「'장기 80년대' 주체에 대한 단상: 보편, 재현 그리고 윤리」, 『실천문학』 111호, 2013, 16쪽.

동아시아 담론은 1990년대의 산물이지만 1980년대의 지적 토양 위에서 자라났다고 말할 수 있다. 동아시아 담론의 형성을 이끈 지식인군과 매체에 관해서는 뒤에서 다루기로 하고, 여기서는 이 각도에서 지적 조류를 살펴보자. 먼저 1980년대의 학문적 자생화 노력이 있었기에 1990년대 동아시아 시각은 담론적 지위에 오를 수 있었다. 1960년대 이후 역사학계에서는 식민사관 극복을 위한 방법론적 논의가 등장했고 사회과학계에서도 중간층 논쟁, 사회과학 토착화 논쟁이 일었지만 영향력은 제한적이었다. 하지만 1980년대의 학술운동은 한국사회의 현실에 천착해 제국주의, 친미, 계급갈등, 민족통일 등의 문제를 지적 사정권 안으로 들였고, 나아가 대학강의와 커리큘럼 개정 운동, 진보적 학술연구, 학술연구의 대중화작업과 매체 발행 등으로 학문적 자생화를 위한 현실 토대를 마련했다.[45] 사회구성체론도 한국사회가 지닌 동적 측면을 사회학적 이론틀로 단순화한 혐의가 있지만, 기능주의적 사회분석과 구조주의적 접근법을 극복해 주체적 사회분석의 길을 개척했다는 평가가 가능할 것이다.[46]

현실사회주의권이 무너진 뒤에도 이런 기조는 이어졌다. 오히려 동구권 해체를 겪으면서 진보적 지식계의 현실분석능력이 한계를 드러낸 만큼 한국사회의 현실에 천착해야 한다는 자성의 목소리는 더욱 강한 어조를 띠기도 했다. 김동춘은 1990년대 초기의 시점에 이렇게 토로한다. "사회과학의 위기, 마르크스주의 사회과학의 위기는 현실의 위기 이전에 현실과 진지하고 성실하게 대면하지 않았던 바로 '사회'과학자들의 게으름 때문이 아니었을까. (……) 정말 심각한 위기는 철학의 부재에 있는 것이 아니라 (……) 한국사회의 구체적인 사실을 (……) 자기의 학문의 중심과제로 여기면서 논의를 진행하기

---

45 이이화·안병욱·장하진·정태헌·김동택·김동춘, 「좌담 학술운동 10년 회고와 전망」, 『역사비평』 34호, 1996.

46 최형익, 「1980년대 이후 한국 마르크스주의 지식 형성의 계보학: 사회구성체논쟁과 민중민주주의 PD론을 중심으로」, 『문화과학』 34호, 2003, 205쪽.

보다는, 그것을 끊임없이 대상화하고 이제는 거기서 출발했다는 사실조차 망각하는 모습에서 유래하지 않을까. (……) 강단 밖의 세계를 오직 관념으로만, 자신을 빛나게 할 대상으로만 인식하게 만들고 급기야는 강단이 진짜 현실인 것으로 착각하게 만들어, 공허한 가절과 주장, 턱없는 논리를 양산하고 그에게 기대를 가진 많은 사람들을 좌절시킨다."[47] 이처럼 교조성에 매여 현실에서 유리되고 만 지식계의 무능에 대한 질타는 1990년대 초입에 나온 1980년대 지적 풍토에 대한 비판이지만, 1980년대의 지적 풍토를 거쳤기에 가능한 비판이기도 했다. 그리고 1부에서 살펴보았듯이 1990년대 초중반 동아시아 담론은 한국사회에 착근하는 지식, 지적 주체성 모색에 관한 문제의식이 지식계에 널리 공유되어 있었기에 빠르게 확산될 수 있었다.

또한 동아시아 담론, 특히 대안체제론이 계승한 1980년대의 중요한 지적 유산으로 분단시대론을 빠뜨려서는 안 될 것이다. 분단이 한국학계에서 학술 개념으로 정착한 것은 분단된 지 거의 한 세대가 지난 1970년대 후반에 이르러서였다. 1978년에 나온 강만길의 『분단시대의 역사인식』이 그 시발점이었으며[48], 1980년대에 들어서는 그때까지 선망의 대상이었던 '혈맹' 미국이 광주 살육의 배후세력이었음이 드러나자 분단현실에 관한 시급한 각성이 요청되었고 비판적 지식인들을 중심으로 '분단시대'의 문제의식이 확산되었다. 구중서의 『분단시대의 문학』(1981), 이영일의 『분단시대의 통일논리』(1981), 이효재의 『분단시대의 사회학』(1985), 송건호 등의 『민주공화국 40년: 분단시대의 한국사』(1985), 성래운의 『분단시대의 민족교육』(1989) 등에서 엿보이듯 '분단시대'는 인문사회과학계의 여러 영역에 걸쳐 화두가 되었다. 1980년대 중반부터 진행된 한국사회 변혁론, 즉 사회구성체론의 핵심 문제는 한국사회의 자주적 주권과 계급적 불평등 그리고 민주주의의 상호관계가 무엇인지였는데,

---

47 김동춘, 「산사연 칼럼 : 사막을 건너는 법」, 『경제와 사회』 14호, 1992, 277~280쪽.
48 강만길, 『분단시대의 역사인식』, 창작과비평사, 1978.

이 논제 역시 한국의 국민국가형성과 민족주의 그리고 분단시대에서의 남북한 관계를 어떻게 바라볼 것인가라는 물음을 내포하고 있었다.[49]

분단시대론은 1980년대 민주화 과정과 사회구성체론을 거치며 남북한의 상호관계를 사회분석의 중심에 두는 분단체제론으로 발전했다. 1980년대 한국사회의 변혁운동은 한국 내지 한반도에서 미완의 민주주의와 민족주의적 과제를 실현하는 데 목표가 놓였고, 여기에 반자본주의 노동해방운동이 공존하고 있었다. 분단체제론은 '자주·민주·통일'로 압축되는 변혁의 과제를 두고 선민주후통일People's Democracy(민중민주)과 선통일후민주National Liberation(민족해방)가 대립해온 내력을 성찰하는 한편, 각각의 생산적 의의를 통합하고 그간의 변혁운동노선을 비판적으로 계승하고자 고안되었다. 그리고 분단체제론을 선구적으로 제시한 백낙청은 이미 1992년에 「분단체제의 인식을 위하여」에서 "효과적인 동력형성을 위해서는 세계체제와 분단체제에 대한 인식의 구체화 과정에서 동아시아 내지 동북아시아라는 중간항에 대한 체계적 인식이 함께해야 한다"라고 주장하며 분단체제론을 지역적 시각과 접목시키고자 했다.[50] 비록 이 시기에 백낙청이 동아시아 시각을 조형하는 데 많은 노력을 기울이지는 않았지만, 분단체제론에 기반해 지역적 시각을 확보하려던 시도는 대안체제론의 방향설정에서 중요하게 작용했다.

분단체제론과 더불어 제3세계론도 1980년대의 중요한 지적 유산이었다. 1980년대는 냉전 체제에 따른 인식적 제약으로 북한과 중국을 아우르는 온전한 동아시아상을 구도해내기가 어려웠다. 사회구성체론도 남한사회 변혁의 방향과 방법, 주체에 관한 논의였지 지역적 시야는 결여하고 있었다. 하지만 1980년대에는 1990년대의 동아시아라는 지평으로 이어질 우회로가 존재했다. 바로 제3세계다. 1980년대의 민중적 민족주의는 서구중심주의를 경계하

---

49   정근식, 「동아시아 냉전·분단체제의 형성과 해체」, 『한국학의 학술사적 전망』 2권, 2014, 46쪽.

50   백낙청, 「분단체제의 인식을 위하여」, 『창작과비평』 78호, 1992, 305쪽.

고 민족과 민중의 생활에 근거해 대안 세계를 모색하는 이념으로서 제3세계에 대한 관심과 연대의식을 내포하고 있었다. 비록 객관적 조건의 열악함으로 말미암아 제3세계의 상이 구체화되지는 않았으나 모호한 형태로나마 제3세계는 미국의 제국적, 패권적 속성에 대한 비판 범주로서 기능했으며, 1990년대 초에 동아시아 역시 미국의 정치적·학문적 일방주의에 대한 비판 범주로서 상정되었다.

아울러 1980년대에 민족해방과 사회변혁을 모색하는 과정에서 제3세계로 시선을 돌리고 여기에 세계체제론이 장착되어 중심/반주변/주변이라는 범주로 세계체제를 파악하는 인식틀이 마련되었다는 것도 대안체제론의 지역상 설정에서 중요한 의의를 갖는다. 최원식의 동아시아 시각은 1980년대 말에 '제3세계론의 동아시아적 양식의 창출'[51]을 모색하는 과정에서 나온 것이었다. 보다 구체적으로는 아시아·아프리카·라틴아메리카의 연대를 기본으로 하되 제3세계주의로 미끄러지지 않는 현실적 대안으로서 세계로부터 한국으로 내려 먹이는 제국주의적 시각과 한국으로부터 세계로 나아가는 아제국주의적 시각을 넘어서는 제3의 선택이 동아시아 시각이었다고 술회한다.[52] 백영서 역시 동아시아 시각이 부상한 것은 1990년대의 변화된 상황에서 민족민주운동을 성찰할 때 민족주의의 폐쇄성을 극복하는 한편 가까운 지역과 문명에서부터 제3세계적 문제의식을 관철하려던 귀결이었다고 후술한다.[53] 한편 1980년대에는 마르크스주의의 역사적 현상인 현실사회주의권 국가를 이해하는 과정에서 소련과 중국 그리고 북한에 대한 접근이 이뤄지고 관련 연구자들이 양성되었는데, 이 또한 1990년대에 동아시아를 구도해내는 밑거름이 되었다.

이상이 1990년대에 접어들어 동아시아 담론의 등장을 가능케 했던

51　최원식, 「민족문학론의 반성과 전망」, 『민족문학의 논리』, 창비, 1988, 368쪽.
52　최원식, 「천하삼분지계로서의 동아시아론」, 『제국 이후의 동아시아』, 창비, 2009, 75~76쪽.
53　백영서, 「연동하는 동아시아, 문제로서의 한반도: 담론과 연대운동의 20년」, 『핵심현장에서 동아시아를 다시 묻다』, 창비, 2014, 42쪽.

1980년대의 지적 유산이라면, 1990년대 동아시아 담론의 이행에는 1980년대와는 차별화되는 1990년대의 지적 조건이 관건적으로 작용했다고 말할 수 있다. 먼저 1980년대 중후반부터 힘들게 형성된 진보적 학문실천의 장은 1990년대에 들어서자마자 균열되기 시작했다. 형식적 민주화라는 정치사회적 변화와 함께 공업화의 성숙에 따른 한국 자본주의의 발전을 이론적으로 어떻게 파악할 것인지에 관해 진보적 학술진영은 체계적인 대답을 내놓지 못했다. 독재정권 시기에는 변혁이론으로서 유효해 보였던 신식민지국가자본주의론은 1990년대 공업화가 심화된 한국 자본주의의 국제적 성격을 분석하기에는 역부족이었고[54], 진보적 학술진영의 자본주의 성격 이론 모델은 '낡은 과거'(20세기 초반의 소비에트)에서 온 것이었거나 '특수한 민족경제 모델'(북한의 주체사회주의)에 기대고 있었기 때문이다.[55] 이런 와중에 안병직 등은 종래의 문제설정에서 급격히 우회전해 한국 자본주의를 '중진자본주의'로 규정했으며[56], 1995년 무렵부터는 동아시아 담론장에서도 대안체제론과는 지향성을 전혀 달리하는 발전국가론이 세를 얻는다.

더욱이 1990년대 중반에 이르자 동아시아 담론은 당시 지식계에서 가장 확고한 담론권력을 발휘하던 세계화론과 맞닥뜨리며 담론적 성격이 크게 바뀐다. 담론의 주도권이 인문학계에서 사회과학계로 옮겨가기 시작한 것도 이 무렵이다. 1980년대와 비교하건대 1990년대 지식계의 지식생산은 지향성·기능성·특징·생산방식·소유관계 등에서 큰 변화를 겪었다. 현실사회주의가 붕괴된 이후 한국이 WTO·OECD에 가입하고 신자유주의적 공세가 한국사회 그리고 한국지식계에 본격화되었기 때문인데 이런 변화를 압축하는 것이

54 이명원, 「진보적 학술운동의 비판적 성찰과 전망」, 『나는 순응주의자가 아닙니다』, 난장, 2009, 101~102쪽.

55 김동춘, 「21세기에 돌아보는 1980년대 한국사회성격논쟁」, 『1997년 이후 한국사회의 성찰』, 길, 2006.

56 안병직, 「중진 자본주의로서의 한국경제」, 『사상문예운동』 2호, 1989.

바로 세계화 담론이다.

그런데 세계화라는 개념은 그토록 빈번이 회자되었으나 정작 의미는 명료하지 않았다. 일례로 『창작과비평』 1994년 여름호는 '국제화 특집'을 꾸렸는데, 좌담회에서는 국제화보다 세계화라는 표현이 자주 등장했다. 이듬해 열린 좌담회 「근대성의 재조명과 분단체제 극복의 길」에서도 세계화가 중심 화두였는데, 이 자리에서 김호기는 국제화는 인터내셔널라이제이션 internationalization의 번역어, 세계화는 글로벌라이제이션globalization의 번역어라며 국제화는 국경을 넘어 국제경쟁이 치열해지는 동시에 국제협력과 분업이 정착되는 과정을 뜻하지만, 세계화는 개별 민족국가가 약화되면서 세계가 하나의 단위체로 통합되어가는 과정을 가리킨다고 구분했다. 그러자 손호철은 그런 세계화라면 현실 추세에 비춰볼 때 가상에 불과하며 더구나 정부 측의 용법과도 어긋난다며 이견을 피력했다. 정부는 국제화든 세계화든 별다른 의미상의 차이를 두지 않고 사용하되 국제화는 경제 영역에 한정하고 세계화로는 정치·문화·사회 영역까지를 아우르는 경향이라는 것이다.[57]

실상 세계화 담론은 동아시아 담론만큼이나 모호하고 그 이상으로 확산된 담론이었다. 그리고 동아시아 담론은 내용상 세계화 담론의 경쟁 담론으로, 형식상 세계화 담론의 모방 담론으로 기능한 측면이 있다. 먼저 내용을 살펴보자면, 특히 문화정체성론의 경우 세계화 담론과의 경쟁의식이 뚜렷했다. 『동아시아문화와사상』의 창간사 「동아시아담론의 장을 열며」를 보면 정작 동아시아보다 세계화라는 표현이 더 자주 눈에 띈다. 이 글은 "지난 백 년의 한 세기가 마무리되고 새로운 또 한 세기로 진입해 가는 세기말의 격동 속에서 21세기적 '세계화시대'가 활짝 열려가고 있다"로 시작해 "대망의 세계화시대를 마지막 열어가는 즈음 아시아적 사유와 가치를 거론하는 것은, 오늘의 세

---

57 백영서·손호철·유재건·김호기, 「좌담: 근대성의 재조명과 분단체제 극복의 길」, 『창작과비평』 87호, 1995.

계화시대를 일관하며 뒷받침하고 있는 정체성이 과연 무엇이고, 지금 우리 인류가 어디를 향해 치달아가고 있는가에 대한 불확실성과 불안감 때문이기도 하다"를 거쳐 "지금 우리가 열어가고 있는 세계화시대가 그 방향감각을 상실해서는 결코 안 될 것이다"로 마무리된다.[58] 창간사에서는 세계화 추세가 창간의 배경이고, 그로 인한 정체성의 동요에 동아시아를 방편 삼아 대처하겠다는 것이 창간의 취지임을 확인할 수 있다. 대안체제론이라면 세계화 담론에 대한 비판적 성격이 보다 뚜렷하다. 세계화 담론은 키워드로 신자유주의·국가경쟁력·유연성·무한경쟁·지식기반사회·구조조정과 같은 정치경제 용어를 동반했는데, 대안체제론의 시각에서는 대체로 비판적 검토의 대상들이었다.

대안체제론, 문화정체성론이 세계화 담론과 경쟁적·대립적 양상이었다면, 발전국가론은 세계화 담론과 병행해 등장했으며, 경제위기 이후 부상한 지역주의론은 보완적 성격이 강했다. 더구나 정부가 담론 확산을 주도했다는 점에서 세계화 담론과 유사한 행보를 보였다. IMF 사태에 직면해 김동춘은 「한국의 지식인들은 왜 오늘의 위기를 읽지 못했는가」를 발표해 김영삼 정부가 세계화론을 과도하게 부추겼다고 비판한 적이 있다. "한국 경제의 구체적 현황, 기업의 축적 조건과 금융의 상황, 남북한 관계 등 이론적으로 검토되어야 할 수많은 내용은 생략된 채, 오직 바람몰이식으로 세계화, 정보화론이 제기되었다."[59] 이는 IMF 사태를 겪고서 등장한 국민의 정부, 특히 이후의 참여정부기에 동아시아(동북아) 담론이 전개된 양상을 두고도 통하는 진단일 것이다.

김영삼 정부기에 세계화추진위원회는 세계화시대의 국가 과제를 53항목이나 제시했다. 아울러 세계화 정책은 사회과학자들에게 정부나 기업 발주의 연구프로젝트에 참여할 기회를 대거 제공했다. 1980년대까지는 생각지도 못한 규모의 예산이 관련 연구자들에게 집행되었으며, 세계화 바람을 타고 증액

---

58 송하경, 「동아시아 담론의 장을 열며」, 『동아시아문화와사상』 1호, 열화당, 1998, 7~9쪽.

59 김동춘, 「한국의 지식인들은 왜 오늘의 위기를 읽지 못했는가」, 『경제와 사회』 37호, 1998, 165쪽.

된 지역 연구 관련 프로젝트로 많은 사회과학 연구자들은 지역 전문가로 변신해 대통령자문정책기획위원회 등에서 수많은 연구보고서를 쏟아냈다. 김동춘은 이를 두고 "오늘의 지식 사회의 붕괴와 무관하지 않"은 "학자들의 체제포섭 과정"이었다고 지적한다.[60] 하지만 IMF 사태를 겪고 김영삼 정권이 물러나자 정부발 세계화 담론은 위축되었는데 그 자리를 내신한 정책담론 가운데 유력한 것이 지역주의론이었다. 이에 관해서는 이미 1부에서 정리해뒀다.

한편 IMF 사태는 국제정치학·경제학 중심의 지역주의론이 부상하는 계기였으나, 일군의 사회학자들에게는 사회비평적 문제의식이 심화되는 계기이기도 했다. 1997년 급격한 신자유주의화에 제동을 걸고자 총파업이 일어났지만 실패하고, 이윽고 IMF 사태가 발발하며 한국사회는 신자유주의의 강화된 공세에 노출되었다. 한국 정부는 초국적 자본의 압박 아래 미국, 일본, 칠레 등과 투자협정협상을 진행하고 국민경제의 틀 속에서 보호해오던 금융·공공 부문을 초국적 자본에 개방하고 기업구조조정·노동유연화에 박차를 가했다.

IMF 사태가 한국사회에 가한 충격은 지식계에도 큰 당혹감을 안겼다. 송호근은 'IMF 사태를 겪는 한 지식인의 변명'을 부제로 단 책에서 "IMF 사태와 국가부도의 위기를 아무런 예측과 준비 없이 맞게 되었음은 '한국 사회과학의 대실패'일 뿐 아니라 사회과학을 하는 사람의 존재 이유까지도 무너뜨리는 엄청난 일"이라고 자괴했다.[61] 손호철은 "한국의 사회과학은 외환위기로 표상되는 최근의 위기의 진단 예측에 실패함으로써 비판을 통한 사회의 '조기경보장치'로서의 제 구실을 전혀 하지 못했다"면서 1990년대의 한국 사회과학은 "사회의 건강한 부위보다 문제점을 지적하고 비판하는 것, 비판을 통해 사회에 자기정정의 기회를 제공하는 일종의 의사적 임무"를 포기해 왔다고 반성했

---

60   위의 글(1998), 176쪽.
61   송호근, 『또 하나의 기적을 향한 짧은 시련: IMF 사태를 겪는 한 지식인의 변명』, 나남, 1998, 10~
      11쪽.

다.[62] 김동춘 역시 "자본주의의 승리에 도취된 경험분석적 사회과학은 비판의 능력을 상실"했으며, 여기에 주류 지식인사회 특유의 이론적 "식민성"과 "공리공론성"이 더해져 '조기경보장치'가 미작동했다고 진단했다.[63]

1980년대와 비교하건대 1990년대 사회과학계는 노동, 계급, 국가 등의 주제군에 대한 접근능력이 약화되고 있었다. 손호철은 그런 주제들을 거론하면 거대담론이라고 죄인시되는 분위기라고 토로하기도 했다.[64] 한국 자본주의의 성격에 대한 총체적 분석은 1993년 김수행이 한국 자본주의 성격을 분석하면서 기존 자본주의 이론들을 비판한 이후 좀처럼 등장하지 않았다.[65] 그런데 IMF 사태는 1990년대에 들어 문민정부 출범, 경제성장, WTO · OECD 가입 등을 거치며 무뎌진 비판력의 쇄신을 요구하는 사건이었으며[66], 이런 맥락에서 1990년대의 마지막 해에 조희연은 「비판성과 실천성의 2000년대적 회복을 위하여」를 작성해 1990년대 '지식인의 탈민중화'를 청산하고 '비판성'과 '실천성'을 회복한다는 지향성을 제시했다.[67] 하지만 IMF 사태 이후 2000년대로 들어서며 '비판성'과 '실천성'을 겸비하는 지식인상의 퇴조는 가속화되었고, 동아시아 담론 역시 비판담론적 성격을 빠르게 상실해갔다.

62 손호철, 「위기의 한국, 위기의 사회과학」, 『경제와사회』 37호, 1998, 157~158쪽.
63 김동춘, 「한국의 지식인들은 왜 오늘의 위기를 읽지 못했는가」, 『경제와사회』 37호, 1998, 162~172쪽.
64 손호철, 「위기의 한국, 위기의 사회과학」, 『경제와사회』 37호, 1998, 152~153쪽.
65 김수행, 「한국사회를 어떻게 분석할 것인가」, 『사회비평』 9호, 1993.
66 임현진은 세계자본주의체제의 국제분업 속에 내재한 위계적 불평등성과 지배 · 종속현상이라는 현실을 설명하고 분석하는 현실분석모형으로서 종속이론의 문제의식은 여전히 유효하다며 "종속이론은 죽었는가"라는 도전적 물음을 내놓았다(임현진, 「종속이론은 죽었는가?」, 『경제와사회』 36호, 1997).
67 조희연, 「비판성과 실천성의 2000년대적 회복을 위하여」, 『동향과전망』 41호, 1999, 43~52쪽. 이런 지향성이 동아시아 시각과 접목된다면 동아시아 민중 간 연대, 지역기구 설립을 통한 신자유주의 극복이 주된 문제의식으로 설정되었다(조희연 · 박은홍, 「사회적 아시아를 향하여」, 『동아시아와 한국』, 선인, 2007).

2) 지식인상, 지식정책의 변화

김진균은 1980년대를 "위대한 각성의 시대"라고 불렀다.[68] 1980년대는 민중을 계급주체로서 재발명한 시대였으며, 민중과 함께하고 민중을 대변해서 반독재·민주화에 헌신하는 '비판성'과 '실천성'을 갖춘 지식인상이 입지를 굳힌 시대였다. 이른바 저항적 지식인은 경제개발에 기능하고 정권에 편입해 체제를 옹호하는 과거의 기능적 지식인과 대척적인 존재였다.

1980년대에 저항적 지식인 집단은 복수의 경로를 통해 형성되었다. 먼저 1970년대 유신체제에서 자유언론실천을 주장하다가 『동아일보』, 『조선일보』 등에서 해직당한 다수 언론인이 투쟁위원회를 조직했다. 1974년에는 문학탄압 속에서 '자유실천문인협의회'가 결성되었다. 그리고 역시 결정적 사건은 광주민중항쟁이었다. 광주민중항쟁은 1980년대 지적 조류의 향방을 결정했을 뿐 아니라 지적 주체를 형성하는 모태가 되었다. 1980년 5월 광주민중항쟁의 여파로 70여 명에 이르는 교수가 해직당했다. 1970년대 중반 유신체제에 반대한 교수들의 1차 해직사태에 이은 두 번째 대량해직사태였다. 해직교수들은 해직교수협의회를 설립하고 1984년 복직 이후에는 복직교수협의회로써 활동을 이어가다가 1987년에는 시국교수협의회를 만들어 힘을 결집했다. 또한 저항적 지식인은 노동현장에 몸담았거나 노학연대에 헌신했던 학출 활동가, 반독재 민주화운동을 거치며 형성된 재야인사로부터도 공급되었다.[69] 한편 해직언론인이 생계를 위해 운영한 출판사는 진보적 담론의 확산을 위한 물적 토대를 제공했다.

대학 바깥에서 저항적 지식인은 민중론·민중사·민중사회학·민중신학

---

68 김진균, 「1980년대: 위대한 각성과 새로운 주체 형성의 시대」, 『1980년대 혁명의 시대』, 새로운 세상, 1999, 20쪽.

69 김원, 「민족-민중적 학문공동체의 변화와 대안적 지식공동체」, 『지식의 현장 담론의 풍경』, 한길사, 2012, 77~79쪽.

등 민중주의적 학문을 개척하고, 개인의 업적주의를 지양해 공통된 목적의식에 기반하는 학문공동체를 만들기도 했다. 1984년에는 한국사회의 변혁과 한국 사회과학의 혁신을 표방히는 '한국산업사회연구회'가 창립되고, 1986년에는 '역사문제연구소'가 만들어지고, 1987년에는 진보적 교수들의 직능공동체라 할 '민주화를 위한 교수협의회'(민교협)가 설립되고, 1988년에는 인문사회과학 분야의 진보적 학술단체의 연합체인 '학술단체협의회'가 출범했다. 학단협 회원들은 당시로서는 학위과정에 있거나 이제 갓 대학에서 자리를 잡은 소장 연구자들이 대부분이었고, 민교협은 직능단체였던 만큼 회원들이 모두 교수였다. 그러나 학단협이건 민교협이건 민족적·민중적 관점에서 현실에 대한 실천적 개입을 지향한다는 공통점을 갖고 있었다.[70] 1988년 6월 학술단체협의회가 출범하는 자리에서 기조발제를 맡은 김진균은 민족적·민중적 학문공동체의 성격을 지배적·소시민적 세계관과의 단절, 이론적 보수성과의 단절, 서구 이론의 맹목적 도입에 몰두하거나 한국의 현실을 실험 대상으로 삼는 학문적 비주체성과의 단절이라고 규정했다.[71]

1980년대 학술운동의 주요 인적자원은 미국 학문의 이식적 풍토에 비판의식을 견지한 대학원생과 국내 박사였다. 이들 중 1990년대에 대학에서 자리를 잡은 40대 소장학자는 한동안 동아시아 담론의 논자군으로 활동했으며, 따라서 초기 동아시아 담론에는 1980년대에 형성된 그들의 문제의식, 특히 지적 주체성 모색에 관한 문제의식이 강하게 투영되었다. 아울러 사회주의권 해체, 민중운동 퇴조, 민간정부 등장 등으로 전망이 불투명한 가운데서 겪고 있던 이들의 지적 혼돈 역시 초기 동아시아 담론에는 짙게 반영되었다.[72]

---

70 이명원, 「진보적 학술운동의 비판적 성찰과 전망」, 『나는 순응주의자가 아닙니다』, 난장, 2009, 100~101쪽.

71 김진균, 「민족적·민중적 학문을 제창한다」, 『한국인문사회과학의 현 단계와 전망』, 역사비평사, 1998, 25쪽.

72 한편 1990년대의 교수들은 교수 시장의 최대 호황기였던 전두환 정권 시절과 세계화 정책의 수혜자기도 했다는 평가도 존재한다(하세봉, 「한국학계의 동아시아 만들기」, 『부대사학』 23호, 1999,

하지만 지식인상의 각도에서 접근하건대 1990년대 지식인의 자기규정은 1980년대 지식인상과의 결별을 일정하게 내포하고 있었다. 현실사회의 구조적 모순을 파고드는 이론의 힘에 관한 믿음이 꺾이고, 그에 기반한 이론적 실천을 지속하기가 어려워진 상태에서 이론과 실천의 유기적 결합을 지향하던 저항적 지식인상은 고전적 지식인상이 되어 퇴조해갔다. 이에 더해 1980년대 학술운동을 주도했던 구성원이 점차 제도권 학계에서 자리잡아가며 지식인의 '전문성'이 강조되는 경향이 심화되었다.[73] 김영삼, 김대중 정부를 거치면서 정부의 고등교육정책은 '시장화'와 '경쟁력'이라는 구호 아래 재편되었는데, 특히 세계화·정보화의 흐름을 타고 IMF 사태를 겪고 나자 정부 차원에서 '신지식인'이라는 이름의 지식인상이 제시되었다.

'신지식인'이라는 개념은 1998년 12월 4일 열린 제12차 경제대책조정회의에서 「신지식인의 필요성과 사례」가 보고되며 사회적으로 회자되었다. 김태동 청와대 정책기획수석은 신지식인을 "지식을 활용하여 부가가치를 능동적으로 활용하는 사람, 기존 사고의 틀에서 벗어나 새로운 발상으로 자신의 일하는 방식을 개선·혁신한 사람"으로 규정했으며[74], 김대중 대통령은 보고된 신지식인 사례를 높이 평가해 이를 적극 홍보하도록 지시했다. 이에 12월 8일에는 대통령 정책기획비서실 정책 3비서관이 반장, 정부 각 부처의 담당 국장이 구성원, 정보통신정책연구원이 전담기관이 되는 범정부 차원의 '신지식인운동추진반'이 짜여져 정보통신부를 중심으로 '신지식인 운동'을 추진했다.[75]

468쪽).

73 이이화·안병욱·장하진·정태헌·김동택·김동춘, 「좌담: 학술운동 10년, 회고와 전망-역사문제연구소 창립 10주년에 즈음하여」, 『역사비평』 34호, 1996, 371~399쪽.

74 청와대 정책기획수석실, 「'신지식인'의 필요성과 사례」, 제12차 경제대책조정회의 자료, 1998. 12. 4.

75 '신지식인'이라는 개념 자체는 매일경제신문사가 펴낸 「두뇌강국보고서」와 「지식혁명보고서」에서 처음 등장했다. 매일경제신문사는 1997년부터 '비전코리아'라는 이름으로 '한국재창조를 위한 범국민운동'을 시작하고, 1998년부터 지식기반경제로의 이행 방안을 모색하는 '지식포럼'을 정기적으로 개최하며 경제개혁의 방향을 제시했다. 1997년 이후 매일경제신문사가 주도해 발간한 주요 보고서는 다음과 같다. 「한국보고서」(1997), 「한국재창조 보고서」(1998), 「두뇌강국 보고서」(1998), 「신

지식계에서는 반발의 목소리가 만만치 않았다. 김동춘은 신지식인론은 통치 헤게모니가 국가에서 자본 측으로 이전되었음을 보여준다며 "신지식인운동은 '지식인'의 개념을 새롭게 정의함으로써 '이성'과 '계몽'과 '공동체'를 압박하려는 신자유주의의 공세"라고 규정했다.[76] 전상인도 신지식인론은 "비판적 이성이 거세된 '전문가 지식인' 양성으로 지식사회를 순치시키려는 거시적 사회기획'의 일환"이라고 판단했다.[77] 문성학 역시 "관제 국민가요"라고 일축했다.[78]

신지식인론은 국가가 일방적으로 지식인상을 들이밀고, 앞장서서 지식인 집단의 상징적 지위를 끌어내린다는 혐의를 풍겼기에 지식계에서는 반발의 목소리가 거셌고, 심형래 감독을 1호 신지식인으로 선정해 화제가 된 것 말고는 별다른 구체적 성과도 내지 못했다. 하지만 되돌아보자면 이 소요는 지식인 사회가 재편되는 서막으로 간주할 수 있다.[79] 1980년대의 저항적 지식인은 경쟁력을 상실한 집단이며 지식인의 가치는 시장경쟁력이 결정한다는 사고방식이 점차 굳어간 것이다.[80] 비록 신지식인 운동은 길게 이어지지 않았으나 병행

지식인 보고서」(1998), 「지식경영전략 보고서」(2000), 「학습혁명 보고서」(2000), 「우먼코리아 보고서」(2001), 「비전 2010 한국경제 보고서」(2001), 「지식수출강국 보고서」(2001), 「세계 초일류 대학의 조건 보고서」(2001), 「정치재창조 보고서」(2002), 「기업하기 좋은 나라 보고서」(2003), 「글로벌 Top 10 키우자 보고서」(2003), 「우리 경제, 체질을 바꿉시다 보고서」(2004). 이상의 보고서는 '국민보고대회'란 이름의 이벤트를 통해 발표되었고 정부의 각종 기획과 정책, 제도 설립에 적잖은 영향을 미쳤다.

76 김동춘, 「왜 아직도 지식인인가」, 『동향과전망』 41호, 1999, 39~40쪽.

77 전상인, 「세기말 한국의 지식인 담론 및 지식인사회에 대한 비판적 성찰」, 『비교사회』 3호, 2000, 15쪽.

78 문성학, 「우리 사회의 관제 국민 가요, 신지식인」, 『비평』 하반기, 생각의나무, 2000.

79 서동진은 신지식인운동이 이데올로기적 동원에 실패하고 지식인 집단으로부터 경멸을 샀지만 지식기반경제의 주체성이란 무엇인가를 표상하는 담론 공간을 열어놓았다는 점에서 이후 다양한 통치 프로그램이 받아들여질 수 있는 터전을 닦아놓았다고 평가한다(서동진, 『자유의 의지 자기계발의 의지』, 돌베개, 2009, 79쪽).

80 1990년대 후반 한국의 지식인 사회에 나타난 또 한 가지의 새로운 조류는 게릴라 지식인이다. '게릴라 지식인'이라는 개념은 『현대사상』의 주간이었던 김성기가 '지식 게릴라'를 작명한 데서 비롯된다(김성기, 「길은 끝나고 탈주가 시작되었다」, 『지식인 리포트3: 한국의 지식게릴라』, 현대사상 특별

해서 추진된 지식정책은 지식인상의 변화를 돌이킬 수 없는 추세로 만들었다.

애초 신지식인 운동은 두 가지 대형 국책프로젝트와 연관되어 있었다. 하나는 정보통신부가 주관하는 CYBER KOREA21(창조적 지식기반 국가 건설을 위한 정보화 비전)이며, 다른 하나는 교육부가 주도하는 BRAIN KOREA21(두뇌한국21)이다. 전자는 '국민의 정부 임기 내에 21세기 지식·정보화 선진국으로 발돋움할 수 있는 기틀을 마련'하기 위한 것으로서 '2002년 지식기반산업의 GDP 비중을 OECD 수준으로 향상'시키고 '2002년 세계 10위권의 지식·정보화 선진국으로 발전'시킨다는 목표를 설정하고 있었다. 후자는 '21세기 지식기반사회 대비 고등인력양성사업'이라는 확장명을 갖는데 제도교육을 바꿔 기업형 주체를 양성한다는 목표가 저변에 깔려 있었다.

두뇌한국21 사업은 1996년 한국이 OECD에 가입하며 이 기구가 한국 지식생산 기반의 취약성을 지적한 보고서를 내자 그 이후 시행되었다. 해당 보고서는 지속적 성장과 저물가·저실업이라는 1990년대 미국의 경제적 발전을 이상화해 얻어진 결론을 향후 다른 사회가 쫓아야 할 성장 모델로서 제시했으며[81], 이 보고서에서 빈번이 강조된 개념은 '지식기반경제'였다.[82] 즉 두뇌한국21 사업은 OECD 소속 국가 주도의 자본주의 세계체제가 요구하는 신자유주의 질서를 한국지식계에 도입하는 정책의 일환이었던 것이다. 당시 정부가 확산시킨 지식기반경제론은 동종 담론들의 네트워크가 통합되고 수렴되는 과정에서 만들어졌다. 1990년대 중반부터 지식기반사회·디지털 경제·네트워크

증간호, 1999, 8~9쪽). 이들은 개성과 상상력을 밑천 삼아 개별적으로 분투하는 아웃사이더 혹은 언더그라운드 지식인인데, 『인물과사상』, 『아웃사이더』 등의 매체를 통해 '전투적 글쓰기'로써 한국사회, 특히 지식사회의 식민지성을 비판했다. 그러나 그들의 호전성은 지식인 사회에서 외면당했으며, 속성상 게릴라 지식인을 시대의 대표적 지식인상으로 명명하기는 어렵다.

81 서동진, 『자유의 의지 자기계발의 의지』, 돌베개, 2009, 38쪽.

82 OECD, 1996, The Knowledge-based Economy, OECD. 이 문서는 OECD가 매년 발표하는 과학기술전망이란 이름의 보고서 "1996 Science, Technology and Industry Outlook"의 일부를 발췌한 것이었으나 그 부분이 별도의 문서로 간주되고 광범하게 인용되어 독립적 텍스트로 받아들여졌다.

경제·무한경쟁 시대의 경제·정보화경제 등 다양한 개념이 자본주의의 변화를 분석할 목적으로 등장해 나름의 서사를 마련하고 있었는데 지식기반경제론은 그 종합판이라 할 만한 것이었다.[83]

서동진은 1990년대 중후반에 회자된 지식기반경제론의 전사를 '신경제'론에서 찾는다. 1993년 김영삼 정권은 '신경제5개년계획'을 발표하고 잇달아 '세계화 선언'을 발표하며 지식기반경제를 지식정책의 슬로건으로 내세우는 길을 닦아뒀다. 그리고 신경제 패러다임이 전면으로 부상한 것은 1990년대 후반 IMF 사태 이후 한국 자본주의의 위기를 진단하고 처방을 내리고자 국내의 각종 기업연구소, 경영컨설팅 기업 그리고 국가 연구기관 등이 보고서와 각종 발간물을 통해 디지털 경제, 지식기반경제라는 논의들을 쏟아내면서였다.[84] 1999년에는 재정경제부·한국개발연구원의 보고서 『새천년의 패러다임: 지식기반경제 발전전략』이 발표되어 산업자본 시대에 형성된 경제구조와 패러다임을 지식 중심의 경제구조와 패러다임으로 전면적으로 전환할 것을 요구하기에 이른다.[85]

두뇌한국21 사업은 이런 정책 기조를 배경으로 시행되었는데, 이 사업에서는 수혜 대학이 지원금액에 상응하는 재정을 부담해야 했던 까닭에 지원에서 밀려난 학과와 분야는 대학 내에서도 차별을 받게 되었다. 그리하여 경쟁력을 잣대 삼은 지원의 선택과 집중으로 지식생산에서 빈익빈부익부가 가속화되었다. 또한 두뇌한국21 사업은 정부가 대학사회를 통제하는 수단으로도

---

83 서동진, 『자유의 의지 자기계발의 의지』, 돌베개, 2009, 55~56쪽.

84 서동진, 위의 책(2009), 57~60쪽.

85 재정경제부·한국개발연구원, 『새천년의 패러다임: 지식기반경제 발전전략』, 재정경제부·한국개발연구원, 1999, 311쪽. 이 보고서는 십여 개의 정부 및 민간 연구기관이 공동으로 작성했는데 총괄연구기관은 한국개발연구원, 참여 연구기관은 과학기술정책연구원·국토연구원·매일경제연구소·정보통신정책연구원·한국교육개발원·한국노동연구원·한국문화정책개발원·한국전산원·한국조세연구원·현대경제연구원·LG경영개발연구원이었다. 이 보고서는 지식기반경제로의 이행을 준비한다는 명목으로 수행된 여러 연구와 기획을 대표한다고 볼 수 있다(위의 책(2009), 383쪽).

기능했다. 교육부는 두뇌한국21 사업에 선정된 대학에 대해 교수업적평가제도의 의무화를 요구했다. 이에 반발해 1998년에는 1,000명이 넘는 전국의 교수들이 모여 두뇌한국21 사업을 '무뇌한국 사업'이라며 시위를 벌이기도 했으나[86] 제도의 시행을 막지는 못했다.

이에 앞서 1995년 5월 31일 발표된 '교육개혁방안'은 이미 대학사회의 급격한 변화를 예고했다. 1994년 2월 세계화·정보화 시대에 부응하는 교육정책을 마련한다는 취지로 교육개혁위원회가 대통령 직속 교육개혁 전담기구로 설립되었고, 1994년 9월 교육개혁위원회는 '신한국 창조를 위한 교육개혁의 방향과 과제'를 보고하는 자리에서 교육재정의 확충, 대학교육의 국제경쟁력 강화, 사학의 자율과 책임 제고 등을 우선 추진 3대과제로 설정했으며, 1995년 5월에는 '신교육체제 수립을 위한 교육개혁방안'이 발표되었다. 그 취지는 교육을 공급자 중심에서 소비자 중심으로 개편한다는 것이었으며, 대학평가 및 재정지원 연계강화, 대학교육의 국제화 등이 방침으로 제시되었다.[87]

이처럼 실용성 제고라는 명목 아래 상업주의 물결이 대학사회를 휩쓸자 1996년 11월 7일, 전국의 인문대 학장들은 제주대학교에 모여 '인문학제주선언'을 채택해 "전쟁에 임하는 군인과 같은 각오로 우리 사회의 중병을 치료"해야 한다며 인문학의 사회적 가치를 역설하고 국가적 지원을 촉구했다.[88] 그러나 소위 인문학의 위기가 운운되는 가운데 HK, BK 등이 인문학에 대한 일시적 지원을 반복하자 인문학 연구의 국가 의존도가 높아지는 결과가 초래되었다. 한편 학부 수준에서는 교육부가 교육 당사자의 반발을 무시한 채 학부제도입을 강요해 인문학을 더욱 위축시켰다. 학부제 시행은 학생의 교육 선택권

---

86 노순동, 「거리로 나선 교수들 그들은 왜 분노하나: 대학 서열화 조장·자율성 침해 이유로 '두뇌한국 21' 반대」, 『시사저널』 508호, 1999, 70~72쪽.
87 오창은, 「메마른 들판에서 한국 학문의 개나리는 피는가: 학문후속세대 정책의 문제점」, 『해방60년의 한국사회』, 한울, 2005, 451쪽.
88 「인문학 제주선언」, 『서울신문』 1996년 11월 12일.

을 강화한 측면도 있지만, 비인기 학과에 대한 외면과 실용 학과로의 쏠림을 부추긴 폐해가 더욱 컸다. 아울러 대학 정원을 감축하는 총량적 구조조정, 대학 내 학과통폐합, 경영마인드를 지닌 CEO 총장 도입, 연구실적 이외에 대학 발전기금 모금 실적·외부연구비 수주액·산학협동 실적·신입생 모집·취업 알선 실적 등 요소요소마다 점수로 환산하는 교수평가제가 시행되며 대학사회의 풍토는 크게 변질되었다.[89]

1990년대 말의 경제구조와 교육제도의 변화는 단순히 시기적으로만 일치했던 것이 아니다. 2000년 정부는 "범정부 차원에서 인적자원 정책을 논의하고 이를 효율적으로 추진"하기 위해 '인적자원개발회의'를 출범시켰다.[90] 2001년에는 정부조직법을 개정해 교육부를 교육인적자원부로 명칭을 바꾸었으며, 교육인적자원부는 '시장반응형 인력' 형성에 주력해 지식기반경제 패러다임에 따른 '산학연 협력강화'가 가시화되었다. 그리고 같은 해 매년 2,000억 원 규모의 연구개발비를 지원하는 기존의 두뇌한국21 사업에 더해 기초학문의 보호육성이라는 명목으로 매년 1,000억 원 규모의 '기초학문지원사업'이 시행되었다.[91]

이렇듯 대규모 재원에 기반한 지식정책이 추진되며 대학사회에 대한 규율화도 심화되었다. 과거에 정부는 학문과 지식에 대한 통제와 검열에 역점을 두었으나, 점차 연구자의 연구 능력, 지식의 생산성과 경쟁력 등에 관한 수행 평가로 초점을 옮겨갔다.[92] 정부 출연 연구소, 중앙 및 지방 정부, 국공립 기관 등이 수주하는 프로젝트에 대학의 전문가들은 타당성 조사, 연구보고서, 자

89 홍덕률, 「대학평가·학문평가를 평가한다」, 『창작과비평』 126호, 2004, 64쪽.

90 인적자원개발회의 웹사이트 참조. http://www.nhrd.net.

91 이로 인해 학술진흥재단의 지원 예산은 급증해 2년 후인 2003년이 되면 2,364억원에 이르렀다(최갑수, 「학술진흥정책의 현황과 개혁방향: '한국학술진흥재단'을 중심으로」, 문화연대·민교협·교수노조·학술단체협의회 등 공동주최, 『'노무현 정부의 학문정책 개혁과제 토론회' 자료집』, 2003, 48쪽).

92 강내희, 「한국 지식생산의 현 상태」, 『문화과학』 34호, 2003, 27쪽.

문, 심사 등 다양한 형태로 참여해 경제적·상징적 수익을 보장받게 되었는데, 그러면서 연구자가 독창성보다는 정합성에만 준하여 연구업적을 만들어내 연구비를 수령하는 논문작성 노동자로 변모하고, 학술활동은 연구비 수령 목적으로 변질되는 폐해가 일어났다. 연구비를 수월하게 받을 수 있는 학술 의제로 연구자들이 몰리고, 연구사의 내재적 필요성보다는 사업 선정 가능성을 중시해 연구과제를 설정하는 사례가 늘어났다.

동아시아 관련 연구는 변화된 학진체제에 비교적 부합하는 연구 영역이었다. 그렇다기보다 동아시아 연구가 학진체제에 부합하는 방향으로 변해갔다. 1990년대 초중반 인문학자들이 펼쳐낸 동아시아 담론이 당대의 지적 조류에 민감하게 반응했다면, 1990년대 후반부터 사회과학자들이 주도한 동아시아 연구는 지식정책에 크게 좌우되었다고 말할 수 있다.

한국학술진흥재단의 중점연구소 지원사업과 인문한국사업 등 정부가 지원하는 거액의 공동연구에서 동아시아 연구는 큰 비중을 차지했다. 또한 동북아역사재단, 서남학술재단 등이 공동연구를 대대적으로 지원했다. 거액의 연구비 지원체계에서는 지역학 연구, 정책 연구, 학제간 연구가 주요 수혜 분야였는데 동아시아 연구는 여기서 강점을 갖고 있었다. 동아시아라는 범위에서 진행되는 연구는 각국 연구자들의 협력, 아울러 역사학·문학·철학·사회학·정치학·경제학 등 각 분야 연구자들의 연계를 필요로 했기 때문이다.

수혜를 받은 동아시아 연구는 다양했다. 지원사업에 선정된 동아시아 관련 주제를 보면 동아시아 서적과 지식의 문화사, 동아시아 시각을 통한 한국인문학의 창신, 동아시아 문화 전통의 상호소통, 동아시아학과 한국학, 로컬리티 인문학, 해양도시의 문화교섭학 등에 이른다. 하지만 학진체제에서 동아시아 연구는 국가가 앞장서서 의제화하고 연구자들은 학진이 짜낸 프레임 속에서 논문을 써내는 경향이 심화되었는데, 따라서 계열로 보자면 지역주의론이 연구지원의 가장 큰 수혜자였으며, 그리하여 동아시아 연구는 세분화·전문화될 수 있었으나 외연이 확장되었다고 말하기는 어렵다. 적어도 1990년대 지식계에서처럼 동아시아라는 시각 내지 화두가 다양한 논의와 결부되고 여러 영역으로 뻗어가는 모습은 찾아보기 어려워졌다.

동아시아 관련 프로젝트와 개별 연구 가운데는 정부의 지식정책·지역정책에 편승해 연구지원을 받고자 그럴듯하되 모호한 '동아시아'라는 말로 장식해 급조한 것들이 많았으며, 문제의식이 부실한 연구물도 늘어났다. 다종의 논문을 생산하려고 논문을 쪼개 쓰는 관행, 그리하여 논문의 질이 떨어지는 부작용에서도 자유롭지 않았다.

3) 잡지 매체의 변화

동아시아 담론의 형성과 이행에서 또 하나의 관건적 요소는 잡지 매체다. 동아시아 담론은 지향성이 불분명한 까닭에 매체에 따라 전개 양상이 달랐을 뿐아니라 동아시아 담론 자체가 잡지 매체의 성쇠에 크게 좌우되었다.

동아시아 담론은 1990년대의 산물이다. 1990년대는 학술잡지가 유례없이 번창하고 담론 생산에서 중심적 역할을 맡았던 시대다. 학술잡지는 학술적 주제를 사회적 의제로 발신하고 사회적 의제를 학술적 주제로 수용하는 매개로서 기능한다. 따라서 지식과 사회의 연계 양상을 살펴보고자 할 때 학술잡지는 관건적 대상이다. 특히 학술잡지의 특집은 일반 학회지와 차별화되는 학술잡지만의 특징을 보여준다. 학회 구성원이나 전문 연구자만이 아니라 일반인도 독자로 삼는 학술잡지는 특집을 기획할 때 상업적 구속으로 인해 대중의 수요를 고려하면서도 발간 주체들은 특집을 통해 자신들의 문제의식을 사회로 발신한다. 지식계 내부로 시야를 좁히더라도 특집은 분과 구획을 넘어선 논점을 생산해 담론 공유의 장으로 기능한다. 따라서 동아시아 시각이 학술적·사회적 공론장에서 어떻게 운동했는지를 가늠하고자 1부에서는 동아시아 관련 특집 기획의 추이를 검토한 바 있다. 이제 여기서는 학술잡지의 동향 전반으로 시야를 넓혀보자.

동아시아 담론은 1990년대의 산물이었으며, 1990년대 잡지계는 1980년대와의 계승과 단절의 산물이었다. 이 각도에서 먼저 문학잡지를 주목해보자. 초기 동아시아 담론은 1980년대와는 달라진 1990년대 문학잡지의 새로운 동향으로 인해 촉발된 측면이 컸기 때문이다.

1980년대에 문학잡지는 정권의 압력으로 인해 창간과 폐간, 무크지로의 재창간과 재폐간의 악순환을 견뎌야 했다. 1984년 『외국문학』의 창간사는 당시 현실을 이렇게 증언한다.

> 우리는 잡지의 시대에 살고 있다. 허구적인 소비욕망을 자극하는 많은 여성잡지로부터 이웃과 사회에 대한 무관심한 개인의 세계관을 더욱 편협하게 만드는 각종의 취미잡지에 이르기까지 다양한 잡지들이 날마다 달마다 쏟아져 나온다. (……) 우리가 처해 있는 현실에서 우리의 정신적 좌표를 분명히 일깨워주어야 할 잡지들은 물질적으로 안락하기만을 바라고 정신적으로 태만한 시민들의 취향에 맞게끔 안이하고 화사하게 꾸며졌을 뿐이다. 70년대의 『창작과비평』과 『문학과지성』 등의 의미 있는 역할을 수행했던 계간지들이 80년대의 벽두에 폐간됨으로써 현격히 심화된 문화적 공백은 단순히 비어있는 자리로 남아 있기는커녕, 이 혼탁한 시대의 탁류에 휩쓸려 그 자리의 순수성을 되찾고 회복시키기 어려울 정도로 변질되어 버렸다.[93]

창간사는 1980년대 중반의 당대를 "잡지의 시대"라고 부르지만 여기에는 비판과 자조의 어감이 깔려있다. 문학잡지이면서도 사상지 성격이 강하던 『창작과비평』, 『문학과지성』 등은 폐간되었으며, 꾸준히 늘어나는 소비용 잡지들은 그 "문화적 공백"을 메우지 못하고 있다는 것이다. 『창작과비평』과 『문학과

---

[93] 편집부, 「『외국문학』을 내면서」, 『외국문학』 창간호, 1984.

지성』은 둘 다 1980년 여름에 강제 폐간되었다. 1980년 1월 자유실천문인협의회가 주관해『실천문학』이 창간되어『창작과비평』대『문학과지성』이라는 구도에서 벗어나 제3의 문학을 모색하려 했으나 두 잡지가 폐간되는 외부적 조건으로 인해 뜻을 이룰 수 없었다.

진정한 '잡지의 시대'는 1980년대 말에야 펼쳐졌다.『창작과비평』은 1985년 잡지사 폐쇄, 1985년 부정기간행물『창작과비평』간행에 이어 1988년 계간지로 복간되었다.『문학과지성』은 1982년부터 무크지『우리 시대의 문학』을 매년 한 권씩 발행하다가 1988년 계간『문학과사회』로 전환했다.『실천문학』역시 1985년 여름까지 부정기간행물로 발행되다가 폐간당해 1987년 부정기간행물로 복귀한 이후 1988년 계간지로서 재출발했다. 여기에 지속되어온『현대문학』등을 아우르며 문학계간지는 진용을 갖췄다. 또한 1988년에서 1991년 사이에는『녹두꽃』,『노동해방문학』,『사상문예운동』,『노동자문화통신』등의 문학운동지가 대거 합법 출판물의 형태로 등장했다.『녹두꽃』은 민족해방운동 진영의 문학운동 잡지였고,『노동해방문학』,『사상문예운동』,『노동자문화통신』은 노동해방을 기치로 내건 진영의 문학운동 잡지였다. 이윽고 비평지가 속속들이 출현했다. 1991년 한 해 동안 창간된 비평지만 꼽아도『오늘의문예비평』,『비평의시대』,『현대비평과이론』,『현대예술비평』,『한길문학』등 다섯 종에 이른다. 1993년 무렵에 이르면 문화계간지 역시 유례없는 붐을 타면서『문화과학』,『문학동네』,『현실문화연구』,『상상』,『리뷰』,『오늘예감』,『이다』,『또 하나의 문화』등이 창간되어 문화담론을 번성케 했다. 동아시아 담론은 매체에 따라 논조는 달랐지만 잡지의 시대였기에 피어날 수 있었다.

이 가운데 동아시아 담론의 형성과 이행에서 주목할 문학·문화잡지라면 1부에서 구체적으로 다룬『창작과비평』과『상상』일 것이다. 그런데 앞에서는『창작과비평』과『상상』이 개진한 시각차를 평면 비교했지만, 두 잡지의 운동 궤적이 상이했던 만큼 이제는 잡지사를 고려해야 할 것이다. 즉 두 잡지가 동아시아 시각을 제시한 것은 모두 1990년대 초기였지만, 창간된 지 30년 가까운 시간을 지나오며 폐간과 복간을 거친 『창작과비평』은 1990년대의 전환 국면에서, 『상상』은 창간 국면에서 동아시아를 지적 지평으로 삼은 것이었다.

먼저 『창작과비평』의 동아시아 시각이 갖는 의의를 살펴보자. 권명아는 1980년대와 1990년대 문학잡지의 성격 변화에 관해 1980년대에는 사상지화로의 욕구가, 1990년대에는 문화지로의 욕구가 표출되는 경향이었으나 『창작과비평』은 오히려 1990년대에 사상지적 면모를 현격하게 강화했다고 평가한다.[94] 이는 오랫동안 『창작과비평』과 동반하고 마주해온 『문학과지성』과 비교하건대도 두드러지는 특징이다. 1988년 『창작과비평』은 계간지로 돌아온 반면 『문학과지성』은 복간이 아닌 『문학과사회』 창간이라는 형식을 빌려 재개되었다. 『문학과사회』는 창간하며 "문학을 문학만으로 보던 관점은 적어도 우리의 1980년대에는 사라져야 하고, 문학의 자율성을 유지하면서도 우리 생활세계와의 조망을 통해 접근"[95]하겠다고 밝혔으며, 1980년대 말에는 '문학적 실천의 방법과 지향'(1988년 겨울호), '현대의 사회 변혁운동'(1989년 가을호) 등을 특집으로 삼아 현실과의 유기적 연관성을 중시했다. 그러면서도 무게중심은 문학의 사회적 존재론에 두었으며, 1990년대 초에는 인문학적 위상을 강화해 '지금 문학이란 무엇인가'를 화두로 제시하며 문학을 중심으로 하되 문·사·철의 폭넓은 통합을 지향했다. 1996년 겨울호에서 '동아시아의 담론을 바로 읽는다' 특집호를 내놓았지만, 이 또한 다양한 인문학적 각도에서 동아시아 담론에 접근한 시도이지 문학과사회 식 동아시아론의 개진은 아니었다.

한편 『창작과비평』은 1990년대 들어 사상지적 성격이 짙어졌다. 1993년 봄호 특집 '세계 속의 동아시아, 새로운 연대의 모색'에 이르기 전까지 1990년

---

94 권명아, 「사상·문학·문화, 조화와 불화 또는 분화의 현장」, 『문학의 광기』, 세계사, 2002, 99~100쪽.
95 김병익, 「문학과사회를 창간하면서」, 『문학과사회』 1988년 창간호.

대의 특집과 좌담을 살펴보면 '1990년대 민족문학을 위한 제언'(1990년 봄호), '오늘의 사회주의와 맑스주의의 위기'(1990년 여름호), '새로운 연대의 문학을 위하여'(1990년 가을호), '생태계의 위기와 민족민주운동의 사상'(1990년 겨울호), '우리 민족·변혁운동론의 어제와 오늘'(1991년 봄호), '냉전시대 이후의 평화운동'(1991년 여름호), '농업해체의 위기와 한국사회의 진로'(1991년 가을호), '소련·중국의 상황과 민주주의의 문제'(1991년 겨울호), '사상적 지표의 새로운 모색'(1992년 봄호), '리얼리즘, 포스트모더니즘, 민족문학'(1992년 여름호), '변화하는 정세, 통일 운동의 전망'(1992년 가을호), '임진왜란, 민족의 어제와 오늘'(1992년 겨울호)로 이어져 문학에 관한 성찰보다 당대 사회현실에 관한 분석과 전망 수립에 치중했음을 알 수 있다. 문학 관련 특집 역시 1980년대적 문제의식에 관한 1990년대적 검토라는 맥락에서 문학의 사회적 역할에 초점이 모아졌다. 이윽고 꾸려진 1993년 봄호의 특집 '세계 속의 동아시아, 새로운 연대의 모색'은 이러한 문제의식을 지역 수준으로 확장하려던 시도였다. 문학 잡지라는 측면에서 보자면 분단체제와 민족문학이라는 문제틀의 확대구축 과정으로 파악할 수 있겠으나, 1990년대의 변화된 세계·지역·한반도의 현실 속에서 정신적 좌표를 제시하는 사상지로서의 정체성을 굳혀가려는 노력의 일환이었다고 풀이하는 편이 보다 타당할 것이다.

『상상』은 1993년 가을호로 창간되자마자 이듬해에 '동아시아 문화 제대로 보기'를 두 차례에 걸쳐 특집으로 내놓았다. 후발주자인 『상상』 역시 『창작과비평』 대 『문학과사회』라는 구도에서 벗어나 문화론·문학론을 펼치고자 노력했으며, 그 과정에서 민족문학론을 비판하고 신세대론을 부각시켰다. 『상상』은 1990년대라는 변화된 시대의식이 선명한 잡지였다. 그 점에서는 『상상』보다 한해 늦게 출발한 『문학동네』도 마찬가지였다. 하지만 『문학동네』는 그 이름, 그리고 창간호 특집을 '문학, 절망 혹은 전망'으로 내건 데서 드러나듯 철저히 문학잡지로서의 정체성을 추구했지만 『상상』은 문예지와 문화지적 성격이 혼재되어 있었다.[96] 그리고 『문학과사회』에 비해 사상지로서의 면모가 강한『창작과비평』에서 동아시아 시각이 개진되었듯이,『문학동네』와 견주자면 문화지로서의 성격이 짙은『상상』에서 동아시아라는 지역상의 활용도가 컸으며, 또한 그 점이『창작과비평』과『상상』식 동아시아론의 차이로 이어졌다.

『상상』이 1990년대적 시대의식을 표출하는 방식은『창작과비평』과 달리 과거지향적이고 (대중)문화친화적이었다. '동아시아 문화 제대로 보기'는 서구 근대문학의 엘리트성을 비판하고자 조선문화의 비엘리트성을 조명했는데, 이는『상상』의 '전통론'과 '(대중)문화론'의 연장선상에서 펼쳐진 기획이었다고 말할 수 있다.『상상』에게 '(대중)문화'는 세대론적 인정투쟁을 위한 전략상의 입각점이자 주체성의 새로운 문법이었고, '전통'이란 주체성의 오래된 거처였던 것이다.

이제 인문사회과학 계통의 학술지로 시선을 옮겨보자. 다만 인문사회과학 학술지는 1990년대 중후반에 이르기까지 문예지, 비평지에 비해 동아시아 담론의 전개과정에서 맡은 역할이 제한적이었다. 그러나 동아시아 담론이 다양한 문제의식을 공급받으며 성장하고 이행했음을 감안한다면, 인문사회과학 학술지의 추이를 살펴보는 것은 동아시아 담론을 둘러싼 문제의식의 동향을 확인한다는 의미를 갖게 될 것이다. 아울러 문예지나 비평지와 달리 학술지는 1990년대 후반부터 등재지로 대거 변모하는데, 이러한 형식 전환이 동아시아 담론의 내용에서 어떤 변화를 초래했는지도 주목할 대목이다.

인문사회과학 계통의 학술지 경우도 1980년대 말이 전기였다. 1987년 역사문제연구소가『역사비평』, 1988년 한국산업사회연구회가『경제와사회』, 한국사회경제학회가『사회경제평론』, 1989년 한국역사연구회가『역사와현실』, 민주주의법학연구소가『민주법학』, 1990년 한국철학사상연구회가『시대와철학』, 한국여성연구회가『여성과사회』, 1991년 민족문학사연구소가『민족문학

---

96 권명아,「사상·문학·문화, 조화와 불화 또는 분화의 현장」,『문학의 광기』, 세계사, 2002, 103~104쪽.

사연구』, 한국공간환경연구회가『공간과사회』, 1992년 역사학연구소가『역사연구』를 창간했다. 1988년의『사회비평』, 1989년의『계간사상』은 학회나 연구모임이 아닌 출판사(나남출판사), 재단(대우재단)이 발행주체가 되어 창간한 경우였다.

1980년대 말, 1990년대 초에 등장한 주요 학술지는 '이론과 실천의 결합'을 내세웠다. 1987년『역사비평』창간호를 보면 윤대원이「시론: 실천적 지식인상 정립을 위한 제언」에서 비판적 지식인의 임무는 사회운동을 이론적으로 해명하고 지배 이데올로기에 맞서 운동 이념을 전파해 기층 민중운동의 즉자적 저항을 대자적 저항으로 전환해내는 것이라고 밝히고 있다.[97] 이듬해 산업사회연구회도『경제와사회』창간호를 내면서 연구회의 목표로서 보수적 학계가 외면한 연구주제에 대한 과감한 접근, 한국 근대사의 총체상을 정립하기 위한 거시이론틀 확립, 분과학문의 경계를 뛰어넘는 긴밀한 학제적 연계 등을 제시했다.[98]『동향과전망』을 펴낸 한국사회과학연구소 역시 발족선언문에서 "이론과 실천은 하나이며, 연구와 운동은 하나라는 신념"에 기반해 "학문은 현실의 요구에 부응해야 한다는 원칙, 운동의 과학화와 과학의 운동화를 연구의 중요한 목표로 설정"한다고 천명했다.[99]

특집을 살펴보면『경제와사회』는 1988년 창간호부터 1991년까지 지속적으로 대안이념, 사회구성체, 사회운동의 이론적 쟁점 등에 관한 기획을 이어갔다.『동향과전망』도 창간호 이후 1991년까지 잡지명에 걸맞게 정치·경제·사회·노동·통일 등 분야별 정세분석을 빠뜨리지 않았다. 그러나 1991년 현실사회주의가 해체되자 특집 기획은 방향 수정을 겪지 않을 수 없었다.『경제와사회』에 초점을 맞춘다면 이미 1990년 봄호에서 '사회주의 개혁의 이론과

---

97 윤대원,「시론: 실천적 지식인상 정립을 위한 제언」,『역사비평』1호, 1987, 28~45쪽.
98 경제와사회 편집위원회,「책을 내면서」,『경제와사회』1호, 1988, 7~10쪽.
99 한국사회과학연구소 편집자,「한국사회과학연구소 발족선언문」,『동향과전망』16호, 1992, 16쪽.

현실'이 특집으로 다뤄져 현실을 외면한 채 원칙만을 고수할 수는 없다는 논조가 개진되었고, 이후로는 특집으로 '사회민주주의 연구'(1991년 가을호), '포스트주의의 도전과 마르크스주의'(1992년 여름호), '한국 사회복지정책의 회고와 전망'(1992년 겨울호), '한국사회의 노동자와 중산층의 정치의식'(1993년 봄호), '한국사회의 소비문화와 신세대'(1994년 봄호), '정보사회의 공간과 시민운동'(1995년 가을호), '신사회운동과 시민적 주체'(1995년 겨울호), '문화적 일상성과 비판적 이성'(1996년 봄호), '한국의 민주화와 시민사회'(1997년 여름호)를 꾸리면서 문제의식의 지평을 넓혀갔다.[100]

이런 중에 1993년 민간정부가 출범하자 진보적 학술잡지는 국가에 대한 전략과 전술에서 수정 내지 분화를 겪게 되었다. 그해 유팔무는 「새로운 보수와 새로운 진보의 움직임」이라는 머리말을 통해 진보의 기치를 내려놓지 않되 유연성을 발휘해야 한다며 향후 『경제와사회』의 지향성을 제시했다. "교조주의의 낡은 모습은 버리되 한국 자본주의의 고통스런 본질을 개혁하는 진보성을 지키는 '신진보'로 진보하는 것 (……) 현실성 있는 다단계 변혁전략과 운동방식, 대중에게 위화감을 주지 않는 진보의 면모 등을 통해 이제 진보 세력도 새로운 전략과 운동방식으로 무장해야 한다."[101] 한국사회과학연구소측은 개혁에 대한 비판적 지지론을 내세워 "진보 세력은 현 정부의 개혁정책이 기존 질서 속에서 지배구조를 재편, 보완하여 총체적 위기를 극복해보고자 하는 보수적 개혁이란 점에서 개혁비판적 입장을 견지해야 하지만, 개혁을 반대하거나 거부해서는 안 될 것"이라며, "구조적이고 인간적인 개혁으로 연결시키기 위해 현재의 개혁이 제한된 범위에서라도 더 철저하고 광범위하게 추

---

100 더불어 1992년과 1993년을 전후로 편집방향에도 가시적 변화가 일었다. 1988~1991년 사이에 『경제와사회』의 구성은 '책머리', '특집 기획논문', '일반논문', '연구노트', '서평', '특별기고' 순이었으나 1991년 하반기 이후에는 '산사연 칼럼', '쟁점 토론', '조사연구', '연구동향', '기획연재', '연구단체 현황' 등이 배치되고 현실정세 및 거대이론 중심의 기획 구성이 축소된다(서병훈, 「학문과 시장: 사회과학 학술잡지의 변민」, 『사회비평』 20호, 1999, 128~129쪽).

101 유팔무, 「새로운 보수와 새로운 진보의 움직임」, 『경제와사회』 18권, 1993, 6~12쪽.

진될 수 있도록 채찍을 가해야 한다"는 입장을 표명했다.[102] 역사문제연구소측 역시 "현재 상황에서 극우반공체제, 극우반공이데올로기를 무력하게 하고, 기본 민주주의가 지켜지고 법치주의와 제도화가 실현되는 것이 극우세력을 제외한 모두에게 바람직하다면, 그것이 일견 부르주아적으로 보이는 것을 강화시키더라도 진보진영은 그것에 적극 참여해야 한다"라고 밝혔다.[103] 이렇듯 1980년대 말, 1990년대 초에 창간된 사회과학계 학술지는 곧바로 현실사회주의권 해체, 민간정부 출범을 거치며 지향성을 수정하거나 적어도 논조를 조정해야 할 상황에 맞닥뜨렸다.[104]

이 시기에 일어난 방향 수정이 시간이 지나 어디에 이르렀는지를 살펴보고자 십여 년이 지난 뒤에 나온 글을 잠시 끌어오도록 하자. 2008년 『경향신문』은 이른바 '87년체제'를 성찰하기 위해 『민주화 20년, 지식인의 죽음』을 기획출간했는데 서문에서 편집자는 '지식인의 죽음'을 선언하며 네 가지 현상을 사례로 들었다.

> 1. 군사정권의 소멸과 현실사회주의권의 동시 몰락으로 선악이분법의 전선이 사라졌다. 이에 따라 '반체제'로 상징되는 저항적 지식인 역시 역사의 물결에 휩쓸려 사라졌다.
> 2. 지식인은 민주화 과정을 통해 공고하게 구축된 지배질서를 전복하려 하지 않고, 오히려 이 체제를 지탱하는 가장 강력한 보루가 됐다.
> 3. 지식인은 그들의 어깨를 짓눌렀던 시대적 소명의식 혹은 도덕적 의무감으로부터 벗어나 '지식의 해방'을 만끽하고 있다.

---

102 박병호, 「김영삼 정부의 개혁정책과 진보세력의 과제」, 『동향과위망』 19호, 1993, 9~15쪽.
103 서중석, 「문민화시대로의 변화와 개혁의 논리」, 『역사비평』 22호, 1993, 17~23쪽.
104 한편 현실사회주의의 몰락이라는 상황을 마르크스주의의 위기로 받아들여 마르크스주의를 청산하는 것이 아니라 사회주의 몰락 이후 마르크스주의의 가치와 이상을 어떻게 실현할 것인지를 고민하며 마르크스주의의 공백을 메우고자 했던 자들은 1992년 창간된 『이론』지로 많이 모였다.

4. 아이러니컬한 것은 지식인의 죽음조차도 이제는 사회적 논란거리가 아니라는 점이다. 지식인의 자기배반, 혹은 자기모멸 행위는 한국에서 일상적으로 일어나는 일이기 때문이다.[105]

현상은 네 가지가 나열되었지만, 1과 2는 1990년대 초반부터 지식계가 재편되는 양상이며, 3과 4는 1990년대 중후반부터 드러난 그 귀결로 봐야 할 것이다. '지식인의 죽음'은 과도한 수사적 카피지만 저항적 지식인상이 점차 소멸해갔음을 부정하기는 어렵다. 그리고 민간정부를 거치며 지식인들이 정권에 직접 참여하거나 각종 위원회의 위원 등으로 관여하며 '대항지식'은 '정책지식'의 형태로 일정하게 변모했으며 국가 및 시장논리에 대한 비판적 태도가 약화되었음도 부정하기 어렵다. 1990년대 초반 지식계의 조정 과정은 결과적으로 통치에 적합한 지식생산체제의 성립에 지식인 자신이 내부적으로 협력하는 메커니즘을 만들어냈던 것이다.[106]

다시 잡지계의 동향으로 돌아오자. 1980년대 지식계를 연구한다면 소위 불온서적을 포함한 사회과학서와 삐라 같은 유인물을 빠뜨려서는 안 될 것이다. 그리고 1990년대 지식계에 관해서라면 다양한 영역에서 출현하고 확산된 잡지에 관한 연구가 필수항목일 것이다. 창간선언문만을 모아도 묵직한 자료집이 나올 정도다. 하지만 창간호가 난무하던 상황은 오래 지속되지 않았다. 안 읽히는 잡지는 시장의 벽을 넘지 못해 명멸하고 영역마다 소수의 잡지가 살아남아 대표성을 띠게 되었으며, 특히 IMF 사태를 겪으면서 잡지계 전반이 크게 위축되었다.

IMF 사태에 직면하자 일군의 사회과학자는 학문이 제 역할을 못했다며 쓰

---

105 이대근, 「서문」, 경향신문 특별취재팀 엮음, 『민주화 20년, 지식인의 죽음』, 2008, 후마니타스, 11~13쪽.

106 이명원, 「진보적 학술운동의 비판적 성찰과 전망」, 『나는 순응주의자가 아닙니다』, 난장, 2009, 106~107쪽.

라리게 자기비판의 언사를 꺼내야 했다. 그리고 IMF 사태를 거치며 비판성을 재장전한 잡지가 출현하기도 했다. 앞서 자세히 살펴본 『당대비평』은 IMF 사태가 출현 배경이라고는 말할 수 없지만 1997년 가을에 창간되어 비판적 기획을 이어갔으며, 『진보평론』은 IMF 사태를 겪고 난 뒤 1998년 '진보의 새 장을 열기 위해' 창간되었다. 창간호에서 김진균, 손호철, 최갑수는 새로운 진보를 "자본주의 극복을 포기하지 않는 입장. 계급적 착취와 억압만이 아니라 모든 형태의 억압과 착취 및 배제에 반대하는 입장. 모든 사회적 문제들에 대한 '근본적인' 분석과 해결을 지향하는 입장"이라고 요약했다.[107] 『진보평론』은 종래의 사회변혁론이 대중적 설득력을 상실했으며 사회적 관계의 변혁을 계급정치로 환원할 수 없음을 인정하고는 적대의 복수성을 승인해 지적·성적·민족적 관계 등 다양한 사회적 층위로 연구영역을 확장했다. 이밖에도 1997년에만 『현대사상』(민음사), 『정치비평』(푸른숲), 『열린지성』(교수신문), 『세계사상』(동문선), 『신인문』(한길사) 등 인문사회과학 전문잡지가 잇따라 창간호를 선보였다.[108]

그러나 1990년대 말부터 잡지계에서는 내용상의 급진화가 아닌 형식상의 등재지화가 두드러졌다. 등재지 정책은 1998년부터 시행되었는데 연구시스템의 체계화와 수량화, 검증시스템의 도입이 그 골자였다. 이후 1998년 57개에 불과했던 등재지는 2001년에는 등재지 109개, 등재후보지 428개로 늘어났으며, 2006년에는 등재지 902개, 등재후보지 533개로 25배 증가했다.[109] 경제위기 상황에서 생존을 도모해 여러 학회지가 등재지화의 길을 걸은 것이다.

그런데 등재지가 되는 경우 형식적 지위만 바뀌는 게 아니었다. 등재지정책이 도입되기 이전 인문사회과학 영역에서 학회지는 대학원생이나 신참연구

---

107 진보평론 편집부, 「현장에서 미래를」, 『진보평론』 1호, 1998.
108 「인문사회과학 잡지 제2전성시대 오나」, 『한겨레』 1997년 7월 8일.
109 김원, 「1987년 이후 진보적 지식생산의 변화」, 『경제와사회』 77호, 2008, 44쪽.

자의 논문을 싣는 것이 관행이었다. 하지만 등재지 정책이 도입되고 연구업적 평가가 교수평가의 주요 기준이 되자 지면 확보 경쟁이 치열해졌다. 한편 학술연구비 지원을 주관해 주요 지식권력 기관으로 자리잡은 학술진흥재단은 등재지와 등재후보지를 선정하는 권한마저 갖게 되어 학계에 대한 장악력을 키웠다.

등재지정책의 도입 이후 비제도권으로 분류되어온 여러 학술공동체도 등재지화의 흐름에 합류했다. 민주법학연구회의 『민주법학』은 2002년, 산업사회학회의 『경제와사회』는 2003년, 한국사회경제학회의 『사회경제평론』은 2004년, 역사문제연구소의 『역사비평』은 2005년에 잇달아 등재지가 되었다. 한편 등재지로 옮겨갈 수 없던 비평지나 무크지는 고전을 면치 못하다가 2000년대 중반에 이르면 대다수 소멸된다. 이런 상황을 두고 김보경 전『당대비평』 상임편집위원은 "사회비평 잡지는 대학교수들의 학술논문을 주로 취급하는 학술지와 달라 학술진흥재단의 지원금을 받을 수 없음은 물론 문예진흥원의 지원도 받을 수 없는 처지"라며 "질 좋은 사회비평지가 재정 문제로 폐간하는 게 아쉽다"라고 토로했다.[110]

재정적 여건만이 문제는 아니었다. 등재지가 아니면 투고해도 연구실적이 오르지 않으니 비등재지는 필자 섭외조차 힘들어졌다. 특히 특집 기획을 중시해온 계간지는 그 틀을 유지하기가 어려워졌다. 특집은 대개 청탁 원고로 꾸려지고 시의성이 있는 특집은 단기간에 구성되어야 하는데, 등재지용 학술논문에 힘을 쏟는 연구자는 그런 글을 써낼 여유도 의지도 없는 것이다.[111] 그리하여 등재지로 개편된 학술지는 특집란이 크게 줄고 그 자리는 심사를 거친 투고논문이 대신 채웠다. 학술지가 전문화되고 특집이 사라지자 일반 독자는 당연히 줄어갔다. 특집의 부재는 특정 화두를 둘러싼 다각적 접근을 통해 학

110 「당대비평 폐간, 사회비평지 수난 이어져」, 『경향신문』 2005년 8월 1일.
111 서병훈, 「학문과 시장 – 사회과학 학술잡지의 번민」, 『사회비평』 20호, 1999, 133쪽.

계 내부에서 소통하는 기회가 줄어들었음을, 그리하여 논쟁을 형성해 담론을 사회화하는 잡지 고유의 기능이 저하되었음을, 결국 잡지가 대중에게서 유리되었음을 의미했다.

이처럼 등재지 정책은 학술잡지계를 포섭해 제도권 외부의 비평공간을 위축시켰을 뿐 아니라 제도권 내에서도 전공 분야 이외의 영역에 대한 연구자의 무관심을 조장한 측면이 있다. 등재지 형태를 취하는 학술지는 점차 학문 영역별로 세분화되는 양상을 보였다. 또한 등재지정책 하에서 기존의 연구회나 비제도권 연구소가 제도권 학회로 변모하자 연구단체로서의 정체성은 점차 약화되었다.

학술지의 전반적 편집방향에서 개별 논문으로 시선을 옮기더라도 여러 문제점이 드러난다. '논문작성지침'을 준수해 작성되고 '심사규정'에 따라 걸러진 글들은 정형화된 문체가 대부분이었다. 자기 경험에 비춰보거나 내적 동요를 담아내는 소위 잡글은 등재지에서 지면을 얻을 수 없었다. 실험적 사유가 관건인 인문사회 분야에서 정합성을 중시하는 자연과학 분야의 글쓰기가 보급되자 새로운 문제의식을 모험적으로 추구하는 시도는 줄어들고, '학문의 기대효과'라는 항목에 기재하기 어려운 문제의식은 연구자가 자기검열했다. 학술잡지는 잡雜스러움이라는 고유성에서 비롯되는 활력을 잃어갔다.

다시 말하지만 동아시아 담론은 잡지의 시대에 부흥했다. 그 지향성이 모호한 까닭에 여러 잡지에서 기획된 의제들에 반응하고 그 논의들을 전유하며 운동했고, 비판과 논쟁을 동력으로 삼았다. 그렇기에 소수 논자가 개진하는 동아시아 시각에 머물지 않고 담론적 지위를 얻을 수 있었다. 그러나 대학 연구기관과 전문 연구단체들이 발간하는 학술잡지들이 제도화되고, 그리하여 잡지의 주요 역할인 사회적 의제의 생산기능이 현저히 저하되자 동아시아 시각 역시 공론화되는 담론으로서의 지위를 유지하기가 어려워졌다.

이러한 침체기에도 동아시아 시각을 견지해온 잡지를 꼽는다면 역시 『창작과비평』일 것이다. 창비 진영은 동아시아 시각을 선구적으로 제시했을 뿐 아니라 꾸준히 이어가며 창비식 동아시아론을 지식계에 유통시켰다. 창비 진영의 동아시아론이 지식계에서 오랫동안 거론될 수 있었던 이유를 정리한다면, 동아시아 담론의 지속 조건을 해명하는 데도 얼마간 보탬이 될 것이다. 창비의 사례를 일반화한다면 동아시아 담론의 지속 여부는 해당 계열이 상정한 동아시아상의 정합성과 활용 가능성, 관련 매체의 지속성, 지적 조류 변화와의 병행성, 지식계 내에서 논의 생산 능력, 지식정책과의 조응 정도, 지정학적 환경 변화·경제 양상 변화·정부 교체 등 사회적 변화에 대한 대처 능력 등에 따른다는 것을 알 수 있다.

창비 진영의 동아시아론이 등장 이래 오랫동안 지속된 것은 최원식, 백영서, 백낙청 같은 논자들이 집념 어리게 논의를 이어가고 문제의식을 심화한 공로 이외에도 한반도를 둘러싼 4강이라는 동아시아상의 학술적·정책적 용도가 높았고(외연), 동아시아 시각을 한반도분단체제 극복이라는 과제와 결부시켜 논제의 지속성을 확보하고 이중적 비대칭성이라는 한국의 조건에 천착해 이론적 쟁점을 만들어냈으며(내포), 분단체제론·민족문학론·이중과제론·근대극복론 등 자신들의 논의를 전개할 때 가용한 담론 자원들을 확보하고 있었고(가용 논의), 이로써 다양한 영역의 논자들로부터 지지와 비판을 얻어 지식계에서 논의가 오갔고(이슈화), 『창작과비평』이라는 안정화된 매체를 통해 상업적 구속과 지식정책의 구속에 그다지 매이지 않고 자신들의 논의를 펼쳐갈 수 있었고(가용 매체), 인국의 지식인들과의 교류를 통해 자신들의 논의를 확산한 데서(지역화) 기인하고 있다.

3. 동아시아 담론 계열화의 지역적-세계적 수준의 요인

1부에서 확인했듯 동아시아 담론은 이행 과정을 거치는 동안 모호함을 대가로 지불하는 대신 풍부한 환기능력을 얻었다. 동아시아 담론은 당면한 시대적 맥락, 사회적 변동에 따라 논점이 신축적으로 조정되었다. 신자유주의 세계화와 지역화에 따른 동아시아 지역질서의 동요, 동아시아 경제위기, 미국의 동아시아 전략 조정, 중국의 부상, 미일동맹의 변화, 일본의 군국화, 남북 간 교류의 활성화와 같은 정치적·경제적 동향으로부터 한류 확산, 반일 시위와 같은 문화적·사회적 사건에 이르기까지 동아시아 담론은 동시대 여느 학술담론과 비교해도 현실 쟁점들에 대해 탄력적으로 반응했다. 그리하여 객관적 조건과 주관적 모색이 어떻게 결합하는지에 따라 담론의 함의가 크게 달라졌다.

이처럼 동아시아 담론의 형성과 이행 배경으로 거론할 수 있는 사회적 요소로는 탈냉전, 세계화, 신자유주의 전지구화, 지역화, 정보화, 중국의 경제개혁, 일본의 보통국가화, 동아시아 경제위기, 탈국경화, 역내 교류의 활성화, 북핵 위기, 6자회담, 남북정상회담, 중국의 동북공정론, 일본 우익의 준동, 영토 분쟁 등 다양한 것들을 거론할 수 있을 것이다. 그리고 계열을 달리하는 동아시아 담론들은 각 사항에 반응하는 양상이 달랐다.

김광억은 동아시아 담론의 형성 배경으로 첫째 동아시아 정체성 추구의 욕구, 둘째 정치적·경제적 성취의 현실에 대한 설명의 필요성, 셋째 서구중심적 세계체제의 확산에 맞서 자위적 공동체를 형성하려는 동양 사회들의 욕구와 자신감을 꼽는다.[112] 모두 중요한 사항들이고 동아시아 문화정체성론, 동아시아 발전모델론, 동아시아 대안체제론 내지 동아시아 지역주의론의 형성 배경임이 분명하지만, 이는 각 담론의 등장을 전제한 결과론적 추론에 가깝다. 각 담론은 그보다 다양하고 복잡한 사회적 배경 속에서 길항하고 분기하고 성장하고 쇠퇴해왔다.

다만 동아시아 담론의 형성과 분화에 영향을 미친 사회적 배경을 모두 거론하기란 불가능에 가깝고, 모두 거론해본들 그것들의 경중을 가려내지 못한다면 나열식이 되어 버려 전체적인 조감도를 얻는 데 실패하고 말 것이다. 그래서 여기서는 두 자료에 근거해 여섯 가지 사항을 주된 사회적 요소로 추출하고 각 담론이 어떤 반응의 양상을 보이며 차별화되었는지를 살펴보고자 한다.

첫째, 세계적-지역적 차원의 요소다. 바바라 스탈링Barbara Stallings은 「세계적 변화, 지역적 대응」Global Change, Regional Response에서 1990년대에 나타난 국제적 환경의 변화로 냉전의 종식, 선진자본주의 국가 간의 경쟁 관계, 무역과 생산의 세계화, 개발 금융의 새로운 유형, 새로운 이데올로기적 조류 등 다섯 가지를 큰 흐름으로 꼽는다.[113] 동아시아 담론은 분명 스탈링이 거론한 국제적 환경의 변화에 대한 지역적 대응 내지 반응으로 출현했다. 그리고 그가 거론한 네 번째 요소인 금융 관련 항목을 경제적 세계화에 포함시키고, 마지막 항목인 새로운 이데올로기적 조류는 사회적 요소가 아닌 학술적 요소로서 따로 처리한다면, 위의 다섯 가지 흐름은 탈냉전, (선진자본주의 국가 간의 경쟁에 따른) 지역화, 세계화로 정리할 수 있을 것이다.

---

112   김광억, 「동아시아 담론의 문화적 의미」, 『정신문화연구』 78호, 1999, 5~6쪽.
113   Barbara Stallings, "Introduction: Global Change, Regional Response", Barbara Stallings ed., *Global Change, Regional Response*, Cambridge University Press, 1995.

둘째, 지역적-한반도적 차원의 요소다. 동북아경제중심추진위에서 새로 개편된 동북아시대위원회는 2004년 8월 『평화와 번영의 동북아시대구상』을 발표하며 동북아시대구상의 실현을 위해 역내에서 고려해야 할 도전 과제를 안보·경제·사회문화 세 가지 영역으로 나눠 정리했다. 안보적 고려사항으로는 "9·11 테러 이후 미국의 대세계전략 변화와 동맹관계의 재조정, 중국의 급부상과 중미, 중일관계의 불안정성, 일본의 군사력 증강, 북핵문제, 양안위기, 영토분쟁 등 역내의 안보적 불안 요소"를, 경제적 고려사항으로는 "중국의 급부상에 따른 수평적 경합구도의 심화, 동북아 경제협력의 제도화 미비, 지역통합 과정을 주도할 구심점과 합의구조의 결여"를, 사회문화적 고려사항으로는 "상호불신의 역사적 관성, 동북아 역내국간 폐쇄적 민족주의의 충돌 가능성 증대, 세대교체에 따른 역내 인적 연계망의 노후화와 과도기적 공백, 한류韓流, 한풍漢風, 화풍和風의 확산과 이들 간의 문화적 경합의 심화"를 꼽았다.[114] 이러한 분류는 한국의 동아시아 담론의 촉진 요소와 제약 요소를 거의 망라하고 있다. 따라서 동아시아 담론의 확산과 분화를 둘러싼 사회적 요소로서 세계적-지역적 차원에서는 탈냉전·세계화·지역화를, 지역적-한반도적 차원에서는 안보·경제·사회문화 영역을 나눠서 여섯 가지 항목을 검토하도록 하겠다.

1) 탈냉전

1989년에 개최된 미소정상회담에서 미국의 부시 대통령과 소련의 고르바초프 대통령은 냉전 종식을 공식적으로 선언했다. 탈냉전화는 1980년대 후반에 들어 동유럽과 중유럽 공산주의 국가들에서 탈공산화의 대변혁이 일어나면서

---

114 동북아시대위원회, 『평화와 번영의 동북아시대구상』, 동북아시대위원회, 2004, 4쪽.

가속화되고 1991년 공산주의 종주국인 소련이 해체되면서 정점을 그렸다. 그리하여 베를린 장벽의 붕괴, 소련의 몰락, 동유럽 사회주의체제의 해체는 세계의 지정학적 구도를 바꿔놓았고 동아시아에서도 지역 인식에 커다란 변화를 초래했다.

탈냉전은 분명 동아시아 담론이 움터 나올 수 있었던 가장 중요한 배경이었다. 동아시아 시각을 제시하는 논문의 대다수는 탈냉전을 시대배경으로 거론하며 시작된다. 탈냉전이라는 시대배경이 중요한 이유는 무엇보다 그로써 동아시아라는 지역상이 부상할 수 있었기 때문이다. 냉전기에 이 지역은 소련과 중국을 중심으로 하는 대륙의 사회주의권과 미국과 일본을 중심으로 하는 해양의 자본주의 진영이 첨예하게 대립해 역내 국가들을 하나의 범주로 묶어 표상하기가 어려웠다. 그런데 탈냉전으로 역내의 분단 구조가 동요하고 중국이 대외개방에 속도를 내자 대륙 세력과 해양 세력 사이의 장벽에 균열이 생긴 것이다.

최장집은 냉전이 한국사회의 지역적 시야를 어떻게 제약해왔는지를 이렇게 표현한다. "냉전기 한국의 대외관계, 특히 한미관계, 한일관계, 그리고 남북한관계는 전일적, 일괴암적, 또는 총체적 관계로 특징된다. 이 관계에서는 양자택일, 흑백논리, 모든 것과 모든 것이 아닌 것이 핵심이 된다. 거기에는 두 개의 선택만이 존재할 뿐이다. 한미공조냐 민족공조냐, 친미냐 반미냐, 친미-반북이냐 친북-용공이냐 등이 그것이다. 그동안 우리에게는 자동반사적 선택만이 있었기 때문이 이성적 추론, 사고의 전개란 존재하기 어려웠다. 사실상 선택이라는 것도 성립할 수 없었다."[115]

그렇다면 탈냉전으로 인해 가시화된 동아시아라는 지역상은 그동안 미국과 일본을 위시한 자본주의 국가들과의 배타적 관계에 매몰되어 자의반 타의반으로 상실하고 있었던 지역적 전망을 일면 회복했다는 의의를 갖는다. 그런

---

115 최장집, 「동아시아 공동체의 이념적 기초」, 『아세아연구』 118호, 2004, 110쪽.

까닭에 탈냉전 국면에서 동아시아는 단순한 지리 범주를 넘어 변혁 가능성이 깃든 공간으로 표상될 수 있었으며, 인문학자들은 동아시아를 지적 주체성 회복의 장으로 조성하는 데 많은 힘을 기울였다.

이리하여 동아시아라는 지역 지평이자 지적 지평이 마련되었지만, 그 공간을 탈근대로 채울 것인지 탈서구로 채울 것인지를 두고 동아시아 대안체제론과 동아시아 문화정체성론은 입장을 달리했다. 탈냉전이 지정학적 추세라면 탈근대와 탈서구는 가치판단과 지향성의 영역이다. 만약 비판의 초점이 근대에 맞춰진다면 자본주의적·국민국가적 질서를 극복하기 위한 탈근대적 대안 모색이 동아시아 담론의 지향처가 될 것이다. 한편 비판의 초점이 서구중심주의에 놓인다면 동아시아 담론은 동양적 가치의 복원 내지 다원주의적 문화의 공존을 향할 것이다.

동아시아 발전모델론은 탈냉전의 국면 이전에 이미 존재해왔다. 다만 한국경제의 발전을 실감할 수 있었던 1980년대에는 변혁지향적인 진보학계의 목소리가 강해 한국의 사회과학계에서 동아시아 발전모델에 관한 논의가 세를 얻기 어려웠다. 그러나 사회주의권이 붕괴되어 이념적 제약으로부터 자유로워지자 자본주의적 근대화를 전면에 내세운 유교자본주의론이 동아시아 발전모델론 가운데 먼저 학술적 수요를 얻었다.

동아시아 지역주의론은 1990년대 말의 동아시아 경제위기 이후 부상한 담론이니 탈냉전을 직접적인 사회적 요인으로 꼽을 수는 없다. 그러나 동아시아 지역주의론이 부상할 수 있었던 실질적 기반은 개혁개방 이후 중국의 비약적 성장과 그러한 중국을 포함하는 지역상이 마련되었다는 것인데, 이 점에서 탈냉전은 동아시아 지역주의론이 자라날 토양으로 기능했다고 말할 수 있다.

2) 세계화

세계화라는 추세 역시 동아시아 담론의 형성 작용을 일으킨 중요한 사회적 요인으로 거론된다. 그러나 정작 세계화 개념은 혼란스럽고 논란이 많다. 세계화는 보통 국제전화 및 통신위성을 통한 원격통신이 가능해진 1960년대부터 시작된 것으로 간주되지만, 1980년대 말부터 세계화의 추세는 냉전의 종언, 우루과이라운드에서 무역자유화 타결, 세계무역기구 설립 등의 우호적 조건과 합류해 기술 영역을 넘어 생산·무역·금융의 영역에서 자본·기술·노동력·상품·정보가 초국적으로 이동하는 전 지구적 시장화, 그리고 거기에 동반하는 미국적 질서의 확산을 가리키게 되었다.

그리하여 세계화의 의미도 복합적인데 얀 아트 숄트Jan Aart Scholte는 지식인들이 사용하는 세계화에 대한 정의를 조사해 상호중첩적인 다섯 가지 내용으로 분류한 바 있다.[116] 첫째, 세계화는 국제화, 즉 국경을 가로지르는 관계의 증대를 지칭한다. 둘째, 세계화는 자유화, 즉 개방된 또는 국경 없는 세계경제를 창출하기 위해 국가 간 물적·인적 요소의 이동을 제약하는 정부의 규제(무역과 투자 장벽, 외환규제, 자본통제, 비자 등)를 제거해가는 과정을 지칭한다. 셋째, 세계화는 보편화 과정, 즉 다양한 사물과 경험이 전 세계의 모든 인간에게 확산되는 과정을 지칭한다. 넷째, 세계화는 (특히 미국식의) 서구화 또는 근대화를 의미하는데, 기존에 존재해온 문화나 지방적 자율성을 파괴하면서 근대적 사회구조(자본주의, 합리주의, 산업주의, 관료제 등)가 전 세계로 확산되는 과정을 지칭한다. 다섯째, 세계화는 탈영토화, 즉 사회공간이 더 이상 영토적 장소에 구속되지 않고 지리의 재편성이 일어나는 과정을 지칭한다.

세계화의 이러한 복합적 속성으로 인해 세계화를 담론에 반영하거나 세계화에 대응하는 방식도 편차가 크다. 먼저 동아시아 대안체제론에는 세계화를

---

116 Jan Aart Scholte, *Globalization: A Critical Introduction*, St. Martin's Press, 2000, pp. 15~17.

자본의 세계화로 받아들이는 논자들이 많다. 여기서 세계화란 재화시장뿐 아니라 투자와 금융, 노동의 영역마저도 단일시장으로 통합해가는 추세이자 미국과 영국을 필두로 하는 전 지구적 신자유주의 체제의 확산 경로로 간주된다. 워싱턴 컨센서스에 부응하는 일련의 탈규제화 정책, 민영화, 작은 정부, 금리의 시장연동성 증대, 복지 축소, 생활기본재의 상품화 등이 그 징후다. 그리하여 "신자유주의가 지배하는 세계화 가운데", "세계화에 따라 만연하는 신자유주의적 경향"이라는 식으로 세계화와 신자유주의라는 개념이 한 문장 안에서 조합되곤 한다.

이러한 자본의 세계화에 맞서는 저항적 틀을 지역 차원에서 마련하려는 시도가 동아시아 대안체제론에서 한 가지 흐름이었다. 조희연과 박은홍이 패권적 아시아가 아닌 민주적 아시아, 자본의 아시아가 아닌 사회적 아시아로의 저항적 재구성을 꾀했음은 앞서 언급했다. 그들은 세계화에 직면한 아시아의 노동운동은 일국적 노동문제에만 관심을 기울일 것이 아니라 범아시아적 차원의 노동규범과 사회규약을 마련하기 위한 초국경적 실천에 힘을 모으고 카지노 자본주의의 확산 방지에 적극 나서야 하며, 이를 위해서는 기존의 국가 주도적 지역협력과 자본 주도적 지역협력을 뛰어넘는 '참여지향적 지역협력'participatory regionalism이 필요하다고 주장한다.[117]

동아시아 문화정체성론은 정치경제적 차원보다 사회문화적 차원에서의 전개 양상에 주목해 세계화를 미국의 세계화 내지 서구화로 간주하는 경향이 강하다. 실상 세계화는 지역적 정체성과 관련해 이중적 영향을 미친다. 한편으로는 국가의 경계를 전면적으로 개방하고 서구적 사회구조와 문화를 전 세계로 확산시켜 지역 단위의 문화적 정체성을 위협한다. 하지만 그 과정에서 국가별·지역별 차이와 특성을 내세우려는 움직임을 부추기기도 한다. 가령 한국에서 세계화를 국정 전면에 내걸었던 김영삼 대통령의 집권기는 한국 문화,

---

117 조희연·박은홍, 「사회적 아시아를 향하여」, 『동아시아와 한국』, 선인, 2007, 287쪽.

한국인의 정체성 등이 전 사회적으로 회자된 시기이기도 했다. 1990년대 초에 유홍준의 『나의 문화유산답사기』 시리즈가 베스트셀러가 되었고, 한국사·동양사상에 대한 출판물이 대중적 관심을 모았으며, 우루과이라운드 타결, WTO 가입으로 미국의 농산물 수입개방 압력이 거세지자 '신토불이'의 목소리가 고조되고, 기업의 세계화 전략조차 적어도 수사적 차원에서는 "가장 한국적인 것이 가장 세계적인 것이다"를 표방했다. 1990년대 초중반 동아시아 문화정체성론이 부상한 것도 이러한 사회 분위기에 힘입었다. 동아시아 문화정체성론은 세계화를 서구화의 각도에서 파악하고 그에 맞서 동아시아 정체성의 수호를 내세우며 담론의 입지를 다질 수 있었다.

더욱이 아시아적 가치론이라면 정체성 수호에 머물지 않고 아시아적 특수성에 세계적 가치를 부여했다. 그 점에서 아시아적 가치론은 유교자본주의론이나 동아시아 발전국가론처럼 경제 영역에만 치중한 논의가 아니었다. 1990년대 아시아적 가치론이 촉발된 배경은 서구의 경제침체 및 사회주의권의 붕괴와 대비되는 동아시아의 급속한 경제성장이었지만, 그 직접적 계기는 인권 문제를 둘러싼 미국과 동아시아 정치지도자들 간의 공방이었다. 아시아적 가치론은 탈냉전기에 미국이 인권외교를 앞세워 무역마찰을 일으키는 아시아 국가를 압박하자 이에 대한 반발로 본격화되었다. 냉전기에 미국은 전략적 필요에 따라 아시아 정부들의 인권 탄압을 묵인해왔다. 그러나 탈냉전기에 접어들어 아시아의 부상에 따른 견제의 필요성이 커지자 자유민주주의·자유무역주의를 내세워 그간 묵인해오던 불공정한 무역관행과 장벽을 제거하라고 요구했으며, 권위주의 체제를 흔들기 위해 인권 공세를 곁들였다. 이러한 미국의 공세에 반발해 일부 아시아의 정치지도자들은 미국의 인권 외교에 대응하고자 서구중심적 세계화가 전제하는 서구적 가치의 보편성을 부정하며 아시아적 가치의 우월성을 역설했다.[118] 그리하여 아시아적 가치론은 1990년대

---

118 전제국, 「'아시아적 가치' 관련 동서논쟁의 재조명」, 『한국과국제정치』 30호, 1999, 191~193쪽.

초반 싱가포르와 말레이시아 정부 차원에서 본격화되었으며, 한국에서도 김영삼 정권이 세계화에 열을 올리는 동안 지식계에서는 아시아적 가치론이 부상했다. 즉 아시아적 가치론을 비롯한 동아시아 문화정체성론은 세계화에 대한 응전적 성격을 갖는다고 풀이할 수 있다.[119] 하지만 이렇게 수호되는 동아시아 정체성은 순수하지도 자명하지도 않으며 세계화와 반세계화의 복잡한 교합과 전치 가운데 재구성된 산물이었다.

3) 지역화

지역화는 지역주의와 달리 비제도적 차원에서 아래로부터 일어나는 분산적이고 비조직적인 교류의 활성화를 뜻하며, 모든 계열의 동아시아 담론에 토양이 되었다고 말할 수 있다. 그러나 세계화와 나란히 거론되는 지역화란 대체로 블록화와 같은 경제지역화를 가리키며, 이러한 경향은 특히 동아시아 지역주의론이 구동하는 동력으로 작용했다.

　냉전체제에서는 미국과 소련이라는 두 초강대국의 대치를 축으로 종주국과 동맹국들의 진영 간 결속이 공고했다. 그런데 냉전체제가 동요하자 세력관계가 재편되며 양극에서 일극으로, 그리고 일극 중심의 다원화로 집중과 분화를 겪게 되었다. 소련이 무너지자 쿠바와 북한을 제외한 구소련의 모든 동맹국이 자본주의 세계에 포섭되었지만, 한편으로는 냉전이 쇠퇴하자 미국과 미국 경제의 라이벌인 유럽, 일본의 자본주의 모델 사이의 차이점이 부각된 것이다. 앞서 스탈링이 말했듯이 냉전의 종언은 오히려 선진자본주의 국가 간의 경쟁관계를 가중시켰고, 자본주의체제는 북아메리카, 유럽, 아시아라는 3대

119　김기봉, 「동아시아 담론, 어디서 왔으며 어디로 가야 하는가」, 『동아시아문화와사상』 6호, 2001, 13쪽.

경제권으로 분화되는 양상을 보였다.[120]

지역 결집체들은 경제적 결속을 강화하고 정치·군사·사회·문화 등의 범위로 협력과 교류를 확대, 심화하며 세계화가 동반하는 균질화에 대항적 면모를 드러내기도 한다. 그러나 대체적으로 지역블록화는 자본주의적 세계체제의 하위 단위라는 성격을 지니며, 이러한 경제지역화를 뒷받침하는 보완물로서 다자간·양자간 투자협정 등이 늘어나는 추세다.

다음 그림은 가트GATT, General Agreement on Tariffs and Trade 설립 이후 GATT와 WTO에 통보된 지역무역협정의 수치로서 경제지역화의 흐름을 살펴보기에 유용하다.

〔그림 2-1〕1948년 GATT 설립 이후 GATT/WTO에 통보된 지역무역협정의 수치

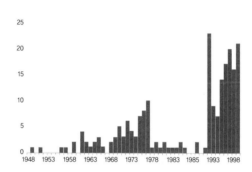

출처: WTO, 2001, Regional Trade Agreements notified to the GATT/WTO and in Force, in:
http://www.wto.org/english/tratop_e/region_e/type_250901_e.xls.

〔그림 2-1〕을 보면 1970년대와 1990년대에 지역무역협정 수가 확연하게

---

120 싱가포르의 외상 키쇼어 마부바니를 비롯한 여러 논자는 21세기는 전세계가 유럽·북미·동아시아라는 세 가지 세력권을 중심으로 재편되리라고 예견했다. 19세기에는 유럽, 20세기에는 유럽과 북미가 권력 중심이었지만, 21세기에는 동아시아가 세계 문명에 전면으로 등장하는 세계사적 전환이 일어난다는 것이다(Kishore Mahbubani, "The Pacific Way", *Foreign Affairs* 74:1, 1995, pp. 100~111; Gamble, Andrew and Anthony Payne, "Conclusion: The New Regionalism", *Gamble and Payne*, 1996, pp. 247~264).

늘어났음을 알 수 있다. 특히 WTO 설립 이후인 1995년부터 증가세가 두드러진다. 그러나 이 그림으로부터 지역주의의 강도를 바로 연역한다면 해석이 과장될 수 있다. 1970년대에 지역무역협정이 급증한 것은 1968년 EC가 관세동맹으로 발전하면서 유럽자유무역연합EFTA의 개별 회원국과 자유무역지대협정을 체결한 데서 기인한 바가 크다. 1990년대 초반의 높은 수치에는 1980년대 말 냉전의 종식과 더불어 동구권 국가들이 체제전환을 겪으면서 EC가 이 국가들과 개별적으로 준회원국협정Association Agreement을 체결한 사례들이 반영되어 있다.[121] 그 점을 감안하더라도 전반적 추세를 본다면 1990년대 초반 우루과이라운드 협상의 종결과 더불어 다자간무역체제가 강화되었음에도 불구하고 지역주의가 번창해 지역주의와 다자주의의 공존 현상이 본격화되는 것으로 판단할 수 있다.

지역별로 개괄하자면 1986년 우루과이라운드 협상이 시작되었으나 진통을 겪는 동안 1987년에 유럽시장조약이 체결되며 시장통합을 진전시켰다. 이후 EU는 부침을 겪었지만 가장 성공적인 경제 지역화의 사례로 손꼽히고 있다. 1989년에는 미국과 캐나다 간 자유무역협정이 체결되었고 1992년에는 멕시코로까지 확장되며 북미자유무역협정NAFTA이 성립되었다. 미국은 이어 아메리카자유무역지대FTAA 설립을 추진해 아메리카 대륙 전체를 경제적으로 편입하려 하고 있다. 동아시아로 눈을 돌리면 동남아 지역에서는 1967년 아세안이 창설되었으나 동북아 지역은 경제규모에 비해 경제지역화가 크게 뒤처져 있었다. 동북아는 냉전의 종언에 이르기까지 세계에서 유일하게 지역무역협정이 전무한 지역주의의 불모지로 남아 있었다. 하지만 세계적인 지역블록화 추세에 대응해 1990년 말레이시아 수상인 마하티르 모하마드는 동아시아경제지역그룹을 제안했고, 이것을 원형으로 한 지역주의 모델이 1997년 아세안+3 형태로 등장했으며 2005년에는 동아시아정상회의가 설립되었다.

---

121 박성훈, 「동아시아 경제통합과 지역주의」, 『국제통상연구』 6권 2호, 2001, 189~190쪽.

다만 동아시아경제지역그룹으로부터 동아시아정상회의에 이르는 과정을 단선적 경로로 간주해서는 안 될 것이다. 동아시아의 지역화 추세에는 상이한 방향성이 존재한다. 먼저 세계화에 맞선 대응책으로 지역주의를 모색하는 흐름이 있다. 마하티르의 동아시아경제지역그룹, 리콴유의 아시아적 가치 논쟁, 일본의 미야자와플랜에 이은 아시아통화기구AMF 구상, 중국의 상하이협력기구SCO, 그리고 넓게는 아세안+3가 여기에 속한다. 이 사례들은 문화적 유대를 중시하며 서구적 가치에 대항하거나(아시아적 가치론), 유럽과 미국의 경제 블록에 대한 대결적 자세를 견지하거나(동아시아경제지역그룹), 미국 주도의 세계질서 안에서 자율성을 확보하려거나(아시아통화기구), 워싱턴 컨센서스에 따르지 않고 새로운 지역질서의 구축에 힘을 기울이거나(상하이협력기구), 개방적 지역주의를 표방하면서도 역내 국가들의 협력을 우선시한다(아세안+3).

이와 달리 세계화를 보조하는 지역화 흐름도 있다. APEC과 같은 광역 지역주의 시도를 대표적 사례로 들 수 있다. APEC은 회원국을 동아시아 국가로 제한하지 않고 높은 수준의 제도화를 꾀하지도 않는 까닭에 APEC이 동아시아 블록화를 주동할 가능성은 낮다. APEC은 지역블록화보다는 무역자유화를 촉진하기 위한 기구로서 기능하고 있다. 따라서 미국은 APEC 같은 노선의 경제 지역화 추세를 지지한다. 하지만 앞선 사례들은 모두 미국을 제외한 역내 통합을 지향하며, 미국은 대체로 사업 추진에 반대 의사를 표명했다. 그래서 동아시아경제지역그룹이나 아시아통화기구 구상은 결국 실현되지 못했다.

4. 동아시아 담론 계열화의 한반도적-지역적 수준의 요인

1) 정치안보적 변동

이상 거론한 탈냉전·세계화·지역화는 1990년대에 세계적-지역적 차원에서 거론되는 지정학적·지경학적 변화의 핵심 동인이며, 한국지식계의 동아시아 담론이 형성되고 분화하는 데도 큰 영향을 미친 것이 분명하지만, 세계적-지역적 차원의 요소들이 동아시아 담론에 반영될 때는 지역적-한반도적 차원의 요소들과 맞물려 복잡한 굴절을 거치기 마련이었다.

먼저 세계적 차원의 탈냉전 추세가 동아시아 지역의 특수성으로 인한 독특한 안보질서의 문제를 온전히 해소하지는 못했다. 탈냉전 이후 동아시아는 복합변환을 겪고 있다. 냉전의 양극 구도는 탈냉전의 다자관계로 변화하고 중국이 부상해 세력전이가 일어나고 러시아의 국력 강화, 일본의 보통국가화도 진행 중이다. 그에 따라 진영대결 구도에서 벗어나 동아시아 국가들 간에는 국익에 따른 복잡한 네트워크가 형성되어 동맹, 연합, 적대의 복잡한 연쇄가 일어나고 있다.

한편 미소 양극체제는 와해되었지만 동아시아에는 냉전적 질서가 잔존해 정치군사적 기본 골격은 미일동맹과 한미동맹이 북중동맹과 중러 및 북러의 우호협력조약과 양립하고 있는 상태다. 그리하여 탈냉전 추세 가운데 냉전기부터 잠재해온 안보 갈등들이 새로운 양상으로 분출했다. 동아시아에는 북핵문제를 둘러싼 6자회담, 중국을 겨냥한 미국의 전략적 유연성, 일본의 안보대국화, 양안관계, 영토분쟁, 자원충돌 등 갈등 요인이 산재해 있다. 거기에 군비경쟁이 빠르게 심화되어 국가안보의 강화가 지역안보의 긴장과 해체를 초래하고 다시 국가안보를 해치는 역설적 악순환 구조에 놓여 있다. 그리하여 탈냉전기에 동아시아에서 군비지출증가율은 3~4% 수준인 다른 지역을 크게 상회하는 8% 이상에 달하며 세계 군사비 지출 총액의 65% 정도를 점하게 되었다.[122] 한반도에서는 비무장 지대DMZ가 실상 최첨단 무기들로 무장한 병력이 세계에서 가장 근접해 대치하는 최고의 무장지대MMZ, Most Militarized Zone로 남아 있다.

탈냉전기의 국제질서를 개괄할 때 새뮤얼 헌팅턴Samuel Huntington의 '일극적 다극체제'uni-multipolar system[123]라는 개념은 얼마간 유용할 것이다. 헌팅턴은 이 개념을 통해 다극체제였던 식민주의 시기나 양극체제였던 냉전기와 비교하건대 탈냉전기 국제정치에서 단일 행위자로서 미국이 갖는 자율성의 범위가 더욱 확대되었음을 강조했다. 그리고 탈냉전기 미국이 추구하는 일반적 이익은 세계자본주의체제의 분업구조 유지, 신자유주의 확대, 대량살상무기 확산 방지, 지역패권국가의 출현 저지, 유라시아에서 강대국들 간의 안정 확보, 중동 지역의 평화와 지역 내 영향력 확보, 민주주의와 자유주의의 전파 등으로 보고되고 있다.[124] 미국은 국익 실현을 위한 세계주의 전략으로서 '민주적 평화'의 논리에 입각한 '개입과 확장'의 방식을 채택하고 있다.

122 이상현, 2008, 「동아시아 안보공동체」, 『동아시아 공동체 신화와 현실』, 동아시아연구원, 2008, 257쪽.

123 Huntington, S., "The Lonely Superpower", *Foreign Affairs* 78-2, 1999.

124 Joseph S. Nye, Jr, 1999, "Redefining National Interest", *Foreign Affairs* 78-4, 1999 ; Condoleezza Rice, "Promoting the National Interest", *Foreign Affairs* 79-1, 2000.

탈냉전기 미국의 동아시아 정책은 이러한 상위 수준의 세계전략에 조응한다. 미국은 적극적 지역균형자로서의 역할을 자임해 안보이익·경제이익을 확보하고자 하며, 이를 위해 중국의 성장에 대한 안정저 관리, 일본·한국 등 역내 동맹국과의 관계 강화, 북핵문제와 대만문제 등의 지역분쟁 해결, 역내 국가에 대한 적극적인 민주주의 확산 등을 과제로 설정하고 있다.[125] 따라서 중국의 급속한 부상, 양자동맹관계의 동요, 동아시아 지역주의의 대두, 역내 다자주의 외교의 활성화, 동아시아적 정체성의 공고화 등은 동아시아에서 미국의 국가이익을 훼손할 수 있는 요소들로 간주된다.[126]

사실 탈냉전기 초기에 미국은 동아시아 지역에 대한 정책 혼란을 겪었다. 1989년 천안문 사태 이후 미국은 중국에 대한 외교적 제재를 유지했으며 중국에 대한 견제와 협력 강화 사이에서 중국위협론으로 대변되는 혼선이 빚어졌다. 일본과는 심각한 무역수지적자에 따른 경제마찰을 겪은 데다가 일본이 북한과 수교를 추진하고 1994년 8월『방위문제간담회 보고서』에서 드러나듯 미일안보로부터 이탈하려는 동향을 보이자 대일정책도 혼선을 빚었다. 여기에 1993년부터 북핵문제가 불거지자 동아시아 정책의 자율성이 크게 제약당했다.

미국의 정책 혼란은 동아시아 전략에 대한 보고서에서 잘 드러난다. 탈냉전기로 접어들어 동아시아 전략에 대한 보고서는 1990년, 1992년, 1995년, 1998년 네 차례 발간되었는데 1995년 이후의 보고서는 이전 것들과 내용이 크게 다르다. 특히 미국의 전진 배치에 관한 사항에서 차이가 두드러진다. 1990년에 발간된 동아시아전략구상 I EASI I은 아시아태평양 지역에서 미군

125 박인휘,「미국의 동아시아 인식과 전략」,『동아시아와 지역주의: 지역의 인식, 구상, 전략』, 지식마당, 2006, 206~208쪽.

126 Joshua Kurlantzick, "Pax Asia-Pacifica? Eats Asian Integration and Its Implications for the United States", *The Washington Quarterly* 30-3, 2007, pp. 67-77 ; Thomas J. Christensen, "Fostering Stability or Creating Monster?: The Rise of China and U.S. Policy toward East Asia", *International Security* 31-1, 2006, pp. 81~126.

	EASI I('90)	EASI II('92)	EASR('95)	EASR('98)
대외정책 기조	미국의 리더십＋ 다자협력(봉쇄전략 종식)	지역별 선택적 개입(서유럽→아태 지역)	개입과 확장	포괄적 개입
동맹정책	재조정(병력 축소)	동맹 유지	동맹 강화	동맹기능 확장
중국정책	안정적 미중관계 유지	중국의 핵·미사일 확산 관련 정책 '우려'	중국의 군사현대화는 초기 단계/장기목표 불분명(우려 표현 삭제)	대중국 '포괄적관여'(미중 군사교류 증대)
역내 미군 방침	1990-1992년에 15,200명 감축	1992년 12월까지 필리핀에서 철수 완료	당분간 10병력 주둔 유지	10만 병력 주둔 재확인
주한미군 방침	1990-1992년에 7,000명 철수	북핵문제로 추가감축(6,500명) 연기	한반도 억지/북한의 위협 잔존	통일 이후에도 한국 주둔 희망

참고: 김성한, 『미국의 동아태전략: 변화와 지속성』, EAI 국가안보패널 NSP 보고서, 2005, 11쪽.

감축을 위한 3단계 철군안을 제시했고, 실제로 1992년 12월까지 주한 미 육군과 공군 병력 6,987명을 감축했다. 하지만 1992년 5월에 간행된 동아시아전략구상 Ⅱ EASI II는 미군의 동아시아 전진배치는 국익과 일치하며 의회 역시 이에 동의한다는 견해를 제시하며 2단계 주한미군 철수를 보류시켰다.[127]

이러한 혼란 상태는 1995년 2월 일명 나이보고서로 불리는 국방성의 동아시아전략보고서EASR'95가 발표되고 1996년 클린턴 행정부 2기가 출범해 보고서의 전략을 실천에 옮기며 완화된다. 이 보고서는 동아시아에 대한 적극적 관여정책을 천명하고 미국의 사활적 이익이 걸려 있는 동아시아 지역에 미군을 지속적으로 전진배치해야 한다는 동아시아판 '개입과 확장 정책'을 명시했다.[128] 구체적으로는 동아시아에 대한 미국의 지속적 개입을 보증하기 위해 최

127 임혁백, 「동아시아 지역통합의 조건과 제약」, 『아세아연구』 47권 4호, 2002, 138쪽.
128 홍현익 「부시 행정부의 한반도 전략과 한미동맹의 장래」, 『남북화해 시대의 주한 미군』, 세종연구소,

소한의 전방전개 미군 규모를 유지하고, 동아시아 지역안보의 중심축으로서 미일동맹을 중시하되 일본의 군사적 역할분담을 늘리고, 중국에 대해서는 견제와 더불어 대화와 협력을 통해 중국의 국제적 태도 변화를 유도해 지역안보 질서를 안정화한다는 것이었다.[129]

그리고 1998년에 발간된 동아시아전략보고서는 '4개년국방검토 - 1997' QDR-1997의 포괄적 개입이라는 기조 전략에 입각해 '미군의 단순배치 이상의 개입'Presence Plus 개념을 제시했다. 동아시아에서 미국은 동맹국, 동반자, 수혜자로서 역내 분쟁 억지라는 차원을 넘어 미국에 우호적인 지역안보환경을 조성하는 적극적 역할을 맡아야 한다는 것이었다.[130]

동아시아전략보고서에 따른 대일정책과 대중정책 가운데 신속하게 현실로 반영된 쪽은 대일정책이다. 보고서는 일본과의 '세계적 동반자관계'global partnership를 강화해야 한다고 제언했는데, 1996년 4월에 이르면 탈냉전기의 안보환경에 대응하는 미일동맹의 재정의와 더불어 미일신안보공동선언이 발표된다. 미일신안보공동선언은 양국 간 동맹체제를 재확인하고 미일동맹이 양국관계뿐 아니라 지구적 차원의 제반 문제에 대해서도 관여한다는 내용을 기조로 삼고 있다. 미일동맹을 국지적 지역동맹에서 동아시아 내지 세계 차원의 동맹으로 재구성하는 시발점이 마련된 것이다. 후속조치로서 1997년 군사협력 범위의 확대에 따른 효율적 협력을 위해 미일신가이드라인이 발표되고, 1999년 미일방위협력지침을 개정완료해 미일군사동맹의 범위를 일본 유사에서 일본 주변 사태로까지 확대했다. 이러한 미일동맹의 조정은 아시아태평양지역에서 미국의 영향력 유지와 함께 잠재적 대결자로 부상하는 중국에 대한 대응체제의 정비를 뜻하는 것으로 중국은 이에 맞서 북중동맹을 유지하고 중

2003, 16~17쪽.

129 Joseph S. Nye, Jr., *United States Security Strategy for the East Asia-Pacific Region*, Department of Defense, 1995, pp. 94~95.

130 임혁백, 「동아시아 지역통합의 조건과 제약」, 『아세아연구』 47권 4호, 2002, 139쪽.

러협력관계의 복원을 추진했다.

2000년대에 들어서는 2001년 9·11 테러와 뒤이은 대테러전쟁, 그리고 비확산·반확산을 중심으로 하는 미국의 세계전략이 동아시아 안보질서에 지대한 영향을 미쳤다. 미국은 탈영토화·탈집중화된 비국가적 행위자, 특히 테러집단의 안보위협에 대처하기 위해 국방력을 강화하는 동시에 기존의 동맹체제를 재편했다. 소위 군사변환과 이를 뒷받침할 전 지구적 동맹체제의 변화다. 우선 미국은 일본·한국과의 동맹을 조정해 전략적 유연성을 확보하고자했다. 그리고 중국과는 테러집단에 대한 공동 대처를 위해 선택적 협력을 모색하는 한편, 중국을 국제규범에 따르는 국가로 유도하고자 노력했다. 중국이 세계무역기구에 가입하는 것을 지지했으며, 미사일기술통제협약MTCR을 준수하고 나아가 국제레짐의 설립 시 발기인 자격으로 참여하도록 이끌었다.

동시에 중국에 대한 견제책도 시행했다. 미국에게 중국은 '세계의 공장'인 협력 파트너이자 미국의 패권에 도전할 잠재적 대결자라는 양면적 평가가 공존하며 상황과 사안에 따라 저울질이 달라진다. 그리하여 중국과의 협력과 경쟁이라는 양방향에서 미국은 경제협력과 반테러협력을 심화하면서도 장기적 전략 이해의 충돌 가능성을 염두에 두고 중국을 상(러시아와의 관계 개선), 하(베트남, 인도와의 관계 강화, 동남아 테러 대응체제 확립), 좌(중앙아시아 미군 주둔 유지), 우(미일동맹 강화, 한미동맹 조정)에서 견제해갔다. 이에 중국은 9·11 테러 이후 대테러전을 명분으로 하는 미국의 영향력 확대에 대응해 미국과의 대립을 피하면서도 마찬가지로 상하좌우에 걸친 차별적 지역협력을 추진했다.

탈냉전의 세계적 추세와 동아시아 분단구조의 온존이라는 간극, 동아시아의 정치안보적 변동 가운데서 동아시아 대안체제론과 동아시아 지역주의론은 역내의 대안적 지역질서에 관한 모색을 심화했다. 다만 동아시아 대안체제론이 동아시아 분단체제, 미국의 일방주의, 역내 대국의 패권주의에 관한 비판적 시각을 조형하는 데 역점을 두었다면, 동아시아 지역주의론은 다자주의적 협력체의 형성과 제도화에 관심을 기울였다고 말할 수 있다. 즉 동아시아 대안체제론이 분단구조, 일방주의, 패권주의처럼 냉전기, 더 소급하면 전근대기부터 지속되어 왔으나 탈냉전에 접어들어 양상을 달리해 표출되는 문제에 주목한다면, 동아시아 지역주의론은 탈냉전 국면에서 불거진 역내 문제에 집중하는 경향이다.

동아시아 대안체제론의 경우 김민웅은 미국의 대아시아 정책을 겨냥해 미국이 자국의 패권을 유지하려고 동아시아 국가들을 고도로 분열시키고 있다고 비판했다.[131] 최원식은 탈냉전 이후에도 지속되는 동아시아의 적대관계와 내부패권에 대한 고민에서 동아시아 담론의 등장마저 일본의 패권주의가 운신할 무대를 열어줄지 모른다며 "일본의 지배층이 전전의 노골적인 제국주의 침략은 아닐지라도 새로운 형태의 지역 패권을 추구한다면 이는 대단한 위협이 아닐 수 없다"[132]라고 경고했다. 백영서는 중국에서 '문명으로서의 동아시아'와 '지역연대로서의 동아시아'에 대한 관심이 표출된 적은 있지만 모두 국민국가 중국으로 회수되어간 역사적 내력을 상기시키고 중국은 오늘날에도 인국에 대한 수평적 관심이 희박하다고 지적하며, 이중적 주변성에 근거한 동아시아 시각을 가다듬었다.[133]

한편 동아시아 지역주의의 방향에서 작성된 다자주의 협력체에 대한 연구들에 관해서는 이미 앞서 살펴봤다. 다만 여기서 다시금 확인해둘 대목은 동아시아의 정치안보적 변동이 동아시아 지역주의론에 어떤 측면에서 동력을 공급했는지다. 냉전기에 동아시아 지역질서, 특히 동아시아의 자유주의 진영은 미국이 단일 중추hub를 맡고 동아시아 국가들이 부챗살spokes이 되는 '일방적 양자주의'로 짜였으며 수직적·위계적·비대칭적 속성이 강했다.[134] 그리

131 김민웅, 「아시아의 새로운 길, 밑으로부터의 연대와 그 대안」, 『당대비평』 5호, 2003, 111~112쪽.
132 최원식, 「탈냉전시대와 동아시아 시각의 모색」, 『창작과비평』 79호, 1993, 213~214쪽.
133 백영서, 「중국에 '아시아'가 있는가?」, 『동아시아의 귀환』, 창작과비평사, 2000, 50쪽.
134 Cumings, Bruce, "Historical, Economic and Security Realms in East Asian Community Buildings: Regional Regimes in Search of a Future." paper presented at International Conference on Building an East Asian Community: Visions and Strategies, Asiatic Research

고 미국의 일방적 양자주의는 심민웅의 지적처럼 동아시아 국가들 간의 교류와 소통을 방해하고 분할을 심화시켰다. 하지만 1980년대 후반부터 탈냉전으로 접어들면서 이러한 구도는 이완되었다. 물론 그보다 앞서 1960년대 중반 이후 이미 일방적 양자주의는 점진적으로 약화되었다. 미중수교가 그 핵심적 사건이었으며, 미중수교를 전후로 한일국교정상화와 중일수교가 성립되었다. 그렇더라도 미국 중심의 '중추와 부챗살 망'에서 벗어난 동아시아 국가들 간의 교류와 협력은 몹시 제한적이었다. 특히 안보협력은 진영 간 결속을 다지기 위한 것이 주종이었다. 하지만 국제적 냉전체제의 해체 여파는 기존의 동아시아 안보구조에 균열을 초래했다. 역내 안보의 위협요인이 냉전기처럼 일관된 형태로 존재하지 않으며, 특히 부상하는 중국과는 미국, 일본, 한국, 타이완 등이 접근법을 달리해서 미국 중심의 동심원적 지역안보구조를 그대로 유지하기란 어려워졌다. 이에 더해 앞서 거론한 지역안보 위협요인들에 공동으로 대처할 필요성이 높아지며 동아시아 지역주의론에서는 동맹전략에 근거한 역내 세력균형을 유지하면서도 다자주의에 입각한 안보협력체제의 모색이 심화되었다.

2) 경제적 변동

동아시아라는 지역명은 냉전체제가 성립한 이후 미국의 지역정책 속에서 극동을 대신해 등장한 것으로 외생적 산물이다. 미국이 구획한 지역 범위, 혹은 자본주의와 사회주의 간의 제2전선, 혹은 근대화에 뒤처진 유라시아의 변방을 의미하는 것이 아니라 동아시아가 지역 단위로서 존재감을 키운 계기는 1970년대 이래의 역동적 경제성장이었다.[135]

Center, Korea University, December 11, 2002, p. 167.

단적으로 신흥공업경제국NIEs이라는 호칭을 동아시아 국가들이 독점하게 된 사례를 들 수 있겠다. 1979년에 발표된 OECD 보고서 『제조 부문의 생산과 무역에서 신흥공업국의 영향력』The Impact of Newly Industrializing Countries on Production and Trade in Manufactures에 등장한 신흥발전국가 혹은 신흥공업국NICs, Newly Industrializing Countries이라는 호칭은 이후 매스컴만이 아니라 연구자들 사이에서도 널리 사용되었다. 그런데 이 보고서가 신흥발전국가에 포함시킨 나라는 아시아에서는 한국·대만·홍콩·싱가포르, 중남미에서는 브라질·멕시코, 그리고 남유럽의 포르투갈·스페인·그리스·유고슬라비아 등으로 모두 10개국이었다. 그런데 1988년 런던 정상회담에서 신흥공업경제국NIEs, Newly Industrializing Economies이라는 호칭이 사용될 무렵 거기에 해당되는 나라는 실질적으로 동아시아 4개국뿐이었다.[136] 1980년대에 이르면 사회과학계에서도 유교자본주의론, 발전국가론 등에서 동아시아라는 지역명이 빈번이 거론되며, 경제적 색채가 짙은 지역명의 쓰임새는 1993년 세계은행이 발간한 『동아시아의 기적』The East Asian Miracle으로 이어졌다. 이미 1990년대에는 한중일 삼국만으로 전 세계 생산의 20%, 전 세계 저축의 30%를 차지하고 전 세계 산업노동력의 30%를 고용하기에 이른다.[137]

헌팅턴은 1980~90년대에 부각된 동아시아의 자기주장은 이처럼 빠른 경제성장을 배경으로 한다고 진단한다. 동아시아인들은 자신들의 경제적 성공이 사회적·문화적으로 타락한 서구보다 우월한 문화에 힘입었다고 믿고, 자신들의 모델은 비서구사회가 서구를 따라잡을 때 취할 대안이자, 서구의 자기쇄신을 위해서도 필요하다고 자신하게 되었다는 것이다.[138]

135 김경일, 「동아시아와 세계체제이론」, 『정신문화연구』 21호, 1998, 32~33쪽.
136 정장연, 「'NIEs' 현상과 한국자본주의」, 『창작과비평』 77호, 1992, 355쪽.
137 Calder, Kent, "U.S. Foreign Policy in North Asia", Samuel S. Kim de, The International Relations in Northeast Asia, Rowman and Littlefield, 2004, p. 225.
138 새뮤얼 헌팅턴, 『문명의 충돌』, 이희재 옮김, 김영사, 1997, 140~142쪽.

이처럼 타지역을 상회하는 동아시아의 경제적 역동성과 잠재성장률을 배경으로 등장한 논의들 가운데 일부가 동아시아 발전모델론으로 정착하고, 한국지식계에서는 탈냉전기에 들어 본격화되었다. 1990년대 한국 자본주의는 중공업 부문을 넘어 반도체 등 첨단산업 분야에서도 두각을 나타냈으며, '세계화', '선진화'의 구호로 드러나듯 자부심이 도저했다. 한국뿐 아니라 중국과 일본을 필두로 동아시아가 세계경제의 중심이 되며, 국제질서의 중심축이 옮겨와 서양의 시대가 기울고 아시아의 세기가 도래하리라는 낙관적 전망도 등장했다.

한편 동아시아 지역의 경제성장은 지역주의론의 전개에도 밑거름이 되었다. 일본·한국·대만 등이 포진한 동북아 지역에 이어 동남아의 선발 개발도상국이라 할 싱가포르·말레이시아·인도네시아·태국·필리핀 등이 높은 성장률을 보였고, 베트남도 개혁개방 이후 경제개발에 뛰어들며 동아시아 지역 전체가 경제적으로 활성화되었고, 이에 따라 투자제공자와 무역파트너로서 상호관계가 심화되었다. 이미 1985년 플라자 합의 이후 일본 기업은 동남아시아로 대거 진출했으며, 중국은 개혁개방이 본격화되면서 '세계의 공장' 이전에 '아시아의 공장'으로 자리잡아 역내 경제통합의 추진체가 되었다. 이처럼 동아시아인에 의한 재아시아화는 역설적으로 동아시아의 경제가 세계화되면서 가능했던 것이다.

이러한 상호연계로 인해 동아시아에는 고수준의 경제협력체가 부재함에도 불구하고 역내무역집중도intra-regional trade intensity가 크게 높아졌다. 〔그림 2-2〕은 동아시아 9개국의 수출을 중심으로 한 역내무역집중도를 보여준다. 이 지표는 한 국가 또는 지역의 역내무역이 그 국가 또는 지역 전체의 무역에서 어느 정도의 비중을 차지하는가를 보여주는 까닭에 지역경제의 통합 정도를 평가하는 데서 널리 활용된다.

〔그림 2-2〕에서 확인되는 사실은 첫째, 역내무역집중도가 높게 나타난다는 점이다. 동아시아 9개국의 수출은 평균 40% 이상이 동아시아 역내 국가

〔표 2-2〕 동아시아 국가 수출의 역내무역집중도

수출국가	총 수출에 대한 비중(%)					
	일본	중국	한국	홍콩	아세안5개국	동아시아
싱가포르	7.5	3.9	3.6	8	27.3	50.2
말레이시아	13	3.1	3.3	4.5	25.5	49.4
태국	15.7	4.3	1.9	5.3	17.3	44.6
인도네시아	23.2	4.5	7	2.5	16.7	53.8
필리핀	14.5	2.5	3	4.5	13.5	38.1
아세안5개국[1]	13.3	3.7	3.7	5.5	22.1	48.4
아세안4개국[2]	16.3	3.6	3.8	4.2	19.6	47.5
한국	11	11.8	–	5.9	9.1	37.8
홍콩	5.2	35.6	1.9	–	5.7	48.5
일본	–	6.5	6.4	5.6	13.9	32.3
중국	15.8	–	4	19.3	5.4	44.5
동아시아9국[3]	8.3	8.9	4	7.4	12.9	41.5

출처 : IMF, *Direction of Trade Statistics Yearbook*, 2001; World Bank, *World Development*, 2001.
1. 아세안4개국: 말레이시아, 태국, 인도네시아, 필리핀　2. 아세안5개국: 아세안4개국+싱가포르
3. 동아시아9개국: 아세안5개국, 한국, 홍콩, 일본, 중국

로 향하고 있다. 해당 시기 유럽의 63%, NAFTA의 47%와 비교할 때 자유무역협정이나 관세동맹 등의 제도적 통합장치가 없음에도 시장력에 의한 경제통합이 진전된 상태라고 평가할 수 있다. 둘째, 역내무역집중도의 국가별 편차가 크지 않다. 역내무역집중도가 가장 큰 나라는 53.8%를 기록한 인도네시아이고 가장 낮은 나라는 32.3%를 기록한 일본이다. 셋째, 중국에 대해 예외적으로 수출의존도가 높은 홍콩을 제외하고 동아시아를 동북아 3개국과 동남아 5개국의 두 가지 소지역으로 구분한다면 동북아와 동남아의 역내무역집중

도는 각각 17%와 22%를 기록하는데, 이는 두 소지역의 역내무역집중도가 상대적으로 낮다는 것을 의미한다. 다시 말해 동북아 국가들은 동남아 국가들에게, 동남아 국가들은 동북아 국가들에게 중요한 교역상대국임을 확인할 수 있다. 결국 소지역의 구획을 넘어 동아시아 전체에 걸쳐 무역관계가 심화되고 있는 것이다.[139]

그러나 동아시아 지역주의를 실질적으로 가속화한 것은 동아시아 경제발전이나 높은 역내무역집중도가 아닌 경제위기였다. 1997년 단기자본의 과잉유동성으로 인해 벌어진 외환위기는 동아시아가 밀접한 연관성을 지닌 실체처럼 여겨지도록 만든 계기였다. 또한 위기 상황에서 미국이 상황 수습에 소극적이자 자본의 초국경화에 대응하기 위한 동아시아 경제공동체 논의는 현실적 필요성이 커졌다.

동아시아 경제위기에 직면하자 한국지식계에서는 그 원인으로서 자본주의의 구조적 모순으로부터 정책적 실패에 이르기까지 차원을 달리하는 여러 요인을 짚어냈는데, 크게는 국내적 요인과 국제적 요인으로 나눌 수 있다. 국내적 요인으로는 정경유착을 초래한 권위주의적 발전 모델이 질타를 받았다. 더불어 문어발식 경영, 차입경영으로 특징지어지는 재벌체제도 비판의 도마 위에 올랐다. 보다 단기적인 요인으로는 김영삼 정권의 세계화 정책 실패가 거론되기도 했다.

이러한 경제위기의 국내적 요인들은 동아시아 발전모델론을 기각하는 논거로 쓰였다. 전에는 경제기적의 동력으로 칭송되던 국가주도형 경제전략이 이제 경제위기를 초래한 원인으로 낙인찍혔으며, 더욱이 정경유착·연고주의·정실인사·뇌물 등은 더 이상 거래비용 절감과 같은 긍정적 방향으로 해석될 여지가 사라졌다.

한편 경제위기의 국제적 요인으로는 세계체제 수준에서 자본의 과잉축적

---

139 박성훈, 「동아시아 경제통합과 지역주의」, 『국제통상연구』 6권 2호, 2001, 195~196쪽.

과 신자유주의화 경향이 거론된다. 세계자본주의는 1970년대 이후 자본의 과잉축적이 누적되어 막대한 양의 화폐자본이 수익성 있는 실물투자처를 찾지 못한 채 투기적 금융자본이 되어 세계시장을 교란시켰다. 그리고 미국을 위시한 선진 자본주의 국가들은 1970년대 이후 지속되어온 구조적 위기에서 벗어나고자 1990년대 초부터 신자유주의적 공세에 나서서 경제 국경 허물기를 가속화했고, 그로 인해 유동성 자본이 빠르게 돌아다니자 대응력이 약한 개도국들이 주로 시달렸다.[140]

이렇듯 크나큰 사회적 희생을 동반하는 신자유주의적 세계화의 위험성이 드러나자 경제위기를 전후해 사회과학계에서 동아시아 담론의 무게 중심은 동아시아 발전모델론으로부터 동아시아 지역주의론으로 급격히 옮겨간다. 무역·금융·외환·자본 등 경제의 여러 분야에서 역내의 정책적 공조가 절실해진 것이다. 아세안+3가 그 대표적 사례인데, 3에 해당하는 한중일 삼국을 보더라도 경제블록화 추세에 대응하고 잠재성장력을 끌어올리고자 역내의 무역 및 투자자유화를 위한 삼국 간 자유무역협정 추진이 과제로서 설정되었다. 1999년부터 아세안+3 회의를 계기로 한중일정상회의가 매년 개최되고 장관급회의(외무·통상·재무·IT·환경 등)의 정례개최 등으로 삼국 간에는 경제협력체제의 기본틀이 마련되었다. 이러한 추세 속에서 공동이익의 창출을 목표로 하는 경제협력체 논의가 지식계에서 활성화되었고, 동아시아라는 지역상은 경제권역의 의미를 점차 더해갔다.

한편 동남아 지역을 포함하는 동아시아 지역주의론이 아닌 동북아에 초점을 맞추는 지역주의의 시각도 존재한다. 동북아 경제협력 구상은 동아시아 지역주의론에 앞서 탈냉전기에 등장했다. 1991년 9월 남북한은 유엔에 동시가입했는데, 그보다 앞서 1991년 7월 몽골 울란바토르에서 개최된 UNDP 회의 석상에서 북한 측 대표는 두만강개발계획에 한국이 참여하는 것을 반대하지

---

140 손호철, 『신자유주의 시대의 한국정치』, 푸른숲, 1999, 25~28쪽.

않는다고 선언했다. 그리고 그해 말 선봉·나진·청진의 자유경제무역지대화 계획이 발표되었다. 두만강개발계획뿐 아니라 이후로도 시베리아 공동개발, 금강산 공동개발, 황해 대륙붕 공동개발, 중국 동해안과 한반도 서해안의 합작투자 등 북한이 참여할 명분과 실리가 갖춰진 사안에서 협력 논의가 등장했고 일부 성과도 거뒀다.

또한 동북아를 거점으로 하되 반경이 보다 넓은 지역협력체 구상도 존재한다. 중국의 동북부, 일본, 남북한, 러시아 연해주와 시베리아 그리고 몽골을 한데 아우르는 지역구상은 넓은 면적(1,600만km²)과 많은 인구(5억 명 이상), 그리고 유네스코의 표현대로 세계의 마지막 남은 '최대 자원보고'라는 현실적 토대로부터 등장했다. 특히 중국과 러시아는 협력사업에 적극적이었다. 러시아는 1992년 대大 블라디보스토크 개발계획을 발표했는데 그 내용은 중국 자본과 노동력의 지원 아래 중국 연변의 훈춘과 연해주 핫산지구의 크라스키노를 잇는 32km의 철도를 부설하고, 포시에트 및 자루바노 항구를 국제항으로 개발하며, 그 대가로 중국에 항구사용권을 부여한다는 것이었다. 실제로 중국과 러시아 간 국경분쟁이 해소된 이후 흑룡강성과 길림성 등의 접경지역에서는 변경무역이 급격하게 늘어났다.

동북아 대륙에서 떨어져 있고 냉전대결·국경분쟁·역사갈등으로 중국, 러시아와 소원했던 일본도 탈냉전기에 접어들자 동북아 지역개발에 동참하려고 민간기업을 앞세워 연해주 일대와 중국 동북3성에 진출하고 북한과의 경제협력을 시도했다. 또한 동북아의 주변부라는 일본의 지정학적 위치를 역전시켜 중심성을 획득하고자 환일본해경제권 운동을 추진하기도 했다. 이처럼 동북아 경제협력, 나아가 동북아 지역주의는 현실성과 잠재성 사이에서 주도권과 방향을 둘러싼 경합을 이어가고 있다.

3) 사회문화적 변화

경제 영역에서의 교류 활성화는 사회문화 영역에서의 상호작용을 촉진한다. 투자·생산·교역 등 경제활동 종사자들의 접촉과 이동이 빈번해지고, 노동자와 기술자들의 이주로 현지 교민 사회가 형성되고, 방문객·관광객·유학생이 늘어나고, 역내 국가를 이해할 목적으로 정보 유통이 증가하고, 나아가 문화의 전파와 이식·혼성화가 진행된다. 이미 일본, 한국, 타이완, 홍콩, 싱가포르처럼 상대적으로 임금 수준이 높은 지역으로 다른 아시아 지역의 노동자들이 합법적·불법적 경로를 통해 대거 유입했으며 이주자 커뮤니티가 정착했다. 이러한 인구 유입은 사회적 갈등과 문화적 충돌을 낳기도 하지만, 거시적이고 장기적인 시각에서 보자면 일국에서는 문화적 다양성을 증진하고 역내에서는 문화적 유대감을 제고한다.

한편 점차 늘어나는 국제교류행사도 지역 내의 소통을 촉진시켰다. 2002년 한일월드컵은 대표적 사례다. 2002년 한일월드컵은 동아시아에서 열린 최초의 월드컵이자 한국과 일본이 공동으로 주최하는 국제컨소시엄형 월드컵이었다. 또한 한국, 중국, 일본의 축구팀이 모두 월드컵에 참가한 최초의 대회였다. 이를 계기로 스포츠·관광·상품·문화·언어 교류에서 한중일 간의 삼각벨트가 필요하다는 공감대가 조성되기도 했다.[141]

하지만 자본의 흐름에 따른 인간·상품·정보 등의 교환 및 이전, 지역 간의 교류 증대라는 지역화 추세가 곧장 지역주의로 이어지는 것은 아니다. 따라서 지역화의 추세에도 불구하고 지역주의를 가로막고 있는 사회문화적 요인들을 보다 주목해야 할 것이다. 앞서 참고한『평화와 번영의 동북아시대구상』에서는 사회문화적 도전 과제로서 "상호불신의 역사적 관성, 동북아 역내 국간 폐쇄적 민족주의의 충돌 가능성 증대"를 주된 내용으로 꼽았다. 이것은

---

141 임혁백, 「동아시아 지역통합의 조건과 제약」, 『아세아연구』 47권 4호, 2002, 130쪽.

역내의 사회문화적 갈등이 안보 현안보다 오래된 연원을 갖는다는 사실을 시사한다.

역내의 안보 현안은 세계적인 탈냉전의 추세에도 불구하고 동아시아는 냉전회귀적 지체를 겪는다는 것이 주요 배경이었다. 그런데 실상 동아시아에서는 냉전 자체가 과거 지역질서에 대한 역사적 총괄을 유예한 채 성립되었다. 동아시아는 과거 대동아라고 불린 일본 제국주의의 역사적 판도와 겹치며, 냉전기에 들어서는 일본 제국주의가 식민지배 내지 군정지배를 해왔던 그 판도 안에서 인도차이나전쟁·한국전쟁·베트남전쟁·베트남–캄보디아 전쟁·중국–베트남 전쟁 등 40여년에 걸쳐 전쟁들이 일어나 식민과 전쟁의 기억은 복잡하게 뒤얽혔다. 일본제국에 의한 식민지배와 아시아태평양 전쟁은 냉전체제가 성립하고 냉전의 분단선이 깔리자 아시아적 해결을 거치지 않은 채 역사 속으로 봉인되었다. 한국과 일본은 적대성을 유지한 채 같은 진영에 편입되었으며, 일본과 중국은 중일전쟁을 해결하지 못한 채 '죽의 장벽'을 경계로 다른 체제로 갈라섰고, 북한은 여전히 일본과 국교를 체결하지 않은 국가로 남아 있다. 그 역사적 상흔에서 기인하는 기억의 정치가 지금껏 지속되고 있으며, 과거사 처리나 영토분쟁 등의 현안을 매개해 간헐적으로 분출한다.

그리하여 사회문화의 차원에서는 '기획의 동아시아'만이 아닌 '기억의 동아시아'도 거론해야 한다. 경제와 안보 분야에서 미래의 청사진을 갖고서 당면 과제의 해결을 꾀하는 지향을 '기획의 동아시아'라고 한다면, 착종되고 쓰라린 역사로서 마주해야 할 '기억의 동아시아'도 존재한다. 탈냉전의 도래와 함께 억압된 것은 회귀하고 '기억의 동아시아'는 망령처럼 떠돌며 현실에 엉겨 붙었다. 그 징후가 '기억 담론'의 폭발이다. 냉전체제가 동요하면서 기억이 공론장에서 주요 화두로 부상한 것이다. 특히 제국–식민 경험과 전쟁 체험을 매개로 한 민족 간 기억의 충돌이 격화되었다. 그리하여 탈냉전에 회귀한 억압된 과거가 도리어 탈냉전의 발목을 붙잡고 있다.

특히 일본과의 관계에서 현안으로 꼽히는 문제들 다수는 과거로부터 흘러

들어온 것들이다. 즉 역사 인식(근대 한일관계사 이해, 역사교과서 기술, 야스쿠니신사 참배 등), 과거사 처리(일본군 위안부 피해자, 원폭 피해자, 징용·징병 피해자, 사할린 거주 한인, BC급 전범, 재일조선인의 참정권, 유골 반환, 문화재 반환 등), 영토분쟁(독도 영유권) 문제 등이 해결되지 않은 채 이어지고 있다.

이처럼 유예되어 온 과거사 문제가 표면화되고 그것을 둘러싼 아래로부터의 연대가 성사될 수 있었던 사회적 배경으로는 탈냉전, 아시아의 민주화, 증언의 등장을 꼽을 수 있다. 먼저 냉전체제가 동요하며 동아시아 여러 지역의 탈식민화 문제가 부각되자 냉전체제로 봉인되었던 아시아태평양전쟁기의 기억들이 공론장으로 표출되었다. 탈냉전기에 일본 정부가 동아시아 각지에서 제기되는 과거사 문제를 덮어두고 수수방관했던 것만은 아니다. 일본 정부는 근린외교의 발전을 도모하고자 과거사에 대한 사죄의 태도를 취한 적도 있다. 1993년 8월 고노 담화를 통해 종군위안부 문제에 대해 공식 사과했고, 1995년 8월 무라야마 담화를 통해 식민지 지배와 침략 행위에 대해 사죄했다. 그러나 정치세력이 교체되면 사죄 입장이 번복되고, 사죄 입장을 실질적 행동으로 옮기지도 않고, 정치가들이 국내 정치용으로 인국의 감정기억을 자극하는 망언을 내뱉거나 야스쿠니 신사참배를 강행하면서 일본과 동아시아 국가들 간의 과거사는 오늘의 문제로서 지속되고 있다.

그러나 탈식민화의 움직임을 탈냉전이라는 세계적 추세의 효과로 환원해서는 안 될 것이다. 더불어 중요한 계기는 동아시아의 민주화였다. 냉전기 동아시아에서 일본 이외의 자본주의 진영 국가들은 대부분 우익군사독재정권 아래 놓여 있었다. 각국의 독재정권은 자국민의 반일감정을 활용하기도 했지만 대체로 일본으로부터 경제적 지원을 받았으며, 더구나 미국에 의존적이었다. 따라서 미국이 동아시아에서 일본 중시책을 유지하는 한 각국 정부가 과거사 문제로 일본을 전면적으로 비판하기란 어려웠고 국내 정치와 외교적 필요성에 따라 비판의 수위를 조절했다. 그런데 1980년대에 이르면 한국과 타이완, 나아가 필리핀, 인도네시아를 포함해 일본의 침략 내지 식민지배를 겪은 나라들에서 민주화가 진척되었다. 이처럼 각국 내부의 힘겨운 민주화를 거쳐서야 식민지배와 아시아태평양전쟁기 피해의 실상이 개인의 입 바깥으로 흘러나오고 사회가 귀 기울일 수 있었다.[142]

그리하여 기억의 항쟁은 국가 대 국가 구도로만 존재하는 것이 아니라 국가 대 민중이라는 구도에서도 일어나며, 그러한 민중 간 연대에 의해 '아래로부터의 동아시아'가 형상화되었다. 거기서 중요한 계기였던 것이 구일본군 위안부의 증언이다. 김학순 할머니가 스스로 구일본군 위안부였음을 증언하자 한국·북한·중국·타이완·인도네시아·필리핀 등 곳곳에서 피해자들이 자기 존재를 드러냈다. 위안부만이 아니라 강제징용자·원폭피해자·BC급 전범 등 침묵해온, 침묵을 강요당해온 여러 피해자가 목소리를 냈다. 물론 그 목소리는 과거에도 존재했다. 그러나 1980년대까지 일본에서 전후 보상재판이 두세 건에 불과했으나 1990년 이후 70여 건 이상으로 증가했다는 사실을 감안한다면, 탈냉전기는 묻혀 있던 역사기억이 사회적으로 되살아난 시기임이 분명하다. 이들의 증언은 과거를 소환했고 이들의 증언이 매개가 되어 국경을 넘어선 연대가 시도되었다. 특히 1992년 이래 일본군 위안부 문제를 해결하기 위한 아시아여성연대회의가 꾸준히 개최되었으며, 그 결과 2000년 12월 도쿄에서 열렸던 여성국제전범재판에서는 일본천황에게 유죄판결이 내려졌다. 이 사례는 트라우마의 흔적을 매개로 한 아래로부터의 연대의 견본이 되었다.

안보적·경제적 사안을 둘러싼 국가 간 협력은 '위로부터의 지역주의'를 가동시킬 가능성이 크며, 이처럼 국경을 넘어선 사회문화적 주제들은 '아래로부터의 지역연대'의 가능성을 내포한다. 하지만 이 두 층위가 선명하게 구분

---

[142] 피에르 노라Pierre Nora는 탈식민화의 세 가지 기제로 '역사의 민주화'를 설명한다. 식민지배의 압제 속에 있던 자들의 '세계적 탈식민화', 또는 성적·사회적·종교적·지역적 소수자들의 '내부적 탈식민화', 20세기 전체주의 독재체제에서 해방된 인민들의 '이데올로기적 탈식민화'를 거쳐 역사에서 시민권을 갖지 못했던 민중이 권력자 내지 학문적 권위자로부터 역사서술의 권한을 되찾는다는 것이다(피에르 노라, 「기억의 범세계적 도래」L'avènement mondial de la mémoire, 『프랑스사연구』 14호, 2006, 194쪽).

되는 것은 아니다. 특히 2000년 이후에 떠오른 한류 현상은 위 그리고 아래에서 동시에 전개된 사회문화적 논제였다. 그 점에서 한류는 문화의 지역화 추세를 기늠하고 아시아적 문화의 구성 가능성을 전망하는 데 유용한 표본이 된다. 한류는 문화 교류의 차원에서는 수평적인 근친화와 성층적인 서열화의 방향성을 모두 지니며, 문화적 지역화의 차원에서는 동질화와 혼종화의 가능성을 모두 갖고 있다. 한류 현상은 분명히 서구중심성 비판, 미국에 대한 모방, 횡단적 소통, 정책적 육성, 감각의 공유, 자국중심성 등 동아시아 담론의 여러 쟁점이 집약된 논제다.

만약 한류에서 '류'에 방점을 찍는다면, 그것은 대안적 지역화의 가능성을 시사하는 듯하다. 한류는 타율적 근대화 경험을 공유하는 이 지역에서 문화적 동질성에 기대지 않으면서도 배타적인 문화민족주의를 넘어서는 전향적 지역화의 사례다. 반면 '한'에 방점을 둔다면, 자국의 문화상품을 선전하고 보급하겠다는 국민국가적 사고방식에 기반한 경제 논리로 비쳐진다. 더욱이 미국식 문화산업전략을 모방해 역내의 문화시장을 변질시키고 문화적 고유성을 파괴하는 문화제국주의의 국지적 반복일 수 있다. 그래서 한류는 횡단성과 동시에 수평성을 담지한 전에 없던 동아시아의 문화 자원인지, 아니면 한국의 정부와 기업이 세속적 욕망을 자극하려고 만들어낸 문화상품인지를 두고 논의가 분분했다.[143]

한류는 복합적 속성을 지니는 까닭에 동아시아 담론 내에서 한류 현상에 대한 일관된 판단은 존재하지 않지만, 오히려 한류 현상이 동아시아 담론을 저널리즘의 이슈로 부각시키고 동아시아 문화 연구자들에게 국제학술교류의 기회를 제공하는 등 담론의 확산이라는 측면에서 순기능을 맡았다고 말할 수

---

143 백원담의 경우는 한류에 내재된 문화민족주의를 비판하면서도 한류가 품은 문화적 소통의 가능성은 중시하는 양가적 입장을 취한다(백원담, 「동아시아에서 문화지역주의의 가능성」, 『동아시아의 문화선택, 한류』, 펜타그램, 2005, 302쪽).

있다. 그러나 정부가 '한류의 세계화'를 정책 과제로 선정하고 한류의 잠재력을 국가경쟁력으로 흡수하려는 기관 및 연구단체가 한류 담론을 제작하고 유포하는 동안 동아시아 담론의 관변화가 부추겨진 측면도 있다.[144]

---

144 이동윤·안민아, 「동아시아에서 한류의 확산과 문제점」, 『세계지역연구논총』 25호, 2007, 114～115쪽.

5. 동아시아 담론의 계열화와 차별화

동아시아 담론은 속성상 지향성이 불분명하여 사회적 변동에 탄력적으로 반응했는데, 어떠한 사회적 배경을 중시하고 어떻게 반응하는지에 따라 복수의 계열화가 진행되었다. 그리고 그 과정에서 계열을 달리하는 담론들은 한국지식계 내의 여러 논의를 전유하며 차별화를 꾀했다.

동아시아 담론은 1980년대 진보주의의 중요한 이론적 준거였던 마르크스주의의 지적 영향력이 퇴조한 이후 부상했다. 냉전의 종언으로 한국지식계를 옥죄던 이념적 억압, 지적 족쇄가 상당히 풀렸지만, 역설적이게도 탈냉전기에 마르크스주의는 상대화되어 정치적 영향력을 상실했다. 1980년대의 뜨거웠던 사회구성체론도 동력을 잃었다. 진보적 지식계로서는 전망의 상실이라고도 할 지적 공백과 혼돈 속에서 동아시아 담론은 등장했다. 그리고 동아시아 담론은 1990년대에 한국지식계로 유입된 여러 이론을 전거로 삼고, 한국지식계에서 펼쳐진 논의들과 접목되어 빠르게 확산되었다. 그렇게 동아시아 담론과 접목될 수 있는 논의군으로는 세계체제론, 분단체제론, 동양문화론, 문명충돌론, 탈근대론, 탈구조주의론, 탈식민주의론, 탈민족주의론, 오리엔탈리즘, 지식권력론, 공동체주의론, 생태주의론, 유교자본주의론, 아치아적 가치론, 발전국가론, 지역통합론, 다자주의론 등 다양한 것들이 존재했으며, 계열을 달리하는 동아시아 담론들은 다른 논의들을 전유해갔다. 이제 그 내용을 정리해보자.

1) 대안체제론이 전유한 논의

동아시아 담론의 한 가지 계열을 대안체제론이라고 부를 수 있는 것은 그 계열이 신자유주의적 경제질서와 국민국가중심적 국제질서에 대한 비판의식을 견지했기 때문만이 아니라, 체제 분석에 관한 이론을 학술적 전거로 삼고 대안상 마련에 공을 들였기 때문이다.

동아시아 대안체제론, 특히 창비 진영의 동아시아론은 세계체제론, 분단체제론을 바탕으로 기성체제에 대한 분석을 시행하고 대안체제에 관한 전망을 마련했다. 먼저 세계체제론의 활용 방식을 확인해보자. 세계체제론은 개별 국민국가라는 단위만으로는 드러나지 않는 세계체제의 동태적 발전과 특징을 분석하기 위한 입론으로서, 세계체제가 정치·경제·문화적 하부체제들 간의 상호의존으로 구성된다고 전제하며 중심부와 주변부의 비대칭적 관계, 경제적 팽창과 수축, 헤게모니의 경쟁 등을 주목한다. 세계체제론 자체는 이매뉴엘 월러스틴Immanuel Wallerstein이 1974년 『근대세계체제1』을 발간하며 등장했다는 것이 일반적 인식인데 한국지식계에서 큰 영향력을 발휘한 시기는 1990년대였다. 그 까닭은 세계체제론에 따르면 사회주의체제도 자본주의 체제의 일부인 까닭에 세계체제론은 사회주의의 종언을 자본주의의 승리 내지 역사의 종언으로 추인하지 않을 수 있는 이론적 시각을 제공했기 때문이다.

박상현은 세계체제론의 시각에서 동아시아를 분석한다면 주되게 세 가지가 논점화된다고 정리한다. 첫째 동아시아의 역사를 포함한 근대세계체계의 형성에 관한 이해, 둘째 자본주의 세계체계의 역사에서 동아시아의 성장이 갖는 의미, 셋째 중국을 위시한 동아시아 지역의 내적 잠재력에 대한 평가다.[145] 하지만 동아시아 대안체제론에서 세계체제론이 활용되는 양상은 이와 달랐다. 먼저 세계체제론은 국가를 단위로 하고 근대화를 도식으로 삼는 편향된 기존의 인식틀을 넘어 세계체제와 개별 국가들 사이에 자리하는 중범위적 공간으로 동아시아를 구도해내기 위한 이론적 전거로 활용되었다. 그리하여 "일국적 시각과 세계체제적 시각의 매개항으로 '동아시아적 시각'이 제기되었다."[146] 엄밀히 말해 동아시아 대안체제론은 세계체제론을 방법론이 아니라 국민국가중심적 사고에서 벗어나 동아시아라는 확장된 시공간 범주에 관한 이해를 심화시키기 위한 발상으로 전유했다고 할 수 있다.

방금 언급했듯이 세계체제론은 사회주의를 자본주의체제의 일부로 파악해 사회주의 해체 이후에도 자본주의에 대한 비판적 거리감을 유지하고 대안적 전망을 모색하는 시야를 제공해준 측면이 있다.[147] 최원식은 "세계체제의 바깥은 없다", 즉 자본주의 세계체제 안에서 비자본주의적 발전의 길은 없다면서 미완의 근대성을 온전히 성취하는 근대 적응의 중요성을 강조한다.[148] 아울러 동아시아의 조건에서 근대 적응이란 서구추종적 근대화가 아닌 국민국가적 질서를 넘어선 대안적 근대 창출이어야 함을 역설한다. 백영서는 동아시아를 "세계체제 수준과 적절한 국지화인 국민국가 수준을 동시에 감당하는 팽팽한 긴장을 유지해"주는 매개항이자, 나아가 "자본의 획일화 논리에 저항할 수 있는 거점"으로 간주한다.[149] 여기서 주목할 대목은 '반주변부'로서 동아시아에 부여되는 의의다. 월러스틴은 '중심부 – 반주변부 – 주변부'라는 세계체제의 삼중 구조를 제시했는데, 거기서 반주변부는 중심부와 주변부 사이의 갈

145 박상현, 「동아시아와 세계체계 연구」, 『사회와역사』 92호, 2011, 96쪽.

146 백영서, 「중국에 '아시아'가 있는가?」, 『동아시아의 귀환』, 창비, 2000, 66쪽.

147 구모룡, 「한국 근대문학과 동아시아적 맥락」, 『한국문학논총』 30집, 2002, 6쪽.

148 최원식, 「세계체제의 바깥은 없다」, 『창작과비평』 100호, 1998.

149 백영서, 「진정한 동아시아의 거처」, 『동아시아인의 동양 인식』, 문학과지성사, 1997, 15쪽.

등을 완화시키며 주변부의 도전에 대한 방패막이의 역할을 한다고 밝히고 있다.[150] 그러나 창비 진영의 동아시아론에서 반주변부의 의의는 다르게 각색되어 세계체제의 반주변부인 동아시아에는 세계체제에 변혁을 일으킬 만한 역동적 가능성이 부여되고, 동아시아 안에서 "반주변부" 내지 "소중심"[151]인 한국은 중재자적 역할을 맡을 수 있다고 묘사된다.[152] 더구나 "한국의 동아시아론은 기존의 중심주의를 비판하고 새로운 중심으로 세우는 것이 아니라 중심주의 자체를 철저히 배제함으로써 중심 바깥에, 아니 '중심'들 사이에 균형점을 조정하는 것이 핵심"[153]이라는 최원식의 발언을 들여다본다면, 세계체제론이 활용되고는 있지만 그것으로써 동아시아를 분석하기보다는 동아시아 시각을 조형하려는 것임을 알 수 있다.

또한 박상현이 제기한 세 번째 논점, 즉 중국의 부상과 역량이 세계체제의 변동에서 차지하는 의미에 관한 분석이 동아시아 대안체제론에서는 거의 등장하지 않는다는 점도 눈여겨볼 대목이다. 세계체제론 역시 일관된 논리로 전개되는 단수의 이론적 시각이라기보다 거기에는 여러 갈래가 있는데, 그 중에서도 탈냉전기에 나온 안드레 군더 프랭크Andre Gunder Frank의 『리오리엔트』ReOreient[154]와 조바니 아리기Giovanni Arrighi의 『장기 20세기』The Long Twentieth Century[155] 같은 저작들은 포스트-월러스틴적 세계체계론으로 일컬어지는 기획이다. 프랭크의 시도가 월러스틴이 분석한 세계적 분업구조의 역

150 Immanuel Wallerstein, *The Modern World-System*, San Diego: Academic Press, 1979, pp. 95~118(국역본은 『근대세계체제 1~3』, 김영환 외 옮김, 까치, 2013).

151 백영서, 「주변에서 동아시아를 본다는 것」, 『주변에서 본 동아시아』, 문학과지성사, 2004, 19~20쪽.

152 위의 글(2004), 33~34쪽; 최원식, 「주변, 국가주의 극복의 실험적 거점」, 위의 책(2004), 321쪽.

153 최원식, 「한국발 또는 동아시아발 대안?」, 『문학의 귀환』, 창비, 2001, 381쪽.

154 Andre Gunder Frank, *ReOreient: Global Economy in the Asian Age*, University of California Press, 1998(국역본은 『리오리엔트』, 이희재 옮김, 이산, 2003).

155 Giovanni Arrighi, *The Long Twentieth Century: Money, Power, and the Origins of Our Times*, Verso Press, 1994(국역본은 『장기 20세기』, 백승욱 옮김, 그린비, 2014).

사를 고대로까지 소급하는 것이었다면, 아리기의 시도는 자본주의 세계체계의 역사를 세계 헤게모니의 역사로 정교화하는 것이었다. 그런데 이러한 두 가지 시도는 공히 중국을 중시한다. 중국은 산업혁명 전까지 유럽을 능가하는 경제적 역량을 과시했고, 유럽 근대가 세력균형 속에서 끊임없는 상호 경쟁과 전쟁을 거치는 동안에도 조공체제를 통해 비교적 평화로운 공존의 국제질서를 구축했다. 프랭크는 『리오리엔트』에서 20세기에 중국을 위시한 동아시아의 성장이 18세기까지 존재했던 서양에 대한 동양의 우위를 회복하는 과정이라고 설명했으며, 아리기는 『장기 20세기』와 뒤이은 『베이징의 아담스미스』 *Adam Smith in Beijing*에서 세계 헤게모니가 중국으로 이행하리라고 전망하고, 나아가 '세계제국'의 전통을 보유한 중국은 전쟁으로 점철된 불평등한 자본주의적 발전 경로를 수정할 것이라고 내다봤다.[156] 물론 이러한 포스트-월러스틴적 세계체제론은 1990년대 중반에야 등장했으니 초기의 동아시아 대안체제론이 그 논의들과 접목되지 못한 것은 당연하다고 할 수 있겠지만, 이후로도 세계체제론을 활용하되 중국에 초점을 맞추기보다는 중국을 포함한 동아시아의 역량을 주목하는 경향이었다. 그러다보니 중국의 부상과 일본의 쇠퇴가 병행하는 자본주의의 새로운 국면에 대한 분석은 약화되었다. 대신 한국 내지 한반도가 반주변부로서 갖는 역량에 관심이 집중되었는데, 이 과정에서는 분단체제론이 긴요하게 활용되었다.

그렇다면 이어서 동아시아 대안체제론이 분단체제론을 전유한 방식을 살펴보자. 백낙청은 분단체제를 "남북한의 기득권 세력들이 적대적 대치관계뿐 아니라 일정한 공생관계를 유지하는, 상당한 자기 재생산 능력을 지닌 독특한 체제—좀 더 엄격히 말하면 세계체제의 한 독특한 하위체제"[157]라고 설명하며

---

156 Arrighi, Giovanni, 2007, *Adam Smith in Beijing, Lineages of the Twenty-First Century*, Verso Press, 2007(국역본은 『베이징의 애덤 스미스』, 강진아 옮김, 길, 2009).

157 백낙청, 「한반도에서의 식민성 문제와 근대 한국의 이중과제」, 『창작과비평』 105호, 1999, 14쪽. 남한에서 치러진 주요 선거를 놓고 보더라도 북한의 테러나 심리전이 빈번해 '북풍'이라는 표현이 일

분단체제의 독자성과 함께 세계체제와의 연관성을 짚어둔 바 있다. 그는 한반도의 분단 상황은 남북한 간의 대립만이 아니라 적대적 상호의존에 의해서도 지속되며, 거기에는 세계체제 수준의 외부적 조건도 작용하고 있는 까닭에 이러한 분단 상황의 복잡성을 정리하고자 분단체제라는 개념을 고안해냈다.[158]

이러한 분단체제론은 세계체제론과 조합되어 한반도 분단 상황을 동아시아 지역질서와 결부해 파악하고 한반도분단체제의 해소가 지니는 동아시아적 의의를 산출해내는 데서 활용된다. 즉 분단체제의 형성·유지에는 남북한의 능력 범위를 초과하는 외적 조건, 즉 미국·중국의 역학관계와 일본의 유제 등이 얽혀 있으며, 분단체제의 해소 역시 남북한의 역량만으로는 불가능하니 동아시아적 조건을 외부 여건으로 밀쳐놓을 수는 없다. 나아가 한반도분단체제의 해소는 탈냉전·탈식민·탈제국의 방향에서 지역질서의 변화를 초래하리라는 것이다.[159]

아울러 동아시아 대안체제론에는 제3세계론의 문제의식도 관류하고 있다. 백낙청은 일찍이 "민중의 입장에서 볼 때—예컨대 한국 민중의 입장에서 볼 때—스스로가 제3세계의 일원이라는 말은 무엇보다도 그들의 당면한 문제들이 바로 전 세계·전 인류의 문제라는 말로서 중요성을 띠는 것이다. 곧, 세계를 셋으로 갈라놓는 말이라기보다 오히려 하나로 묶어서 보는 데 그 참뜻이 있는 것이다"[160]라며 서구중심적 시각이 짜낸 보편/특수구도, 세계의 분할구도를 제3세계적 시각으로서 극복하자고 촉구한 바 있다. 창비 진영의 동아시아론은 이러한 제3세계론을 사상적 지류로서 수용해 동아시아를 주체성 형성의 장으로서 옮겨내고자 했다. 그리하여 최원식은 1990년대에 민족민주운동을

반화되었으며, 정치세력은 보수주의적 투표를 유도하기 위해 이를 활용하곤 했다.

158 백낙청, 『분단체제 변혁의 공부길』, 창작과비평사, 1994; 백낙청, 『흔들리는 분단체제』, 창작과비평사, 1998.

159 이동연, 「동아시아 담론형성의 갈래들—비판적 검토」, 『문화과학』 52호, 2007, 101쪽.

160 백낙청, 「제3세계와 민중문학」, 『창작과비평』 53호, 1979, 50쪽.

성찰하며 인접 지역과 문명으로부터 제3세계적 문제의식을 흡수해 한국 민중이 당면한 과제가 바로 전 세계의 과제임을 자각한 데서 동아시아 담론은 싹틀 수 있었다고 풀이한다.[161] 하지만 앞서 지적했듯이 제3세계적 시각이 동아시아 대안체제론에서 각성과 자각의 계기 이상으로 구체화되었다고 보기는 어렵다. 그럼에도 세계체제의 다른 주변부에 관한 의식을 견지한다면 그것은 다른 계열의 동아시아 담론과 뚜렷하게 분별되는 지점이라고 말할 수 있으며, 제3세계적 시각은 동아시아 지역주의론처럼 폐쇄적·패권적 지역주의가 아닌 개방적·비판적 지역주의를 구동할 수 있는 계기로 남아 있다.

끝으로 동아시아 대안체제론은 탈냉전기에 대두한 일부 포스트 담론과도 접목되었다. 포스트 담론은 탈근대주의, 탈서구주의, 탈식민주의, 탈국가주의, 탈민족주의 등 그 갈래가 여럿이며 용법은 조금씩 달랐다.

20세기 말 한국지식계로는 후기구조주의 저작들이 대거 유입되어 근대성의 기원과 체계를 전복적 시각으로 파헤치는 지적 실천을 불러일으켰다. 후기구조주의자로서 소개된 사상가들, 가령 푸코, 레비스트로스, 라캉, 데리다는 저마다 사유의 특이점이 있지만, 인간의 주체성과 역사주의를 심문하고, 거대담론을 해체하고, 탈중심성과 다원성을 중시한다는 방향에서 독해되었다. 이러한 독해방식은 이 사상가들의 문제의식을 오롯이 포착해낸 것이라기보다 한국지식계의 당시 동향과 수요에 따라 편집된 측면이 크다. 그런데 동아시아 대안체제론에서는 사회주의 붕괴가 야기한 대안 부재의 상황에서 거대담론 해체 풍조를 마냥 반길 수 없었으며, 따라서 포스트 담론은 주로 서구중심적 역사관과 근대관에 대한 비판의식을 심화시키는 각도에서 활용되었다.

한편 동아시아 대안체제론의 탈post적 지향성이 탈서구주의의 방향으로만 향한 것은 아니었다. 포스트 담론은 민족이 자연적 소여가 아닌 인위적 구성물이라는 시각도 제공했다. 민족주의는 민족의식과 문화양식을 재발명하고

---

161 최원식, 「천하삼분지계로서의 동아시아론」, 『제국 이후의 동아시아』, 창비, 2010, 64쪽.

역사주의를 도입해 특정 경계 내에서 거주하는 자들을 민족이라는 동일한 정체성 안으로 포섭하고 동원하는 이데올로기적 역할을 맡고 있다는 것이다. 이러한 탈민족주의·탈국가주의의 문제의식을 심화한 사례로는 '동아시아역사포럼'이 동아시아 국가권력의 적대적 상호의존의 기반인 민족주의와 국가주의의 연쇄 고리를 끊어내고자 '국사라는 신화'의 해체를 목표로 내세운 것을 들 수 있다.[162]

이러한 탈적 지향성에 이르면 동아시아 대안체제론과 다른 계열의 동아시아 담론 사이의 차이는 더욱 뚜렷해진다. 동아시아 문화정체성론은 동서이원론을 전제하고 있을 뿐 아니라 내부로도 타자화 기제를 가동할 여지가 있으며, 동아시아 발전국가론은 서구발 발전도식을 기각하는 듯 보여도 여전히 근대화 논리의 사정권 안에 머물러 있으며, 동아시아 지역주의론 역시 국민국가적 근대체제의 대안을 모색하는 듯 보이나 현 상황에서는 국민국가를 사고의 기본 단위로 삼고 있을 뿐 아니라 국익을 지역 차원에서 확대재생산하는 논리 개발에 분주하기 때문이다.

2) 문화정체성론이 전유한 논의

동아시아 대안체제론의 궁극적 물음이 "어떤 동아시아여야 하는가?"라면 동아시아 문화정체성론의 경우는 "동아시아란 무엇이며, 우리에게 어떠한 의미인가?"일 것이다. 이 물음은 새로운 것이 아니다. 동아시아 내지 동양의 정체성을 가다듬으려는 시도는 이미 한 세기 전 '서구의 충격'을 경험한 이래 서구의 가치와 문물이 유입되고 수용하고 융합되고 반발하는 과정에서 지속되어

---

162 임지현, 「'국사'의 안과 밖-헤게모니와 '국사'의 대연쇄」, 『국사의 신화를 넘어서』, 휴머니스트, 2004, 32쪽.

왔다.

다만 1990년대에는 한국지식계로 유입된 포스트 담론들을 비롯한 여러 논의에 힘입어 문화의식이 심화되고 확장되었다. 특히 서구중심성 해체를 꾀하는 사조의 확산은 이른바 '정체성의 정치'를 가동하는 이론적 전거로 활용되었다. 서구 근대와의 패러다임 투쟁에서 수세에 처해 있었던 동양문화론자에게 서구 근대의 태내에서 그것을 전면 비판하며 등장한 포스트 담론의 계열들은 전략적 제휴의 대상이 될 수 있었던 것이다.

무엇보다 오리엔탈리즘 비판론이 동아시아 문화정체성론의 이론적 체계화에서 주효했다. 동양에 대한 서양의 지배는 적나라한 폭력적 강제도 동원하지만, 문화적 헤게모니화를 동반해 동양에 대한 편협한 사고방식을 주조하고 유포하며 지배를 정당화한다. 바로 오리엔탈리즘이란 서양인들이 동양을 미개하고 후진적이며 야만적이고 원시적이라고 평가하는 편견에 근거한 사유양식이자 지식체계를 가리킨다. 1978년 에드워드 사이드는 『오리엔탈리즘』을 통해 동양학은 "동양에 대한 유럽의 사고와 지배의 양식"으로서 유럽 대 동양이라는 배타적 이항대립 도식에 기대어 정체·적대·흉포·비합리 등 부정적 표상을 동양에 덧씌워 서양의 우위를 유지하며 식민주의·인종차별을 정당화하는 기제로 활용되어 왔다고 비판한 바 있다.[163] 더욱이 문제적인 것은 정치적 권력과 학술적 권위가 결탁한 산물인 오리엔탈리즘이 동양인의 무의식 속으로 침투해 동양인들의 근대 이해, 나아가 자기 이해마저도 속박하고 있다는 점이다.

『오리엔탈리즘』은 1991년에 한국어로 번역출간되었고, 이후 수차례에 걸쳐 개정판이 나왔다. 냉전기에도 한국지식계에서 오리엔탈리즘 관련 논의가 부재했던 것은 아니지만, 1990년대에는 정치·경제 영역의 거대이론이 위축된 가운데서 문화 영역이 경제·정치 영역으로부터 구성되는 산물이자 경제·

---

163 에드워드 W. 사이드, 『오리엔탈리즘』, 박홍규 옮김, 교보문고, 2008, 569쪽.

정치 영역을 떠받치는 심급이기도 하다는 점을 밝혀내고 동시에 서구편향적 지식권력을 전면적으로 문제화했기에 인문학 영역에서 활용폭이 컸다. 더불어 동아시아 담론에서도 지적 종속 상태에 관한 비판의식을 확산시키는 계기로 작용했다. 그중에서도 동아시아 문화정체성론에서는 평가절하된 동양문화에 대한 재평가라는 용법을 더하게 되었다. 그로써 서양문화의 주객분리와 기계론적 세계관, 분석주의와 환원주의적 방법론, 인간 대 자연이라는 이분법적 논리, 과학기술 맹신주의 등에 역공이 가해졌다. 그러나 동아시아의 문화적 고유성과 우수성을 전제한 서양중심주의 서양문화 규탄은 오히려 서구문화의 역상으로 동아시아 문화를 형상화해 자기오리엔탈리즘의 함정에 빠질 위험성도 안고 있다.

둘째, 문명충돌론도 빼놓을 수 없다. 오리엔탈리즘 비판론이 동아시아 문화정체성론의 학술적 시각을 가다듬는 데 사용되었다면, 문명충돌론은 현실적 입지를 다지는 데 활용되었다. 아울러 오리엔탈리즘 비판론이 유럽 중심적 지식체계를 공박하는 데 쓸모가 있었다면, 문명충돌론은 세계화 추세에 따른 미국 중심적 문화균질화를 견제하는 데 유용했다. 다만 문명충돌론의 시발점이 된 헌팅턴의 『문명의 충돌』은 논문 형태로는 1993년에 발표되고, 책으로는 1997년에 출간되고 같은 해에 한국어로도 출간되었는데[164], 동아시아 문화정체성론 전반에 걸쳐 뚜렷하게 영향을 미쳤다기보다 1990년대 말 부상했던 아시아적 가치론에 곁들어졌다고 봐야 할 것이다.

문명충돌론의 부상 역시 탈냉전을 시대배경으로 삼는다. 사회주의권의 해체 직후 세계정치에서 종래의 이념적 대립이 퇴조하고 비서구세력이 부상하자 후쿠야마는 '역사의 종언'을 제기해 이들 역시 근대화의 경로를 따라 서구화될 것이라고 전망했으며, 헌팅턴을 비롯한 미국의 일부 서구문명론자들은 '문명의 충돌'을 전망했다.[165] 문명충돌론은 국가 간 혹은 진영 간 대립의 시대

---

164 새뮤얼 헌팅턴, 『문명의 충돌』, 이희재 옮김, 김영사, 1997.

가 끝나고 이질적인 문명 간 대결구도로 세계정치가 재편되리라고 전망한다. 실제로 냉전의 종언 이후 신자유주의적 전지구화가 가속화되었지만, 한편에서는 비서구권의 가구 지도자가 이해관계를 문명적·문화적 용어로 정의하는 추세가 심화되기도 했다. 그리하여 서구문명론자들은 비서구문명의 도전을 예의주시하며 충돌의 위험성을 경고해 서구 문명의 단결을 촉구했다.

그런데 문명충돌론 역시 논지 그대로 동아시아 문화정체성론에서 활용되지는 않았다.[166] 실상 헌팅턴은 세계가 기독교·이슬람교·유교라는 삼대 문명을 축으로 뭉칠 것이라고 전망했으며, 문명충돌론 자체는 9·11 테러 이후 부시 정권이 테러와의 전쟁을 기독교세계와 이슬람세계의 문명 간 충돌로 포장하면서 논란을 불러일으켰다. 그러나 아시아적 가치론을 비롯한 동아시아 문화정체성론에서 다른 비서구 지역, 특히 이슬람권에 관한 인식을 찾아보기란 어렵다. 이것은 아랍권 출신인 사이드가 주로 중근동 지역에 초점을 두고 『오리엔탈리즘』을 서술했지만, 그 문제의식은 차용하면서도 그 문제의식의 출현 배경에 대해서는 무관심하다는 사정과 닿아 있다. 또한 헌팅턴이 『문명의 충돌』에서 동아시아가 부상해 21세기에는 미국과 각축을 벌일 것이라고 예견한 것은 동아시아 문화의 위대함을 일깨우기 위한 것이 아니라 미국의 번영을 지속시키려는 것이 저변의 목적이었으나 헌팅턴의 예견은 대체로 동아시아의 자부심을 고무하는 데 쓰였다.

한편 헌팅턴은 『문명의 충돌』에 앞서 『제3의 물결』을 출간하며 유교와 민주주의의 양립가능성에 대해 회의적 입장을 내비친 바 있다. 헌팅턴에 따르면 유교는 "개인보다는 집단을, 자유보다는 권위를, 권리보다는 책임을 강조하는 사상"이며 이런 사상이 지배적인 문화는 "민주적 규범의 확산을 방해하고 민

---

165 Kishore Mahbubani, "The Pacific Way", *Foreign Affairs* 74:1 (Jan./Feb.), 1995, pp. 101~102.

166 이충훈은 유교를 내세워 문화정체성을 강조하는 담론은 이미 헌팅턴이 제시한 문명충돌론의 기본 전제를 수용하고 있다고 진단한다(이충훈, 「유교정치론, 유교자본주의론 비판」, 『정치비평』 4권, 1998, 292쪽).

주적 제도의 정당성을 부정하며, 그 결과 그러한 제도의 출현 및 그 효과적인 운영을 방해하거나 적어도 대단히 복잡하게 만든다"[167]는 것이다. 이러한 견해는 헌팅턴만의 것이 아니며, 학자들만의 것도 아니다. 미국 정부의 정치외교 차원에서도 아시아 견제를 목적으로 비슷한 취지의 발언이 등장했으며, 그에 대한 반발로서 아시아적 가치론이 쟁점화되기도 했다.

그리하여 셋째, 아시아적 가치론이다. 헌팅턴의 논문 「문명의 충돌」Clash of Civilization?은 1993년 『포린어페어스』여름호에 처음 게재되었다. 이후 가을, 겨울호에서 문명충돌론에 관한 논문이 이어졌는데, 이에 대해 1994년 『포린어페어스』봄호에 리콴유가 「문화는 운명이다」Culture is Destiny를 발표하며 반론을 제기했다. 여기서 개진된 주장과 이어진 김대중의 반론은 앞서 살펴봤다. 그리고 이듬해에 마하티르의 말레이시아발 아시아적 가치 논쟁이 본격화되었다.[168]

그러나 아시아적 가치론의 등장배경이 되는 국제적 사안은 이보다 앞서 있었다. 1993년 4월 태국 방콕에서 개최된 유엔 아시아지역 인권위원회에서 한국을 포함한 40여 개 아시아 국가는 '방콕인권선언'을 채택했다. 방콕인권선언은 인권의 보편성과 특수화를 두고 서양의 정부, 지식인과 아시아의 정부, 지식인이 벌인 공방에서 촉발되었다. 일군의 서양 지식인은 아시아의 정부들이 민주주의의 성장을 가로막고 국민의 인권을 유린하고 있다고 비판했으며, 미국 등 서양 국가의 정부는 그러한 아시아 국가에 대해 무역과 경제 원조에

---

167 S. Huntington, *The Third Wave*, University of Oklahoma Press, 1991, p. 301(국역본은 『제3의 물결』, 강문구·이재영 옮김, 인간사랑, 2011).

168 그러나 김상일은 「아시아적 가치와 문명충돌론」에서 아시아적 가치론과 문명충돌론 사이의 논리적 유사성에 초점을 맞췄다. 헌팅턴과 리콴유는 모두 문명숙명론을 취해 상이한 문명들은 상충하고 충돌할 수밖에 없다고 전제한다는 것이다. 차이는 헌팅턴이 오리엔탈리즘으로 무장하고 있다면, 리콴유는 오리엔탈리즘의 이분법을 소박하게 역전시켜 개명군주독재를 미화하려는 옥시덴탈리즘의 함정에 빠져 있을 뿐이라고 지적한다(김상일, 「아시아적 가치와 문명충돌론」, 『뇌와 문명의 충돌』, 지식산업사, 2008, 41~42쪽).

제한조건을 내걸겠다며 인권외교에 나섰다. 이에 맞서는 아시아의 정부와 지식인은 인권이란 의식주를 충족하는 생존권과 외부의 위협으로부터 보호받는 안보권을 근간으로 하는데, 아시아의 정부들은 이러한 기본권을 증대시키고자 노력하고 있으며, 민주주의의 성숙도 사회경제적 발전과 병행하는 것이라며 서방 정부의 조치들은 불공정한 내정 간섭이라고 비판했다.[169]

이러한 공방의 와중에 방콕인권선언은 서구적 가치를 아시아 사회에 그대로 적용하려 들어서는 안 된다며 아시아적 인권 개념을 제시했던 것이다. 방콕인권선언에 따르면 인권은 본질적으로 보편적이지만 그 적용은 국가와 지역적 특성, 아울러 다양한 문화적·역사적·종교적 배경을 고려해야 한다. 또한 정치적 권리 이외에도 경제적·사회적·문화적 권리 역시 중요하며, 특히 개발권은 인권의 핵심이기 때문에 경제적 발전은 민주주의와 인권을 신장시킨다.[170]

이처럼 방콕인권선언은 서구중심적 보편주의를 기각한다고 천명했고, 바로 이어진 싱가포르와 말레이시아발 아시아적 가치론은 아시아적 가치의 우월성을 강조하며 한 걸음 더 내디뎠다. 얼마간의 시차를 두고 한국지식계에서도 아시아적 가치론은 서구화에 대한 지역적 대응으로서 부각되었다. 전제국의 간명한 요약에 따르면 아시아적 가치론은 "질서정연하고 건강한 사회를 창출함에 있어서 아시아의 유교문화적 공동체주의가 서구의 개인주의에 비해 훨씬 우월하다"는 주장을 가리킨다. 아시아적 가치론자들은 개인주의에서 파생되는 서구사회의 퇴행 현상인 가족의 붕괴, 청소년 비행의 급증, 마약·폭력·범죄의 확산, 기강 해이와 방종이 시민사회를 좀먹는다면서 아시아적 가치에 입각한 "아시아 사회는 가족중심주의와 충효사상, 개인보다 사회를 앞세우는 공동체주의, 권위에 대한 존중과 사회질서 기강의 중시, 경쟁·대결보다

---

169 함재봉, 『유교 자본주의 민주주의』, 전통과현대, 2000, 76쪽.
170 위의 책(2000), 77쪽.

합의·조화의 존중 등 문화전통과 가치규범이 있었기 때문에 질서정연하고 건강한 사회를 유지하고 있다"라고 주장한다.[171] 이처럼 아시아적 가치론은 동아시아 문화정체성론에 이론적 자원이자 현실적 용례로서 기능했다.

넷째, 반세계화론도 거론할 수 있겠다. 동아시아 문화정체성론에서 반세계화 언설이 전면으로 드러난 것은 아니지만, 세계화 담론과 경쟁관계였던 만큼 근저에 흐르는 경향성으로는 존재했다고 말할 수 있다. 흔히 세계화는 서구화·미국화·맥도널드화 등의 표현이 시사하듯 미국을 필두로 하는 서양 문화의 확산 과정으로 간주된다. 그러나 일각에서는 세계화가 불가역적이고 일방적인 과정인지를 두고 반론도 대두되었다.[172] 로버트 홀턴Robert J Holton의 분류에 따르면 세계화가 초래하는 문화적 효과로는 동질화homogenization, 양극화polarization 및 혼성화hybridization 세 가지를 전망할 수 있다.[173]

동질화 명제에 따르면 세계화는 곧 미국화, 즉 신자유주의적 워싱턴 컨센서스의 처방에 따라 세계질서가 재구성되는 과정이다. 더욱이 미국의 지배는 경제질서 장악에서 그치지 않고 미국식 문화규범이 일상의 구석구석으로 침투해 전 세계 문화가 미국식 문화를 닮아가게 된다. 양극화 명제에 따르면 현대 세계의 동학은 단일 논리에 따르는 것이 아니라 맥월드Mc World 대 지하드Jihad의 대치처럼 지구적 소비자본주의 세력 대 재종족화retribalization 세력의 대결로 진행된다. 헌팅턴의 경우는 세계정치의 근 미래를 문명 간 충돌, 특히 서구 문명과 부상하는 이슬람-유교 연합 문명 간의 대결로 전망했다는 점에서 양극화의 입장에 가깝다고 할 수 있다. 혼성화 명제는 문화교류의 혼성성hybridity, 크리올화creolization, 싱크레티즘syncretism, 비결정성을 강조하는데 세계화는 문화 간의 상호참조와 교차에 따른 융합으로 전개된다는 것이다.

171 전제국,「'아시아적 가치' 관련 동서논쟁의 재조명」,『한국과국제정치』 30호, 1999, 195~196쪽.
172 Colin Hay and David Marsh, *Demystifying Globalization*, Palgrave MacMillan, 2000, pp. 7~12.
173 Robert J Holton, *Globalization and the Nation-State. Macmillan*, 1998, pp. 167~180.

1990년대 초중반의 세계화 추세는 한국사회에서 문화적 정체성에 관한 위기의식을 자극해 반세계화론·대항세계화론을 불러일으켰고, 문화적 동질화의 위험성을 경계하는 사회 분위기 속에서 동아시아 문화를 복권시키자는 목소리가 힘을 얻을 수 있었다. 그리고 그 목소리는 문화제국주의론, 문화종속이론, 문화수탈론 등을 차용해 논리를 보강할 수 있었다.

3) 발전모델론이 전유한 논의

한국지식계에서 동아시아 발전모델론은 고속성장을 경험한 1980년대가 아닌 1990년대 중반에 부상했다. 1980년대 중후반 한국 자본주의의 성격 규정을 둘러싸고 치열하게 전개된 이른바 사회구성체론이 내적으로는 이론 과잉과 구체성 결여, 외적으로는 동구권 사회주의의 몰락으로 퇴조한 다음에야 사회과학계에서는 자본주의적 발전국가론으로 대거 눈을 돌렸던 것이다. 그러나 동아시아 발전모델론 자체는 이미 오랫동안 이론적 축적을 거쳐 왔다.

1950~60년대에 공산주의의 확산을 저지할 목적으로 미국은 제3세계에 막대한 원조를 실시했지만 기대와 달리 자유민주주의 제도의 정착과 이를 통한 정치적·경제적 발전은 순조롭지 않았다. 그리하여 미국 학계에서는 신생 국가들의 발전 문제를 다방면에서 분석해야 할 필요성이 생겼는데, 그 맥락에서 '이중경제이론', '확산이론', '경제성장단계론', '심리문화이론' 등이 만들어졌다.

이중경제이론은 제3세계가 근대적 생산요소를 갖춰 생산성이 높은 근대 부문(도시)과 그렇지 못한 전통 부문(농촌)으로 이중구조화되어 있는 탓에 저개발에 머문다고 진단한다. 확산이론은 이중구조에 기인하는 제3세계의 저개발은 선진국으로부터 자본·기술·제도 등 근대적 생산요소를 도입하면 극복할 수 있다고 처방한다. 경제성장단계론은 모든 사회는 전통 단계, 도약준비

단계, 도약 단계, 성숙 단계, 풍요로운 소비사회 단계라는 다섯 단계를 거쳐 발달해가며 제3세계도 이 경로에서 예외일 수 없다고 주장한다. 심리문화이론은 제3세계 저개발의 원인을 근대적 에토스를 지닌 근대인의 결여 탓으로 돌리고 교육 등을 통해 서구적 근대 문화를 공급해 근대인을 육성해내야 한다고 강조한다.

이상의 이론들은 비서구국가의 저개발 현상에 대해 진단과 처방을 조금씩 달리하지만 논리가 동형적이다. 첫째 전통과 근대를 이분법적으로 가르고, 둘째 분석 단위를 일국에 국한시켜 세계체제적 연계성을 등한시하고, 셋째 사회발전을 단선적으로 조망하며, 넷째 발전의 척도를 미국 내지 서양사회가 거쳐간 경로로부터 도출해낸다. 이상의 이론들은 비서구세계가 자신의 전통과 현재를 부정하고 서양 근대의 경로를 따를 것을 주장한다는 점에서 근대화론이라고 통칭할 수 있다. 그리고 근대화론은 '아시아적 가치'처럼 해당 지역에서 축적되어온 고유한 문화사회적 요소들은 발전을 저해하는 장애물로 간주한다.

그런데 1960년대 후반에는 서양학계 내부에서 기존의 근대화론에 대한 비판이 본격화되고, 1970년대 중반에 이르면 역사적 접근과 구조적 접근, 그리고 세계체제적 조망을 내세우는 여러 입론이 등장하면서 근대화론은 쇠퇴한다. 또한 1970년대는 서양의 경제적 패권이 상대적으로 약화되고 동아시아의 경제적 성장이 두드러졌다. 그리하여 기존의 근대화론으로 설명하기 어려운 동아시아의 탈선적 현상은 발전이론의 각축장이 되었으며, 그 와중에 발전국가론 등이 유력한 이론으로서 떠올랐다.

이상의 맥락에서 접근하자면 동아시아 발전모델론은 '근대화=서구화'라는 도식을 추궁하려는 입론이라고 말할 수 있다. 근대화는 보편성의 범주에 속하나 서구화는 특수성의 범주에 속하니 비서구사회가 자신의 고유문화를 포기하고 서구의 가치를 전면적으로 수용하지 않더라도 근대화를 달성할 수 있는 길이 있다는 것이다. 아울러 동아시아 발전모델론은 종속이론이나 세계체제론의 관점과도 다르다. 종속이론은 '저발전의 발전'이라는 라틴아메리카 국가들의 사례에 근거해 중심부와 주변부의 양극화를 예상했지만, 1960년대 이후 동아시아 국가들은 산업발진이 가속화되었다. 한편 세계체제론의 시각에서 반주변부인 동아시아의 발전을 설명한다면, 이 지역의 내적 역량에 힘입은 것이 아니라 냉전체제 속에서 미국의 '자비로운 헤게모니'benevolent hegemony의 수혜를 받은 결과가 될 것이다. 즉 냉전의 최전선이었던 동아시아 지역의 태평양 연안 국가인 한국·타이완·홍콩·싱가포르 등 동아시아의 네 마리 용은 '초대에 의한 상승'을 경험한 것이며[174], 특히 '발전의 쇼케이스'로서 일본은 세계경제의 호황기에 반주변부에서 중심부로 상향이동한 것이다.[175] 그러나 동아시아 발전모델론은 '기회 포착을 통한 상승'을 가능케 했던 동아시아 국가의 내적 역량을 높이 평가한다. 이처럼 동아시아 발전모델론은 자유방임적 신고전파와 대조를 이루면서도 한편으로는 종속이론과 같은 서구비판적 이론의 힘을 빼고 사회주의 혁명론에 대한 반론으로 기능한 측면이 있다.

동아시아 발전모델론은 세계체제론과 같은 거시적 분석틀에 입각하기보다는 일국 단위의 내적 요인을 강조하는데 여기서 문화적 요소를 중시하면 유교자본주의론과 같은 해석틀이 나오고, 제도적 요소를 중시하면 발전국가론이 등장하기도 한다. 그런데 유교자본주의론 안에서도 유교라는 문화적 토양으로부터 국가의 주도성이 연원한다는 논의라면 발전국가론과 구분하기가 어려워진다. 가령 유석춘은 유교자본주의는 전통적 유교질서를 따르는 국가가 효과적으로 시장에 개입하고 필요와 계획에 따라 민간 부분을 동원하기에 역동적이며, 관료와 기업이 혈연·지연·학연이라는 연결망으로 짜여 있어 거래비

---

174 Pempel, T. J., "Revisiting the East Asian Economic Model", Young Rae Kim, Hoh Chul Lee and In Sub Mah eds. *Redefining Korean Politics: Lost Paradigm and New Vision*, KPSA, 2002, p. 28.

175 윤상우, 「동아시아 발전국가와 세계체제」, 2006년도 한국사회학회 전기사회학대회, 2006, 237쪽.

용을 줄일 수 있기에 효율적이라고 주장한다.[176] 결국 정경유착을 유교적 전통과 자본주의의 결합기제로 간주하는 셈인데, 발전국가론에서도 이러한 착상은 낯설지 않다.

하지만 발전국가론은 문화주의적 설명법을 그다지 채용하지 않는다는 점에서 역시 유교자본주의론과 차별성을 갖는다. 발전국가라는 개념을 공식적 논의의 대상으로 제시한 논자는 일본 자본주의를 연구한 찰머스 존슨Chalmers Johnson으로 알려져 있다. 그는 계획합리적plan rational 국가인 발전국가를 소비에트형 지령경제체제에 근거한 계획이데올로기적plan ideological 국가, 규제 중심의 자유민주주의 국가, 사민주의 국가와 구별했다. 그리고 발전국가의 특징으로 국가가 주도하는 계획중심적 시장경제, 공공 – 민간 부문 내 엘리트 간의 협력, 수출과 연계된 경제성장 등을 꼽았다.[177] 존슨 이후 발전국가론은 '규율된 시장'disciplined market[178], '지도된 시장'guided marker[179], '통치된 상호의존'governed interdependence[180] 등의 개념들을 통해 이론적 진화를 거쳤다.

발전국가론은 일본과 한국, 타이완 등 동아시아 국가들의 발전 현상을 분석하는 데 주로 사용되어 왔다. 한국의 급속한 산업화를 두고는 앨리스 암스덴Alice Amsden이 몰락하는 사회주의체제와 대비해 "한국의 성장은 후발 산업화의 고전적 사례로서 이러한 나라들에 공통된 모든 특징들을 보여준다"[181]며 주목한 바 있다. 좀더 옮겨보자면 한국의 사례는 "성장에 대한 단선적 견해를

---

176 유석춘, 「'유교자본주의'의 가능성과 한계」, 『전통과현대』 창간호, 1997, 81~84쪽.

177 Chalmers Johnson, *MITI and the Japanese miracle: The Growth of Industrial Policy, 1925-1975*, Stanford University Press, 1982.

178 Alice Amsden, *Asia's Next Giant: South Korea and Late Industrialization*, Oxford University Press, 1989.

179 Robert Wade, *Governing the Market: Economic Theory and the Role of Government in East Asian Industrialization*, Princeton University Press, 1990.

180 Linda Weiss and John M. Hobson, *States and Economic Development: A Comparative Historical Analysis*, Polity Press, 1995.

181 Alice Amsden, *Asia's Next Giant: South Korea and Late Industrialization*, Oxford University Press, 1989, p. 5.

지닌 고전적 입장과 자유시장을 성장의 열쇠라고 규정하는 입장을 반박한다. 이 후발 산업화 국가들은 새로운 패러다임의 경제법칙에 따라 행동하고 있나."[102] 그 새로운 패러다임이란 강력한 국가체제가 성취목표를 정하고 사회경제적 자원을 우선적 분야에 효율적으로 분배해 경제 성장의 속도를 끌어올리는 것이다.

그리하여 한국지식계에서 동아시아 발전모델론은 지적 정당성을 부여받지 못했던 한국의 현대사를 냉전적 논리나 정치적 수사 없이도 옹호할 수 있는 학술적 시각을 제공했다. 결과적으로 세계체제론은 미국이나 중국을, 기러기 모델론은 일본을 중시하게 되지만, 동아시아 발전모델론, 특히 발전국가론은 한국을 전형적 사례로 간주하는 드문 이론이었다. 그리하여 1990년대 중반 경제적 성장과 정치적 민주화를 거치며 조성된 한국사회의 낙관적 분위기 속에서 짧은 봄을 맞이할 수 있었다.

4) 지역주의론이 전유한 논의

동아시아 지역주의론은 지향성이 뚜렷하고 논문 형식으로 발표된 글이 대부분인 만큼 어떠한 논의를 전유했는지도 비교적 쉽게 포착할 수 있다. 경제적 차원에서는 지역통합론, 안보적 차원에서는 다자주의론과의 관련성이 뚜렷하다. 그리고 한국지식계에서 자생적으로 등장한 논의를 활용하기보다는 국제정치학·외교학·경제학 등의 학문 분야에서 유입한 이론을 전거로 삼는 경향이 강하다. 하지만 활용방식은 한국의 조건을 반영하고 있다.

한국의 조건이란 무엇보다 강대국에 둘러싸인 중견국가라는 점을 가리킨다. 일반적으로 중견국가는 지역통합과 다자주의 제도의 마련에 적극적이라

---

182 위의 책(1989), p. 140.

고 평가된다.[183] 지역 제도의 형성에 관해 강대국은 자율성 상실에 대한 우려가 크고 약소국은 강대국의 지배수단에 불과하다는 피해의식을 가진다. 반면 제한된 국력을 지닌 중견국가는 제도적 구속에 수반되는 기회비용이 강대국보다 적으며, 강대국의 전횡을 막거나 다자주의적 협상에서 협상력을 제고하는 등의 이익이 약소국보다 크다. 한국지식계의 동아시아 담론 가운데 한 가지 주요한 계열이 지역주의론이며, 지속성을 갖는 계열도 지역주의론이라는 사실은 한국의 지정학적 조건을 반영한다고 말할 수 있다.

동아시아 지역주의론은 무엇보다 지역통합론을 주요한 이론적 전거로 끌어온다. '통합'integration이란 "각 국가가 독자적으로 그들의 외교정책이나 기타 주요 정책을 수행하려는 의욕과 능력을 제어하고 공동으로 정책을 수립하거나 새로운 중앙기구에 의사결정과정을 위임하는 과정"[184]으로 풀이된다. 여기서 지역통합이란 하나의 지역공동체를 수립하기 위한 궁극적인 목적 개념이라고 이해할 수 있으며, 흔히 지역통합의 선행과정으로서 역내 국가들 사이의 정치·경제적 협력 단계를 의미하는 지역협력regional cooperation이 상정된다.

하지만 지역통합에 관한 이해 방식은 논자마다 다를 수 있다. 가령 앤드루 허렐Andrew Hurrell은 지역통합의 제도화란 '지역적 응집력'regional cohesion, 즉 "응집력 있고, 공고화된 지역적 단위의 출현"을 의미한다고 보지만[185], 스테픈 크래스너Stephen D Krasner는 "원칙, 규범, 규칙과 행위의 일치"[186]까지를 요구한다. 종합하면 지역통합의 제도화란 행위의 수렴을 촉진하는 원칙·규범·규칙에 조응해 역내 행위자들이 집합적 의지를 형성함으로써 개별 국가주권

183 최영종, 『동아시아 지역통합과 한국의 선택』, 아연출판부, 2003, 193쪽.

184 Leon N. Lindberg, *The Political Dynamics of European Economic Integration*, Stanford University Press, 1963, p. 6.

185 Andrew Hurrell, "Explaining the Resurgence of Regionalism in World Politics.", *Review of International Studies 21*, Hurrell, 1995, pp. 337~339.

186 Stephen D Krasner, *Sovereignty, Organized Hypocrisy*, Princeton University Press, 1999, p. 56.

의 경계를 넘어서는 응집력 있는 지역 단위를 출현시키는 것을 의미한다.

그 중에서 경제통합은 일반적으로 지리적으로 인접한 두 국가 또는 그 이상의 국가가 싱호 간 동맹을 결성해 동맹국 상호 간에는 사본·상품·노동력 이동에서 자유화를 꾀하고 비동맹국에 대해서는 차별적 조치를 취하는 지역적 경제협력을 일컫는다. 그리고 그 통합수준에 따라 자유무역지대, 관세동맹, 공동시장, 경제통화동맹 및 완전한 통합이라는 다섯 단계로 구분하는 것이 일반적이다.[187]

동아시아 지역은 [그림 2-1]에서 확인한 것처럼 1990년대 초반에 이르면 역내 무역과 투자의 상호의존이 상당한 수준에 이르렀다. 1990년대 후반부터는 일련의 쌍무적 혹은 준지역적 기구들이 형성되어 지역통합론이 힘을 얻는 추세다. 그러나 구성주의적 관점에 따른다면 경제 교류의 활성화만으로 지역통합이 실현되는 것은 아니다. 지역통합은 상호인식과 집단정체성과 같은 관념적 요소를 포함하는 사회적 관계의 산물이다. 이러한 관념적 요소가 행위자들의 행동양식을 촉진하고 구속하는 구성적·규제적 효과를 갖는 것이다. 그러나 동아시아 지역은 집단정체성과 공동규범 형성이 무척 더디다. 더욱이 지역통합론 자체가 각국 국민경제의 성장을 위한 도구적 관점에서 제출되고 있다.

한편 경제적 차원이 아닌 정치안보적 차원에서는 다자주의론의 쓰임새가 크다. 다자주의는 인접국가 혹은 국제적·지역적 안보문제에 대한 공통의 목표나 이해관계를 갖고 있는 셋 이상의 국가들이 전략적 차원의 정책 조율을 통해 상호신뢰를 구축하고 전통적 안보위협이 분쟁으로 비화하는 것을 방지하는 동시에 비전통적 안보 위협에 공동대처하고 국제사회 및 지역 내의 분쟁해결과 안전보장 및 평화증진을 제도화해가는 과정이라고 정의된다.[188] 다자

---

187 Edward D. Mansfield and Helen V. Milner, "The New Wave of Regionalism", *International Organization* 53–3, 1999, p. 592.

주의가 거론되는 이유는 여러 가지다. 다수의 관련 당사국이 참가해 보다 완전한 합의를 도출할 수 있으며, 협상참가국 간에 다양한 이해연합이 출현할 수도 있다. 당면한 현안을 풀기 위한 공동의 노력으로 협상당사국들 간에 협력과 이해의 문화를 조성할 수도 있다. 그리고 현안을 넘어 장기적 과제까지 다루면서 신뢰구축과 이해증진을 바탕으로 지역의 불안정성·불확실성 요인을 줄이거나 제거할 수도 있다. 나아가 공통 관심사를 함께 다루며 대화 관습을 축적하고 공통규범을 마련해 국가 간 행동양식의 예측 가능성을 높이고 구조적 군비통제의 실현을 위한 기반을 조성할 수도 있다.[189]

이러한 다자주의의 제도화는 장기적으로 안보공동체로 발전할 가능성을 갖는데, 안보공동체는 안보이슈와 관련해 다자간 제도나 지역적 국제기구가 창설되는 초기 단계, 국가 간 상호거래의 양·속도·다양성이 크게 증가하고 보다 긴밀한 군사협력을 위한 새로운 제도와 기구가 등장해 타국의 위협에 대한 우려가 감소하는 도약 단계, 그리고 집단정체성이 확립되어 공동체 내 전쟁의 개연성이 거의 사라지는 성숙 단계로 나눠진다.[190]

탈냉전기의 동아시아 지역은 유럽과 달리 다자주의적 협력체제를 마련하지 못하고 있다. 냉전기에도 동아시아 지역은 유럽보다 양극체제가 유동적이었고 안보환경이 불안정했다. 양극 사이에는 회색지대가 존재하고, 중소분쟁이 보여주듯 공산진영 내 주요 행위자 사이에 갈등이 상존하며 동맹을 탈퇴하려는 동향조차 있었다. 일본을 포함한 동아시아 반공진영에서도 상호 협력을 심화해야 할 당위성과 필요성이 상대적으로 적었다. 여기에 침략과 식민지배

188 Robert Keohane, "Multilateralism: An Agenda for Research", *International Journal*, vol. 45, 1990, p. 731; John Gerard Ruggie, "Mulitilateralism: the Anatomy of an Institution", *International Organization*, vol. 46, 1992, p. 568; 이신화, 「동북아안보공동체 구축에 관한 소고」, 『전략연구』 36호, 2006, 11쪽.

189 전재성, 「동북아다자안보체제: 전망과 과제」, 『한반도군비통제』 41집, 2007, 128~130쪽; Michael Brenner, ed., *Multilateralism and Western Strategy*, Macmillan Press, 1995, p. 211.

190 김유은, 「동북아 안보공동체를 위한 시론」, 『국제정치논총』 44집 4호, 2004, 78~81쪽.

의 감정기억으로 인한 일본과 인국 사이의 간극 등이 작용해 다자주의적 협력
체제는커녕 안정된 다자적 협의체조차 구성하지 못했다. 이러한 조건에서 탈
냉전으로 접어들며 양극 구조가 무너지고 힘의 분포가 나극화되자 동아시아
지역에서는 불확실성이 증대되고 있다. 따라서 증대되는 불확실성과 이에 수
반되는 위험을 줄이고자 다자주의가 거론되며 지역주의론의 한 축을 이루고
있다. 다자주의는 최소한 상호의사소통을 원활히 하고 투명성을 높여 국가들
사이에서 상대의 의도를 오인하거나 오판할 위험성을 줄이는 데 기여할 수 있
기 때문이다.

5) 동아시아 담론의 차별화와 한계

탈냉전기 동아시아 담론은 1990년대 초 일군의 인문학자들에 의해 동아시아
대안체제론의 형태로서 등장했으며 직후 동아시아 문화정체성론이 비등했다.
1990년대 중반에는 사회과학자들이 가세하며 동아시아 발전모델론이 부상했
고 1990년대 후반부터는 동아시아 지역주의론이 본격화되었다. 이렇듯 계열
을 달리하는 동아시아 담론들은 동일한 사회적 배경에 달리 반응하거나 다른
학술적 논의를 전유하며 차별화되어 갔다. 그 내용을 표와 그림으로 정리하면
〔표 2-2〕와 〔그림 2-3〕과 같다.
　네 가지 계열의 담론들은 지향도, 논리도, 전거도 달랐기에 가해진 비판 역
시 달랐다. 가령 동아시아 문화정체성론은 서양중심주의·미국화 경향 등에
맞서 동아시아의 문화적 독자성·정체성·우수성을 상정하는 까닭에 역오리엔
탈리즘, 문화의 물신화 혐의 등이 비판 지점으로 거론되었다. 반면 동아시아
대안체제론은 동아시아를 문화적 고유성에 기반하는 단위로 간주하지 않으니
역오리엔탈리즘이나 문화의 물신화라는 비판은 피해갈 수 있지만, 그렇다면
왜 혹은 무엇이 동아시아인가라는 물음에 어떤 식으로든 대답을 내놓아야 한

〔표 2-2〕 네 가지 계열의 동아시아 담론의 특징

담론 계열	대안체제론	문화정체성론	발전모델론	지역주의론
담론의 영역	사회, 정치	문화, 정치	경제	경제, 안보
인식론적 시각	지정학적	지문화적	지경학적	지정학적·지경학적
주도 학문 영역	인문학		사회과학	
담론의 등장 배경	탈냉전, 사회주의 체제 몰락, 중국의 개혁개방, 신자유주의 확산, 역내교류 증가, 민족주의 갈등 고조, 과거사 문제 부각	세계화, 탈냉전, 중국의 체제 개방, 역내교류 증가, 동아시아 경제 성장, 중화권의 성장, 한류	동아시아 경제 성장, 신자유주의의 확산, 지역화	〔경제 영역〕 세계화, 지역화, 동아시아 경제위기, 중국의 부상 〔안보 영역〕 탈냉전, 미국의 전략적 유연성, 중국의 굴기, 일본의 재무장, 북핵 위기
담론의 지향	동아시아평화공동체 한반도평화체제 동아시아 시민/운동 네트워크	동아시아 문명권 동아시아 문화권	구성적이지 않고 해석적임	동아시아자유무역지대 동북아안보협력체 동아시아공동체
담론의 주요 대상 국가	미국, 중국, 북한, 일본, 러시아	중국, 일본	일본, 타이완, 싱가포르, 말레이시아	〔경제 영역〕 아세안+3 〔안보 영역〕 미국, 중국, 북한, 일본, 러시아

〔그림 2-3〕 네 가지 계열의 동아시아 담론과 접목된 주요 논의

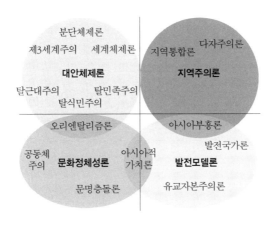

다. 이처럼 각 계열의 동아시아 담론에는 다른 비판이 가해졌고, 그 중에는 각 계열 간의 상호비판도 존재했다.

이제 각 계열에 가해진 비판의 내용들을 구체적으로 살펴보자. 먼저 동아시아 문화정체성론은 방금 언급했듯이 크게 두 가지 비판에 직면했다. 첫째, 역오리엔탈리즘적 편향에 빠져 있다는 것이다. 즉 서양과 동아시아를 이항대립적으로 가르고 서양 문화가 노정하는 문제 양상의 반대형상으로 동아시아의 문화적 특성을 도출해낸 까닭에 표면적으로는 동아시아의 문화적 우수성을 내세우는 듯 보여도 실제로는 여전히 오리엔탈리즘에 주박당해 있다는 것이다.[191] 서양 중심주의 비판에 매달린 나머지 비판대상으로부터 거꾸로 사고를 제약당하고 만 것이다.

앞서 확인했듯 일군의 인문학자는 서구적 근대의 폐해, 즉 이성중심주의·인간중심주의·물질중심주의·역사주의·개인주의 등을 극복하는 대안상으로서 동아시아 문화를 형상화했다. 그리하여 자연과 인간의 일체화, 세계에 대한 유기체론적 시각, 개인주의에 앞서는 공동체 윤리, 선형적 사고방식이 아닌 순환적 사고방식 등이 동아시아 문화와 정신세계의 특징으로 강조되었으며, 동아시아 문화는 더 이상 열등·낙후·미개 등의 언어로 묘사될 것이 아니라 오히려 서양 문화보다 우수하다는 평가의 전환이 일기도 했다.

그러나 이러한 이항대립구도는 서구와 동아시아를 단일체로 간주해 내적 다양성과 비균질성을 무화시키고, 각 문화의 내용을 단순화하고 실체화하고 만다. 홍성준과 임춘성은 이러한 접근법이 "문화 자체를 화석화"한다고 경고하며, "가족주의, 혈연 및 지연의 강조, 음양의 조화, 관용, 인간주의 등"의 항목들을 동아시아 문화의 특질로 간주하는 시도는 "주관적인 해석과 기대, 그리고 구체적인 내용을 결여한 비과학적이고 비논리적 방식으로서 긍정 일변

---

191 박승우, 「동아시아 담론의 현황과 문제」, 『동아시아 공동체와 한국의 미래』, 이매진, 2008, 325 ~328쪽.

도의 해석이 이루어지는 경우가 많"다고 꼬집는다.[192] 더욱이 조화, 관용, 인간주의 등 동아시아 문화의 특질로 거론되는 항목들은 양상의 차이는 있을지언정 서양을 비롯한 어느 지역에나 존재하는 법이다. 보다 일반화해서 전형준은 '동양은 도덕, 서양은 기술'이라고 할 때의 도덕이나 '동양은 정신, 서양은 물질'이라고 할 때의 정신으로 동아시아 문화를 특징화하는 것은 온당치 않다면서 그 차이는 동서의 차이가 아닌 고금의 차이일 수 있다고 지적한다.[193] 이처럼 동아시아 문화정체성론은 암묵적 대립항이자 내면화된 필수 근거로서 서양 문화를 필요로 하고 있다. 그리하여 동아시아 문화정체성론은 서양 문화가 노출하는 문제점들을 선택적으로 보정하려는 노력에 불과할지도 모른다는 비판이 가해지는 것이다.[194]

둘째, 동아시아 문화라고 부를 만한 실체가 과연 존재하는가. 동아시아 문화정체성론은 문화적 동질성에 근거해 동아시아를 유교문화권·한자문화권과 같은 문화 단위로 상정하는데 과연 설득력이 있는지를 묻는 것이다. 유교문화권의 경우 실상 유교만으로는 오늘날 중국의 문화적 구성조차 설명하기 어렵다. 또한 유교라며 거론될 수 있는 대상은 원시유학, 주자학과 양명학, 고증학, 그리고 현대 신유가에 이르기까지 매우 다층적이고 불균질하다. 더욱이 삼국의 유교는 토착화 과정에서 많은 변형을 거쳤기에 유교를 공통의 문화 요소로 간주하려면 유교 전통을 역사적 실상에서 분리하여 고도로 추상화해야 한다.

한자문화권 역시 근대 이전에는 한자가 이 지역에서 보편화된 문어였으며 한자를 매개로 한 언어적 유대가 존재했고 정신적 소통이 가능했다고 하더라도 오늘날 한자를 문화적 공통분모로 볼 수 있는지는 의문의 여지가 많다. 대

---

192 홍성준·임춘성, 『동아시아의 문화와 문화적 정체성』, 한울, 2009, 32쪽.

193 전형준, 「같은 것과 다른 것」, 『동아시아인의 동양 인식』, 창작과비평사, 1997, 288쪽.

194 고미숙, 「'새로운 중세'인가 '포스트모던'인가, 『상상』의 동아시아 문화론에 대한 비판적 검토」, 『문학동네』, 1995년 가을호.

류 중국은 간자를 사용해 타이완과 표기법이 다르고, 일본은 이중표기체계를 취하는데다가 문법상 이질적이며, 한국은 1990년대에 들어서는 문어에서도 한자를 좀처럼 노출시키지 않으며, 북한은 이미 1949년에 한자 사용을 폐지했으며, 베트남은 로마자로 표기하고 있다. 통역을 거치지 않는 한 역내 교류에서 가장 빈번히 사용되는 언어는 차라리 영어일 것이다. 천天, 기氣, 예禮 등 타언어로는 좀처럼 번역하기 어려운 고유의 관념어가 존재하는 것은 사실이나 그것들이 현대사회의 정신생활에서 큰 비중을 차지하지 못하는 것 또한 사실이다. 대체로 2음절로 짜이는 한자식 조어법은 오늘날에도 중요하게 기능하지만 근대, 시민, 자본, 계급 등 오늘날의 사회구성체를 다루는 데서 핵심적인 추상명사는 적어도 한국에서는 서양의 언어를 일본어로 번역한 것이 한국어(조선어)로 유입된 경우가 대부분이다.

이처럼 유교문화권·한자문화권을 밑그림으로 삼는 논의가 드러내고 마는 문제를 회피하고자 유교·한자처럼 특정한 문화적 요소에 기대는 것이 아니라 유사한 문화적 속성에 착목해 아시아적 가치라는 식으로 아우르려는 시도도 존재하지만, 역시 의구심을 피해가기 어렵다. 아시아적 가치론은 동아시아 각국의 역사적·사회문화적 실체를 비교분석한 결과를 토대로 제시된 것이라기보다 동아시아 국가들의 사회경제적 지표상의 상승세를 해석하는 과정에서 일부 문화적 속성에 선택적으로 의미부여를 한 것이기 때문이다.

어떠한 문화적 요소 내지 속성을 공유한다고 하더라도 거기서 공통의 문화적 정체성이 도출될 수 있다고 보는 것은 사회적 사실이라기보다 관념적 가설에 가깝다. 문화란 일상의 실천양식이다. 즉 어떠한 문화적 요소를 보유하고 있다는 것이 곧 그러한 문화를 일상에서 실천하고 있다는 뜻은 아니다. 이 점은 유교와 한자 이외에 공통된 문화적 요소를 더 찾아내고 늘린다고 해결할 수 있는 문제가 아니다. 문화란 고정불변한 실체가 아니라 시대적 환경과 사회적 맥락 속에서 변화를 거듭하는 구성물이니 이 사실을 홀시하고 문화적 전통을 내세운다면 되레 몰역사적일 수 있다. 따라서 김광억은 강한 어조로 비판한다. "인류학자로서 나는 동아시아 담론 만들기에서 정제되지 않은 문화결정론이 강하게 작용하고 있는 것을 발견한다."[195]

이어서 동아시아 발전모델론에 가해지는 비판을 살펴보자. 이미 자세히 다뤘지만 간단히 되짚어본다면 먼저 시야가 일국 단위로 비좁아 경제 현상에 대한 설명기법으로는 치명적 결함을 안고 있다. 세계적 경제 주기, 대외적 여건 변화 등에 관한 고려가 취약해 설명력이 제한적이다. 또한 동아시아 발전모델론 가운데서도 유교자본주의론처럼 문화주의적 논의라면 동아시아 문화정체성에 가해지는 비판을 피해가기 어렵다. 아울러 과거에 서구의 일부 학자들이 중국, 북한, 베트남의 사회주의를 '유교사회주의'로 유형화한 적이 있었음을 상기한다면 동일한 유교가 일견 대립되는 경제체제의 발전에 기여한다고 주장하는 것은 설득력이 약하다. 유교자본주의론이든 유교사회주의론이든 현상 추수적 논의에 그치고 말 공산이 큰 것이다. 한편 발전국가론의 논지는 개발독재를 미화하고 정부·관료·정당세력·기업·금융기관 간의 유착을 정당화할 우려가 있다.[196] 또한 정경유착을 통한 거래비용의 감소는 거래비용의 감소를 유지하기 위해 막대한 사회적 부수비용을 초래했다는 점도 지적해야 할 것이다. 특혜관계를 유지하기 위해서는 막대한 뇌물과 정치자금이 동원되며, 그 자금은 정경유착에 반대하는 세력들에 대한 억압비용으로 사용되었다.[197] 따라서 백낙청은 유교자본주의론이 자본주의의 문제점을 해결하기는커녕 서구형 자본주의의 일정한 덕목마저 유실한 열악한 유형이 아닌가 의심한다.[198]

동아시아 발전모델론의 가장 본질적인 문제라면 근대화론의 안티테제로 등장했으나 결국 근대화론의 각색된 논리에 머물렀다는 점일 것이다. 지향하는 가치는 동일하고 도달하는 방법에서만 차이가 있는 것이다. 그 중 유교자

195 김광억, 「동아시아 담론의 문화적 의미」, 『정신문화연구』 70호, 1998, 10쪽.
196 조희연, 「동아시아 성장론의 검토」, 『비교사회』 36권, 1997, 67~68쪽.
197 이충훈, 「유교정치론·유교자본주의론 비판」, 『정치비평』 4권, 1998, 298쪽.
198 고은·백낙청, 「대담: 미래를 여는 우리의 시각을 찾아서」, 『창작과비평』 79호, 1993, 22~23쪽.

본주의론은 동아시아에서 유교는 자본주의적 발전의 장애물이라는 막스 베버의 주장에 대한 반박의 의미를 지녔지만, 유교를 프로테스탄티즘의 기능적 등가물로서 제시하는 데 그쳤다고도 볼 수 있다. 결국 경제적 근대화라는 역사주의적 도식에 매인 나머지 월러스틴의 표현처럼 '반유럽중심적 유럽중심주의'[199]라는 역설적 방식으로 비서구의 다중적 근대성을 무화하고 마는 것이다.

한편 동아시아 대안체제론은 동아시아 문화정체성론처럼 문화적 동질성을 전제하지 않기 때문에 동아시아 문화정체성론에 가해진 비판들, 즉 (역)오리엔탈리즘의 혐의가 있다, 문화를 화석화한다, 동아시아를 자명한 문화 단위로서 간주하기 어렵다 등의 비판으로부터 자유롭다. 그러나 역으로 동아시아라는 지역 단위를 실체화하지 않는 까닭에 "왜 혹은 무엇이 동아시아인가"라는 물음에 직면한다. "동아시아란 고정된 경계나 구조를 가진 실체가 아니라 이 지역을 구성하는 주체의 행위에 따라 유동하는 역사적 공간"[200]이라서 동아시아를 '방법'으로 삼고 '지적 실험'에 나선다고 하더라도 그 모색의 거처가 왜 동아시아여야 하는지가 해명되어야 할 과제로 남는다. 동아시아 시각을 제시한 선구적 논문인 최원식의 「탈냉전시대와 동아시아 시각의 모색」도 '왜 동아시아인가'라는 물음에 대한 구체적 해명을 내놓지 않았다는 것은 앞서 지적했다. 또한 백영서는 '지적 실험으로서의 동아시아'라는 명제를 제기하며 이러한 모색이 현실에서 추진력을 얻으려면 "동아시아인들의 일상생활에서 변화 가능성이 나타나야 하고", "부국강병을 추구하는 국민국가에 흡입당한 '20세기형 문명'을 넘어서려는 문명론적 차원에서의 변화가 있어야 한다"라고 강조했지만[201], '지적 실험으로서의 동아시아'와 그것이 현실화되기 위한 '일상생활에서의 변화', '문명론적 차원의 변화'가 어떻게 결부되는지를 논리적이고, 구

---

199 이매뉴얼 월러스틴, 「유럽중심주의와 그 화신들」, 『창작과비평』 95호, 1997, 402쪽.

200 '동아시아의 비판적 지성' 기획위원, 「비판적 지성이 만드는 동아시아」, 『여럿이며 하나인 아시아』, 창비, 2003, 6쪽.

201 백영서, 「중국에 '아시아'가 있는가?」, 『동아시아의 귀환』, 창작과비평사, 2000, 63~66쪽.

체적으로 설명하지는 않았다.

그런 까닭에 동아시아 대안체제론은 서구중심적 근대화에 대한 비판적 성찰의 거점으로서 동아시아라는 지적 공간을 제시했지만 실천성에 관한 회의에 맞닥뜨린다. 한상일은 "동아시아 공간에 대한 상상력을 추동하는 기본틀을 구성할 뿐, 동아시아 맥락에서 어떻게 기능하고 지역주체의 행동과 관계망에 어떻게 연루되는지를 보여 주지 못하였다. 창비의 성찰적 동아시아론은 (……) 동아시아를 '상상'할 따름이다"[202]라고 비판했으며, 장인성은 "동아시아의 새로운 상상은 (……) 공간적 상상만이 아니라 경험과 전망이 응축된 시간축에 대한 상상이며, 목적론적 당위성이 아니라 역사적 과정의 사실 관계에 기반을 둔 비전으로서 제시되어야 한다"[203]라고 제언했다.

다시 말해 '서구중심적 근대 극복'을 실현할 만한 조건·자원·역량을 해명하지 않은 채 동아시아를 서구중심적 근대에 맞설 대안적 공간으로 조형한다면 서구적 근대에 관한 인식은 단순화되고 동아시아는 물신화될 수 있는 것이다. 근대의 이식성·국민국가의 억압성·민족주의의 배타성·자본주의의 착취적 속성을 비판하는 데서 그치지 않고, 더구나 동아시아의 동질성에 기대지도 않고, 대안체제를 모색하려면 거기에 걸맞은 논리와 방법이 요구될 것이다. 이에 창비 진영은 내적 성찰과 외적 비판 가운데서 동아시아 시각을 다듬어나갔는데 이 점에 관해서는 3부에서 검토하자.

끝으로 동아시아 지역주의론은 다자주의·지역통합 등을 모색하는 논의로서 정책 담론으로 육성되기도 했던 까닭에 동아시아 문화정체성론에 가해진 문화본질주의 등의 지적뿐 아니라 동아시아 대안체제론에 가해진 추상적이라는 비판으로부터도 비교적 자유롭다. 그러나 역으로 동아시아 대안체제론이 견지하는 비판의식이 약하기에 그 지점에서 비판받곤 한다. 동아시아를 권역

---

202 한상일, 「동아시아 공동체론 : 실체인가, 환상인가?」, 『동양정치사상사』 4호, 2005, 19쪽.
203 장인성, 「한국의 동아시아론과 동아시아 정체성」, 『세계정치』 26집 2호, 20005, 18쪽.

으로 삼으려는 시도는 동아시아를 역내 국가들 간 이해관계의 각축장으로 만들 공산이 크다. 현재 동아시아 지역주의론은 국민국가적 질서의 초극과 지역 패권주의의 해소라는 높은 수준의 초국가적 공동체를 지향한다기보다 개별 국가의 국익을 우선시하며 그것을 지역 차원에서 확대재생산하기 위한 방편으로 쓰이고 있다. 그리하여 국가 간 협력이라는 기치 이면에서는 협력 방향을 자국에 유리한 쪽으로 이끌고가려는 경합이 치열하다. 그런 맥락에서 송주명은 지역 정체성을 설정해 경쟁하려는 것은 세계체제에서 분열을 초래하며, 역내에서는 국가의 경제발전 정도에 따른 수직적 계층화를 가중시킬 수 있다고 경고한다.[204]

아울러 동아시아 지역주의론은 대내적으로는 정책 결정 세력을 제외한 하위주체들을 의사결정 과정에서 소외시키고 지배질서를 공고화할 위험성이 있다. 그리하여 제기되는 또 한 가지 비판은 '아래로부터의 시각'이 결여되어 있다는 것이다. 아세안+3, 동아시아정상회의, APEC, ASEM 등 지역적 연계조직은 경제협력을 축으로 삼아 국가 간 공조를 지향하지만, 그 주체가 국가 단위로 설정되어 있어 지향성과 사업과제, 제도화 방안 등에 관해 각국의 사회운동세력·노동자·여성·농민·빈민과 같은 하위주체가 발언 기회를 갖기란 어렵다. 국가 간 공존 논리의 배후에서 국가 내의 억압과 배제가 정당화되는 것이다. 그리하여 강내희는 "동아시아라는 시야가 국가와 엘리트에 의해 독점되고 있는 상황에서는 동아시아에 연대가 일어난다고 하더라도 해방보다는 지배의 효과를 낳을 공산이 크다"라며 동아시아 지역주의론으로 수렴되어 가는 동아시아 담론 일반에 대해 비관적 전망을 내놓기도 했다.[205] 그 처방으로서 여러 논자들이 국민국가가 지역협력을 일방적으로 주도하는 것이 아니라

204　송주명, 「탈냉전기 동아시아 태평양의 안보·경제체제와 한반도」, 『역사비평』 53호, 2000, 72~74쪽.
205　강내희, 「동아시아의 지역적 시야와 평화의 조건」, 『문화과학』 52호, 2007, 95쪽.

다양한 수준의 행위자가 참여하는 초국가적 교류의 활성화와 국제조직의 형성을 강조하지만, 논문의 말미에서 제언으로 반복되고 있을 뿐 이를 실행으로 옮길 구체적 방안에 관한 연구는 아직 축적되지 않았다.

3부　동아시아 담론의
　　　동아시아화

이제까지 동아시아 담론의 이행 과정을 살펴보고 그로부터 동아시아 담론을 네 가지 계열로 정리하고 그것들이 지식계 내외의 어떤 사회적 맥락 가운데서 각기 다른 학술적 전거를 마련해 차별화를 꾀했는지를 확인했다. 즉 동아시아 담론에 관한 공시적·통시적 분석을 마쳤다. 이제 이상의 결과를 토대로 동아시아 담론의 대안적 이론화에 관한 모색을 이어갈 차례다.

그러나 동아시아 담론에는 여러 계열이 존재하며 방금 살펴보았듯이 각 계열마다 노정하는 한계도 다르다. 다만 동아시아 담론은 일관된 담론의 목표도 이론적 전제도 존재하지 않지만, 최소한의 공통성으로서 동아시아 내지 그것에 준하는 지역상을 활용하고 거기에 지리범주 이상의 의미를 부여하거나 지리범주에 입각해 특정한 지향성을 꾀하고 있다. 따라서 동아시아 담론의 대안적 이론화는 계열을 달리하더라도 동아시아 담론으로서 지니는 공통성, 즉 중범위적 수준의 지역상을 전제하거나 구상한다는 사실에 착목해 그 지역상의 외연과 내포를 비평하는 데서 출발할 수 있을 것이다.

동아시아는 분명히 한 지역의 이름이다. 따라서 지리적 인접성이라는 물리적 속성이 중요하다. 그런데 동아시아 담론을 들여다보면 동아시아의 지역 범위에 대한 규정은 논자마다 크게 다르다. 그 까닭은 동아시아는 물리적 공간일 뿐 아니

라 사회적 공간, 정신적 공간이라는 속성을 함유하기 때문이다. 펨펠T. J Pempel
이 강조하듯이 지역은 "끊임없는 재창조와 재정의의 과정에 있는 물리적, 심리적,
행태적 특성들의 유동적이고 복합적인 혼합물"로서 그 지리적 경계는 "사회학적
결과를 갖는 지리학적 사실이 아니라 지리학적 형식을 갖춘 사회학적 사실"로 보
아야 하는 것이다.[1]

　　동아시아 담론에서 동아시아란 단지 지리범주만을 가리키지 않았다. 그것은
탈냉전을 거쳐 복원된 '지역지평'이자, 미국을 위시한 강대국들의 지역전략이 관
통하는 '지역질서'의 단위이자, 역내의 국가 간 협력을 도출해내기 위한 '지역구
상'의 외연이자, 역내에서 식민주의와 패권주의를 극복하고 공존과 상생으로 나
아가기 위한 '지역연대'의 장이기도 했다. 지역지평·지역질서·지역구상·지역연
대라는 네 차원은 동아시아라는 지역상을 입체화했다. 그리고 이러한 네 차원이
동아시아 담론이 활성화된 배경이자 분화하는 계기이며 모호해진 원인이었음은
이제껏 확인한 바다.

　　아울러 이러한 네 차원은 동아시아의 지역 범위를 유동화한다. 동아시아의 지
역 범위를 두고 연구자 사이에서 여러 차례 논의가 오갔지만, 어떤 차원에서 동아
시아를 설정하느냐에 따라 그 외연은 달라지기 마련이니 논의는 대개 합의점을
도출하기보다는 문제의식의 차이를 확인하는 쪽으로 귀결되곤 했다. 하지만 그
렇다고 지역 범위에 관한 논의가 무용한 것은 결코 아니다. 해당 담론이 설정하는
지역 범위의 현실성을 검증한다면 해당 담론이 지역 담론으로서 설득력을 갖는지
규명할 수 있기 때문이다.

　　특히 동아시아라는 개념의 이차적 용법인 이념적 가치와 제도적 권력을 대표
하는 대안체제론과 지역주의론은 지역연대 내지 지역협력을 꾀하는 구성적 논의
인 만큼 그것들이 상정하는 지역 범위가 얼마나 설득력을 갖는지는 반드시 따져

1　　T. J Pempel ed., *Remapping East Asia: The Construction of a Region*, Cornell University
　　Press, 2005, p. 4.

봐야 한다. 두 계열의 담론은 문화정체성론이나 발전모델론처럼 문화적 요소, 경제적 발전에 근거해 동아시아의 지역 범위를 획정할 수는 없으니 지역연대와 지역협력을 추구해야 할 필요성과 그것이 가능하다는 현실성 사이에서 지역 범위를 설정해내야 하는 것이다. 역내외의 타국이 받아들일 가능성에 대한 충분한 고려 없이 한국의 상황에 근거해 실천의 당위성을 과도하게 주장한다면 그것은 지적 모색일 수는 있겠으나 지역 담론으로서는 실격이다. 어떤 동아시아상이 바람직한가라는 규범적 물음은 어떤 동아시아상이 가능한가라는 현실적 조건 위에서 던져져야 한다.

　여기서 또 한 가지 유념할 점이 있다. 동아시아라는 지역상은 너비(외연)로서만 존재하는 것이 아니라 깊이(내포)도 갖는다. 다시 말해 국가 단위의 병렬적 나열로서는 드러나지 않는 층위가 있다. 단적으로 한국측 지역구상이 상정하는 지역 범위가 중국과 일본처럼 광역 동아시아에 이르지 못하는 까닭은 지리적 위치·지정학적 조건의 차이만이 아니라 규모와 국력의 비대칭성이 반영된 결과다. 중국과 일본이 광역 동아시아를 상정하지만 그 양상이 크게 다른 것은 양국의 대외관계가 상이하기 때문이다. 그렇다면 동아시아의 외연을 어디까지로 정할지만이 아니라 이러한 규모와 국력의 차이, 대외관계의 차이라는 동아시아적 조건을 어떻게 동아시아상에 반영할 수 있을지도 중요 과제가 될 것이다.

1. 동아시아 지역상의 유동성

'무엇이 동북아냐'라는 범주 설정의 문제가 있어 왔다. 어떤 개념적 차원을 중시하느냐에 따라 지리적 범주, 가치지향적 범주, 인식적 범주 등등 범주 설정에 있어 여러 잣대가 있을 수 있고, 실제 이런 잣대들을 두고 논란이 있어 왔다. 범주 설정에 있어 현실적 어려움은, 외연을 넓히면 원래 취지가 무색해져 초점이 흐려지는 등등의 자명한 문제가 발생하고, 좀 분명하게 하기 위해 좁히면 '협소한 것 아니냐' 이런 문제제기가 나온다.[2]

동북아시대위원회가 작성한 『참여정부의 동북아시대구상』에 나오는 내용이다. 동북아의 지역 범위 설정에 관한 문제제기를 이렇게 정리하고 있다. 이러한 논란과 난점은 당연히 동북아가 아닌 동아시아라는 지역상을 두고서도 생겨난다. 인용구에 따르면 동아시아는 동북아보다 외연을 넓힌 경우로서 "초점이 흐려지는" 문제가 따르게 될 것이다. 확실히 다양한 가치지향의 각축장이 되고 있는 동아시아는 동북아시대위원회가 한반도와 주위 4대 강국이라고

2   동북아시대위원회, 『참여정부의 동북아시대구상』, 대통령자문 동북아시대위원회, 2006, 17쪽.

상정한 동북아에 비해 지역 범위가 불분명하고 유동적이며, 그만큼 논란과 난점이 많다.

그런데 지역 범위의 유동성은 정도의 차이는 있을지언정 동아시아에만 국한된 특징이 아니다. 지역region을 지대area와 구분하자면 지역은 같은 지대에 속한다는 지리적 연관을 가질 뿐 아니라 정치적·경제적·사상적·문화적으로도 긴밀하게 연관된 공간이다. 분명 지역의 경계는 지리적 경계일 뿐 아니라 지정학적·지경학적·지문화적 경계이며, 때로는 가치판단의 경계이기도 하다.[3] 따라서 동아시아는 지리·역사·정치·경제·문화의 과거와 현재와 미래가 복잡하게 얽혀 있는 지정학적·지경학적·지문화적 개념으로 사고해야 하며, 그 지역 범위는 응당 유동적일 수 있다.

그러나 지역 범위를 확정할 수는 없더라도 사회학적 사실로서 공유할 수 있을 만한 윤곽과 논리를 갖추지 못한다면 지역 개념으로서 실격이라는 점 또한 자명하다. 따라서 동아시아라는 지역 범위의 윤곽을 그려내기 위해 자의적이지 않은 기준을 마련할 필요가 있다. 여기서 일단 참고로 삼을 만한 것이 브루스 러셋Bruce Russett의 『국제지역과 국제체계』에서 제시된 지역 정의의 세 가지 기준이다.[4] 그 세 가지 기준은 '물리적 근접성', '상호 연계성', '동질성'이다. 간단히 살펴보자면 첫째, 물리적 근접성에서는 강·산·바다 등이 일반적으로 경계의 지표 역할을 한다. 그 경계 안에 속하는 근접한 공간을 같은 지역으로 간주하는 것이다. 그러나 교통·통신 수단의 발달로 물리적 경계의 중요

---

3 미일동맹에서 지역 범위(관할 범위)는 군사 개입의 영역을 뜻하기도 했다. 2005년에는 미육군 제1군단의 일본 이전을 두고 논란이 뜨거웠다. 미육군 제1군단은 인도양과 중동, 중앙아시아까지를 관할하는 부대인데 미일상호방위조약의 '극동구' 조항과 충돌할 여지가 있었던 것이다. 미일상호방위조약은 미군 주둔의 목적을 "극동 지역의 국제평화와 안전유지에 기여할 것"이라고 규정하고 있었으며, 일본 정부의 공식 해석은 극동이 일본과 일본 주변 지역, 필리핀 이북 지역까지를 의미한다는 것이었다. 그리하여 미육군 제1군단의 일본 이전을 두고 일본 정부 내에서는 미일동맹의 재조정이 상호방위조약, 특히 '극동' 조항의 범위에서 벗어나서는 안 된다는 주장과 새로운 위협에 대처하려면 '극동'을 보다 폭넓게 해석해야 한다는 주장이 팽팽히 맞섰다.

4 Bruce Russett, *International Regions and the International System*, Greenwood Press, 1967.

성은 점차 감소하고 있다. 둘째, 상호연계성, 특히 경제 영역의 상호연계 정도로써 지역을 정의하는 것이다. 그 경우 지역이란 무역·생산·관광·노동의 흐름 등 경제 거래의 밀도가 높게 형성되는 지대를 가리킨다. 냉전기에는 유럽의 동구권과 서구권, 동아시아의 대륙세력권과 해양세력권처럼 그 경계가 비교적 뚜렷했다. 그러나 냉전의 종언 이후에는 경계가 회색지대의 양상을 띠곤 한다. 셋째, 동질성을 기준으로 지역을 정의하는 것이다. 이 경우는 문화가치·경제체제·정치체제·삶의 양식 등이 중요 변수로 거론된다. 다만 변수가 많고, 어떤 변수를 보다 중시할 것인지에 관해 합의를 도출해내기 어렵다는 점이 문제로 남는다.

이제 러셋이 제시한 세 가지 기준을 동아시아에 적용해보자. 첫째, 물리적 근접성에 따라 동아시아를 구획해볼 수 있다. 그러나 동아시아의 상위 범주인 아시아가 유라시아 대륙에 속한 까닭에 그 외연이 모호한데다가[5] 동아시아는 동쪽으로는 태평양을 경계로 두지만 대륙 쪽에서는 거대한 산맥이나 강으로 경계를 가르기가 어렵다. 개념상으로는 동아시아를 서아시아의 맞은편으로 간주할 수 있지만, 그러면 외연이 지나치게 넓고 내부가 이질적이어서 설득력이 약해진다. 한편 유엔의 구분법에 따르면 동아시아란 동쪽으로는 일본으로부터 서쪽으로는 미얀마에 이르며 아세안 10개국과 한국, 북한, 중국, 일본, 몽골, 타이완이 포함된다. 이러한 동아시아의 외연이라면 동북아와 동남아가 동아시아를 양분하는 하위 단위가 된다. 그러나 한국지식계의 동아시아 담론에서는 여러 계열이 이런 구분법에 따르지 않는다는 사실을 이미 확인했다.

둘째, 상호연계성에 따라 동아시아를 구획해볼 수 있다. 그러나 이 경우는 동아시아가 냉전기에 양분되어 있었으며, 자유주의 진영에 속하는 한국·

5　이 난제는 지리적으로는 대체로 아시아와 유럽에 걸쳐 있고, 문화적으로는 유럽에 속한다고 간주되는 러시아가 동아시아 문화정체성론에서는 누락되지만 안보적 시각의 동북아 구상에서는 포함되는 식으로 드러난다.

일본·타이완 등은 산업구조의 특성으로 미국에 대한 경제의존도가 과도해 기형적 형태를 띠게 된다. 탈냉전기에는 중국과의 교역이 차지하는 비중이 역내 국가들 사이에서 높아졌지만, 북한과 일본을 비교하면 곧바로 알 수 있듯이 경제 규모가 차이나고 동맹관계도 이질적이어서 역내 국가들 간 상호의존의 양상과 강도 역시 크게 달라진다. 그리하여 동아시아 담론에서는 지수화할 수 있는 현재의 상호연계 정도보다 앞으로 추구하려는 관계 설정이 동아시아의 지역상을 구상할 때 보다 중요하게 작용하고 있다. 물론 이 경우 관점에 따라 지역 범위는 달라진다.

지경학적 관점에서는 한국과 일본 그리고 중국이 분명히 인식되고, 동남아시아 국가들은 개별 국가가 아닌 아세안이라는 지역연합의 형태로 들어온다. 그리고 막대한 자원을 보유한 러시아의 존재가 부각된다. 한편 북한의 존재감은 줄어든다. 이렇게 구도되는 동아시아는 세계 GDP의 20%를 점하는 거대 지역이다.[6] APEC의 경우라면 그 외연이 보다 넓어진다. 거꾸로 황해권의 동아시아도시회의, 환동해도시회의처럼 보다 구체적인 경제 목표에 입각해 지역을 한정하는 지경학적 관점도 존재한다.[7]

지정학적 관점에서는 정치·군사·안보의 측면에서 영향력이 크고 이해관계가 긴밀한 국가들이 포함되는데, 그 경우 동아시아의 범위는 광활해진다. 중국과 일본은 물론이고 유럽과 국경을 맞대고 있는 러시아가 포함되며, 다른 대륙에 속한 미국이 동아시아의 주요 국가로 부상한다. 또한 정치안보 영역이라면 경제 영역에서는 그다지 언급되지 않던 북한이 존재감을 드러낸다.

셋째, 동질성 내지 응집요소를 기준으로 동아시아를 구획할 수 있다. 이러한 응집요소로서는 문화적 전통처럼 이미 존재하는 것뿐만 아니라, 국제협약

---

6 안충영, 「동북아경제통합의 비전과 FTA추진」, 『외교』 69호, 2004, 74쪽.

7 이철호, 「동아시아 국제관계의 공간적 변용과 해양아시아: 대륙─해양의 역학에 대한 비판지정학적 이해」, 『동아연구』 53호, 2007.

처럼 앞으로 만들어낼 것도 포함된다. 먼저 지문화적 관점에서는 앞서 확인했 듯이 한자를 사용하고 유교 등의 문화습속을 공유하는 지역을 동아시아로서 표상하곤 한다. 그 경우는 한국·북한·중국·일본·타이완과 동남아 국가들 중에서 한자문화권에 속해 있던 베트남과 화교의 비율이 높은 싱가포르가 들 어올 수 있다. 그러나 기본적으로는 한중일 삼국 중심의 표상방식이어서 삼국 중심주의, 동북아중심주의라는 비판을 사기도 한다. 유엔의 기준에 따라 동아 시아를 동북아와 동남아의 상위 범주로 간주한다면, 동아시아에서는 문화적 동질성을 추출해내기가 어려워진다. 공통언어가 존재하지 않고 유교·불교· 회교·기독교 등의 문화적·종교적 차이로 인해 이질성이 크다. 다만 중화 제 국질서의 자장 안에 있었고, 일본 제국주의의 판도에 포함되었다는 역사적 공 유점과 특히 오늘날에는 아세안+3라는 협력체가 존재한다는 것이 응집요소 로서 기능할 수 있을 것이다.

그런데 이 지점에서 러셋이 제시한 세 가지 기준으로는 포착하기 어려운 동아시아 지역상의 특징이 있다. 동아시아는 역내 정치 단위의 역학관계에 따 라 유동한 산물이자 역외 세력이 구획한 타율적 소여였던 것이다. 실상 물리 적 근접성·상호연계성·동질성이라는 기준보다는 이러한 내외의 힘관계가 동 아시아라는 지역상을 형성하는 데 관건적으로 작용해왔다.

동아시아라는 지역상에는 여러 전사가 있다. 역사적으로 이 지역을 서양 진출의 시기(19세기 후반), 내부 침략의 시기(20세기 전반), 냉전의 시기(20세기 중 반), 탈냉전기(20세기 후반 이후)로 구분해본다면 각 국면마다 지역명도 달랐다 는 사실을 확인할 수 있다. 단지 이름만 바뀐 게 아니다. 지역의 구획과 지역 명의 변화는 광의의 지적·전략적 활동의 산물이다. 그리고 공간은 시간의 퇴 적 위에 존재한다. 동아시아라는 지역상에는 동양, 아시아, 동아, 극동 등 지 나간 과거의 지역상들이 새겨져 있다. 각각의 지역상은 새로운 지역상이 등장 한다고 바로 사라지는 것이 아니라 뒤이어 등장하는 지역상 속으로 스며들고 누적된다.

동양과 아시아는 이 지역에 국한되지 않고 광범위한 공간을 지시하는 데 사용되었으니 동아시아라는 지역상의 역사적 모체라면 동아와 극동을 꼽아야 할 것이다. 두 가지 지역상은 이 지역을 두고 각축을 벌였다. 그 각축은 군대를 동원한 물리적 충돌도 초래했다. 범박하게 말해 동아는 탈아를 기도했던 일본이 지역의 패권자로 귀환하며 제시한 지역상이었다. 지역상으로서 동아가 갖는 의미는 두 가지다. 일본적 오리엔탈리즘에 기대어 중화문명권을 대체하려고 내놓은 지역상이자, 극동이라는 유럽중심적 지식권력구조에 맞서기 위한 지역상이었다. 그리고 1941년 대동아전쟁의 발발과 함께 일본 제국주의의 전략적 시야가 동남아와 남태평양으로 확대되자 동아에서 대동아라는 광역권 개념이 파생되어 나왔다.

그러나 일본은 패전했고 그것은 동아라는 지역상의 패배이기도 했다. 동아가 무너진 자리에 극동이라는 지역상이 들어왔다. 일본을 격파하고 점령한 미군은 극동군사령부Far East Command였고, 일본의 점령관리는 극동위원회Far Eastern Committee가 맡았으며, 일본의 전쟁범죄는 극동국제군사재판 International Military Tribunal for the Far East에서 심리되었다. 그리고 극동군사령부는 '대동아전쟁'이라는 명칭을 금지하고 '태평양전쟁'이라고 부를 것을 선포했다.

한편 동아시아라는 지역상은 전후 미국의 정치적·학술적 구획의 필요에 따라 극동에서 분식되어 나왔다. CIA는 전후에 극동이라는 용어를 사용하며 그것을 "이란 동쪽, 소련 남쪽의 아시아와 주요 열도들"로 정의했다.[8] 그러다가 1966년 국무부 지역국의 명칭이 '극동국'Bureau of Far Eastern Affairs에서 '동아시아태평양국'Bureau of East Asian and Pacific Affairs으로 변경되었다.[9] 전자

---

8   CIA, "ORE 69-49 Relative US Security Interest in the European-Mediterranean Area and the Far East" 12 Sept 1949, PSF: Intelligence File, HSTP, box 257, HSTL.

9   United States Government Organization Manual, 1965-1966(Washington, D. C: Federal Register Division, National Archives and Records Service, General Services Administration,

272

의 '극동'은 '동아시아(일본, 한국, 타이완)', '동남아시아(미얀마, 캄보디아, 라오스, 타이, 베트남)', '남서태평양(오스트레일리아, 말레이시아, 인도네시아, 뉴질랜드, 필리핀, 남태평양제도)' 및 '아시아 공산권(홍콩, 마카오, 중국)'을 포괄하고 있었다. 그런데 후자의 동아시아태평양국은 동아시아와 태평양을 의식적으로 구분했다. 따라서 여기서의 동아시아란 극동에서 태평양 국가들을 뺀 지역, 즉 동남아시아와 동북아시아를 합친 범위에 가까웠음을 알 수 있다. 즉 동아시아의 지역 범위가 확장된 것이다.

학술적 접근을 살펴보자면 1950~60년대 미국의 아시아연구는 '아시아연구협회'Association for Asian Studies가 주도했는데 이것의 전신은 1948년 창설된 '극동협회'the Far Eastern Association였다. 극동협회는 1956년 아시아연구협회로 재편되었고, 아시아연구협회는 미국 정부의 아시아 정책에 발맞춰 아시아를 '동아시아'East Asia, '동남아시아'South-East Asia, '서남아시아'South-West Asia로 구획해 전문화된 연구체계를 정비해냈다.[10] 그리고 1957년 하버드 대학은 '동아시아학센터'Center for East Asian Studies를 발족시켜 현대중국사 전문가인 존 페어뱅크John K. Fairbank를 초대소장으로 영입했다. 1년 뒤에는 하버드 동아시아학센터가 그 하위분과로 한국학과 관련된 강좌를 신설하고 한국학 정규교수직tenure을 마련해 '중국-일본-한국'의 삼 분과로 이루어진, 현행의 미국 내 동아시아학 모델이 등장했다.[11]

　　1965), p. 87.

10　Mark T. Berger, "Decolonialisation, Modernization, and Nation-Building : Political Development Theory and the Appeal of Communism in Southeast Asia, 1945-1975", *Journal of Southeast Asia*, 34(3), pp. 421~448, 432.

11　그러나 미국 동아시아학 내에서 일본·중국·한국의 학문적 지위는 결코 등가적이지 않았다. 동아시아가 학술 용어로 널리 사용된 것은 페어 뱅크와 라이샤워의 공저인 『동아시아 : 위대한 전통』*East Asia: The Great Tradition*(1960)이 출간되면서인데, 여기서는 일찍이 근대화를 달성한 일본 문화가 동아시아의 전범처럼 기술되었으며, 중국이나 한국 문화에 대한 서술에도 일본 동양학의 입장이 다분히 반영되었다. 또한 한국 전문가들은 그 전신이 많은 경우 일본통이었다(장세진, 「라이샤워, 동아시아, '권력/지식'의 테크놀로지」, 『상허학보』 36집, 2012).

이처럼 동아시아는 서구의 식민주의적 확장을 역사적 배경으로 하여 전후 초강대국 미국이 지역 정책의 필요에 따라 구도한 지역상이다. 그것은 동아라는 일본제국의 지역상이 패배했으며, 극동이라는 지역상으로 대변되는 유럽 중심적 지식권력구조가 미국중심적 지식권력구조로 전이되었음을 의미하고 있다. 그러나 간과해서는 안 될 것은 동아라는 지역명은 대동아전쟁의 패전과 함께 역사 속으로 사라졌고 동아시아는 극동에서 분식되어 나왔지만, 동아라는 지역상은 동아시아 속에서 살아남았다는 사실이다.

제2차 세계대전 종전 직후 미국은 일본 범아시아주의의 부활을 경계했지만, 1951년 샌프란시스코 평화조약과 미일안보조약을 통해 미국에 대한 독소는 제거하되 일본 중심의 위계적 지역분업체계의 골격을 갖춘 대동아공영권의 경제적 연계망을 부분적으로 복원시켰다. 그리하여 전후에 등장한 동아시아라는 지역상은 제국의 지형과 냉전의 대립이라는 이중적 밑그림 위에서 그려진 것이었으며, 따라서 구겨지고 찢겨진 그림이었다. 수사를 걷어내고 말하자면, 동아시아는 동아에 대한 아시아적 해결과정을 거치지 않은 채로 미국과 소련의 각축 속에서 분할되었다. 그리하여 위쪽의 동아시아에서는 과거 러시아제국과 중화제국의 잔영을 간직한 대륙의 사회주의권이 형성되었고 아래쪽의 동아시아에서는 유럽의 '극동'과 대결하며 일본제국이 추구했던 '동아'라는 지역상이 '거대한 초승달'Great Crescent 지역을 확보하려는 미국의 지정학적 구도 안에서 온존되었다. 아래쪽의 동아시아는 군사적으로는 한미일 삼국 관계가 골격을 이루고 경제적으로는 일본 중심의 수직적 경제구조가 짜여 그렇게 일본은 동아시아로 복귀했던 것이다.[12] 한편 비동맹노선에서 제3세계주의에 이르는 연대 운동의 대두와 발전 가운데 진영 간 대립구도를 넘어선 인터내셔널리즘의 지향도 존재해왔음을 상기해야 할 것이다. 특히 전후 중국의 지역 인식을 이해하려면 결락해서는 안 될 지점이다.

12　백원담, 「전후 아시아 사회주의권에서의 아시아주의」, 『문화과학』 52호, 2007, 123쪽.

이렇듯 동아시아는 국민국가체계가 도입되면서 발생한 내부의 침략과 피침략, 그리고 서양과의 유착과 대항, 냉전체제의 성립에 따른 분단의 지역상이었다. 동아시아는 문명권·제국·진영·권역 등 다양한 층위에서 표상되었으며, 차라리 이처럼 다양한 표상들이 경합하는 부지가 동아시아였기에 일관된 지역상으로 정립되지 못하고 있었다. 그러나 냉전의 종언으로 인해 동아시아라는 지역상은 내적 분단을 극복할 전기를 맞이하게 된다. 나아가 한국지식계는 동아시아를 대안적 지역상으로 조형해내려 했으며, 한국 정부는 동아시아 지역주의 구상을 제출하기에 이른다.

2. 동아시아 지역상의 동아시아적 외연

이제 우리가 살고 있는 이 지역에는 아시아태평양시대라는 새로운 시대가 전개되고 있습니다. 우리는 이 역사적인 신 기운을 조성함에 있어 선도적 역할을 담당했습니다. 이제 우리는 세계사에 객체적 위치에서 그 주체적 위치로 올랐다는 사실을 인식해야 하겠습니다. 서구와 접촉하기 시작한 지 백 년, 은둔과 쇄국을 고집하여 역사의 권외에 떨어져서 아시아적 정체와 후진의 구관을 탈피하지 못했던 우리 민족이 이제 국제사회의 새로운 기운을 조성하여, 이 아시아태평양 지역에 방향과 질서를 주는 길잡이가 되었다는 사실에 대하여 민족적인 긍지를 가져야 할 것입니다.[13]

지금 우리는 다시 세계사적 전환점에 직면해 있습니다. 도약이냐 후퇴냐, 평화냐 긴장이냐의 갈림길에 서 있습니다. (……) 우리의 역사는 도전과 극복의 연속이었습니다. 열강의 틈에 놓인 한반도에서 숱한 고난을 이겨내고, 반만년 동안 민족의 자존과 독자적 문화를 지켜왔습니다. (……) 이제 우리의

---

13   대통령비서실, 『박정희대통령 연설문집』 4집, 동아출판사 공무부, 1968, 41쪽.

미래는 한반도에 갇혀 있을 수만은 없습니다. 우리 앞에는 동북아 시대가 도래하고 있습니다. 근대 이후 세계의 변방에 머물던 동북아시아가 이제 세계 경제의 새로운 활력으로 떠오르고 있습니다. (……) 우리 한반도는 동북아의 중심에 자리잡고 있습니다. (……) 21세기 동북아 시대의 중심적 역할을 우리에게 요구하고 있는 것입니다.[14]

첫째 발언은 박정희, 둘째 발언은 노무현 전 대통령의 연설로부터 취한 것이다. 첫째 발언은 아시아태평양시대의 개막을, 둘째 발언은 동북아시대의 도래를 역설한다. 각각 냉전기와 탈냉전기에, 그리고 아시아태평양과 동북아라는 지역상으로서 한국 정부가 추진한 대표적인 지역구상의 시대 인식을 보여주고 있다. 아시아태평양과 동북아라는 지역상은 당연히도 외연과 내포가 크게 다르다. 그러나 위의 인용구들은 아시아태평양과 동북아라는 지역명을 호환해도 될 만큼 논지와 논조와 논리가 닮아 있다. 인용구들은 공히 아시아태평양시대, 동북아시대처럼 특정 지역명과 결부해 새로운 시대를 표상하며, 그 지역에서 한국을 중심에 위치시켜 새로운 시대에는 한국이 그간의 핍박을 극복하고 지체로부터 벗어나 주도적 역할을 해나가리라고 전망한다.

발언이 나온 시대도 맥락도 다르고, 발언자의 정치적 지향도 지극히 다른 두 인용구가 이처럼 닮아 보이는 데는 국정책임자의 연설문이라는 인용구의 속성과 닮아 보이는 일부만을 취한 인용자의 편집방식을 감안해야 할 것이다. 그럼에도 불구하고 발언 내용의 시대 인식과 지역 인식에서는 한국 중심주의가 공히 확인된다는 사실을 부정할 수 없다. 또한 발언자가 기대한 모습의 아시아태평양시대도 동북아시대도 도래하지 않았다는 역사적 사실도 또 하나의 중요한 공통점일 것이다.

지역상 모색은 필요성과 현실성 간의 긴장관계 사이에서 진행되어야 한다.

---

14   노무현 대통령 취임사, 「평화 번영 도약의 시대를 열자」 2003년 2월 25일.

한국지식계의 동아시아 담론, 한국 정부의 동아시아 구상은 한국 측의 필요성이 짙게 투영한 나머지 지역상이 협소해진 측면이 있다. 즉 은연중에 한국을 중심에 두는 상상된 지도로 동아시아를 그려낸 것이다. 그러한 동아시아상은 그 범위 안에 포함된 타국으로부터 공감을 얻어낼 가능성이 높지 않으며, 그렇다면 그러한 동아시아상에 기반한 지적 담론이나 정책 구상도 지역화(=동아시아화)되지 못한 채 자칫 국내에서만 통용되는 내수용으로 전락할 우려가 있다. 이를 방지하려면, 다시 말해 동아시아 담론이 그야말로 동아시아적 담론이 되기 위해서는 역내 타국과의 공유 가능성을 검토해야 하고, 아울러 한국의 동아시아 담론이 지니는 특징을 탐구하려면 중국과 일본의 동아시아 담론과 비교할 필요가 있다.

이제 잠시 한국발 동아시아 구상의 현실성을 따져보기 위해 역내 주요 타국인 중국과 일본 정부의 동아시아 구상으로 향하겠다. 양국은 한국의 동아시아 구상이 유인하려는 핵심 국가이며, 대별되는 동아시아 구상을 수립하고 있는 만큼 양국의 동아시아 구상은 한국발 동아시아 구상의 현실성을 검증할 때 중요하고도 유용한 참조점이 될 것이다.

중국과 일본 역시 한국처럼 동아시아라는 지역상에 자국의 기획을 투사하고 있다. 그런데 지정학적 조건, 대외관계의 양상과 경제정책의 방향이 이질적이어서 양국의 동아시아 구상은 주도권·규범·지향·활동방안·제도화 수준에 관해 입장 차이가 크다. 지역구상에서 가장 기초적인 내용인 지역 범위에 대해서조차 의견의 일치를 보지 못한 상태다. 그러나 지역 범위는 지역구상의 주도권·규범·지향·활동방안·제도화 수준에 따라 달라질 수 있는 항목이기 때문에 기초적이며 또한 관건적이다. 달리 말해 지역 범위에 관한 구체적 합의가 도출되었다는 것은 해당 지역구상의 주도권·규범·지향·활동방안·제도화 수준에 관한 입장 차이가 상당 부분 해소되었음을 뜻한다.

현재 지역 범위를 비롯해 양국의 동아시아 구상은 뚜렷하게 다른 특징을 보이고 있으며, 그런 만큼 양국의 동아시아 구상을 비교하고 그것을 다시 한국의 동아시아 구상과 견준다면, 한국발 동아시아 구상이 동아시아적 구상으로서 얼마나 현실성이 있는지를 검증할 수 있을 것이다.

1) 중국 정부의 동아시아 지역상의 특징

한국지식인들은 종종 중국이 동아시아 의식을 결여하고 있다고 평한다. 그리고 그 이유로 뿌리 깊은 중화주의를 거론한다. 중국인은 자국을 중심에 두고 사고하거나 중서구도로써 세계를 대하는 식이어서 동아시아 인국에 대한 수평적 시각이 결여되어 있고 동아시아 의식 자체가 희박하다는 것이다.[15]

그러나 동아시아적 의식, 수평적 시각을 강조하는 논자들은 규모의 차이를 간과하고 국민국가라는 일률적 전제 아래 한중일이라며 중국을 동아시아의 일국으로서 등가적으로 병렬하곤 한다. 그런데 쑨거가 말했듯이 중국인이 중국을 아시아의 중심, 최소한 동아시아의 중심으로 여긴다면 그것은 대국이라는 지리적 실체성에서 기인하는 바가 크다.[16] 왕후이 또한 중국을 인식할 때는 대국이라는 사실에서 비롯되는 내부적 문화의 다양성과 외부적 국제관계의 다자성에 주목하라고 당부한다.[17]

확실히 중국은 대국이다. 일본처럼 국력 수준을 보여주는 여러 지표상의 대국일 뿐 아니라 문자 그대로 큰 나라다. 중국의 지리적 규모는 중국 지식인의 시각이 국경의 동부, 즉 동아시아에 국한될 수 없는 중요한 이유로 작용한다. 중국은 북동쪽으로 한반도·러시아, 서쪽으로는 카자흐스탄·키르기스스탄·타지키스탄·아프가니스탄, 남서쪽으로는 인도·파키스탄·네팔·부탄, 남쪽으로는 미얀마·베트남·라오스, 북쪽으로는 몽골·러시아연방과 각각 국경

---

15 고성빈, 「중국의 동아시아담론」, 『국제지역연구』 18권 3호, 2009, 64~66쪽.
16 쑨거, 「아시아를 말한다는 딜레마」, 『사상이 살아가는 법』, 윤여일 옮김, 돌베개, 2013, 301쪽.
17 왕후이, 『아시아 상상의 계보』, 이욱연 외 옮김, 창비, 2003, 244쪽.

을 마주하고 있다. 한국지식계의 동아시아 담론은 어느 계열이든 중국을 동아시아의 일국으로 표상하지만 중국은 한국·일본과 함께 동북아시아, 남쪽의 태국·미얀마·말레이시아·싱가포르·인도네시아 등 아세안에 속한 국가들과 함께 동남아시아, 북쪽의 우즈베키스탄·타지키스탄 등과 함께 중앙아시아, 서쪽의 인도·네팔 등과 함께 남아시아라는 권역을 구성할 수 있다. 현실이 이렇다면 한국에 비해 중국은 동아시아 의식이 결여되어 있다는 추궁은 중국 중심주의를 겨냥하는 진술처럼 보이지만 실은 한국을 척도로 삼아 중국을 대하는 한국 중심주의를 드러내는 진술일 수도 있는 것이다.

더구나 중화주의가 중국 사회에서 사고양식으로 존재하고 기능하더라도 그것이 대외관계관에 그대로 반영되는 것은 결코 아니다. 그렇다면 동아시아 의식의 결여와 중화주의를 단선적으로 관련짓기보다는 중국의 동아시아 의식이 어떠한 특징을 지니는지, 중앙아시아·남아시아 등에 비해 중국은 동아시아라는 지역상을 얼마나 중시 혹은 경시하는지를 살펴봐야 할 것이다.

물론 중국은 동아시아 의식이 부족하다는 자성의 목소리는 중국지식계 안에서도 존재한다. 방금 언급한 쑨거와 왕후이의 진술도 중국지식계가 동아시아 시각을 결여하고 있음을 지적하는 대목에서 나온 것이었다.[18] 중국사회과학원 근대사연구소 소속의 쉬슈리는 「중국의 동아시아 의식과 동아시아 서술」에서 중국에 동아시아 의식이 부족한 이유로 네 가지를 꼽는데 참고할 만

---

18 한국지식계에서 발표된 중국의 동아시아 의식에 관한 논문들을 보면 한국어로 번역된 몹시 제한적인 중국어 문헌, 그것도 중국의 비판적 지식인들이 작성한 문헌 안에서 중국지식계의 동아시아 의식의 결여를 지적한 대목(왕후이, 『아시아 상상의 계보』, 이욱연 외 옮김, 창작과비평, 2003, 247쪽: 쑨거, 『아시아라는 사유공간』, 류준필 외 옮김, 창비, 2003, 32쪽 등)을 전거 삼아 중국의 동아시아 의식이 부족하다고 주장하는 경우가 많다. 그러면서도 그들이 동아시아 의식의 결여 원인으로 꼽은 중국의 지리적 규모·지정학적 조건·역사적 경험에 관한 고찰은 게을리 한다. 한편 일본의 비판적 지식인들이 자국의 민족주의를 비판한 논의가 한국지식계에서는 오히려 (저항)민족주의를 강화하는 회로 또한 존재한다. 그리고 이 두 가지 회로는 서로를 보완해 한국지식계의 동아시아 시각이 한국의 민족주의에 대한 자성 없이 중국과 일본의 패권주의를 규탄하는 데 활용되기도 한다. 이런 편향은 중국과 한국, 일본과 한국 사이에 존재하는 비대칭성으로 인해 발생한다. 이와 관련해서는 류준필, 「우리에게 중국이란 무엇인가」(『문학과사회』 69호, 2005)를 참조하길 바란다.

하다. 첫째, 전근대에 중국은 오랫동안 천하의 중심임을 자처해온 까닭에 명확한 지역 구분의 개념이 존재하지 않았다. 둘째, 근대에 중국은 강대한 민족국가 수립이라는 급선무로 인해 지역 인식에 큰 비중을 두지 못했다. 셋째, 서구의 충격에 대한 동아시아 각국의 대응이 달랐고 이후 근대화의 행보도 달라 동아시아를 운명공동체로 간주하기가 어려웠다. 넷째, 중국은 근대에 들어 가장 커다란 상처를 동아시아에 속한 일본으로부터 입었고 그 상처가 아직 아물지 않았다.[19]

그런데 쉬슈리의 이러한 분석은 제2차 세계대전 이후 동아시아를 분열시켰던 냉전대립과 동아시아를 초과하는 제3세계주의 등은 고려하지 않는다. 다시 말해 쉬슈리는 중국인의 심상지리에서 동아시아 의식을 빈약하게 만드는 요인들로 전근대기 내지 개혁개방 이전의 것들을 꼽고 있다. 그렇다면 역의 시각에서 개혁개방과 탈냉전 이후에는 산업구조의 고도화, 국제관계의 심화, 지역화 추세 등으로 중국이 근린외교에 적극 나서고 지역 인식을 구체화해야 할 필요성이 늘어났으리라고 짐작할 수도 있다.

또한 쉬슈리가 거론한 네 가지 요인들도 시간이 지남에 따라 영향력이 약화되거나 꼭 동아시아 의식을 빈약하게 만드는 방향으로만 작용하지는 않았다고 보아야 할 것이다. 쉬슈리가 꼽은 첫째 요인인 천하관이 19세기 중반 이후 중국의 세계인식과 지역감각을 좌우해왔다고는 결코 말할 수 없다. 또한 천하관과 구분해서 접근해야 할 중화주의는 '중국 대 서구'라는 이원론적 세계인식의 저변을 이룬다고 지목되지만, 중화주의가 중국의 사회심리적 토양으로서 얼마나 깊게 자리잡고 있는지, 또한 그것이 대외외교에서 어느 정도의 강도로 반영되는지는 간단치 않은 분석을 요구하는 논제일 것이다. 일례로 미국과 중국을 세계의 초강대국으로서 묶어 지칭하는 G2라는 개념은 한국의 담

19　쉬슈리, 「중국의 동아시아 의식과 동아시아 서술」, 『역사적 관점에서 본 동아시아의 아이덴티티와 다양성』, 동북아역사재단, 2010, 119~124쪽.

론장에서만큼 중국의 담론장에서, 특히 공적 개념으로는 자주 등장하지 않는다. 중화주의의 존재와 부정적 기능을 인정한다고 하더라도, 그에 관한 해석에는 중국위협론과 같은 한국 측의 중국관이 반영되어 있지는 않은지를 자문할 필요가 있는 것이다. 또한 천하관, 중화주의와 구분해서 접근해야 할 대국의식은 인국에 대한 경시 풍조의 원인으로 거론되곤 하는데, 그러한 대국의식이 국제관계에서 어떻게 발현되는지는 다른 대국과의 비교를 거쳐야 그 속성과 정도를 밝혀낼 수 있을 것이다. 따라서 천하관과 중화주의를 섣불리 대국의식의 인식틀과 토양으로 단정하고 대국의식을 곧장 패권주의와 등치시키는 우를 범해서는 안 된다. 그런 식의 접근은 동아시아가 직면한 여러 과제에 대한 분석적 접근에도 실천적 해결에도 도움이 되지 않을 것이다.

탈냉전기에 중국 정부는 기존의 비동맹주의를 청산하고 다자주의와 동반자유대 정책을 양축으로 삼아 다극화 전략을 추진하고 있다. 그리고 아시아 지역에서는 네 가지 권역四環에서 협력권 구상에 힘을 기울이고 있다. 동아시아에서는 아세안+3, 아세안+1, 동아시아정상회의, 6자회담 등에 적극 나서고 있으며, 중앙아시아에서는 상하이협력기구SCO를 결성해 주도하고 있으며, 남아시아에서는 남아시아지역협력연합SAARC에 옵저버로 참여하고 있으며, 북아시아에서는 러시아·몽골과의 삼자 협력을 통해 자원 개발을 시도하는 중이다. 만약 천하관이나 중화주의가 여전히 존재한다고 하더라도 그것은 현재 지역 인식을 가로막는 것이 아니라 지역 인식을 사방으로 펼쳐 중국적 지역상을 구축하는 데서 기능한다고 봐야 할 것이다.

한편 쉬슈리가 거론한 둘째 요인은 민족국가 건설기에는 지역적 시야를 마련하기가 어려웠다는 것이다. 그러나 제2차 세계대전 이후 중국의 외교적 행보를 장기적 관점에서 살펴본다면 점차 지역 협력을 중시해가고 있음을 확인할 수 있다. 여기서 잠시 신중국 성립 이후 중국 정부의 다자외교 정책을 개괄적이나마 국면별로 정리해보겠다. 〔표 3-1〕을 보자.

〔표 3-1〕신중국 성립 이후 중국 정부의 다자외교 정책

시기	특징	내용
1949년~ 1960년대 말	상대적 고립	1949년 신중국 성립 이후 냉전 초기에는 소련 일변도의 대외 정책을 고수했다. 국제기구로부터 고립되어 중국이 아닌 대만(중화민국)이 국제기구에서 대표성을 가졌다. 하지만 반둥회의를 주도하는 등 제3세계에서는 입지를 구축했다.
1970년대 초~ 1980년대 말	부분적 참여	소련과의 갈등을 빚고 관계가 이완되었으며 미국과 수교를 맺었다. 이후 유엔 등 국제기구에서 대표성을 확보했다. 다자외교에 참여했으나 의제 제안의 역할은 거의 맡지 않았다.
1990년대 초~ 1990년대 말	참여 확대	냉전의 종식 이후 지속적 경제발전 및 국내 정치의 안정을 위해 다자외교에 주력했다. WTO에 가입해 국제체제로의 편입이 심화되고 아시아 금융위기 이후 지역주의 행보에 적극 나섰다.
2000년대 초 이후	주도적 참여	9·11 테러 이후 비전통적 안보 이슈를 중심으로 미국과 협조하며 주변 국가들과의 다자협력체제 구축에 힘을 기울이고 있다. 상하이 협력기구, 아세안안보포럼, 아세안+3, APEC 등에 적극적으로 참여하거나 그 기구들을 주도적으로 운영하고 있다.

참고 : 이태환, 「동아시아 공동체와 중국」, 『동아시아 공동체 신화와 현실』, 동아시아연구원, 2008. 141쪽

마지막 국면을 보다 구체적으로 살펴본다면, 2003년 후진타오 체제가 등장하며 대외정책의 방침은 기존의 도광양회韜光養晦에서 유소작위有所作爲와 화평굴기和平崛起로, 다시 2006년에는 화자위선和字爲先으로 조정되었다. 방침과 실질 간에는 괴리가 있기 마련이나 대외정책의 기본 방향은 국가 이익과 긴밀히 관련된 주변 지역 문제에 대해 적극적 역할을 맡고 책임을 진다는 쪽으로 조정되었으며, 여기에 걸맞은 여러 지역협력사업이 추진되고 있다.

쉬슈리가 거론한 셋째 요인은 서구의 충격 이후 동아시아 삼국의 행보가 달라서 유기적 관계를 만들어내지 못했다는 것이다. 확실히 삼국은 서구의 충격 이후 중국을 포함해 탈중국화를 거치며 국가를 재형성했고, 냉전기에는 진영을 달리해 적대관계에 놓였으며 근대화 방식의 차이도 간극을 키웠다. 문화적 동질성에 근거해 동아시아적 정체성을 호소한들 한 세기에 걸쳐 축적된 단

절과 괴리는 좀처럼 해소되지 않는다. 그러나 탈냉전기로 접어들며 역내 교류가 비약적으로 늘어나자 삼국의 관계는 몹시 긴밀해지고 있다. 그리고 중국 지식계에서도 1997년 동아시아 경제위기는 지역주의론이 부상하는 촉매제가 되었다. 또한 1998년에는 나토가 베오그라드 중국대사관을 오폭하는 사건이 발생해 중국의 언론공간에서 미국 패권주의에 대한 비판 여론이 비등했는데, 이 사건 또한 미국 주도의 세계화 속에서 국가주권의 취약성을 보여주는 사례로 간주되어 지역주의 노선에 힘을 실어줬다.

이처럼 탈냉전기에 중국이 동아시아 지역주의의 추진에 힘을 쏟는 이유로는 크게 세 가지가 거론된다.[20] 첫째, 역내에서 미국의 패권적 지위를 제어하고 중국의 리더십을 확보해 전략적 목표인 '조화세계'和諧世界를 이룩하기 위해서다. 둘째, "화목한 이웃, 안정된 이웃, 부유한 이웃"(睦隣, 安隣, 富隣)으로서 이웃국가와의 신뢰를 증대시키는 선린우호 정책을 기조로 삼아 중국의 부상에 따라 확산되는 중국위협론을 불식하기 위해서다. 셋째, 주변 환경을 안정적으로 관리해 중국에 대한 투자와 주변국과의 무역에 유리한 환경을 조성하고, 나아가 공동시장을 창설해 자국뿐 아니라 역내의 지속적인 경제발전을 이룩하기 위해서다. 비록 상이한 근대화 노정에서 비롯된 괴리가 지워지지 않고 역사적으로 축적된 관계의 적대성이 해소되지 않았지만, 추세로 보건대 동아시아 지역주의에 대한 중국 정부의 관심과 노력은 심화되고 있으며, 중국과 인국과의 관계도 더욱 긴밀해지고 있다.

끝으로 쉬슈리가 거론한 넷째 요인은 일본이 남긴 역사적 상처가 치유되지 않았고, 동아시아라는 권역이 대동아공영권을 떠올리게 만든다는 심리적 거부감이었다. 이것은 동아시아라는 지역상의 심상지리를 결정하는 사회심리적

---

20 하도영, 「중국대외정책의 전환에 관한 연구 '조화세계(和諧世界)'의 제기와 전략적 의도를 중심으로」, 『동아연구』 54집, 2008; 한상희, 「동아시아공동체에 대한 한·중·일의 인식과 전략」, 『안암법학』 15호; 唐世平, 「再論中國的大戰略」, 『戰略與管理』 4期, 2001; 楚樹龍, 「中國的國家益, 國家量和國家戰略」, 『戰略與管理』 4期, 2002.

토양을 짚어낸 중요한 지적이다. 그러나 중국과 더불어 일본은 동아시아라는 지역상에 실체감을 부여하는 핵심 국가다. 더구나 중국의 지역주의는 동남아시아 지역에 대한 진출을 두고 일본과 경쟁하며 구체화된 측면이 크다. 안보적 차원에서도 미국의 미사일방어체제 추진, 신가이드라인에 기초한 일본의 재무장은 중국의 국방현대화를 가속화하는 동시에 다자주의적 모색을 촉진하는 요인으로 작용했다.

범박하게 말하자면 일본의 존재는 중국이 동아시아에서 멀어지게 만드는 것이 아니라 동아시아에 다가오게 만든다. 일본(과 배후의 미국)의 존재로 말미암아 중국에 동아시아는 남아시아, 중앙아시아보다 전략적으로 중요한 지대일 수 있는 것이다. 동아시아 국가들은 남아시아, 중앙아시아 지역의 국가들에 비해 경제 규모가 크고 중국의 무역상대국으로서 수위에 위치할 뿐 아니라, 동아시아에는 안보 위기의 발생 가능성이 높은 타이완과 북한이 속해 있으며 미국과 동맹관계로 얽혀 있는 일본과 한국 등 잠재적인 대중국 견제세력이 포진해 있다. 따라서 경제적 차원에서나 안보적 차원에서나 일본이 속해 있는 동아시아는 공동협력이 성사될 가능성은 낮은 대신, 공동협력의 인센티브는 타 지역보다 크다고 말할 수 있다.

이처럼 동아시아 의식의 결여 요인이라며 쉬슈리가 거론한 것들은 적어도 중국 정부의 대외정책 차원에서는 그 영향력이 약화되었다. 하지만 중국 정부가 동아시아에 대해 정책적 관심을 기울인다고 하더라도 그 동아시아가 어디를 가리키는지는 분명치 않다. 한국지식계에서 동아시아의 지역 범위에 관한 논의가 분분하고 정책적 차원에서도 혼란을 빚듯이 중국지식계와 정부의 용례에서도 동아시아의 지역 범위는 유동적이다. 중국 정부의 문서나 연구자의 논문을 보면 동아시아(東亞) 이외에도 동아시아와 포함관계를 갖는 중범위적 수준의 지역 개념으로는 동북아시아(東北亞), 원동(遠東), 아시아태평양(亞太) 등이 등장한다. 한국이 그러하듯 중국도 자국을 동북아 국가이자 동아시아 국가이자 아시아태평양 국가로서 자리매김할 필요성이 있는 것이다. 그러나 한국의 지정학적 자기인식이 이러한 세 층위를 오간다면 중국은 남아시아·중앙아시아 등의 다른 지역 단위에서, 나아가 G2나 BRICs처럼 세계적 수준에서 또 다른 위상을 가지며, 그렇다면 이렇듯 복잡한 요소들로 구성되는 지정학적 자기정위定位의 방정식은 (한국과는 다른 양상으로) 고차원일 테고 천하관이나 중화주의로는 간단히 풀어낼 수 없을 것이다.

그중에서 이 책의 관심사에 따라 동아시아(東亞)의 지역 범위에 관한 인식을 주목해보겠다. 1998년 당시 중국의 국가 부주석이었던 후진타오胡錦濤는 아세안+3 정상회의 연설에서 "동아시아의 일원으로서 중국은 줄곧 동아시아 협력을 강조"해 왔으며 "중국은 이 지역에서 가장 큰 개발도상국"으로서 "동아시아 발전에서 매우 커다란 공헌"을 하고 있다고 발언했다.[21] 중국이 동아시아에 속하고 또한 중요하다는 취지의 발언은 아세안+3, 동아시아정상회의 등의 대화 자리에서 지도부 등의 입을 통해 종종 등장한다.[22] 하지만 중국 정부는 동아시아의 지역 범위에 관한 공식적 규정을 내놓은 적이 없다. 만약 중국 정부가 동아시아의 지역 범위를 확정한다면 동아시아정상회의의 사례가 보여주듯이 미국, 일본 등과 갈등을 빚을 뿐 아니라 남아시아나 중앙아시아의 지역 범위에 대한 규정과도 맞물려 지역 차원에서 복잡한 문제를 야기하게 될 것이다.

대신 중국지식계에서는 동아시아의 지역 범위를 둘러싸고 논의가 분분했다. 하지만 탈냉전기로 접어든 이래 확인되는 유의미한 경향성으로서 지리적 인접성에 기반하되 지문화적·지정학적·지경화적 관련성을 중시하면서 동아시아의 지역 범위가 확장되었다고는 말할 수 있다. 그러면서도 동아시아공동체와 같은 지역기구에 역외 국가인 미국 등이 참여하는 것은 거부하고 있다.

---

21 胡錦濤, 「胡錦濤副主席在東亞·導人非正式會晤上的講話」, 1998년 12월 16일, 〈http://my.china-embassy.org/chn/zt/dyhzzywj/dmxlfh18/t299304.htm〉.

22 장쩌민 전 주석 역시 중국이 "지리적으로 아시아 중부에" 있으며 "동아시아의 일원"임을 강조하고 있다. 江澤民, 2006, 『江澤民文選』三卷, 人民出版社, 314쪽.

이후 확인하겠지만 여기가 일본과 크게 다른 지점이다.

먼저 1990년대 중후반에 나온 논문들을 몇 편 살펴보자. 슝하이탕은 동아시아를 아시아 동부의 중국(타이완 포함), 한국과 북한의 한반도, 일본 열도와 러시아의 연해주인 극동 지역 일부를 포함해 '5개 국가와 지역'이라고 보았다.[23] 관스제는 동아시아를 중국(타이완, 홍콩 포함), 일본, 한국, 북한과 싱가포르를 포함한다고 정의했다.[24] 뤄룽취는 동아시아가 지리적으로 유라시아 대륙과 태평양이 맞닿는 지대라고 정의하며 중국(타이완, 홍콩 포함), 일본, 한국, 북한, 아세안을 포함시켰다.[25] 이페이창은 동아시아를 아시아 동부 대륙과 태평양 서부의 섬으로 간주해 중국 대륙과 타이완·홍콩·일본·한국·북한·몽골·베트남·라오스·캄보디아·말레이시아·싱가포르·인도네시아·타이·미얀마·필리핀·브루나이 등의 국가와 지역을 포함시켰다.[26]

여기서는 동아시아 지역 범위의 설정 방식과 관련해 몇 가지 사실을 확인할 수 있다. 먼저 중국·타이완·한국·북한·일본이라는 5개국은 반드시 포함하고 있다. 한국지식계에서 종종 한중일 삼국만을 일러 동아시아라고 부르는 경우와는 달리 타이완과 더불어 북한이 동아시아 지역 범위 안으로 확실히 들어와 있다. 다만 이것은 5개국을 모아놓았다기보다 중국 대륙(타이완 포함)과 한반도, 일본 열도라는 지리 공간을 밑그림으로 삼은 결과라고 봐야할 것이다. 그리하여 타이완을 포함하는 경우는 국가 단위로 거론하기보다는 홍콩·마카오 등과 함께 동아시아 국가와 지역(東亞國家和地區)에 포함시켜 문제적 대목을 덮어두곤 한다. 한편 아시아의 동부에 위치하며 중국과 인접한 몽골은 종종 누락되는데, 이는 경제 규모에 따른 미약한 존재감, 동쪽이 아니라 북방에 위치한다는 지리감각, 문화적 이질성으로 인한 심상지리 등이 복합적으로

23   熊海堂, 『東亞窯業技術發展與交流史研究』, 南京大學出版社, 1995.
24   關世傑, 「試論21世紀東亞發展中的文化問題」, 『國際政治研究』 2期, 1996.
25   羅榮渠, 『現代化新論續篇: 東亞與中國的現代化進程』, 北京大學出版社, 1997.
26   易培强, 「關於'東亞模式'的思考」, 『湖南師範大學社會科學學報』 4期, 1998.

작용한 결과일 것이다. 아울러 동아시아 정치와 안보 영역에 막대한 영향력을 행사하지만 지리적으로 다른 대륙에 속한 미국을 동아시아의 일원으로 거론한 경우는 거의 없으며, 유라시아 대륙에 속하고 있으며 거대한 국경을 마주하는 러시아에 대해서도 극동 지역만이 아닌 러시아 전체를 동아시아의 일부로 간주하는 경우는 찾아보기 힘들다. 대국인 양국과의 관계에서는 중미관계·중러관계와 같은 별도의 양자틀이 가동되는 양상이다. 또한 동남아 지역은 아세안이라는 단위로 포괄되기도 하지만 일부 국가만이 동아시아라는 지역 범위로 들어오기도 한다.

그렇다면 북한과 타이완 포함, 몽골 누락, 미국과 러시아 배제, 동남아 지역의 선별적 취합에서 확인할 수 있는 기본적 시각은 지문화적인 것임을 짐작할 수 있다. 그리하여 동남아의 여러 국가가 이슬람 문화권에 속하는 까닭에 누락되는 경우에도 유교의 영향력이 상대적으로 강하고 화교들이 많은 싱가포르는 거의 빠짐없이 포함된다. 보다 분명하게 양구이얀은 문화적 유사성을 기준 삼아 동아시아를 중국·일본·한국·북한·홍콩·마카오·타이완·싱가포르 등 여덟 개의 국가와 지역이라고 한정한 바 있다.[27]

하지만 지식계의 지역 표상 방식이 그대로 정부 차원의 지역구상에 반영되는 것은 아니다(물론 그 역도 아니다). 지역구상에서는 지경학적 시각이 중요성을 더하며, 따라서 일본과 한국 이외에 아세안이 확고하게 자리매김한다. 특히 1990년대 말의 동아시아 경제위기 이후 중국지식계에서도 동남아시아 지역을 아세안이라는 단위로 포괄하는 경향이 강해졌다.[28] 더욱이 아세안은 동아시아의 일부일 뿐 아니라 중국 정부의 동아시아 지역구상에서 주도적인 추

27　楊貴言,「東亞槪念辨析」,『當代亞太』2期, 2002.

28　邵峰,「東亞共同體的可能性分析與中國的戰略」,『世界經濟與政治』10期, 2008; 劉少華,「東亞區域合作的路徑選擇」,『國際問題硏究』5期, 2007; 劉少華,「論東盟在東亞區域合作中的領導能力」,『當代亞太』9期, 2007; 劉昌黎,「東亞共同體問題初探」,『國際問題硏究』2期, 2007; 王聯合,「東亞共同體: 構想, 機遇, 挑戰」,『世界經濟與政治論壇』2期, 2006; 王聯合,「東亞共同體: 構想, 機遇, 挑戰」,『世界經濟與政治論壇』2期, 2006.

진세력으로 설정된다. 원자바오溫家寶는 중국·아세안 대화관계 건설 15주년 기념 정상회의에서 "아세안이 동아시아 협력에서 핵심 지위를 갖고 아세안 +3가 협력 과정에서 주요 채널 역할을 지켜나가야 한다"라고 강조했으며[29], 외교부 부장 왕이 역시 "아세안은 오늘날 동아시아 협력에서 주요한 추동 역할을 발휘하고 있으며, 아세안은 '10+3' 회의의 조정자라고 할 수 있다. 이는 동아시아 협력의 특징이며 각 국가이익이 부합하는 원만한 타협의 산물이다. 앞으로도 아세안의 주도적인 역할이 지속되기를 희망한다"[30]는 메시지를 밝힌 바 있다.

이 발언들은 단순한 외교적 언사가 아니며, 탈냉전기에 중국 정부는 아세안 국가들과의 협력관계에 많은 노력을 기울였다. 1990년대 초부터는 적극적 선린우호전략을 실시해 타이완 정부가 추진한 남진정책南向政策의 파급력을 약화시켰다. 특히 1997년 동아시아 경제위기에 직면해서는 태국에서 금융위기가 시작해 동남아 여러 국가로 번져나가자 중국은 동남아 국가들이 통화가치를 안정시킬 수 있도록 위안화를 평가절하하지 않았다. 그리고 1998년부터는 해마다 아세안 국가들과의 지역 협력에 관해 발의하며 '이웃과의 선린과 동반자'라는 기조 하에 빠른 속도로 협력수준을 높여가고 있다. 2001년 중국-아세안 정상회의에서는 자유무역협정을 공식 제안했고, 2002년 중국-아세안 정상회의에서 '중국-아세안 전면적 경제합작을 위한 기본합의서'를 체결해 아세안 6개국과는 2010년까지 자유무역협정을 맺었고, 베트남·미얀마·캄보디아·라오스 등 나머지 국가들과는 2015년까지 자유무역협정을 체결한다는 목표를 수립했다. 그리고 오랜 시간이 소요되는 협의를 순조롭게 풀어나가기 위한 조치로서 조기수확계획을 통해 일부 상품에 대해 우선적

29   中共中央文獻硏究室 編, 『十五大以來重要文獻選編』(上), 人民出版社, 2007, 743쪽.

30   王毅, 「副外長在外交學院'東亞共同體'硏討會發言摘要: 全球環進程中的亞洲區域合作」, 2004년 4월 21일 (http://www.fmprc.gov.cn/chn/zxxx/t87474.htm).

인 관세인하를 실시하기로 합의했다. 이 계획에 따라 중국과 아세안 6개국은 2004년 1월부터 약 600여 종의 농산품 관세율을 2006년 1월까지 0%로 낮추는 조치를 실시했다. 이 계획은 농산품 분야에서 비교우위를 지닌 아세안 국가들의 요구를 반영한 것으로서 중국이 아세안 국가들의 신뢰를 얻기 위한 양보조치로 해석되었다.[31]

뿐만 아니라 중국 정부는 동아시아공동체 건설에서 아세안의 주도적 역할을 공식적으로 지지하고 있다. 사실상 아세안 국가들의 시장 규모는 일본은 물론 한국과 비교해서도 작으며, 정치안보적 영역에서도 동아시아의 대표성을 갖는다고 말하기 어렵다. 그럼에도 불구하고 중국 정부가 아세안의 주도적 역할을 지지하는 것은 동아시아공동체 추진 과정에서 타국들이 중국에 대해 갖는 견제심리를 자극하지 않기 위한 것으로 풀이된다.[32]

또한 중국 정부는 동아시아정상회의의 회원국 구성에 관한 입장에서 확인할 수 있듯이 아세안+3를 동아시아공동체의 기본적 지역 범위로 상정하는 경향이다. 아세안+3 수준의 지역 범위는 중국의 활동을 제약할 가능성이 상대적으로 낮고 다른 회원국이 참여하는 경우보다 실현가능성이 높다. 중국은 1997년 아세안+3 비공식 정상회담을 시작한 이래 타이완 이슈 등으로 논의 과정에서 정책적 불이익을 받은 적이 거의 없다. 또한 아세안+3 내부에도 발전 정도의 차이에 따른 시각차가 존재하지만 동아시아정상회의처럼 미국·오스트레일리아·뉴질랜드·인도 등으로 확장된 범위에서 입장 차이를 조정해야하는 어려움에 비하건대, 아세안+3이라는 지역 범위가 동아시아공동체의 실

---

31 아세안과의 경제협력을 두고 일본은 중국과 경쟁을 벌이지만 개발도상국과의 자유무역협정 체결에는 부담을 안고 있다. 자유무역협정 체결시 개발도상국들은 농산물 시장개방에서 일정한 유보기간을 갖지만 선진국인 일본은 GATT 제24조 관세철폐조항에 따라 농산물 시장을 전면개방해야 한다. 일본이 아세안 국가들 가운데 싱가포르와 첫 경제연계협정EPA을 체결한 이유의 하나도 농산물시장 개방의 부담이 상대적으로 적기 때문으로 풀이된다.

32 鄭先武, 「東亞共同體願景的虛幻性析論」, 『現代國際關係』 4期, 2007, 5쪽.

현가능성이 상대적으로 높다고 말할 수 있다.[33]

2) 일본 정부의 동아시아 지역상의 특징

이제 일본으로 시선을 옮겨보자. 냉전기에는 일본 역시 지역구상을 적극적으로 전개하기에 제약 조건이 컸다. 아시아태평양전쟁에서 패배해 동아·대동아라는 아시아 구상에 유죄판결이 내려진 이래 일본지식계에서는 아시아 침략과 군국주의에 대한 반성이 한 가지 흐름으로 이어졌고, 일본 정부가 전후 책임을 회피해 인국의 역사적 상처가 아물지 않은 상태에서 아시아주의는 금기시되어 왔다. 한편 냉전기 미국의 우산 아래 있던 일본 정부로서는 아시아 국가들과 전향적으로 관계를 개선할 필요성이 크지 않았으며, 경제적으로도 GATT가 주도하는 포괄적이고 다각적인 자유무역체제의 혜택을 누렸기에 지역주의에 나설 동기가 충분치 않았다.

그러나 탈냉전기로 접어들며 먼저 지식계에서는 동아시아라는 지역상이 점차 봉인에서 해제되었다. 아시아주의를 고찰하고 '방법으로서의 아시아'를 제시했던 다케우치 요시미竹內好에 관한 재해석, 전전기의 아시아 구상에 대한 히로마쓰 와타루廣松涉의 재해석 등을 거치면서 동아시아 논의가 복권되더니 1990년대에 들어서는 담론적 지위를 얻었다고 할 만큼 활발하게 전개되었다. 적어도 중국지식계의 학술지 동향과 비교하건대 보다 다양한 입장의 학술지가 동아시아 관련 논의에 참여했다. 『현대사상』現代思想, 『정황』情況, 『임팩션』Impaction, 『전야』前夜와 같은 진보 성향의 잡지는 동아시아의 뒤틀린 관계사에 관한 역사적 성찰·비판적 연대론을 개진했고, 『사상』思想, 『중앙공론』中央公論, 『세계』世界와 같은 시론지는 동아시아 구상과 관련된 현실적 진단·아

33   劉少華,「東亞區域合作的路徑選擇」,『國際問題研究』5期, 2007, 54쪽.

시아의 세기에 관한 전망을 밝혔으며, 『제군』諸君, 『정론』正論과 같은 우익 계열의 잡지에서는 대동아전쟁·대동아공영권·대동아공동선언 등 역사적인 부負의 유산을 재조명하고 재평가하는 시도들이 잇달았다.

또한 중국지식계와 비교하건대 한국지식계와의 지적 교류도 더욱 활발했다. 냉전기에는 진영논리에 속박당했던 반제국적·탈식민적 지적 실천이 탈냉전기에는 지적 공론화의 공간을 얻었고 이것들이 '기억의 정치학'을 매개해한국지식계로 유입되었다. 냉전체제가 덮어둔 전전의 가혹한 기억을 전 일본군 위안부들이 소환해 '기억의 항쟁'이 발생하고, 역사교과서 논란 등으로 표면화되는 네오내셔널리즘 추세 속에서 '기억의 국민화'를 둘러싼 공방이 비등했다. 아울러 탈근대주의·탈구조주의·오리엔탈리즘 등 이 시기에 양국 지식계가 공유했던 이론들도 교류의 접점 역할을 했다.

1990년대 후반부터 2000년대 중반에 이르기까지 창비, 문학과지성사, 이산, 그린비, 소명출판, 논형, 삼인, 역사비평사, 동북아역사재단, 한길사, 휴머니스트, 푸른역사 등 여러 출판사는 동아시아 관련 시리즈를 기획했는데, 중국어 번역서에 비해 일본어 번역서의 비중이 압도적이었다. 소개된 일본어 번역서의 주제는 제국주의와 식민주의, 인종주의와 국가주의, 전쟁·폭력·학살의 기억, 재일조선인 차별처럼 전전으로 거슬러 올라가는 역사적 쟁점뿐 아니라 냉전체제의 성립, 발전 만능주의와 근대화 이데올로기의 지배, 지구적 자본주의의 전개, 자본주의 불평등구조의 심화, 신식민주의의 도래, 생활양식의 균질화, 가부장제와 성차별주의의 지속, 소수자에 대한 차별과 억압 등 한국사회의 주요 현안과도 맞닿은 것들이었다.

하지만 역시 큰 비중을 차지한 것은 제국주의와 식민주의, 민족주의와 국가주의에 관한 비판적 시각을 담은 저작들이었다. 그 면면을 살펴보면 제국 일본의 아시아 구상에 관한 계보학적 고찰(고야스 노부쿠니子安宣邦), 오리엔탈리즘과 연동된 일본 근대의 '식민지적 무의식과 식민주의적 의식의 이중구조'에 대한 성찰(고모리 요이치小森陽一), 동아시아적 시각을 통한 냉전문화의 재인식(마루카와 테츠시丸川哲史), 일본 문화에서 아메리카니즘의 내재화에 관한 분석(요시미 순야吉見俊哉), 문화의 지역화를 통한 대안적 지역주의 모색(이와부치 고이치岩渕功一), 내셔널리즘 동학에 관한 이론적 분석(니시카와 나가오西川長夫), 내셔널리즘 극복 시도(다카하시 테츠야高橋哲哉), 총력전체제의 시각에서 제국·식민지체제로부터 냉전·분단체제로의 이행에 관한 고찰(나카노 토시오), 내셔널히스토리 극복 작업(고지마 기요시小島清), 재일조선인의 시각에 근거한 식민주의와 국가주의 비판(서경식), 평화와 인권을 지향하는 아시아 연대의 기도(서승), 탈냉전의 동아시아 평화공동체 구상(사카모토 요시카즈坂本義和) 등에 이른다.

그리고 이들이 구도하는 동아시아 지역상은 제국 일본의 판도에 속했던 한반도와 중국 및 타이완, 그리고 동남아시아를 아우르고 있어 한국지식계에서 낯설지 않았다. 강상중과 와다 하루키의 경우라면 '동북아시아 공동의 집'과 같은 비판적 연대론을 제기해 한반도를 매개로 한 동북아 지역연대의 시각을 보다 또렷하게 제시했다. 그들은 한반도를 동북아 전체의 운명을 가늠하는 긴장과 대결의 장으로 상정하고, 따라서 한반도에서 평화와 화해가 확립된다면 동북아 전체의 평화와 협력이 가능해지리라고 전망했다. 더욱이 중국·구소련권·일본·미국 등에 거주하는 600만에 가까운 한인 디아스포라가 '공동의 집'을 만드는 과정에서 중요한 역할을 맡는다면 동북아의 국가주의와 패권주의를 상당한 정도로 해소할 수 있으리라고 내다봤다.[34] 이런 맥락 속에서 한동안은 한국과 일본의 지식인들만이 모인 자리인데도 한일이나 양국 대신 '동아시아'를 회합의 이름으로 내거는 것도 낯설지 않은 풍경이었다.

그러나 중국어 문헌에 비해 일본어 문헌이 훨씬 많이 번역되어 한국지식계로 유입되었지만 동아시아에 대한 일본 사회의 심상지리, 특히 일본 정부의 동아시아 구상을 이해하기에는 역시 제한적이라고 말하지 않을 수 없다. 서가

---

34 와다 하루키, 『동북아시아 공동의 집』, 이원덕 옮김, 일조각, 2004; 강상중, 『동북아시아 공동의 집을 향하여』, 이경덕 옮김, 뿌리와이파리, 2002.

에서 등장하는 비판적 시각과 정부가 수립하는 정책적 방향을 혼동해서는 안 되는 것이다. 일본 정부의 지역구상은 윤리와 사상의 차원이 아니라 국익이라는 현실주의의 차원에서 마련된다. 그것은 대미관계·대중관계 등의 국제관계와 일본의 역량에 따라 고안되고 조정된다. 따라서 기본 방향은 미국의 이해와의 조화를 중시하면서도 지나친 미국 경사를 피하고, 부상하는 중국을 견제하되 이해의 접점을 늘려나가는 것이다. 한반도와의 관계는 동아시아 구상에서 일차적 고려사항일 수 없다. 또한 일본의 동아시아 지역론은 해양네트워크론·아시아교역권론·환일본해경제권론 등 한국의 동아시아 지역주의론과는 다른 종류의 각론들이 형성되어 있다. 따라서 일본의 지역구상을 살펴볼 때 한국지식계의 수요에 따라 소개된 번역서만을 참고한다면 일면적 인식에 그치고 말 것이다.

동아시아에 관한 일본의 지역구상은 결코 균질하지 않았다. 먼저 그 중층성을 보여주는 세 가지 사례를 살펴보자. 일본 외무성의 관료이자 OECD의 사무차장을 역임했던 다니구치 마코토谷口誠는 동아시아공동체 건설을 역설한 대표적 논자인데 『동아시아공동체』를 저술한 이유를 이렇게 밝혔다. "21세기 세계 경제에서는 1980~90년대의 일본·미국·유럽에 의한 낡은 삼각구조가 붕괴되고, 그 대신 확대되는 EU와 NAFTA, 그리고 약진하는 아시아에 의한 새로운 삼각구조가 출현할 것이다. 따라서 일본은 경제 발전의 절정기에 갖게 된 일·미·유럽 삼각구조의 일익이라는 과거의 엘리트의식을 버리고 장기간의 경제 정체에서 벗어나기 위해서라도 먼저 동아시아 경제권을 구축해 아세안·중국·한국과 함께 발전함으로써 동아시아의 발전과 안정에 공헌하는 길을 걸어야 한다고 생각했다."[35] 여기서 동아시아공동체 추진의 필요성은 장기불황 탈출이라는 경제적 이유에서 마련되며, 동아시아공동체의 틀은 아세안과 삼국이라는 범위를 취하고 있다.

---

35 谷口誠, 『東アジア共同體─經濟統合のゆくえと日本』, 岩波新書, 2004, 2쪽.

하지만 국제정치학자 와타나베 아키오渡辺昭夫는 일본 외교의 지향점과 지역 개념을 달리 설정한다. "일본 외교의 견지에서 본다면, 미국 등 경제선진국과의 관계를 기축에 둔 '환태평양'과 인도네시아 등 바다의 아시아와의 관계를 기축에 두며 아시아와의 선린외교를 하나의 구조로 포함하는 아시아태평양이 위치해 있다."[36] 이 발언에서는 동아시아 대신에 환태평양과 아시아태평양이라는 지역상의 중요성이 확인된다. 비록 아시아태평양을 아시아 중시적 지역상으로 제시하고 있기는 하나 환태평양 지대가 북아메리카의 서부 연안으로부터 유라시아의 동부 해안까지를 연속적 공간으로 삼는다는 점을 감안한다면, 결국 양자는 태평양을 기본 단위로 삼되 아시아 지역을 취할지 말지의 차이를 보여줄 뿐이다.

이처럼 두 인용문은 지역구상의 상이한 방향성을 선명히 보여준다. 그리고 각각의 방향성은 동아시아와 태평양이라는 지역상으로 대변되고 있다. 여기서 또 하나의 인용문을 확인하자. 이것은 동아시아공동체평의회의 창립취지문이다.

> 일본은 지금껏 동아시아의 지역 통합 문제에 대해 이율배반적 대응을 해왔다. 그것은 일본이 선진국의 일원인 동시에 일미 관계를 기축으로 한 태평양 국가이며 또한 동아시아 국가라는 복수의 정체성 위에 서 있기 때문이다. 그러나 '동아시아공동체'는 불가역적인 물결로서 우리에게 다가오고 있다. 지금 이야말로 이러한 전망을 정면에서 파악하고 우리 일본이 어떠한 전략을 추구해야 하는지를 물어야 한다. 이러한 문제의식에서 우리는 '동아시아공동체평의회'라는 이름을 붙인 것이다.[37]

---

36 渡辺昭埠「二一世紀のアジア太平洋と日米中關係」, 『アジア太平洋連帶構想』, NTT出版, 2005, 5쪽.

37 미야지마 히로시, 「일본 동아시아 공동체론의 현주소」, 『역사비평』 72호, 2005, 228~229쪽에서 재인용.

일본은 태평양 국가이자 동아시아 국가라는 이중적 정체성을 지님에도 불구하고 앞으로 동아시아 지역 통합에 적극 나서야 한다는 내용이다. 그러나 여기서 주목해야 할 대목은 '불구하고'의 뒷부분이 아닌 앞부분일 것이다. 왜냐하면 동아시아공동체에 무게가 실린 것은 추세 때문이지 이중적 정체성이 해소되었기 때문은 아닌 까닭이다. 즉 추세가 변화한다면 동아시아공동체가 아닌 태평양공동체로 기울 수도 있는 것이다. 실제로 동아시아공동체평의회의 창립 이후 일본 외교의 행보를 보면 "동아시아 국가"로서의 정체성이 "일미 관계를 기축으로 한 태평양 국가"로서의 정체성을 능가했다고 말하기는 어렵다.

분명히 이러한 이중적 정체성은 일본의 지역구상이 한국과도 중국과도 다른 지역상을 상정하는 근본 이유로 작용한다. 일본은 아시아에도 태평양에도 속한 열도의 경계 국가다. 따라서 그 경계성으로 인한 일본의 이중적 정체성과 "이율배반적" 지역구상은 오랜 연원을 갖고 있다.[38] 역사적으로 거슬러 오르면 서세동점 이후 아시아 국가들 가운데 가장 빠르게 근대화 궤도에 올라탄 일본은 외부의 정세와 자국의 역량에 따라 '흥아/탈아', '아시아주의/탈아입구'를 오갔다.[39] 지리상 아시아에 속하지만 서구 문명국의 일원이 되려고 분주히 움직이는 동안 정체성은 이중화되었다.

그러다가 패전 후에는 미일기축주의와 아시아중시주의라는 형태로 이중적 정체성이 전이되었다.[40] 패전 후 일본은 십 년이 지나자 전전의 경제수준을 회복해 1956년 『경제백서』는 "이제 전후는 끝났다"라며 '전후의 종언'을 선언했다. 그리고 1957년 『외교청서』는 일본이 '아시아의 일원'이자 '서구민주주의의 일원'임을 표방했다.[41] 다만 유럽과 아메리카 대륙이 아닌 아시아 대륙에

38   大庭三枝, 『アジア太平洋地域形成への道程』, ミネルヴァ書房, 2004, 25~75쪽.
39   쑨거, 「아시아는 무엇을 의미하는가」, 『아시아라는 사유공간』, 창비, 2003, 106쪽.
40   손열, 「일본의 국제정치인식: 지역공간 설정의 사례」, 『일본연구논총』 26호, 2007.
41   武田康裕, 「東南アジア外交の展開―アジアの一員と先進民主主義諸の一員」, 『現代日本外交の分析』, 東京

속한 일본의 지역구상에서는 '아시아 대 서구'가 아닌 '아시아 대 태평양'이 보다 실질적인 의미를 지니는 대립축이었다.

그런데 1960년대에 이르면 이러한 이중적 정체성이 아시아태평양이라는 개념 아래서 통합된다. 1964년 당시 참의원이었던 가지마 모리노스케鹿島守之助에 의해 최초의 일본발 지역주의 구상인 아시아태평양공동체론이 제출되었고, 1967년 외상이었던 미키 다케오三木武夫의 아시아태평양외교구상, 이듬해 고지마 기요시小島清의 태평양자유무역지역구상 등이 잇따라 발표되었다. 특히 1967년 발표된 미키 구상은 '해海의 아시아', '육陸의 아시아', '반도半島의 아시아'를 향해 총체적으로 접근하는 동시에 미국 등 태평양 선진 5개국을 포함해 아시아와 태평양 사이에서 가교 역할을 도모한다는 내용이었다. 이 구상은 1966년 동남아시아개발각료회의, 1967년 태평양경제협력위원회, 1968년 태평양무역개발회의 등 다양한 제도적 장치들로 뒷받침되었다.[42] 그리하여 아시아태평양이라는 지역상은 일본 외교의 기축인 미일동맹과 아시아 외교를 통합하는 가능성을 제공했으며, 이후 일본 외교의 기본적 지역상으로 자리잡고 있다.[43]

하지만 아시아와 태평양을 향한 일본의 접근방식이 동일할 수는 없었다. 먼저 아시아 외교를 살펴보면 일본은 전후에 경제적으로 부흥하면서 아시아 국가들과의 관계 개선을 위해 노력한 바 있다. 1957년 『외교청서』에서 '아시아의 일원'임을 표방한 이후 동남아시아 국가들에 대해 배상을 본격화하고 기술을 원조하며 경제개발을 도왔다. 1966년에는 동남아시아 유대정책의 결실로서 아시아개발은행이 설립되었다. 그리고 1977년에는 아세안과 처음으로

大出版, 1995; 渡昭夫, 『アジア太平洋の國際關係と日本』, 東京大出版, 1992.

42 末廣昭, 「アジア有限パートナシップ論:日本の東アジア関与の新しいかたち」, 渡邊昭夫 編, 『アジア太平洋連帯構想』, NTT出版, 2005, 143쪽.

43 최희식, 「60년대 일본의 아시아 지역정책: 미일동맹과 자주외교 사이의 협곡」, 『일본연구논총』 28호, 2008, 160~165쪽.

정상회의를 개최했으며, 정상회의를 마친 뒤 8월에는 이른바 '후쿠다 독트린'을 발표했다. 후쿠다 독트린은 일본이 다시는 군사대국화를 하지 않고 같은 아시아인으로서 정신적 유대를 중시하며 아세안과 특별한 관계를 유지하겠다는 내용이었다. 후쿠다 독트린은 적극적인 아시아 외교의 의지 표명으로 간주되는데, 중국이나 한국이 아닌 아세안을 향해 발화되었다는 점에서 일본의 아시아 외교가 지닌 편향성을 드러냈다고도 말할 수 있다.

전후에 일본은 태평양 국가로서도 입지를 착실히 쌓아왔다. 미일동맹을 외교의 기축으로 삼아왔음은 물론 오랫동안 오스트레일리아와 협력 관계를 구축했다. 특히 아시아 지역을 상대로는 부진했던 다자간 협력틀을 오스트레일리아와 함께 추진했다. 1964년 일본은 기존의 일호경제협력위원회를 다자간 기구로 발전시키자고 오스트레일리아에 제안했으며, 1965년에는 태평양자유무역지대안을 내놓았다. 이를 계기로 1967년 비정부 차원의 지역협력추진체인 태평양경제협의회가 창설되었으며, 태평양경제협의회가 본궤도에 오르자 1979년 오히라 마사요시大平正芳 수상은 환태평양연대구상을 제안하고 오스트레일리아와 협력해 1980년 산·학·관 공동의 태평양경제협력회의를 결성했다. 이로써 지역적 경제협력안이 본격적으로 논의되어 1989년에는 아시아태평양경제협력체의 창설로 결실을 본다.

탈냉전기로 접어들어서도 아시아중시주의와 미일기축주의는 일본 외교의 양축이었다.[44] 따라서 아시아태평양이라는 통합적 지역상이 일본의 기본적 외교 무대였다고 말할 수 있다. 다만 탈냉전기에는 동아시아 분단체제의 이완,

---

44 최희식은 이를 내재적 접근과 외재적 접근이라고 명명한다. 내재적 접근이란 자국을 아시아 국가의 일원으로 인식하고 아시아 국가와의 유대관계를 강조하는 것이며, 외재적 접근이란 자국을 서구 민주주의 국가의 일원으로 인식하고 미국을 중심으로 하는 민주주의 국가와의 협력을 강조하며 아시아 국가를 포섭 대상으로 상대화하는 정책을 말한다. 또한 내재적 접근에서는 동북아 혹은 동아시아 지역 개념이 채택되는 경향이 강하며, 외재적 접근에서는 해양 아시아 혹은 확대 아시아 등의 지역 개념이 채택되는 경향이 강하다고 분석한다(최희식, 「현대 일본의 아시아 외교 전략: 내재적 접근에서 외재적 접근으로」, 『국제정치논총』 49집 2호, 2009).

동아시아 경제성장, 중국의 부상, 아세안의 세력화, 미일경제마찰, 한국 정부의 동아시아·동북아 구상 등으로 인해 동아시아의 인력이 강해졌다.

특히 1997년 동아시아 외환위기는 일본의 아시아 외교에서도 하나의 전기였다. 동아시아 외환위기가 발발하자 당시 하시모토 내각은 아시아통화기금 구상을 제안했고, 1998년 오부치 내각은 금융위기 재발 방지를 위한 미야자와 구상을 발표해 아시아 각국에 300억 달러를 공여했으며, 2000년에는 이른바 치앙마이이니셔티브를 주도했다. 그리고 일본은 1997년부터 정례화된 아세안+3 회담에 참여하고, 1998년에는 한일파트너십과 중일파트너십을 선언했다. 20세기 말 이러한 적극적 행보는 일본 외교의 무게 중심이 아시아, 특히 동아시아로 옮겨갔음을 보여준다.[45]

그런데 20세기 말은 일본 외교가 구상하는 아시아의 지역 범위가 확대된 시기이기도 했다. 1997년 하시모토 수상은 유라시아 외교 구상을 수립해 자원외교의 각도에서 중앙아시아를 아시아 외교에 포함시켰으며, 1998년 설치된 오부치 수상의 자문기구였던 '21세기 일본의 구상 간담회'는 아시아 외교가 서남아시아로 확장되어야 한다고 제언했다.[46]

보다 중요한 동향으로서 이 시기에는 미일동맹의 역할이 재정의되고 미일동맹의 투사영역이 확대되었다. 세부적 조정은 거쳤지만 냉전기 동안 미일동맹은 기본적으로 미국이 군사적 부담을 지고, 일본이 경제적 비용을 대는 전략적 거래의 산물이었다. 그러나 탈냉전기에 접어들며 군사적 부담을 분담하자는 미국 측의 요구가 강해지고 일본이 이를 수용하면서 그간 누려왔던 일국주의적 호헌평화주의에 입각한 경제성장주의의 궤도를 수정하게 되었다.

1996년 미일안전보장공동선언에서 주일미군의 역할은 기존의 "일본의 안

---

45 송주명, 「탈냉전기 일본의 동아시아 정책과 한반도 정책: '아시아주의'와 '친미 내셔널리즘'의 동요」, 『일본연구논총』 14호, 2001, 9~15쪽.

46 北岡伸一, 『日本の自立: 米協調とアジア外交』, 中央公論新社, 2004, 141쪽.

전과 극동의 평화·안전"을 대신해 "세계의 평화와 안전"을 위한 주둔으로 바꾸고, 1997년에는 미국과 일본의 방위협력지침인 신가이드라인이 작성되어 극동의 범위를 넘어선 지역에서 일본이 미군을 지원한다고 명시했다. 그리고 1999년 제정된 주변사태법은 '주변유사시'에 일본 자위대가 미군에 대한 지원 활동에 나설 수 있도록 허용했고, 비록 한시법이기는 하나 반테러특별법과 유사법제 3법안은 자위대가 기존의 비무장평화주의 틀을 벗어나 군대로서 해외 활동을 하는 길을 터주었다. 그리고 2000년 일명 아미티지보고서는 아시아에 핵전쟁을 포함한 대규모 군사충돌의 위험성이 있다는 것을 전제삼아 일본이 집단적 자위권을 행사할 수 있도록 법개정이 필요하며, 아울러 일본의 군사대국화가 초래하는 불안 요인을 제거하기 위해 미일동맹을 미영동맹 수준으로 발전시켜야 한다고 제언했다.

이처럼 미일동맹이 재정의되면서 일본의 행동반경이 확장되는 가운데 2001년 고이즈미 내각이 등장했다. 고이즈미 내각은 아시아 외교의 범위를 '확대 아시아'로 넓혀나갔다. 특히 2005년 1월에는 통상국회 소신표명 연설에서 동아시아공동체의 구축을 목표로 한다고 선언한 이후 인도를 방문해 '아시아신시대'를 구가했는데, 이때 가진 양국정상회담에서 동아시아정상회의에 인도가 참가하는 것을 지원하겠다는 입장을 표명하고 인도를 '확대 아시아'라는 지역 개념에 포함한다고 공식적으로 밝혔다. 그리하여 그해 12월 출범한 동아시아정상회의는 동아시아라는 지역명을 달고 있지만 회원국은 아세안+3(한국·중국·일본)+3(오스트레일리아·뉴질랜드·인도)으로 확장되어 아시아태평양이라는 지역 범위와 유사해졌다.

한편 2005년은 야스쿠니 신사참배, 교과서 문제 등으로 한국과 중국에서 반일 시위가 격발한 해이기도 했다.[47] 이 해에 고이즈미 내각은 동아시아공동

---

47 2005년 2월 19일 미국과 일본 정부가 발표한 「안보공동성명」에는 대만해협 문제가 '공동전략목표'로 포함되었다. 중국 외교부는 이에 대해 "중국에 대한 내정 간섭이며 중국의 주권을 침해하는 행위

체 구축을 선언했지만 정작 한국, 중국과는 외교적 갈등이 심각해져 역사 문제로부터 상대적으로 자유로운 아세안과의 외교 관계에 공을 들였다. 아세안과의 포괄적 경제협력협정EPA의 교섭을 2005년에 시작해 2008년에는 타결에 이르렀다. 또한 한편으로는 해양세력을 결집해 2006년 3월 미일호전략대화 TSD 개최를 성사시켰다. 미일호전략대화는 아시아태평양 지역의 안보 문제를 토론하는 장으로서 미일동맹과 미호동맹의 기능적 통합을 목표로 삼는다. 그리고 중요한 특징으로 민주주의와 시장경제라는 가치를 전면으로 내걸고 있다.[48] 이러한 아시아 외교 범위의 확대, 해양세력 결집, 가치외교로의 이행과 같은 동향은 전반적으로 중국을 견제하기 위한 성격을 지니고 있었다.

그리고 이 기간 동안 미일동맹은 재조정을 거쳤다. 그렇다면 여기서 미일동맹 조정과 일본 정부의 아시아 정책 변화 사이의 연관성을 정리해둘 필요가 있겠다. 2001년은 미국에서 9·11 테러가 발생한 해이자 일본에서는 고이즈미 내각이 등장한 해다. 그 이후 고이즈미 내각의 집권기 동안 미일동맹 조정과 일본 정부의 아시아 정책 변화를 시기순으로 기술하면 〔표 3-2〕와 같다.

미일동맹 조정과 일본의 아시아 정책 변화는 큰 틀에서 볼 때 유기적으로 진행되었다. 그 추이에서는 세 가지 경향성이 확인된다. 첫째, 아시아 외교의 외연이 확장된다. 2004년 고이즈미 총리가 유엔총회의 연설에서 동아시아공동체 구상을 밝혔을 때는 아세안+3의 수준이었지만, 2005년 개최된 동아시아정상회의는 오스트레일리아·뉴질랜드에 인도까지를 포함하는 '확대 아시아'로 확장되었고, 2006년 '자유와 번영의 호' 구상에서는 중앙아시아가 중요한 전략 지대로 포함되었다.[49] 이리하여 동쪽의 미국·오스트레일리아, 중앙의

이므로 강력히 반대"했고, 3월 14일에는 무력을 동원해서라도 대만 독립을 저지할 수 있다는 내용의 '반분열국가법'을 공식적으로 통과시켰다.

48　外務省,「日米豪戦略對話共同ステートメント」, 2006년 3월 18일, http://www.mofa.go.jp/mofaj/kaidan/g_aso/australia_06/jua_smt.html.

49　아소 타로 외상은 자신의 책『대단한 국가 일본』에서 '자유와 번영의 호' 형성에서 핵심적 전략 지대는 중앙아시아라고 주장했다. 특히 자원외교의 관점에서 상하이협력기구에 대응해 중앙아시아 정책을

시기	미일동맹 조정	일본 정부의 아시아 정책
2002년	미일안전보장협의위원회에서 '21세기의 새로운 안보환경'에 대처하기 위한 미국과의 동반변환에 합의	'일본 - 아세안 포괄적 경제연휴구상' 발표
2004년	신방위대강을 통해 일본의 안보를 국제사회의 안정과 직결시키고 지구적 수준에서 미일안보체제를 강화한다는 '통합적 안보전략' 수립	고이즈미 총리가 유엔총회 연설에서 아세안+3을 바탕으로 한 동아시아공동체 구상 제창
2005년	양국 '공통의 전략목표'를 제시. 반테러, 비확산을 공통의 과제로 삼아 기본적 인권, 민주주의, 자유, 법치 등 가치의 확산을 공통의 목표로 설정	동아시아정상회의가 출범되는 과정에서 오스트레일리아와 뉴질랜드, 인도의 참가를 주창해 관철
2006년	2002년 미일안전보장협의위원회 소집 이후 논의된 변환동맹의 로드맵 확정	제1차 미일호전략대화 개최 '자유와 번영의 호' 구상 등장

인도, 서쪽의 EU·NATO 등과 긴밀히 협력한다는 밑그림 위에서 동아시아·중앙아시아·서남아시아·남태평양 국가를 아우르며 아시아의 해양 세력과 대륙의 외곽 지역을 결집하고자 한 것이다.

둘째, 확장된 지역상의 내포로서 보편가치의 공유가 강조된다. 2006년 11월 당시 아소 외상이 제기한 '자유와 번영의 호'는 민주주의·자유·인권·법의 지배·시장경제 등의 보편가치를 확산시켜 경제적으로 풍요롭고 정치적으로 안정된 지역을 만들겠다는 외교 구상이었다. 이처럼 소위 보편가치로서 제시된 것들은 실상 미국이 전통적으로 강조해온 가치들인 바, 이는 미일동맹이 가치동맹으로 조정된 연장선상에서 일본의 아시아 외교가 추구되었음을 보여

추진해야 한다고 역설했다(麻生太郞, 『とてつもない日本』, 新潮社, 2007). 이 무렵 일본의 수상으로는 처음으로 2006년 8월 고이즈미 준이치로 수상은 카자흐스탄·우즈베키스탄·몽골 등 중앙아시아 3국을 방문했다.

준다.[50]

셋째, 중국 견제적 성격을 띤다. '확대 아시아'는 러시아와 국경을 마주하는 북부아시아를 제외한다면 중국을 동남아시아·중앙아시아·서남아시아에서 에워싸는 지역상이다. 일본 외무성이 전면에 내건 가치외교도 중국의 의도와 행위를 일정하게 통제해 독자적 행동에 고비용을 부과하려는 것이었다.[51] 일본이 오스트레일리아·뉴질랜드·인도를 동아시아정상회의의 회원국으로 끌어들이고자 공을 들인 이유 중 하나도 위의 가치들을 공유하는 세 나라가 역내에 존재한다면 가치동맹으로써 중국을 압박하기에 유용하기 때문이라고 풀이된다.

그런데 미국에 편향된 일본의 지역 전략은 동아시아의 전환기적 상황에서 갈등 요인으로 작용할 가능성이 있다. 위와 같은 특징을 보이는 일본의 동아시아 정책은 이른바 동아시아의 '불안정의 호(弧)'를 따라 중국·북한이라는 적대세력과 일본·한국·타이완·동남아시아라는 친화권역을 가르고 후자로써 전자에 대한 '광역 포위망'을 형성한다는 구도를 취한다. 이로써 잠재적 주적 主敵 관념의 설정 여부와 양상에 따라 동아시아 지역이 크게는 대륙세력과 해양세력처럼 신냉전적 양분 구도로 회귀할 위험성이 잠재하는 것이다.[52]

---

50 2006년과 2007년에 수상이었던 아베 신조는 당시 미일기축주의의 입장을 선명하게 내세웠다. "일본은 미국을 동맹국으로 삼아야 했다. 왜냐하면 일본은 독자적 힘으로 안전을 확보할 수 없기 때문이다. 이러한 상황은 지금도 바뀌지 않았다. 자국의 안전을 위한 최대한의 자조노력, 자국은 자신이 지킨다는 기개가 필요한 것은 물론이나 핵 억지력이나 극동 지역의 안정을 생각한다면 미국과의 동맹은 불가결하며, 미국의 국제사회에서의 영향력, 경제력, 그리고 최강의 군사력을 고려한다면 미일동맹은 최선의 선택이다"(安倍晋三, 『美しいへ』, 文芸春秋, 2006, 129쪽).

51 가치외교는 중국에 대한 우위를 확보하는 데 사용된다. 2001년 고이즈미 정권의 외교자문회의였던 대외관계태스크포스팀의 일원이자 2002년 11월 「21세기 일본 외교의 기본전략」이라는 정책조언보고서 작성에서 핵심적 역할을 맡았던 키타오카 신이치는 가치외교의 필요성에 대해 이렇게 말한다. "자유와 민주주의를 촉진하는 것은 전후 및 메이지 이후 일본이 달성해온 성과이며, 중국에 대해 일본이 우위에 선 것 중 하나다. 이것은 미국과의 관계를 강화하기 위해서도 중요하다"(北岡伸一, 『日本の自立: 米協調とアジア外交』, 中央公論新社, 2004, 195쪽).

52 송주명, 「일본의 민족주의 국가전략: '경제대국'을 넘어 '안보대국'으로」, 『황해문화』 48호, 2005, 31쪽.

3) 중국과 일본의 동아시아 지역상의 차이

중국은 1990년대 중반부터 자국의 부상에 따르는 주변국의 불안감을 완화하고 미국의 견제에 대처하고 국제무대에서 영향력을 넓히고자 다자주의와 지역통합의 제도화에 적극적으로 나섰다. 일본 역시 지역 차원에서 국익을 확보하고자 행동반경을 넓히며 다자주의와 지역통합의 추세에 커다란 정책적 관심을 할애하고 있다. 그러나 지금껏 살펴보았듯이 양국의 동아시아 구상은 차이점도 분명하다. 이제 그 내용을 정리해보자. 〔표 3-3〕은 탈냉전기 동아시아 지역주의의 주요 사건들과 함께 중국과 일본 정부의 주요 동아시아 정책을 시간순으로 정리한 것이다.

여기서 중국과 일본의 행보를 주목한다면, 양국이 동아시아 지역주의의 주도권을 두고 경합하고 있으며, 특히 아세안에 접근하기 위해 경쟁을 벌인다는 사실을 쉽게 확인할 수 있다. 그리고 자세히 살펴보면 아세안에 대해 중국이 선제적 행보에 나서면 일본이 후속 조치를 내놓는 양상임도 알 수 있다. 가령 중국이 2000년부터 아세안과의 자유무역협정 체결에 적극 나서고 자유무역협정의 조기 타결을 위해 선행조치를 취하자, 동남아시아 국가와의 포괄적 자유무역협정에 소극적이었던 일본 역시 경제협력협정 체결을 적극 추진하고 나섰다. 2003년에는 중국 정부가 역내 국가 간의 동아시아싱크탱크네트워크 구축을 주도하자 이듬해 일본에서는 정계·재계·학계·관료가 함께 전략적 구상을 제시하는 싱크탱크로서 동아시아공동체평의회가 출범했다. 2004년에는 중국이 말레이시아와 함께 동아시아정상회의의 개최를 적극 추진하자 곧바로 고이즈미 총리는 동아시아공동체 구상을 공식 제창하고 동아시아정상회의 회원국의 확대를 위해 중국과 외교 경쟁을 벌였다. 이렇듯 일본의 동아시아 구상은 동아시아 경제위기 이후 중국이 동남아 지역에 대한 접근을 가속화하며 동아시아 지역주의의 구심력을 발휘하자 이에 대응하는 측면이 컸다.

장기불황에 빠져있는 일본에게 동남아는 경제적 측면에서 그 중요성이 매

[표 3-3] 탈냉전기 동아시아 지역주의의 추이와 중국, 일본의 동아시아 구상

시기	동아시아 지역주의 추이와 중국, 일본의 동아시아 구상
1989년	APEC 결성
1990년	말레이시아의 마하티르 총리가 동아시아경제그룹 결성 제창
1991년	소련 해체
1992년	아세안정상회의에서 아세안자유무역지역AFTA 형성을 위한 싱가포르선언 발표 마하티르 총리가 동아시아경제협의체 형성 제창
1993년	미국 클린턴 대통령 신태평양공동체 구상 제창과 함께 APEC의 중요성 강조
1994년	아세안지역포럼ARF 제1회 각료회의 개최
1995년	WTO 정식출범 미국 국방성 동아시아전략보고서 발표 일본 정부 무라야마 담화를 통해 식민지 지배와 침략 행위 사죄
1996년	아시아·유럽정상회의ASEM 첫 개최
1997년	동아시아 금융위기 발생 아세안정상회의가 한중일 삼국의 정상을 초대해 동아시아정상회의 개최 1998년 이후 정례화
1998년	금융위기 재발 방지를 위해 일본 정부가 미야자와구상 발표. 아시아 각국에 300억 달러 공여 아세안+3정상회의에서 김대중 대통령이 동아시아비전그룹 설치 제안
1999년	마하티르 총리가 중국을 방문해 동아시아공동체 건설 제안 아세안+3정상회의에서 최초의 공동성명인 '동아시아에서의 협력에 관한 공동성명' 발표. 안보 문제도 포함해 논의하는 것에 대해 일본은 거부
2000년	아세안+3재무장관회의에서 치앙마이이니셔티브 채택. 중국이 적극 참여해 한국·일본·태국·말레이시아·필리핀·인도네시아와 양자간 통화스왑협정 체결 북한이 아세안지역포럼에 처음으로 참가 아세안+3정상회의에서 김대중 대통령이 동아시아연구그룹 설립 제안 중국이 아세안과의 자유무역지역 창설 제안
2001년	동아시아비전그룹이 제5회 아세안+3 정상회의에 보고서「동아시아공동체를 향하여 - 평화, 번영, 진보의 지역」제출 아세안+3 정상회의에서 김대중 대통령이 동아시아포럼 설립 제안 중국이 세계무역기구에 가맹 중국-아세안정상회의에서 자유무역협정 공식 제안

시기	동아시아 지역주의 추이와 중국, 일본의 동아시아 구상
2002년	고이즈미 총리가 동아시아의 '함께 걷고 함께 나아가는 커뮤니티' 구축을 향한 결의 표명 중국－아세안정상회의에서 중국-아세안 자유무역지대 설립 합의 고이즈미 총리의 자문기관인 대외관계테스크포스가 '21세기 일본 외교의 기본 전략'을 제출해 대미 일변도 외교에서의 탈피 제안 서울에서 제1회 동아시아포럼 개최
2003년	아세안＋3외상회의에서 중국이 동아시아싱크탱크네트워크의 설립을 제안해 승인 말레이시아 전략국제문제연구소가 제창한 제1회 동아시아회의 개최 중국과 인도가 국경문제 해결을 위한 특별대표급 회담 진행 중국과 아세안이 '평화와 번영을 위한 전략적 파트너십에 관한 공동선언' 발표. 2010년까지 자유무역협정을 체결할 것을 선언 일본과 아세안 특별수뇌회의 개최. 도쿄선언 발표 서울에서 동아시아포럼 제1회 회의 개최
2004년	일본에서 동아시아공동체평의회 결성. 회장으로 나카소네 전 총리 취임 제2회 동아시아회의 개최 아세안＋3외상회의에서 동아시아정상회의 개최 합의 고이즈미 총리가 유엔총회 연설에서 아세안＋3을 바탕으로 한 동아시아공동체 제창 아세안정상회의에서 2005년 동아시아정상회의의 개최에 합의
2005년	제1차 동아시아정상회의 개최. 아세안과 한중일 삼국 이외에 오스트레일리아·뉴질랜드·인도 참가

참고: 미야지마 히로시, 「일본 동아시아 공동체론의 현주소」, 「역사비평」 72호, 2005, 224~228쪽.

우 크다. 1970~80년대 일본은 직접투자를 통해 일본과 동남아 사이에서 생산네트워크를 짜내고 이른바 기러기 모델의 선두로서 역내의 고도성장을 주도해 일본 또한 호황을 누렸다. 그러나 1990년대에 접어들며 일본의 경제발전을 견인해온 정치경제 제도들이 문제점을 드러내며 불황에 접어들자 기러기 모델도 해체 조짐을 보였다. 동아시아 분업구조의 상위였던 일본과 중위에 자리잡고 있던 한국·타이완 사이의 격차가 좁혀지고, 하위 영역에서도 중국이 아세안을 추월하며 큰 변화가 일어났다. 불황이 장기화되자 일본은 동아시아 경제의 견인차 역할을 맡기가 어려웠으며, 점차 중국에게 동남아 시장을 잠식당했다. 경기침체가 길어지고 인구가 줄어들고 있는 일본은 잠재성장률이 높은 동남아 국가들과의 경제적 유대를 강화해야 할 필요성이 크며, 그것이 동아시아 지역주의를 추진하고 또한 중국과 경쟁하게 만드는 주요 요인으로 작용하고 있다.[53]

아울러 주요 관심사인 지역상의 차이를 확인하자면, 특히 동아시아공동체의 지역 범위를 두고 중국과 일본은 큰 이견을 보였다. 양국 모두 역외 국가에도 문호를 개방한다는 개방적 지역주의를 표방하지만 '개방적'에 부여하는 의미가 달랐다. 중국 정부가 견지하는 개방적 태도란 역외 국가가 동등한 자격으로 동아시아공동체에 참여할 수 있다는 의미가 아니라, 다자적 기제를 통해 동아시아공동체의 회원국과 협력관계를 유지할 수 있다는 의미였다.[54] 따라서 중국 정부가 동아시아공동체의 실질적 회원국으로 상정하는 대상은 역사적·문화적 정체성과 경제적·안보적 이익을 공유한다고 간주되는 아세안 10개국과 한중일로 제한되었다.[55]

반면 일본은 동아시아공동체의 회원국으로 미국과 오스트레일리아, 인도와 같은 역외 국가를 참가시키려 했다. 일본의 외교정책은 아시아중시노선과 더불어 태평양을 매개로 한 서구 선진국, 특히 미국과의 협조노선이 양대축이다. 그리하여 태평양과 아시아라는 지역상은 외적 환경과 내부 역량에 따라 강약의 차이는 존재했지만 병렬적 혹은 중층적으로 추구되어 왔으며 그것들은 아시아태평양이라는 지역상으로 수렴되었다. 특히 2000년대에 들어서는

---

53 양국 간 경쟁 가운데 아세안 국가들은 아세안의 응집력 강화를 꾀했다. '10+3'이 아니라 '아세안+3'를 만들어 동아시아 지역통합에서 주도권을 빼앗기지 않으려 한 것이다. 아세안 국가들은 2003년 발리에서 개최된 제9차 아세안 정상회의에서 안보공동체·경제공동체·사회문화공동체를 기반으로 하는 아세안 공동체를 구축한다고 결의했으며, 2007년 세부에서 개최된 제12차 아세안 정상회의에서는 당초보다 5년 앞당겨 2015년까지 아세안 공동체를 구축하기로 결의했다.

54 王聯合,「東亞共同體: 構想, 機遇, 挑戰」,『世界經濟與政治論壇』2期, 2006.

55 劉貞曄,「'東亞共同體' 不可能是'開放的地區主義'」,『世界經濟與政治』10期, 2007, 41~42쪽; 兪新天,「東亞認同的發展與培育」,『當代亞太』4期, 2008, 3~10쪽.

동아시아라는 지역명을 사용하더라도 동북아와 동남아 지역으로 한정하는 것이 아니라 오세아니아와 남아시아 국가를 일부 포함하는 '확대 아시아'로 확장시켰다. '확대 아시아'는 미국을 직접 포함하지는 않더라도 미국친화적인 지역상으로서 아시아태평양과 외연이 상당 정도로 포개진다.

이러한 양국 간 입장 차이는 2005년 제1차 동아시아정상회의 개최를 향하는 과정에서 뚜렷하게 드러났다. 동아시아정상회의의 위상·의제·형식·빈도 등 핵심 이슈 전반에서 양국은 이견이 컸는데, 그중에서도 회원국 구성을 두고 첨예하게 대립했다. 물론 회원국 구성을 어떻게 하느냐에 따라 위상·의제·형식 등은 구체적 윤곽이 드러날 가능성이 크다. 중국은 아세안+3 수준에서 동아시아정상회의를 개최하자는 입장이었고 일본은 동맹관계를 중시해 미국은 물론 중요한 수출시장인 오스트레일리아·뉴질랜드·인도 등을 회원국으로 부르자고 주장했다.

결국 제1차 회의를 앞두고 아세안 회원국들이 아세안과 실질적 관계가 있으며, 아세안과 완전한 대화국가이며, 동남아시아우호협력조약TAC의 가맹국이라는 세 가지 조건을 만족하면 동아시아정상회의의 회원으로 인정하겠다는 합의점이 마련되었다. 인도는 세 가지 조건을 모두 충족했고, 오스트레일리아와 뉴질랜드도 동남아시아우호협력조약에 가맹해 조건들을 만족시켜 결국 일본의 주장대로 아세안+3 참가국 외에 오스트레일리아·뉴질랜드·인도가 포함되었다.[56] 그리고 제1차 동아시아정상회의에서 채택된 쿠알라룸푸르선언은 아세안을 동아시아 지역협력의 핵심적 추진세력the driving force으로, 동아시아공동체 형성에서 아세안+3를 주된 추진체the main vehicle로, 동아시아정상회의를 중요한 역할a significant role을 수행하는 주체라고 규정해 모호한 타협에 머물렀다. 그리고 '공동체 구성'에 관한 이슈는 안건으로 채택되지 않았다.

56　최희식, 「현대 일본의 아시아 외교 전략: 내재적 접근에서 외재적 접근으로」, 『국제정치논총』 49집 2호, 2009, 45~46쪽.

동아시아정상회의의 설립 결과는 양면적이었다. 동아시아 협력의 심화라는 상징적 의미를 지니지만, 결과적으로 동아시아정상회의를 추진하던 역내 국가들이 공유해온 공동의 위기의식에 기반한 협력 분위기를 냉각시키고 말았다. 회원국이 확대되어 외연이 APEC과 중첩되었으며 APEC처럼 낮은 수준의 협의체에 머무를 공산이 커져 동아시아공동체 건설에 대한 회의적 분위기가 확산되었다. 실제로 제1차 동아시아정상회의 이후 중국은 향후 러시아·미국·EU와의 협력도 환영한다는 입장을 표명해 동아시아정상회의는 높은 수준의 공동체가 아닌 대화의 장으로 기능할 가능성이 높아졌다.[57] 또한 아세안+3와 동아시아정상회의가 병존하고 중국과 일본의 선호 형태가 갈리자[58] 아세안 내부에서도 말레이시아·태국 등은 아세안+3 중심의 지역협력을 선호하는 반면 인도네시아·싱가포르 등은 동아시아정상회의를 선호하는 대결구도가 나타나는 등의 폐해가 따랐다.

4) 한국중심적 지역구상의 실패와 이유

지역구상을 둘러싼 입장차는 당연히 중국과 일본 사이만이 아니라 양국과 한국 사이에도 존재한다. 그리고 양국 간의 차이가 마찰을 초래했다면, 양국과의 차이는 번번이 한국 정부의 지역구상을 좌절에 빠뜨렸다.

물론 냉전기에는 양국의 지역구상과의 접점보다는 미국의 동아시아 전략과의 정합성이 한국발 지역구상의 성패에서 관건이었으며, 이 사정은 탈냉전기에도 본질적으로 바뀌지 않았다. 냉전기에 한국발 지역구상은 아시아 대륙

57　2010년부터 동아시아정상회의 참가국은 미국과 러시아를 포함하여 18개국으로 확대되었다.
58　중국사회과학원 국제관계 선임연구원인 장원링은 일본 등이 주장하는 동아시아정상회의를 기초로 한 동아시아공동체 건설에 대해 중국 정부는 부정적인 입장이라고 밝힌다(張蘊嶺, 2008, 「對東亞合作發展的再認識」, 『當代亞太』 1期, 16쪽).

이 아닌 태평양을 무대로 삼았다. 그때의 태평양은 맞은편에서는 미국, 아래쪽에서는 오세아니아 지역이 감싸고 있으며, 아시아 쪽에서는 한국·일본·타이완·필리핀이 도열한 반공의 바다였다. 그리하여 이승만 정권이 주창한 태평양동맹과 박정희 정권이 추진한 아시아태평양각료이사회는 동아시아 지역을 반분하는 지역구상이었으며, 반공 이외의 다른 긍정적 공통분모를 마련하지 못했다. 결국 태평양동맹은 미국의 일본중시책으로 인해 뚜렷한 성과를 내지 못했고, 아시아태평양각료이사회는 미국과 중국 관계가 정상화되자 존재할 명분을 잃게 된다. 반면 탈냉전기 한국발 지역구상은 한국과 중국의 관계 정상화를 주요 배경으로 삼는다. 탈냉전기에 노태우 정권 이래로 한국 정부가 줄곧 중시해온 지역상은 단연 동북아였다.

탈냉전기 한국 정부의 동북아 구상의 좌절

1988년 11월 노태우 정권은 동북아평화협의회 추진위원회를 구성했다.[59] 냉전 대결구도가 해소되지 않은 상황에서 주변국의 한반도 교차승인 및 평화통일의 기반을 마련하기 위한 포석이었다. 그리고 1992년 9월 노태우 대통령은 유엔총회 기조연설에서 동북아평화협의회 개최의 필요성을 역설했다. 이 제안에 대해 러시아는 아시아태평양 지역에서의 발언권 확보라는 차원에서 환영의 입장을 밝혔다. 하지만 북한은 명시적으로 반대하고 미국은 현상 유지를 원하는데다 중국마저 미온적 반응을 보여 큰 진전을 보지 못했다. 북방정책의 결실이 동북아 구상의 현실화라는 성과로까지 이어지지는 못한 것이다.

김영삼 정부는 노태우 정부가 거둔 북방정책의 결실 위에서 상대적으로 폭넓은 선택지를 갖고 출범했다. 하지만 지역 협력의 흐름을 주도하지 못했다. 동북아안보대화의 창설을 제안했지만 국가 간 이해관계가 상충하고, 특히 북한이 다자간 안보대화에 반대 의사를 밝혀 답보상태를 면치 못했다. 사실상

59　한동만, 『동북아 다자안보협력의 현황과 전망』, 외무부집무자(98-2), 1998, 83~84쪽.

김영삼 정부는 정책 기본 방향을 지역화보다 세계화에 맞춰 놓고 있었다. 또한 '버르장머리' 발언이 보여주듯 일본과는 심각하게 갈등하고, 미국과는 북핵 문제 대응을 두고 마찰을 빚는 등 관건적 시기에 동북아 협력구도를 만드는 데 별다른 성과를 내지 못했다.[60]

김대중 정부는 동북아 다자안보협의체 구성에 대한 대통령의 의지가 강했고, 국제사회에 발휘되는 대통령의 카리스마도 역대 어느 대통령보다 강했다. 그리하여 동북아평화 구상에 관해서는 역내 국가들의 지지를 이끌어내기도 했다. 그러나 동북아 다자안보협의체 구상은 제도화 단계로 이행하지 못했다. 이번에도 북한의 반대가 컸다. 또한 샹그릴라대화 같은 경쟁구도의 대화체가 등장한 것도 장해요인이었다. 김대중 대통령 자신도 남북·한미·한중관계와 같은 전통적 양자접근방식을 중시하고 다자회담을 정례화하려는 노력이 부족했다.[61] 그리하여 미국에서 클린턴 행정부의 임기가 끝나고 부시 행정부가 등장하자 동북아평화 구상에 관한 우호적 분위기는 가라앉고 동북아 다자안보협의체 구상은 추진력을 잃고 만다.

사실상 김대중 정부의 한반도 문제 해결 노력 중 가장 중요한 성과물인 남북정상회담과 6·15공동선언은 동북아 지역질서의 변화를 초래할 수 있는 계기였다. 그러나 "남과 북은 나라의 통일문제를 그 주인인 우리민족끼리 서로 힘을 합쳐 자주적으로 해결해 나가기로 하였다"[62]고 명시한 정상회담합의문에서는 동북아 4대국 협력과 공조에 관한 내용이 등장하지 않는다. 남북정상회담은 '민족'과 '자주'를 강조하는 대신 국제 협력, 지역 협력을 통한 문제해결 원칙을 배제해 지역적 의의를 확립하는 데 한계를 지녔다. 김대중 대통령은 한반도 문제가 갖는 국제문제, 지역문제로서의 본질을 천명하고 한반도 평

---

60   임동원, 『피스메이커』, 중앙북스, 2008, 354~358쪽.
61   박명림·지상현, 「탈냉전기 한국의 동아시아 인식과 구상 – 김대중 사례 연구」, 『한국정치학회보』 43집 4호, 2009, 169쪽.
62   국가기록원대통령기록관, 「남북공동선언원문」, 2000.

화를 통한 지역적·국제적 기여를 강조하는 동시에 지역적·국제적 협력을 호소할 수 있는 기회를 맞이했으나 그리하지 않았다. 한반도 문제에 접근하면서 국제 – 지역 방식과 민족 – 남북 방식을 분리하고 후자를 우선시했던 것이다.[63] 결국 한반도 문제의 국제화·지역화를 우려한 이 선택은 동북아 다자주의의 제도화를 이끌어내지 못해 한반도 문제를 접근하는 데서 양자주의와 개별의제 중심의 방식을 고착시키고 말았다.[64]

참여정부는 한국의 역대 정권들 가운데서 동북아 구상에 가장 많은 역량을 할애했다. 그런 만큼 보다 자세히 살펴볼 필요가 있겠다. 참여정부의 동북아 구상은 '동북아중심국가'라는 개념에서 출발했다. 노무현 후보자는 2002년 대통령선거캠페인에서 햇볕정책을 기조로 한 김대중 정부의 대외정책을 발전적으로 계승하겠다고 약속하며 '동북아의 질서를 주도하는 중심국가'로 만들겠다는 핵심 공약을 내세웠다.[65] 그리고 대통령 당선 직후 인수위원회는 동북아중심국가 건설을 8대 주요국정과제의 하나로 확정했다.[66] 2003년 2월 6일 동북아중심국가 건설을 위한 국정토론회에서 노무현 당선자는 동북아중심국가 건설이 "단순히 경제적인 차원 이상의 것"으로 "적극적으로 지역질서를 주도하고, 수평적으로 대등하게 참여하는 '주도의 역사', '자주의 역사'를 만드는

---

63 십 년 전 소련의 해체로 지역질서의 변화 조짐이 있던 시기에 노태우 정권도 비슷한 선택을 한 적이 있다. 1991년 제임스 베이커 미국 국무장관은 미국이 남북 대화를 지원하고 남북한 간의 협상결과를 보장하며 한반도 주변 강대국들의 안보이해를 조정하기 위한 '2+4' 형식의 6자회담을 주선할 용의가 있다는 입장을 밝힌 바 있다(James A. Baker, "America in Asia : Emerging Architecture for a Pacific Community", *Foreign Affairs*(1991, Winter). 그러나 노태우 정권은 베이커 장관의 제안인 '2+4' 형식의 6자회담'이 동북아질서 전반을 다루기 위한 것이라면 찬성이지만 한반도 문제만 논의하는 회담이라면 반대한다는 입장을 밝혀 성사되지 못했다. 한반도 문제의 국제화·지역화가 한국 주도의 한반도 문제 해결에 이롭지 못하리라는 소극적 판단이 있었던 것이다.

64 박명림·지상현, 「탈냉전기 한국의 동아시아 인식과 구상 – 김대중 사례 연구」, 『한국정치학회보』 43집 4호, 2009, 169~170쪽.

65 노무현, 새천년민주당 대통령 후보 수락연설 「불신과 분열의 시대를 넘어 개혁과 통합의 시대로」, 2002년 4월 27일.

66 「인수위, 8대 국정과제 사실상 확정」, 『한국일보』, 2003년 1월 6일.

측면이 있다"라고 강조했다.[67]

하지만 동북아중심국가의 의미와 정책 영역은 불분명한 측면이 있었다. 애초 동북아중심국가는 경제 영역에 치중한 구상으로서 금융 및 물류 허브 구축, 외국인 투자 유치, 동북아철도연결망 구축 등이 주요사업으로 제시되었다. 그러나 인수위는 경제협력뿐 아니라 평화협력체 창설도 포함시켜 동북아중심국가 구상은 사실상 외교안보 분야의 활동을 아우르는 포괄적 구상으로 확장되었다. 노무현 대통령의 취임사는 이를 잘 보여줬다.

그런데 동북아중심국가 구상에 대해 중국과 일본, 미국 등 주변 국가가 민감한 반응을 보이자 노무현 정부는 동북아중심국가 개념이 동북아에서 중심국가가 되겠다는 국가의지를 담은 것이 아니라 "인프라, 물류, 생산, 금융 면에서 동북아 지역의 경제 중심축으로서 세계경제에 이바지하자는 뜻일 뿐"이라고 해명했다.[68] 그리고 경제중심적 성격을 강조하고자 출범 직후 '동북아경제중심국가'로 명칭을 바꾼다.

그러나 노무현 정부의 동북아 구상은 곧 경제중심적 성격에서 벗어났다. 2003년 광복절경축사를 통해 노무현 대통령은 "동북아에도 협력과 통합의 새로운 질서를 만들어 나가야 합니다. 그래서 다시는 강대국의 틈바구니에서 어느 쪽에 기댈 것인가를 놓고 편을 갈라서 싸우다가 치욕을 당하는 그런 역사를 다시는 반복하지 말아야 합니다. 이것이 나의 동북아시대구상의 핵심입니다"[69]라고 연설하고, 같은 해 12월에 작성된 동북아경제중심추진위원회의 보고서는 동북아 구상을 "미소 양극체제의 와해와 중국의 급부상으로 격변하고 있는 환경 속에서 동북아의 평화와 공동번영을 통해 우리경제의 활로를 모색하기 위해 수립된 국가전략"[70]이라고 규정했다. 정부 출범 첫해에 동북아 구상

---

67 「노당선자 仁川토론회 '동북아시대는 한국주도의 미래'」, 『서울신문』, 2003년 2월 7일.
68 「中 盧당선자의 동북아중심국가 발끈」, 『국민일보』, 2003년 1월 18일; 「盧공약 '동북아중심국가계획' 中 등 주변국 거부반응에 개칭」, 『동아일보』, 2003년 4월 2일.
69 노무현, 「제58주년 광복절 대통령 경축사」, 2003년 8월 15일.

은 한반도 및 동북아지역 평화구축 등 외교안보 영역을 포괄하는 성격으로 확대된 것이다.[71]

그리하여 동북아 구상의 핵심 개념은 '동북아경제중심'에서 다시 한번 '동북아시대'로 변경된다. 2004년 6월 동북아경제중심추진위원회가 동북아시대위원회로 명칭이 바뀌고 신임위원장에는 정치외교학자인 문정인 교수가 임명되었다. 동북아경제중심추진위원회가 경제 영역에 무게중심을 두었던 반면 동북아시대위원회는 경제 영역은 물론 북한 핵문제와 한미동맹재편 및 동북아평화체제구축 등 외교안보 사안도 포괄적으로 다루는 대통령자문기관으로 개편되었다.

그리고 2005년 3월 육군3사관학교 졸업식 연설에서 노무현 대통령은 처음으로 동북아균형자론을 꺼낸다. 동북아 지역에서 전통적 평화세력인 한국이 종합적 국가역량에 기반해 장기간 지속되어온 갈등을 화해로, 대립을 협력으로 전환하는 모멘텀을 마련하겠다는 것이 핵심내용으로서, 특히 중국과 일본의 양자관계가 갈등과 분쟁으로 번지지 않도록 한국이 균형추 역할을 맡아야 한다고 강조했다. 동북아균형자론은 한국이 강대국 간의 패권경쟁에 휘말리지 않을 뿐 아니라 한반도 평화와 지역의 안정을 위해 적극적 역할을 모색하겠다는 구상이었다.

이 발언이 나오자 보수 색채의 일간지는 즉시 격한 비판을 쏟아냈다. 요지는 동북아균형자론이 한미동맹을 이완 내지 부정한다는 것이었다.[72] 당시 야

---

70 동북아경제중심추진위원회, 『참여정부의 국정비전: 동북아경제중심의 비전과 과제』, 2003년 12월 17일, 8~10쪽.

71 대통령자문 동북아시대위원회, 『평화와 번영의 동북아시대구상』, 동북아시대위원회, 2003.

72 『조선일보』는 3월 23일자 사설에서 동북아균형자론은 지난 50년간 한국이 생존기반으로 삼아온 한미일 3각 안보체제로부터 사실상의 이탈을 뜻한다고 비판했다. 『중앙일보』는 3월 31일자 사설에서 동북아균형자론으로 인해 현실적으로 미일과 등을 진다면 어떤 상황이 전개될지 모른다고 경고했다. 『동아일보』는 4월 5일자 칼럼에서 동북아균형자론의 성공은 미국의 절대적 신뢰에 달려있으니 한미동맹부터 다져야 한다고 주장했다.

당인 한나라당의 대표 박근혜를 비롯해 야당 의원들도 동북아균형자론은 비현실적이며 한미동맹을 위태롭게 만든다고 비판했다.[73] 급기야 동북아균형자론은 보혁단체의 찬반 공방으로 비화되었다. 2005년 학술지에서 대거 기획된 동아시아, 동북아 관련 특집에 수록된 논문들 가운데 다수는 동북아균형자론의 개념, 현실가능성, 특히 한미동맹과의 관계를 다루고 있다.

주변 국가들은 공식적 반응을 내놓지 않았지만 냉담한 편이었다. 『뉴욕타임스』 5월 17일자는 당시 6자회담 미국 측 대표인 크리스토퍼 힐 국무부 동아태차관보가 "한국인이라면 '멀리 있는 강대국과 특별한 관계를 갖기를 원한다'고 말할 것"이라며 한미 간의 미묘한 갈등을 우회적으로 꼬집었다는 보도를 냈다.[74] 이후 6월 11일로 예정된 한미정상회담을 앞두고 동북아균형자론이 한미관계에 부정적 영향을 끼친다는 비판이 이어지자 노무현 대통령은 5월 31일 친일반민족행위 진상규명위원회 위원들에게 임명장을 수여하는 자리에서 동북아균형자론은 "일본의 군비를 합법화, 강화하는 논의가 진행 중일 때 준비한 것"이라며 미국이 아닌 일본을 염두에 둔 발상이라고 적극 해명했다. 그리고 같은 날 『아시안 월스트리트 저널』은 사설에서 노무현 대통령의 동북아균형자론에 대한 야치 쇼타로 일본 외무성 차관의 발언("노 대통령의 균형자론이 일본이 수집한 북한 관련 비밀 정보를 한국에 전해줄 수 없는 한 가지 이유")을 옮기며 비판적 논조를 개진했다.[75]

이처럼 동북아균형자론은 안팎의 거센 비판에 직면했으며, 논란이 뜨거웠던 2005년 5월은 행담도 사태의 여파로 동북아시대위원회의 조직력이 누수

---

73 「박근혜 대표 "동북아 균형자론 비현실적"」, 『서울신문』, 2005년 4월 9일; 「야 '동북아균형자론' 일제히 비판」, 『부산일보』, 2005년 4월 12일.

74 「힐 '동북아균형자론' 비판」, 『서울신문』, 2005년 5월 19일. 당시 힐은 동북아균형자론을 둘러싼 6자 회담 참가국들 사이의 이견을 두고 "우리는 잘 협력하고 있으며 긴밀한 접촉을 유지하고 있다"라며 크게 의미부여를 하지 않았으나 '동북아균형자론 비판'이라고 제목을 단 것은 미국 행정부가 아니라 오히려 언론사 측의 입장을 보다 선명히 보여주었다고 말할 수 있다.

75 「盧 "동북아균형자론, 美 아닌 日 향한 발언"」, 『프레시안』, 2005년 5월 31일.

되던 시기이기도 했다. 그리고 1부에서 살펴보았듯이 동북아균형자론이 논란 속에서 사실상 철회된 이후 참여정부의 초기 역량이 집중되었던 동북아 구상에 대한 강한 반편향으로 한미FTA 체결과 한미동맹 제조정으로 정책 방향이 기울면서 동북아 구상 자체가 동력을 잃고 말았다.

한국 정부의 동북아 구상과 역내 국가들의 지역구상 간의 괴리

동북아균형자론을 둘러싼 내외의 논란을 자세히 살펴본 것은 이 사례가 한국발 동북아 구상이 직면하게 되는 문제를 압축적으로 보여주기 때문이다. 탈냉전기에 한국 정권이 추진한 동북아 구상들이 대체로 실효를 거두지 못한 이유로는 정책 실행 기반의 취약성, 정권 교체에 따른 정책 단절, 외교력의 한계, 공론화 과정과 사회적 합의의 결여 같은 국내적 요인과 더불어 미국의 세력균형 정책, 중국의 현상유지 노선, 다자협력체 추진에 대한 북한의 거부감, 일본의 견제 등의 지역적 요인을 들 수 있을 것이다.

또한 주된 관심사인 지역상에 초점을 맞춰 한국발 동북아 구상이 실효를 거두지 못하는 이유를 밝혀보자면, 인접 국가들의 지역구상과 괴리가 컸다는 점을 지적할 수 있을 것이다. 물론 각국은 지정학적 조건과 정치경제적 상황의 차이 등으로 인해 국가이익과 전략인식이 상이하며, 따라서 지역구상도 지향·관심영역·우선순위 등을 달리 설정하기 마련이다. 하지만 한국발 동북아 구상은 지역구상의 핵심인 동북아라는 지역상이 인접 국가들의 주요 지역상과 불일치하거나 인접 국가로서는 수용하기 어려운 이유가 있었다.

동북아는 한국 정부가 동북아 국가로 간주하는 당사국들에게 일반화된 지역상이 아니다. 중체서용中體西用이 대변하는 중국의 대륙적 정체성과 탈아입구脫亞入歐가 상징하는 일본의 해양적 정체성은 모두 동북아보다 광역적인 공간에 친화적이다. 중국의 중화주의 내지 조공체계의 지역상이나 일본의 아시아주의 내지 대동아공영권 같은 조숙했던 지역통합의 논리 역시 동북아라는 지역 범위를 초과하고 있다.[76] 냉전기에 들어 일본은 아시아와 더불어 태평양을 외교 무대의 양축으로 삼았고, 중국은 사회주의권에 속했을 뿐 아니라 비동맹노선·제3세계주의의 주요 행위자였음을 상기한다면 일본과 중국의 지역구상이 동북아라는 지역상으로 수렴될 가능성은 낮다. 앞서 확인했듯이 중국과 일본은 동북아라는 소지역이 아닌 동남아를 포함한 동아시아 혹은 아시아태평양이라는 광역 지역을 기본 무대로 삼아 지역구상을 추진하고 있다.

중국의 경우를 살펴보면, 한 사례로서 왕이저우王逸舟는 아시아태평양을 세 층위로 구분한다. '대아태'는 서아시아를 제외한 아시아·대양주·북미와 중남미 서부 지역을 포함하며, '중아태'는 동북아(러시아 극동 지역 포함)·동남아·대양주(오스트레일리아와 뉴질랜드 포함)와 북미 서부(미국·캐나다·멕시코 포함)를 일컫고, 동북아와 동남아를 포함하는 이른바 동아시아인 '소아태'가 '대아태'와 '중아태'의 핵심 지역이라는 것이다.[77] 결국 중국은 동남아와 동북아를 합친 동아시아를 중시하며, 그보다 좁은 범위에서 지역구상을 설정하지는 않는다는 것이다. 물론 중국은 6자회담에 적극 참가하지만 몇몇 안보 이슈가 아니라면 동북아 국가로서의 정체성을 드러내는 경우는 드물다. 더구나 동북아라는 개념 자체가 중국에서는 동북3성 지역을 가리키는 식으로 사용되기도 한다.

일본에서는 동북아라는 지역 개념이 좀처럼 사용되지 않는다. Northeast Asia는 대체로 북동아시아라고 옮겨진다. 일본이 외국과 작성한 외교문서에 Northeast Asia가 처음으로 등장한 것은 2002년 북일평화선언 때로 알려져 있다. 여기서 북한 측은 '동북아시아'라고 표기한 것이 일본어 정문에서는 '북동아시아北東アジア'라고 되어 있다.[78] 이것은 단순한 표기방식의 차이에 그치지 않는다. 동북아시아라고 표기할 경우 그것은 동아시아의 하위 범주 내지

---

76 손열, 「일본의 지역인식과 전략」, 『동아시아와 지역주의: 지역의 인식, 구상, 전략』, 지식마당, 2006.

77 王逸舟, 『當代國際政治析論』, 上海人民出版社, 1995, 437쪽.

78 2003년 노무현 대통령 취임사에서는 '동북아시아' 시대, '동북아시아' 공동체라는 표현이 여러 차례 나왔는데 『아사히신문』은 이를 '북동아시아'가 아닌 '동북아시아(북동아시아)'로 번역했다.

대체어로 간주될 수 있지만, 북동아시아라는 지역 개념은 동아시아와의 포함관계 내지 호환관계가 불분명하다. 그리고 일본의 북동아시아는 중국의 동북지역과 한반도뿐 아니라 몽골과 시베리아 일부 지역을 포함하곤 한다.

결국 한국이 상정하는 동북아라는 지역상은 중국과 일본에서 그대로 통용되지 않으며, 그 중요성도 등가적이지 않다. 무엇보다 동북아라는 지역상이 상정하는 한국(한반도) 중심성은 재고되어야 할 필요가 있다. 한국에서 동북아는 한국·북한·중국·일본·러시아·미국 등 6개국을 지시한다기보다 한반도와 주위 4강을 가리킨다고 간주되는 것이 일반적이다. 즉 동북아는 한반도를 초과하지만 한반도가 중심인 지역상이며, 거기서 한반도는 중국과 일본, 대륙과 해양 사이에서 가교 역할을 맡는다. 이러한 표상 방식에 근거한 국가론은 동북아시대위원회의 『평화와 번영의 동북아시대구상』에서 가교국가bridge building state, 거점국가hub state, 협력국가cooperation-promoting state로 제시된 바 있다.[79] 내용은 조금씩 다르지만 모두 한국에 매개국가라는 역할을 부여하고 있다.

그러나 한국 내지 한반도를 중심에 두고 확대재생산하듯 그려낸 지역상에 기반해서는 실효성 있는 지역구상을 수립하기 어렵다. 타국이 어떻게 받아들일 것인지에 대한 충분한 고려 없이 한국의 조건에 기대어 지역구상을 수립한다면 지역구상으로서의 성과를 내기 어렵다. 어떤 지역상이 필요한가라는 규범적 물음은 어떤 지역상이 가능한가라는 실질적 조건 위에서 던져져야 한다. 따라서 대안적 동아시아상을 마련하려면 한국측의 필요성과 함께 동아시아적 조건에 천착해야 하는 것이다.

---

[79] 동북아시대위원회, 『평화와 번영의 동북아시대구상』, 동북아시대위원회, 2005, 16쪽.

3. 동아시아 지역상의 중층성

태평양권이 세계의 중심이 되고, 일본과 중국이 주축을 이루는 동아시아가 태평양권의 주체가 될 때, 일본과 중국의 중간에 위치하고 있는 한국이야말로 세계의 중심 속의 중심이 될지도 모른다.[80]

그때도〔1971년 대선 신민당 총재 시절 – 인용자〕지금도 내가 얘기하는 것은 '1동맹 3우호체제'입니다. 미국하고는 군사동맹을 해야 하고 나머지 중국·러시아·일본하고는 우호체제를 해야 한다. 우리가 지정학적으로 이 4대국에 둘러싸여 있는 특수한 상황이기 때문에 그렇습니다. 우리는 이 4대국과 좋은 관계를 유지하면서 서로 견제하게 만들어야 돼요. 그게 외교죠. (……) 세계에서 소련, 중공 그리고 일본, 미국 이 4대국에 둘러싸여 있는 나라는 우리나라뿐이에요. 세계에 없어요. 세계에 없는 상황이면 세계에 없는 정책이 나와야 해요.[81]

---

80 박홍규, 「21세기 동아시아 질서와 한국의 대응」, 『사상』 14권 4호, 2002, 66쪽.
81 김대중·박명림, 「정부수립 60주년 김대중 전 대통령 인터뷰: 민주적 시장경제와 평화 공존에의 여정」, 『역사비평』 84호, 2008, 41~43쪽.

첫째 인용구는 어느 외교안보연구원의 발언이다. 둘째 인용구는 김대중 전 대통령의 발언이다. 대안적 동아시아상은 첫째 발언이 아닌 둘째 발언의 방향에서 모색되어야 할 것이다. 첫째 발언은 지정학적 지지요소로부터 역내에서 한국의 중심성을 도출해낸다. 둘째 발언은 강대국 중심의 세력경쟁이라는 지정학적 제약요소 속에서 현상을 돌파하는 전향적이고 진취적인 방법을 개발하자고 촉구한다. 결국 대안적 지역상은 동아시아적 지지조건을 향유하는 것이 아니라 동아시아적 제약조건에 근거하되 한국 측의 필요성을 주입해 만들어내야 할 것이다.

한국지식계의 동아시아 담론은 십여 년간 논의를 축적하는 동안에도 동아시아의 외연에 관한 합의를 보지 못했다. 그것은 동아시아상과 결부된 필요성도 현실성도 복잡하기 때문이다. 동아시아 담론이 담론으로서 존재하는 동안에는 동아시아상 역시 고착되지 않고 유동할 것이다. 다만 십여 년에 걸친 논의를 돌이켜보면 동아시아상의 지역 범위는 몇몇 경우의 수로 제한되어 있음을 알 수 있다. 따라서 각 경우의 필요성과 현실성 내지 한계를 정리해낸다면, 동아시아라는 지역상의 지리적 외연 및 기능적 내포에 관한 규범적이면서도 현실적인 접근법을 마련할 수 있을 것이다.

동아시아의 지역 범위를 정의하는 데는 몇 가지 방식이 있다. 먼저 심상지리 차원에서 혹은 지문화적 시각에서 한국·중국·일본 삼국을 일러 동아시아라고 부르는 경우가 있다. 그러나 이러한 방식은 지리적 구획으로 보건대 서아시아, 남아시아 등에 비해 너무나 비좁고 중국과 일본이 수용할 가능성도 낮다. 따라서 한중일 삼국, 동아시아 삼국, 동북아 삼국으로 부르거나, 문화권·문명권이라는 의미를 드러내고자 한다면 유교문화권·중화문명권 등과 같은 다른 명명법도 가능하며 오히려 이 용어들이 보다 선명하게 의미를 전달할 수 있다.

이를 제외한다면 동아시아의 외연에 관한 접근법은 크게 두 가지다. 첫째, 지정학적 시각에서 한반도와 주위 4대 강국을 포함해 6자회담의 구성국이 되

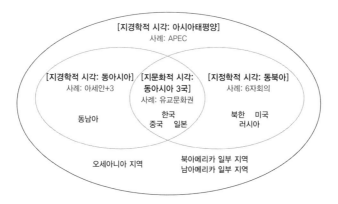

〔그림 3-1〕 동아시아의 외연에 관한 세 가지 접근법

[지경학적 시각: 아시아태평양]
사례: APEC

[지경학적 시각: 동아시아]
사례: 아세안+3

[지문화적 시각:
동아시아 3국]
사례: 유교문화권

[지정학적 시각: 동북아]
사례: 6자회의

동남아

한국
중국   일본

북한   미국
러시아

오세아니아 지역

북아메리카 일부 지역
남아메리카 일부 지역

는 한국·북한·중국·일본·미국·러시아를 동아시아로 상정하는 것이다. 그
런데 이 외연이라면 동북아라는 지역명이 보다 일반적으로 사용된다. 둘째,
주로 지경학적 시각에서 동북아와 동남아를 아우르며 아세안+3라는 지역 범
위를 동아시아라고 상정하는 것이다. 이것은 1990년대 후반의 동아시아 경제
위기 이후 다수 국가가 공유하는 접근법이다. 이상의 세 가지 접근법을 그림
으로 표현하면 다음과 같다.

그런데 〔그림 3-1〕을 보면 지정학적 시각에서 구도한 동아시아상이 지경
학적 시각에서 상정한 동아시아의 상보다 단순히 작지는 않다는 점이 드러난
다. 흔히 동북아로 불리는 지역상이 동남아와 동북아를 아우른다고 간주되는
동아시아라는 지역상의 하위 범주가 아닌 것이다. 무엇보다 동아시아 지역질
서에서 가장 큰 영향력을 행사하는 미국이 동북아에는 속하지만 동아시아에
서는 빠져 있다.

한편 미국을 아시아와 연결하는 지역상으로는 아시아태평양이 있다. 이 지
역상을 대변하는 기구가 APEC다. 일본 정부의 지역구상은 아시아태평양을
주요 무대로 삼으며, 광역 동아시아를 설정해 오스트레일리아·뉴질랜드 등을
끌어들이고 있다. 오스트레일리아와 뉴질랜드 등은 일본과의 경제적 상호의

존 정도가 높고 안보협력관계가 긴밀해 이 국가들이 광역 동아시아에 참가한다면 일본이 유리한 입지를 점할 수 있으리라고 기대하는 것이다. 그러나 한국에게 이 국가들은 정치경제적 협력관계를 유지하는 주요 우방국이지만 중국의 반대를 무릅쓰면서까지 동아시아의 지역 범위 안으로 포함시켜야 할 실리적 이유는 크지 않다.

더구나 APEC이 보여주듯이 아시아태평양이라는 지역상의 외연은 지리적 시각에서 보았을 때 우랄 산맥 이동의 시베리아로부터 남쪽으로 동북아·동남아가 포함되며 오세아니아까지도 끌어안는다. 태평양 건너로는 북미 3개국과 남미의 칠레나 페루까지를 아우른다. 이 광대한 지역은 면적과 인구가 거의 세계의 절반을 차지한다. 경제적 생산량과 무역 비중은 세계의 절반을 상회하는 지구상 가장 광대한 광역권이다. 아시아태평양은 경제교역권으로서 중요성을 더해가고 있지만, 그 광대함으로 말미암아 높은 수준의 지역주의가 진척되기는 어렵고, 더구나 한국이 주요 행위자로 자리매김하기는 더욱 어렵다. 탈냉전기에 형성된 아시아태평양 차원의 협력체에서 한국이 제안자 역할을 맡은 적은 없다.

따라서 [그림 3-1]을 보았을 때 아시아태평양을 제외하고 동아시아라고 설정할 수 있는 세 가지 접근법에서 파생되는 검토 지점은 세 가지로 압축된다. 첫째, 동북아를 중심에 둔 지역상의 필요성과 한계점이다. 둘째, 동남아로 외연을 확대한 지역상의 필요성과 한계점이다. 그리고 셋째, 역외 국가인 미국을 포함하는 지역상의 필요성과 한계점이다.[82] 이제 이 세 가지 검토 지점을 각각 살펴보자.

---

82 이러한 접근법은 동아시아의 지역상 설정을 둘러싼 문제의식을 추출해내기 위해 의도적으로 단순화한 것으로서 동북아에서 몽골을 누락해도 되는지, 동아시아에서 타이완을 누락해도 되는지, 동남아시아 국가들을 아세안으로 일괄해도 되는지, 규모의 비대칭성을 감안했을 때 국가 단위의 표상 방식이 적절한지 등의 물음이 남아 있다.

1) 동북아 중심의 지역상의 필요성과 한계점

한중일 삼국을 일러 동아시아로 간주하려는 사회심리적 경향은 문화적 유사성에서만 기인하는 것이 아니다. 정녕 문화적 유사성의 각도에서 동아시아를 표상한다면 중국의 중요성이 부각되어야 할 텐데, 한중일 삼국을 거론하면서는 은연중에 한국을 중심에 둔다. 그리고 동북아 6개국으로 늘어나도 한국 중심적 표상 방식은 유지된다.

동북아라는 지역상은 3개국이든 6개국이든 지문화적이든 지정학적이든 한국 내지 한반도를 중심에 두는 심상지리적 성격이 강하다. 각국의 지역상은 자국중심적이기 마련이나 동북아는 아세안+3 수준의 동아시아와 비교해 봐도 한국중심적 속성이 뚜렷하다. 그리고 한국중심적 속성은 여러 논리로 보강된다. 가장 흔하게 거론되는 것이 지정학적 위치다. 한국이 속한 한반도는 동북아의 전략적 요충지로서 전통적으로 대륙세력에게는 일본과 태평양으로 뻗어가기 위한 발판이었고, 해양세력에게는 유라시아 대륙으로 진출하기 위한 교두보였다. 역사적으로 한반도는 중국과 일본 사이에서 문화를 매개했으며, 오늘날에는 미국·중국·일본·러시아 등 세계 4대 강국이 한데 마주하는 결절점으로 기능한다는 것이다. 여기서는 "최전선", "십자로", "중추 지역" 등의 수사가 한국의 지정학적 위치를 기술할 때 자주 사용된다.

이윽고 한국이 중국과 일본 사이, 그리고 세계 4대 강국의 한복판에 위치하면서도 거기서 일궈낸 성과가 강조된다. 먼저 한국은 강대국도 패권국도 아니다. 한반도는 19세기 말엽까지 중화 제국의 영향권에 속해 있었고 20세기에는 일본과 미국의 지역질서 속으로 편입되고 분단의 시련을 겪었다. 한국은 타국을 정복하러 나선 적이 없으며 제국주의 전략을 표방한 적도 없다. 그리하여 강대국들이 패권경쟁을 벌이는 이 지역에서 약소국들의 입장을 대변하는 동시에 강대국들 사이에서 중재 역할을 맡을 수 있다는 것이다.

또한 한국의 성공적 근대화도 지역의 자산이라는 주장이 나온다. 한국전쟁의 잿더미 속에서 한국은 국가주도형 발전전략을 내세워 아시아 네 마리 용의 선두주자가 되었고, 지금은 IT강국으로 부상하고 한류라는 문화 컨텐츠를 확산시키고 있다. 그리고 한국모델은 경제발전모델일 뿐 아니라 정치발전모델이라는 주장이 이어진다. 한국은 분단체제에 놓여 있고 군사독재를 거쳤음에도 불구하고 경제발전(근대화)으로 정치발전(민주화)을 쟁취한 드문 사례라는 것이다. 그리하여 한국은 이 지역의 개발도상국들에게 정치·경제·문화 영역에서 본보기일 수 있다는 모델론, 나아가 한국이 상이한 발전단계에 있는 역내의 국가들을 매개해야 한다는 역할론이 제기된다.

그러나 이러한 주장이 지역 차원에서 얼마나 설득력을 가질지는 미지수다. 가교 역할 내지 거점론은 한국만이 아니라 타이완이나 싱가포르처럼 중소국이라면 거쳐 가는 욕망의 관문이며, 일본조차 아시아와 태평양을 매개하는 경계국가론을 내세운다. 그리고 가교국가론은 한국의 내적 역량보다 주위 강대국들의 외적 규정력이 강하다는 것을 역으로 보여준다. 달리 표현하자면 중국과 일본이 한국에게 갖는 중요성과 한국이 중국과 일본에게 갖는 중요성은 비대칭적이다. 미국과는 그 비대칭성이 더욱 커진다. 미국에게 한반도는 동아시아의 중요한 전략적 요충지이긴 하나 사활적 이해관계vital interest가 걸린 장소는 아니다. 냉전기에도 애치슨라인 설정, 한국 정부의 지역구상 좌절 등의 사례에서 보듯 미국은 한국보다 일본을 중시해왔다. 이러한 비대칭성을 간과한 채 주위 강대국들의 세력 균형점이라는 식으로 입지를 도출해내려 한다면, 동북아 구상은 그야말로 '약소민족의 한풀이식 아시아 패권에 대한 열망'의 사전단계로 전락할지 모른다.[83]

또한 한국을 경제발전모델·정치발전모델로 가다듬는 일종의 매력국가론은 4대 강국으로 둘러싸인 동북아의 지정학적 조건을 배경으로 제시되었지만, 정작 동북아 지역에서는 설득력을 갖기가 어렵다. 간단히 말해 중국, 일

---

83 백영서, 「진정한 동아시아의 거처」, 『동아시아인의 '동양' 인식』, 문학과지성사, 1997, 12쪽.

본, 미국, 러시아 등의 국가들이 경제발전모델 내지 정치발전모델로서 한국을 필요로 할 가능성은 희박하다. 결국 매력국가론은 경제적·정치적으로 한국보다 발전이 더딘(더디다고 한국 측이 여기는) 동남아 지역으로 눈길을 돌리게 되는데, 동남아 지역 역시 지정학적 조건·문화적 토양·역사적 경험·근대화 양상이 이질적이어서 한국발 매력국가론이 통용될 여지는 크지 않다.[84]

이처럼 지정학적 지지요소에서 한국의 중심성과 중요성을 도출해내는 언설들은 앞서 어느 외교안보연구원의 짧은 발언에서 노골적이고 압축적으로 그 사고방식이 드러난다. 그러나 다시 말하지만 대안적 지역상은 김대중 전대통령의 발언처럼 지정학적 제약요소들에 천착하되 주체적 필요성을 담아내는 방향에서 접근해야 할 것이다. 가령 김희교는 「극동, 동아시아, 동북아시아의 함의」에서 동아시아와 비교해 동북아시아라는 지역 개념은 "현실과 이상의 반영물"로서 중요성을 갖는다고 주장한다. 즉 동북아시아는 자연지리가 아니라 "경제, 정치, 안보, 환경, 식량, 평화 문제에서 실제적으로 운명 공동체적 성격을 띠"는 미국과 러시아를 포함하며 "미국과 러시아를 포함한 동북아시아라는 개념으로 이 지역을 분석할 때, 비로소 천꽝싱이 제안한 탈식민·탈냉전·탈제국화의 삼위일체운동도 보다 명확하게 그 대상을 설정할 수 있"으니 동북아시아라는 지역 개념은 현실중시적이자 이상지향적이라는 것이다.[85]

물론 이 진술에서 여섯 나라를 운명공동체라며 등가적으로 모을 수 있을지, 국가 단위의 표상방식에 머무르는, 더구나 인용구에 언급된 천꽝싱에게는 발화의 거점일 타이완은 누락된 동북아시아라는 지역상이 이상지향적인지는 의문이지만, 지역상의 가치를 필요성과 현실성이라는 양 측면에서 조명했다는 점에서 주목할 만하다.

---

[84] 이처럼 한국의 중요성을 도출해내려는 동북아 내지 동아시아 지역상은 타이완을 의식적으로 혹은 무의식적으로 누락하곤 한다. 지정학적 위치의 중요성, 성공적인 근대화 등 한국의 중요성을 수식하기 위한 여러 항목들은 타이완의 중요성을 수식하는 데도 대체로 사용될 수 있을 것이다.

[85] 김희교, 「극동, 동아시아, 동북아시아의 함의」, 『역사비평』 73호, 2005, 115~116쪽.

참여정부기에 제시된 동북아 구상도 외교안보전략의 필요성에서 제출된 것이며 현실성의 각도에서 검증이 이어졌다. 특히 큰 논란거리는 동북아라는 지역 설정이 과연 필요하고 또 현실적인지였다. 동북아시대위원회가 발간한 『평화와 번영의 동북아시대구상』은 동북아시대구상에 가해진 '지역 개념의 협소성에 관한 비판'의 내용을 세 가지로 정리한다. 첫째 "동북아의 개념을 남·북한과 중국, 일본, 러시아라는 지리적 인접국들에 국한시킴으로써 폐쇄성과 배타성을 노정시키고 있다"는 비판, 둘째 과거 한국 정부가 국제화(노태우 정부), 세계화(김영삼 정부), 동아시아공동체(김대중 정부)처럼 보다 넓은 지리적 개념들에 기반해왔던 데 비해 동북아로 한정한 "축소지향적이며 퇴행적인 정책 비전"이라는 비판, 셋째 "동북아구상이 아시아 전 지역을 지향하는 중국이나 동아시아를 지향하는 일본과 접점을 찾기 어려울 것"이라는 비판이다.[86]

이렇게 비판들을 정리한 다음 '왜 동아시아가 아니라 동북아인가?'라는 절이 이어진다. 여기서는 시간의 선후관계에서 동북아 문제의 해결이 우선시되며, 동북아가 세력균형질서 속에서 한국의 정책자원인 경제력·사회문화적 역량·연성권력 등을 최대한 발휘할 수 있는 지역 범위임을 강조한다. 이어서 경제적·안보적·사회문화적 측면에서 동북아라는 지역 범위의 필요성과 현실성을 밝힌다. 경제적 측면에서는 한국의 수출지향적 산업구조로 인해 대외무역에서 동북아 지역이 차지하는 비중이 증가하기 때문이라고 설명한다. 안보적 측면에서는 한반도평화체제 구축, 역내의 안정적 안보질서 형성, 중미 간 패권경쟁 완화 등을 위해서는 동북아다자안보협력이 중요하기 때문이라고 설명한다. 사회문화적 측면에서는 한국이 동북아 국가들과 전통적 가치와 규범, 문화적 유산을 공유하기 때문이라고 설명한다.[87]

그러나 '왜 동아시아가 아니라 동북아인가'에 대한 경제적 측면의 해명은

---

86   동북아시대위원회, 『평화와 번영의 동북아시대구상』, 2004, 12쪽.
87   위의 책(2004), 13쪽.

아세안 지역과의 경제 교류가 점차 중요해지고 있고, 〔그림 3-1〕에서 확인했듯이 동북아와 동남아 지역을 아우르는 동아시아에서 역내무역집중도가 높게 나타나고 있음을 고려한다면 설득력이 약하다. 또한 동북아시대위원회가 설정하는 동북아라는 지역상 안에 미국과 러시아가 포함된다는 사실을 감안한다면 전통적 가치와 규범, 문화적 유산을 공유하는 까닭에 동아시아보다 동북아라는 지역상을 중시해야 한다는 사회문화적 측면의 해명도 설득력이 떨어진다. 결국 동북아라는 지역상의 필요성을 입증하는 것은 안보적 측면의 해명이라고 봐야 할 것이다. 한반도를 둘러싼 강대국들의 세력이 상호균형점equilibrium을 찾을 때 한반도는 평화와 안정을 누릴 수 있었고, 균형점에서 벗어나면 동요와 혼란을 겪게 된다. 이처럼 한반도의 평화 정착은 주변 강대국들의 이해관계 조정을 전제로 하고 있으니 미국과 러시아를 포함해야 하며, 그러한 동북아의 지역 범위가 한국이 근대적 세력균형의 정치를 지역공동체의 정치로 변화시키는 데서 연성변환자soft transformer 역할을 맡기에 적절하다는 것이다.

그러나 안보적 측면에서 이렇게 필요성을 제시해도 현실성 검증이 기다리고 있다. 먼저 동북아균형자론의 추이가 보여주듯 동북아에 포함된 국가들은 모두 세계적 강국이어서 한국의 역할이 제한적일 수밖에 없다. 하지만 이 문제는 지역 범위를 넓힌다고 해소될 성질의 것이 아니다. 오히려 동북아 구상이야말로 이러한 제약에 따른 필요성에서 제출되었다고 말할 수 있다.

또한 동북아에는 중국과 일본, 미국과 중국, 미국과 북한 및 한국과 일본 등 양자 간에 갈등이 잠재하고, 북핵문제·양안문제 그리고 영토분쟁 등과 같은 전통적 안보문제가 상존하고, 역내국가 간 과거사 미청산에 따른 불신과 반목이 해소되지 않았으며, 배타적 민족주의가 기승해 충돌 우려가 있고, 역내 협력을 주도할 세력이 부재하고, 통합을 촉진할 제도가 미비해 동북아다자안보의 실현은 요원하다는 지적도 제기되지만, 이러한 제약조건은 그대로 동북아다자안보의 필요성을 입증하는 이유로도 사용될 수 있다. 따라서 동북아

구상에 가해진 첫째와 둘째 비판, 즉 과거 한국 정부의 지역구상에 비해 협소하며 폐쇄적이라는 비판에 대해서라면 동북아라는 지역 범위여야 핵심국가들을 아우르고 한반도 문제가 부각되며 한국의 행동반경이 확보된다는 동북아시대위원회의 해명은 상당한 설득력을 갖는다.

그러나 셋째 비판, 즉 중국이나 일본의 지역구상과의 접점이 부족하다는 비판에 대해서는『평화와 번영의 동북아시대구상』도 제대로 된 해명을 내놓지 않으며, 이 비판이야말로 지역구상으로서의 현실성을 검증하는 데서 핵심적이라고 말할 수 있다. 앞장에서 확인했듯이 중국과 일본이 동북아라는 지역상을 기반으로 지역구상을 수립하고 정책 역량을 집중할 가능성은 희박하다. 그러나 동아시아공동체처럼 높은 수준의 협력체가 아니라 다자주의적 틀인 6자회담에는 중국과 일본도 참여하고 있으며, 6자회담은 북핵문제뿐 아니라 동북아의 안보 전반을 논의하는 유일한 기구로서 자리잡고 있다. 즉 중국과 일본도 동북아 지역에 남아 있는 분단구조를 해소하고 테러·대량살상무기·국제범죄 등 증대하는 비전통안보위협을 안정적으로 관리하려면 기존의 양자협력만으로는 불충분하고 다자협력이 필요하다는 인식을 공유하고 있다.

물론 양국 간에는 온도차가 있다. 중국은 한국 정부발 동북아 구상에 일관되게 지지의사를 밝혀온 것은 아니지만 동북아다자안보협력의 필요성에는 공감하고 있으며 그 형식으로서 6자회담을 선호한다. 아세안＋3라는 틀에서는 중국의 외교안보에서 핵심적 국가인 미국과 러시아 그리고 북한이 누락된다. 특히 6자회담은 동북아의 안보 사안을 두고 중국이 미국과 지속적으로 의견을 교환하는 창구일 수 있다. 또한 6자회담은 중국의 부상에 대한 국제사회의 우려와 견제를 완화하면서 강대국과의 이해관계를 다자주의적 틀 내에서 조정해 중국이 발언권 및 영향력을 유지·확대하기에 유리할 수 있다. 따라서 중국은 6자회담을 상설화하고 확대해서 동북아안보협력체로 발전시키고, 그 과정에서 북핵 폐기를 포함해 동북아의 군비통제·군축에 관한 구속력 있는 규칙을 만들어내기를 기대하고 있다.

한편 일본에게 동북아는 생소한 지역명이지만 중국과 러시아, 남한과 북한이 포함된 동북아라는 지역상 자체는 일본 외교에서 비중 있는 위치를 차지해 왔다(미국과는 일차적으로 태평양이라는 지역상이 중요하다). 하지만 동북아는 일본에게 과거사 문제가 오늘날의 첨예한 정치적 쟁점으로 부각되는 공간이기도 하다. 동북아 지역에서는 일본 정치인사들의 야스쿠니신사 참배, 식민정책을 미화한 역사교과서 등으로 인한 외교마찰이 끊이지 않는다. 미래의 기획들을 함께 구상하다가도 억압된 과거의 기억들이 회귀해 갈등이 빚어진다. 대미기축주의를 아시아 근린 외교보다 우선시하고, 한국·중국과는 영토분쟁, 역사 인식 차이로 인한 갈등을 빚고, 특히 북한에 대해서는 근대화론·냉전적 관성·오리엔탈리즘이 뒤섞인 편향적 시각을 투사하는 현 상황에서는 중미관계·북미관계가 일대 조정을 거치지 않는 한 일본이 동북아 수준의 근린 외교에 전향적으로 나서고 동북아다자안보에서 적극적인 역할을 맡으리라고 기대하기는 어렵다. 6자회담에서도 일본은 회원국 가운데서 가장 소극적이다.

　　또한 중국과 일본이 6자회담에 적극 참여하더라도 그것이 동북아안보협력체로 순탄하게 이어질지는 의문이다. 중국은 타이완 문제, 일본은 오키나와 문제가 지역안보의 의제로 다뤄지는 것을 꺼릴 테고, 미국은 동아시아 군사전략이 다자 대화의 안건으로 놓이는 것을 반대할 공산이 크다. 그렇다면 6자회담에서 파생될 안보협력체는 한국 측의 기대와 달리 한반도에 대한 공동관리 체제의 성격이 될 수도 있다.

　　따라서 이러한 국가 간 지역구상의 차이와 국가 간·국가관계 간 비대칭성을 담아내지 못하는 이상 (현실주의적 시각에 근거해) 한국이 주도적으로 주변국들과 협의하고 (자유주의적 시각에 근거해) 국제기구나 민간단체 등을 참여시켜 추진동력을 얻고 (구성주의적 시각에 근거해) 관련국들 사이의 신뢰를 회복하고 동북아 정체성을 확립해 동북아공동체를 실현한다는 식의 발상은 필요성이 드높은 만큼 현실성은 반비례할 공산이 크다.

2) 동남아로의 외연 확대의 필요성과 문제점

이 가운데 국가 간 지역구상의 차이에 관해서는 앞서 중국과 일본의 동아시아 구상을 비교해 살펴보았다. 중국은 지리적으로 인접한 아세안+3라는 지역 범위를 선호하지만, 일본은 오스트레일리아·뉴질랜드·인도처럼 동아시아 바깥의 국가까지를 아우르며 아시아태평양이라는 지역상에 근접해간다.[88] 그런데 이러한 차이 속에서도 발견되는 공통점이 있었다. 양국 모두 동남아 지역을 중시한다는 사실이었다.

중국에게 동남아는 인접할 뿐 아니라 화교들과의 연계망이 탄탄하게 짜여 있는 지역이다. 중국의 평화로운 발전을 위해서는 동남아 지역과의 협력이 중요하며, 타지역과 비교하건대 협력의 조건도 안정적으로 갖춰져 있다. 비록 중국에 비해 지리적으로 떨어져 있지만 일본 역시 동남아를 20세기 내내 경제적 배후지로 상정해왔다. 부존자원이 부족한 일본은 전전에는 동남아 지역을 대동아공영경제권의 원료공급지로, 전후에는 산업자원과 원료의 주된 수입원이자 공산품 판매와 산업인프라 구축의 주요 시장으로 삼아왔다.[89]

한국은 1990년대부터 동남아 지역에 대한 사회적 관심과 경제적 관여의 정도가 크게 증가했다. 특히 국민의 정부기에는 아세안+3을 기반으로 한 여러 지역협력안을 적극 제출했다. 다음은 1998년 아세안정상회담에 참석하고 돌아오면서 가졌던 김대중 대통령의 기자회견 내용이다.

> 앞으로는 모든 ASEAN 정상회의에 3국의 정상들도 공식회의든 비공식회의든 전부 참석하기로 합의를 보았습니다. 이를 통해 역내에서 교역을 활발히 하고 문호를 개방하고 관세를 낮추면서 적극적으로 경제를 발전시켜 상호의존성을

---

88 김기석, 「일본의 동아시아 지역주의 전략: 아세안+3, EAS 그리고 동아시아공동체」, 『국가전략』 13권 1호, 2007, 79~80쪽.

89 이원덕, 「일본의 동아시아 형성정책의 전개와 특징」, 『일본연구논총』 22호, 2005, 85~86쪽.

강화시키기로 한 것입니다. 동남아시아는 건설에 있어서 우리나라의 첫 번째 대상입니다. 수출에 있어서는 두 번째로 중요한 대상국입니다. 투자에 있어서는 세 번째입니다. 이렇게 동남아시아는 우리에게 대단히 중요한 경제적 상대입니다.[90]

이 발언에서 선명하게 드러나듯 동남아시아는 "경제적 상대"로서 중요하다. 이것은 냉전기 한국 정부의 지역구상에서 동남아 지역이 거론되었던 이유와 사뭇 다르다. 이승만 정권의 태평양동맹, 박정희 정권의 아시아태평양공동사회 구상에서는 군사안보상의 이유에서 특정 동남아 국가와 관계를 긴밀하게 유지했다. 이승만의 태평양동맹은 타이완의 장개석, 필리핀의 키리노와 함께 추진한 것이었고, 박정희의 아시아태평양공동사회 구상은 베트남 전쟁 파병을 계기로 미국의 지원을 얻었고, 박정희는 미국의 우방으로서 한국이 동남아를 포괄하는 아시아자유진영의 맹주가 되기를 원했다. 그리고 이러한 기대는 미국의 베트남 전쟁 패전과 함께 수포로 돌아갔다.[91]

탈냉전기에 동남아는 반공전선 구축과 같은 군사안보상의 필요가 아니라 경제교역 활성화와 그에 따른 사회문화적 지역화 추세로 인해 한국의 지역구상에서 중시되었다. 경제교역 활성화는 투자·생산·무역 등 경제활동에 종사하는 사람들의 빈번한 접촉과 이동을 초래하고 그로 인해 방문객·관광객·유학생 등이 늘어나고, 특히 노동자와 기술자들의 이주로 현지 교민사회가 형성되며 문화의 전파와 이식을 동반한다. 1990년대 한국의 자본은 대거 동남아로 진출했고 직접적 인구 이동도 크게 늘었다. 인도네시아와 베트남에서는 교

90　김대중, 「1998년 베트남 방문 및 아세안정상회담 참석 귀국기자 회견」, 『김대중대통령 연설문집제 1권』, 대통령비서실, 1999, 691쪽.

91　실상 냉전기에는 미국과 소련 간 세계적 냉전의 중압이 동아시아의 지역적 열전으로 분출하며 한반도와 동남아 지역은 군사안보적으로 연계되어 있었다. 한국전쟁에는 태국과 필리핀 등이 참전하고 한국전쟁은 일본과 아울러 동남아 각국의 경제발전을 추동했으며, 베트남전쟁에는 중국·한국·태국·필리핀 등이 참전하고 베트남전쟁은 한국·일본·대만 등의 경제발전을 촉진했다.

민 수가 외국인들 가운데 가장 많고, 싱가포르를 제외한 동남아 모든 국가에서 교민 수가 일본인 교민 수를 추월했다. 한국인의 행선지별 출국자 수를 보더라도 상위 10개국 중에는 태국·필리핀·베트남·싱가포르 등 동남아 국가 4개국이 차지하고 있다.[92] 한편 동남아로부터의 인구 이동도 비약적으로 늘어났다. 인도네시아와 베트남 등 동남아 국가들에서 합법적·불법적 경로를 통해 유입된 노동자와 이주자들이 한국사회에 정착해 있다. 또한 농촌 노총각 등의 결혼 상대자로 한국으로 온 외국인 신부들은 베트남·필리핀·캄보디아 출신이 다수이며, 많은 코시안이 태어나 곧 한국사회 성인층의 일부를 이루게 된다.

이러한 사회문화적 지역화의 추세에 따라 한국지식계에서 동남아 연구에 대한 수요도 점차 늘어났다. 학술기관으로는 1991년 한국동남아학회가 설립되고, 1992년 동남아지역연구회가 창설되어 1990년대 한국의 동남아 연구의 허브 역할을 맡았다. 그리고 2004년에는 동남아지역연구회가 독립적인 연구실과 재정관리체계를 갖춘 사단법인 한국동남아연구소로 재편되어, 2000년대 동남아 연구는 연성조직인 한국동남아학회와 경성조직인 한국동남아연구소를 통해 뒷받침되고 있다.

동아시아 담론의 전개과정에서도 동북아중심적 시각의 교정을 촉구하고 동남아 지역의 중요성을 강조하는 목소리가 점차 등장했다.[93] 박사명은 "동북아에서 동남아로 확산되는 시장경제의 발전, 중국과 베트남의 개혁개방, 냉전체제의 해체 등 역동적 정치변동과 가속적 경제성장"으로 인해 동북아와 동남아를 뚜렷하게 구획하기란 사실상 불가능해졌다고 주장했다.[94] 신윤환은 동아시아의 지역상을 수립할 때 동남아를 품는다면 중국처럼 우월적인 문화의식

---

92 신윤환, 「동아시아 지역통합과 한국의 선택」, 『동아시아공동체와 한국의 미래』, 이매진, 2008, 386~391쪽.

93 신윤환, 「동남아의 지역주의와 '동아시아 공동체' : 그 역사에 대한 재해석」, 『동아연구』 56집, 2009; 황인원, 「'확대지향'의 동아시아 지역협력과 아세안의 대응」, 『동아시아 브리프』 2권, 2007.

94 박사명, 「동아시아공동체의 의의와 과제」, 『동아시아공동체와 한국의 미래 – 동북아를 넘어 동아시아로』, 이매진, 2008, 14쪽.

에 사로잡혀 있거나 일본과 한국처럼 획일적인 단일문화에 갇혀 살아온 동북아인들이 다원주의적 태도를 함양하고 민족주의와 국가주의를 상대화하는 계기가 마련될 것이라고 기대했다. 그 이유는 동남아인들은 수백 가지 언어와 종족이 공존하는 다원사회 속에서 오랫동안 살아왔고, 제2차 세계대전 이후에는 서로 다른 종족들이 모여 새로운 국가와 민족을 건설했고, 또한 이질적인 국가와 국민들이 결집해 아세안이라는 지역기구를 창설하며 새로운 정체성을 만들어냈기 때문이라는 것이다.[95]

하지만 지역화의 추세에 발맞춰 학술적 시각을 동남아로까지 확장할 필요성이 곧 동남아를 포괄하는 동아시아 지역주의의 필요성, 더구나 현실성으로 이어지는 것은 아니다. 분명 김대중 대통령의 위의 발언이 나온 1998년부터 아세안 국가들과 한국·중국·일본 사이에서 정상회담이 정례화되었고, 한국 정부는 동아시아비전그룹 등을 제안하며 동아시아 지역주의의 실현을 위한 적극적 행보에 나섰고, 2000년에는 치앙마이이니셔티브가 채택되는 등 구체적 성과를 거두기도 했다. 그러나 동남아를 포괄하는 동아시아의 경제통합은 역내 국가들의 발전 정도가 크게 다르고 분업구조가 성층적이어서 더딜 수밖에 없다. 선진국들이 존재하는 한편 중진국·발전도상국·구사회주의국 등이 존재해 경제정책 또한 다르다. 역내 선진국들은 자유주의적 지향이 강하지만, 개발도상국과 구사회주의국은 보호주의적 지향이 강하다. 일본 생산네트워크가 남긴 성층적 분업구조도 문제다. 1970~80년대에 형성된 일본 생산네트워크는 역내에서 생산해 역외로 수출하는 불균형한 삼각교역구조triangular trade structure의 형태를 띠었다. 동남아와 중국이 일본과 신흥공업경제국들로부터 자본재와 기술집약적 중간재를 수입·가공해 미국과 유럽으로 수출했던 것이다. 일본 생산네트워크는 역내에서 비교우위에 따른 성층적 분업구조를 형성

---

95 신윤환, 「동아시아 지역통합과 한국의 선택」, 『동아시아공동체와 한국의 미래』, 이매진, 2008, 386 ~391쪽.

했고, 그 수출지향적 속성은 일본으로의 재수출이 제한적인 가운데 북미 시장을 둘러싼 과도한 경쟁과 동아시아 국가들 간의 중복투자, 공급과잉을 초래했다. 동아시아 지역주의가 연성지역주의에 머무는 것도 이러한 생산과 소비의 불균형 구조를 반영하고 있다.

그리고 동남아 지역의 경우 아세안 10개국의 경제규모가 한국에도 미치지 못해 협력과 통합에 따른 이익 규모가 크지 않다는 현실적 고려도 무시할 수 없다.[96] 또한 아세안이 지역통합의 이니셔티브를 선점한 상황에서 지역통합의 방향에 관한 한국 측의 의견이 얼마나 관철될 수 있을지도 의문이다. 노무현 대통령은 동북아시대구상에 관해 "동남아시아는 이미 저쪽에서 구조를 선점하고 있습니다. 그런데 우리는 손님입니다. 손님으로 가서 새 사람을 아무리 만나봤자 동북아시아의 비전은 거기서 나오지 않습니다"[97]라며 그 필요 이유를 밝힌 바 있다.

안보적 시각에서 접근한다면 동남아까지로 확장된 동아시아 지역상이 노출하는 한계는 더욱 뚜렷해진다. 즉 한반도 문제의 중요성이 희석되고 한반도 문제의 해결에 관한 협력틀을 짜내기도 어려워진다. 동북아시대위원회가 개방적 지역주의를 표방하면서도 동남아를 제외한 이유가 여기에 있다. "동남아 국가들과는 이렇다 할 역사적 문제도 없고 안보적 문제도 없다. 통상적 외교관계를 통해 원만한 관계를 유지할 수 있는 국가들이자 지역이라고 할 수 있으므로 굳이 대통령 어젠더로 설정할 이유가 없다."[98] 즉 확장된 동아시아는 "남북관계에 대한 적극적 관심이나 안보적 함축이 부족"[99]한 지역상인 까닭에 동북아로 범위를 좁혀야 한반도 문제가 선명하게 부각된다는 것이다.

---

96 동북아시대위원회, 『평화와 번영의 동북아시대구상』, 동북아시대위원회, 2004, 12~13쪽.

97 2005년 7월 22일 통일·외교·안보 관련 자문위원 초청 오찬 간담회. 박명림, 「노무현의 '동북아구상 연구'—인식, 비전, 전략」, 『역사비평』 76호, 2006, 177쪽 미주 29에서 재인용.

98 대통령자문 동북아시대위원회, 『평화와 번영의 동북아시대구상』, 동북아시대위원회, 2006, 18~19쪽.

99 위의 책(2006), 21~22쪽.

그리하여 동북아시대위원장을 지낸 이수훈은 동북아라는 지역상이 동아시아보다 가치지향성이 뚜렷하다고 주장한다.[100] 박종철도 안보 영역에서는 동북아라는 지역상에 기반하는 구상이 보다 현실적이라고 강조한다. "적어도 경제나 문화와는 달리 안보문제에 관한 한, 한국이 한반도 또는 동북아로부터 보장받는 것이 동아시아 차원에서 보장받는 것보다 역사적으로나 미래에 대비하더라도 설득력이 있고 타당한 접근책이 되는 것이다. 한국이 안보영역에서는 강대국이 위치하고 있는 동북아지역에서 일차적으로 보장받을 중요성이 더 확실하며 그 이상 지역으로 확대된 보장 장치는 여분적일 수도 있다."[101]

물론 반론도 있다. 신윤환은 동북아중심적 사고에 사로잡히면 한국의 미래는 강대국들에 휘둘릴 수 있다고 경고한다. "동북아라는 협소한 지역에 한국과 한반도를 묶어 두는 동북아중심주의는 강대국의 담론이자 프로젝트이다. 그 속에서 한국은 약소국에 불과하여 어떤 강대국에 붙어야 하나만을 생각하거나, 기껏해야 강대국 틈바구니에서 이리저리 눈치를 보며 줄타기를 할 뿐이다."[102] 이근도 비슷한 주장을 내놓는다. "동북아시아가 한국에 긴요한 지역임은 물론이지만 한국의 지역적 범위를 동북아로 좁게 규정하는 것은 국익과 외교적 역량 발휘에 도움이 되지 않는다. (……) 한국이 외교의 지역적 범위를 동북아에 국한시키면 알아서 이들 세계 강대국의 종속변수를 자임하는 꼴이 돼버린다."[103]

그러나 앞서 지적했듯이 이러한 반론은 설득력이 약하다. 한반도 문제는 동북아 지역질서와 얽혀 있는 만큼 동남아를 포함한 동아시아로 지역 범위를 확대한들 한반도 문제의 해결을 위한 보다 효과적인 구도가 도출되지는 않기

100 이수훈, 『세계체제, 동북아, 한반도』, 아르케, 2004, 134쪽.
101 박종철 외, 『한국의 동북아시대구상』, 오름, 2006, 28쪽.
102 신윤환, 「동아시아의 지역협력: 탈동북아중심주의적 관점」, 한국동남아연구소 월례발표회 발표문, 삼성경제연구소, 2004년 5월 29일, 15~16쪽.
103 이근, 「한국 외교정책, 패러다임을 바꿔라: '약소국 현실주의'를 극복하고 '세계질서 관리' 나서야」, 『신동아』 2006년 1월호, 94~95쪽.

때문이다. 그리하여 동북아중심주의를 경계해 동북아가 아닌 동아시아를 중시해야 한다는 논자들도 실상 논의는 주로 동북아 차원에서 전개한다. 가령 최원식은 동북아보다 동아시아라는 지역 개념을 선호하는데 그 이유에 관해 "'동아시아'라는 이름의 선택을 통해서 나는 세계지도의 완성 과정에서 서구가 구획한 동북아와 동남아의 경계를 일정하게 교란하는 한편, 동아시아론이 동북아중심주의로 경사하는 것을 예방하는 이중효과를 기대한다"[104]라고 밝힌다. 백영서 역시 동아시아를 넓은 의미로 규정해 타이완과 홍콩을 매개로 동남아와 연결됨으로써 '동북아중심주의' 또는 '한반도 민족주의의 확대판'으로 비쳐지는 의혹을 해소하고자 한다.[105] 그러나 이미 살펴보았듯 대안체제론자로 분류할 수 있는 이들의 동아시아 시각은 한반도 문제를 비롯한 동북아 문제에 초점이 맞춰져 있다. 물론 기존 동북아 지역상의 협소함을 의식해 타이완을 시야로 들이기도 하지만, 그때의 타이완은 동남아 국가가 아니라 동북아 문제가 연장된 지역이니 결국 탈동북아중심주의가 아닌 동북아의 확장적 재구성에 가깝다. 그리고 그들이 동북아중심주의를 경계하더라도 그들의 주된 비판 대상은 동남아에 대한 동북아의 우월주의가 아니라 동북아에서 잠재하는 미국의 일방주의, 중국과 일본의 패권주의다. 이처럼 그들이 사실상 동북아를 입론의 공간으로 삼는 이유는 그들이 담론적 지향성을 지역통합론에 기반한 국익 산출이 아닌, 분단체제론에 입각한 한반도평화체제 실현에 두고 있기 때문이다.

---

104 최원식, 「주변, 국가주의 극복의 실험적 거점」, 『주변에서 본 동아시아』, 문학과지성사, 2004, 313쪽.
105 백영서, 「주변에서 동아시아를 본다는 것」, 『주변에서 본 동아시아』, 문학과지성사, 2004, 17쪽.

3) 미국의 동아시아 내재화의 필요성과 문제점

한국 정부가 참여하는 동아시아 지역협력기구 가운데 제도화가 가장 진척된 아세안+3는 지역 범위의 원형을 1990년 말레이시아 수상인 마하티르가 제안한 동아시아경제지역그룹에 두고 있다. 1987년 유럽에서 단일유럽시장조약이 체결되고 1989년 미국-캐나다 자유무역협정이 체결되는 등 경제지역주의가 확산되고, 미국이 아시아 국가들을 향해 시장개방 압력을 강화하자 마하티르 수상은 역내에서는 경제관계를 강화하고 역외로는 국제협상력을 증대하기 위해 1990년 12월 말레이시아를 방문 중이던 중국의 리펑 총리에게 경제블록화 구상을 밝혔다. 참가국 범위를 명시하지는 않았지만, 지역주의 모색이었던 만큼 북미나 유럽·오세아니아 지역 국가들의 참가를 배제하고 아시아 국가들의 결속 강화를 꾀했다. 그러자 미국은 마하티르의 구상에 대해 반대 입장을 분명히 하고 일본에 대해서도 이 구상을 지지하지 않을 것을 요구해 일본은 찬부를 사실상 유보했다. 아세안 국가들 사이에서도 비판이 제기되자 마하티르는 역내외의 우려를 불식하고자 폐쇄적 블록이라는 색채를 약화시켜 이듬해 동아시아경제협의체EAEC로 명칭을 변경해 다시 제안했다. 그러나 이번에도 미국이 일본·한국·타이 등에 불참하도록 압력을 가해 한동안 구체화되지 못했다.

마하티르의 제안은 반서구적 성향이 강했으며, 동아시아경제협의체는 싱가포르와 말레이시아발 '아시아적 가치'를 정신적 기반으로 삼고 있었다. 비록 마하티르의 제안은 현실화되지 못했지만, 1996년 ASEM 결성 당시 유럽 국가의 아시아 파트너로서 아세안과 한중일이라는 13개국이 설정되며 마하티르가 고안한 지역 범위가 활용되었다. 애초 마하티르의 동아시아경제협의체는 아세안 6개국 이외에 한국·일본·중국·타이완·홍콩을 구성원으로 상정하고 있었으나 이후 아세안이 팽창해 10개국이 되고, 홍콩은 중국에 반환되고, 타이완은 국가적 실체를 인정받지 못해 빠졌으니 아세안과 한중일의 13개국이라는 지역 범위는 마하티르의 구상이 반영된 결과라고 말할 수 있다. 그리고 결정적으로 1997년 동아시아 경제위기를 거치며 동남아와 동북아 간에 운명공동체적 공감대가 형성되었고 아세안+3가 출범하면서 동아시아 지역주의의 실질적 윤곽이 나왔다. 아세안+3는 출범 이후 2005년 동아시아정상회의가 개최되기까지 동아시아 차원의 지역협력기구 가운데 가장 빠르게 성장했다.

아세안+3라는 지역 범위는 동아시아 국가들의 결속과 더불어 미국 등 역외 국가에 대한 배제를 의미한다. 그리하여 동아시아정상회의의 출범을 앞두고는 회원국의 범위를 둘러싸고 중국과 일본 사이에서 마찰이 빚어졌다. 중국은 미국의 세계적 패권을 견제하고, 일본은 중국의 지역적 영향력 확대를 경계하려던 것이 이유였다. 그리하여 중국은 개방적 지역주의를 표방하면서도 미국의 참여를 꺼리고, 일본은 역외 국가인데도 미국을 끌어들이려 했다. 태평양 국가이지 동아시아 국가는 아닌 미국이 비록 정식 가입국이 되지 못하더라도 운신의 폭을 넓힐 수 있는 구도를 만들고자 한 것이다. 확실히 미국의 참여 여부와 양상에 따라 동아시아 지역주의의 향방은 결정될 가능성이 크다.

미국은 역외 국가지만 세계적 헤게모니 국가이자 동아시아에서 가장 지대한 영향력을 행사하는 국가다. 경제적으로 동아시아 국가들의 성장은 미국 시장을 필요로 하며 미국의 적자는 동아시아 국가들이 미국 채권을 매입해 메우고 있다. 문화적으로 미국 문화는 동아시아 지역에 넓고 깊게 침투해 있다. 안보적으로 미국의 내재화는 더욱 두드러진다. 미국은 일본과 한국의 동맹국으로서 대규모의 자국 군대를 양국에 주둔시키고 있으며, 타이완의 후원자 역할을 맡고 있으며, 중국과는 전략적 파트너십과 전략적 경쟁자 모델 사이에서 탐색과 저울질을 반복하고 있으며, 북한과는 비대칭적 적대관계에 놓여 있다. 유대이든 적대이든 북한을 포함한 동아시아 국가들은 대외관계에서 대미관계를 가장 중요시하며 미국을 향해 도열해 있다.

미국은 이처럼 자국의 국가 이익에 따라 상이한 양자관계를 맺고 있는 동아시아 지역의 전략적 이해당사자일 뿐 아니라 지역 전체의 세력균형자이기도 하다.[106] 역외 국가인 미국의 존재는 역내 강대국의 패권적 야심을 제어해 역내 약소국은 안보 우려를 줄일 수 있다. 또한 미국은 영토분쟁을 포함한 여러 잠재적 사안이 무력충돌로 비화하지 않도록 위기를 관리하는 역할도 맡는다. 1994년 소위 서울 불바다 사건, 1996년 양안의 대치 때처럼 대륙세력과 해양세력 간의 긴장 국면만이 아니라 한국과 일본 간의 갈등 국면에서도 미국은 충돌이 일어나지 않도록 위기관리자 역할을 해왔다.

이처럼 미국은 동아시아의 경제질서와 안보질서에 깊숙이 개입해 있는 "바깥에 머물고 있는 회원국non-resident member state임에 틀림없다."[107] 김대중 대통령도 미국의 균형자 역할을 중시했다. "미국은 지리적으로는 동북아가 아니지만 정치·경제·군사 등 현실적인 면에서 어느 동북아 국가보다도 중요한 역할을 수행하고 있습니다. (……) 동북아 지역에 대한 미국의 국가적 이익은 모든 분야에 걸쳐서 매우 큰 관계에 있습니다. 미국은 이 지역의 평화와 안정을 위한 균형자로서의 역할을 다하기 위해서 많은 노력을 하고 있습니다."[108]

그러나 역외 국가인 미국이 동아시아 지역질서에 행사하는 영향력이 지대하다는 참입시스템intrusive system으로 인한 폐해도 적지 않다. 동아시아에서 미국의 참입시스템은 행위자 간의 단절과 계서화를 심화시켜 수평적 협력관계에 기반한 지역주의의 전개를 가로막고 있다. 냉전기에 미국은 서유럽에서는 다자주의를 원칙으로 삼았지만, 동북아 지역에서는 양자주의를 선호하며 참입 방식을 달리했다. 여기에 진영 간 대립이 더해져 동북아 지역에서는 양자관계가 복잡하게 얽히게 되었다. 그리하여 유럽에서는 미소대립의 해소가

---

106 이종석, 「동북아 다자안보협력과 한국의 선택」, 『정세와 정책』 5월호, 세종연구소, 2008, 12쪽.

107 장훈, 「유럽의 과거는 동아시아의 미래인가: 지역통합으로 본 유럽과 동아시아의 경험」, 『21세기 동북아공동체 형성의 과제와 전망』, 한울, 2006, 338~339쪽.

108 김대중, 「1998년 아시아협회·한국협회·미국외교협회 초청 오찬연설」, 『김대중대통령 연설문집제1권』, 대통령비서실, 1999, 303~304쪽.

냉전의 해체를 가속화했지만, 다자주의가 취약한 동북아 지역에서는 역내 분단체제가 이완되면서도 온존했다. 그리하여 소련의 해체, 중국의 부상, 일본의 군사대국화, 북한 핵개발 등으로 안보환경이 불안정해지자 다자안보체제가 부재한 동북아 지역에서는 세력균형자로서 미국의 역할이 중요해지는데, 실상 다자안보체제의 부재는 미국의 참입시스템에서 기인하는 바가 크다. 또한 북핵문제·양안문제·중일 간 패권경쟁은 미국의 내재화를 정당화하는 안보사안들이지만, 미국은 이 안보사안들과 관련해 일정 부분 원인제공자이기도 하다.

탈냉전기로 접어들며 미국은 단극적 지위에 대한 국제사회의 거부감을 완화시키고자 변환외교transformational diplomacy를 통해 새로운 리더십을 발휘했다. 그러나 서구적 가치에 입각하는 국제규범을 준수하도록 요구하고 시장경제·자유주의 등을 글로벌 스탠더드로 내세우는 방식은 동아시아 지역에 대한 포섭전략으로 간주되어 아시아적 가치론 등의 반발도 불러일으켰다. 일본이 '자유와 번영의 호', '민주동맹' 등의 형태로 가치외교를 내세우는 것도 자칫 냉전회귀적 양상을 띨 수 있으며, 일본이 동아시아에서 미국의 대리인으로 비쳐진다면 역내 타국과 지역적 정체성을 다져가기가 어려울 것이다.

이처럼 미국은 지역 정치로부터 일정하게 거리를 두고 세계적 규범형성자 역할을 자임해 전 세계로 민주주의를 확산하고 대테러·비확산을 정착시키려 하지만, 동아시아에서는 중국의 부상에 따른 예방적 봉쇄의 필요성으로 인해 미일동맹을 강화하는 등 스스로 행위자여야 하는 이중성을 안고 있다.[109]

한국지식계의 동아시아 담론에서 이처럼 복잡한 함의를 지니는 미국의 내재화 문제는 중요 쟁점으로 존재해 왔다. 특히 이것은 동아시아 지역 범위의 설정과 관련해 동북아로 한정할지 동남아로 확장할지에 버금가는 쟁점이었

109 박인휘, 「미국 – 동아시아 관계: 지리적 거리감과 지정학적 일체감」, 『동아시아 브리프』 1권 2호, 2006, 117~118쪽.

다. 그리고 흥미로운 사실은 동아시아 담론이 이행 과정을 거치는 동안 미국의 내재화를 현실로 받아들이는 양상을 보였다는 점이다. 돌이켜보면 초기에는 '동아시아 안의 미국'보다는 '동아시아 대 미국'이라는 구도가 유효했다. 초기의 동아시아 담론을 주도한 대안체제론자들에게 사회주의권 해체는 역내에서는 미국이 독점적 지배력을 갖게 될 가능성에 관한 우려를, 한반도에서는 미국·일본·한국이 긴밀히 연계해 북한을 봉쇄하고 압박해 자본주의체제로 흡수할 가능성에 관한 우려를 낳았다. 그래서 최원식이 조형한 동아시아 시각은 미국의 패권주의, 자본주의로의 일원화에 관한 비판의식을 새기고 있었다.

직후 동아시아 담론은 지적 주체성의 회복이라는 문제의식에서 과잉보편화된 서구적 인식틀을 해체한다는 방향으로 급속히 전개되었다. 이때 미국은 서구의 전형이었고 '우리 안의 미국'은 극복할 대상이었다. 미국 지식계의 헤게모니성을 비판하기 위해 유럽 지성사로부터 지적 무기를 차용할 정도였다.

지역상을 보건대도 탈냉전기의 동아시아상은, 냉전기에 자본주의 국가들과의 배타적 관계만을 중시하고 친미적 통합상태에 머무른 나머지 결여하고 있었던 지역적 전망을 일면 회복했다는 의의를 지닌 것이었다. 동아시아 대안체제론에서 미국은 동아시아를 성립시키는 대당으로서 내재하는 외부였으며, 동아시아 문화정체성론에서는 실체적 외부였다. 이렇듯 초기의 동아시아 담론은 "미국의 확장으로서의 아시아냐, 미국으로부터 상대적으로 독립적인 아시아냐"[110]의 각축에서, 동아시아의 저항적 재구성을 통해 친미적 세계관과 인식론에서 벗어나는 데 힘을 기울였다.

하지만 동아시아 지역주의론이 세를 얻는 1990년대 후반에 이르면 미국을 동아시아의 주요 행위자로 거론하는 양상이 두드러진다. 미국은 아세안+3라는 지역 범위에서는 바깥으로 밀려나 있지만 북핵문제와 같은 주요 안보 현안에서는 핵심적 행위자다. 탈냉전기 동아시아의 부상은 미국의 퇴장을 뜻하지

---

110 조희연·박은홍, 「사회적 아시아를 향하여」, 『동아시아와 한국』, 선인, 2007, 296쪽.

않았으며 오히려 냉전기보다 복잡하고 긴밀한 양상으로 미국은 동아시아에 내재화되었다.

1990년대 말 집권한 김대중 대통령은 역내 갈등을 중재하는 미국의 균형자 역할에 대해 다음과 같은 이유에서 지지 입장을 밝힌 바 있다.

> 아시아에서 우리나라와 일본에 있는 미군이 철수하면 아시아는 진공사태가 되어 일본과 중국 간에 군비 경쟁과 헤게모니 투쟁이 생길 것이다 … 그런데 미군이 주둔하고 있음으로 해서 세력균형과 현상유지가 되고 있는 것이다. 또한 중국과 일본도 군사력을 강화하는 일은 없을 것이다. 우리는 미군을 주둔하게 함으로써 안정과 평화를 유지하는 것이다. … 그래서 앞으로 통일이 되더라도 미군은 우리나라에 주둔해야 할 것이다. 미국에게도 우리나라에 주둔하고 있는 것이 이익이 된다. 우리에게도 이익이 되고 미국에게도 이익이 되기 때문에 미군이 이곳에 있는 것이다.[111]

여기서 김대중 대통령은 주한미군의 주둔, 즉 미국 내재화의 필요성을 북한 위협의 방지라는 한반도 차원의 이유보다 중국과 일본 패권화의 방지라는 동북아 차원의 이유로서 설명하고 있다. 이는 미국의 내재화가 군사력에 기반한 미국의 동아시아 정책의 결과일 뿐 아니라 한국을 비롯한 역내 국가의 서로 다른 요구가 복잡하게 반영된 결과이기도 하다는 사실을 시사한다. 그런데 한편으로 김대중 대통령은 역대 어느 대통령보다도 중국과의 관계에 공을 들이고 동아시아 지역주의 추진에 노력했다는 사실도 상기해야 할 것이다. 미국

---

111 김대중, 「1998년 민주평화통일 자문회의운영위원 초청 다과회 연설」, 『김대중 대통령연설 문집 제1권』, 대통령비서실, 1999, 217쪽. 그러면서도 김대중 대통령은 미국의 일본 중시책을 경계하며 미국이 일본과의 동맹관계에 집착해 역내 타국의 이해관계를 무시한다면 역내 갈등을 부추길 것이라고 지적했다. 실제로 특히 중일관계의 갈등 국면에서 미국이 일본을 두둔해 중국의 반작용을 불러일으키고 이것이 대륙 세력과 해양 세력의 갈등으로 번지는 양상이 자주 연출되었다.

의존적 대외정책이 수반하는 제약성을 의식하고 있었던 것이다. 그리하여 미국의 내재화는 그것을 요구하는 필요성, 그리되지 않을 수 없는 현실성, 거기서 파생되는 문제성 사이에서 여전히 동아시아 담론의 첨예한 쟁점으로 남아 있다.

4) 동아시아 지역상의 중층성

> 저는 한국·중국·일본을 포함한 동북아시아가 먼저 이 지역 내의 안보협력 체제의 마련에 성공하고 나아가 동남아시아까지 포함한 경제적 공동협력체제의 구성에 성공한다면 틀림없이 21세기의 세계경제를 주도하는 세력으로서 당당하게 등장할 수 있을 것이라고 믿습니다. (······) 이렇게나 거대한 가능성을 안고 있는 동북아시아의 장래를 튼튼히 다지기 위해서는 동남아시아를 포함한 지역적 경제 협력기구의 강화를 실현해야 합니다. 더불어 한반도의 안보를 포함한 동북아시아의 안보체제가 확립되어야 합니다. (······) 동북아시아에서의 공정한 경제협력과 튼튼한 다자간 안보체계의 확립을 위해서는 미국의 적극적인 참가가 꼭 필요한 것입니다.[112]

이 또한 김대중 전 대통령의 발언이다. 대통령이 되기 전 집필한 『나의 길 나의 사상 세계사의 대전환과 민족통일의 방략』에 나오는 일구로서 동아시아 지역주의의 방략을 압축하고 있다. 짧은 인용문이지만 동북아·동남아·미국에 관한 언급이 모두 등장하며, 각기 다른 역할과 의미를 부여하고 있어 주목할 만하다. 동북아에서는 안보협력체제를 확립해야 하며, 동남아와는 경제협력체제를 실현해야 한다. 그리고 전자가 후자에 우선한다. 또한 이를 위해서

---

112 김대중, 『나의 길 나의 사상 세계사의 대전환과 민족통일의 방략』, 한길사, 1994, 166~167쪽.

는 미국의 적극적 참가가 필수적이다.

이 발언이 1994년 출간된 책에 수록되어 있다는 사실을 감안한다면, 김대중의 종합적 지역구상은 한국의 정치시노자 가운데서 선구적이면서도 당시 아시아 국가들의 다른 지도자와 비교한다면 차별적이라고 말할 수 있다. 1994년이라면 우르과이라운드 협상 타결 등을 배경으로 김영삼 정부는 세계화에 열을 올리고, 한국지식계에서는 동아시아 담론이 이제 막 궤도에 올랐으며, 말레이시아의 마하티르는 서구 세력을 배제한 동아시아경제그룹을 제안하고 싱가포르의 리콴유는 아시아적 가치론을 주창하고 있었다.

그러나 김대중이 바라마지 않던 동아시아 지역통합은 이후 자신이 대통령으로 당선돼 동북아의 안보협력체제, 동아시아의 경제협력체제 실현에 정부의 역량을 크게 할애했음에도 성과가 몹시 제한적이었다. 그런데 그리된 이유 또한 위의 발언으로부터 짐작할 수 있다. 즉 동북아와 동남아는 이해 관심사별로 분화되었고, 역내 강국인 중국과 일본은 지역구상의 합의점을 도출하지 못했으며, 미국은 동아시아 지역통합에서 적극적 역할을 맡지 않았던 것이다.

20세기 미국과 동아시아 관계사는 미국·중국·일본 세 나라가 같은 편에 속하는 삼자관계를 형성한 적이 없었음을 보여준다. 냉전의 종언 이후에도 미국의 동아시아 정책은 일본과의 양자관계 중시와 중국에 대한 일정한 견제를 기본 방침으로 삼고 있다. 그리고 미국은 동아시아에서 지역주의적 경향이 심화될수록 중국의 영향력이 점증한다고 판단해 동아시아 지역주의의 추진 시도 자체를 반대하지는 않더라도 포괄적 접근이 아닌 기능적 접근을 선호하고 있다. 즉 전 지구적 군사투사능력은 유지한 채 다른 영역의 문제들은 사안별로 해결하겠다는 입장이다. 또한 미국은 동아시아 전역은 물론 태평양 및 유라시아 대륙에 걸쳐 군사적 교두보를 확보한 상태로 일본·한국·오스트레일리아 등 전통적 동맹국들과의 안보협력을 강화하는 동시에 베트남·필리핀·태국·싱가포르 등과 진전된 군사협력을 추진해 동아시아에서 군사력 투사에 의한 개입 전략을 유지하려 하고 있다. 이처럼 안보 영역에서 확고한 우위를 점했기에 미국은 다자주의보다 양자주의를 선호하며 다자주의를 미국 주도의 양자적 질서의 보완물로 삼는다.[113] 따라서 미국을 포함하는 경제적 지역주의에는 적극 참여하지만 안보적 지역주의가 높은 수준에 이르는 것은 견제하는 양상이다. 자국이 배제된 동아시아 경제지역그룹과 아시아통화기구 구상에 대해서는 명시적으로 반대의사를 표명했고, APEC은 정상 간 다자회담으로 격상시켰고, 동아시아정상회의에서는 오스트레일리아·뉴질랜드·인도의 참여를 지지했고, 아세안지역포럼은 낮은 수준의 대화창구로 삼고 있다.

일본 역시 기능적 접근을 선호한다. 금융·통상·투자 분야의 지역협력에는 적극적이지만 군사·안보·외교 영역에서는 미일동맹 중심의 대미기축주의를 고수해 미일안보체제를 강화하고 미일동맹의 적용 범위를 동아시아 지역은 물론이고 전세계로 확장하고 있다. 또한 경제적 지역협력에서도 개방적 지역주의를 표방해 가입국의 탄력적 수용을 가능케 하여 동아시아 국가들로만 구성되는 높은 수준의 공동체 형성에 대한 미국의 우려를 완화시키고 있다.

중국 역시 2000년대에 들어 지역협력에 적극적 행보를 보이고 있지만 미국의 견제와 중일 양국 간의 전략적 모순 등을 감안해 동아시아 지역통합에 관해서는 아세안에 주도적 역할을 맡기고 있다.[114] 자국이 앞장서면 미국 주도의 안보질서에 대한 도전으로 비춰질 것을 우려해 동북아 안보협력체의 제도화에도 신중한 입장이다. 중국은 동북아 안보협력체 형성을 위해 개방성, 포

---

113 미국의 전략국제문제연구소CSIS 보고서는 아태 지역에서 안보 유지에 영향을 미치는 정치적·경제적 이슈들에 대한 평가를 바탕으로 미국의 국익을 지키기 위한 정책 대안을 제시한다. 탈냉전기로 접어들어 한동안 동아시아 정책의 혼선을 겪은 이후 1996년의 보고서는 미국이 아태 지역에서 직면하게 될 21세기 지역안보 문제를 해결하기 위해서는 양자 간의 동맹 구조와 더불어 다자간 접근방법이 중요하다고 밝히면서도 다자간 접근방법은 한계가 분명하다고 지적한다. 다자간 접근방법에 근거해 이 지역에서 유럽의 북대서양조약기구와 같은 집단안보체제를 구축하는 것은 용이하지 않으며, 그것이 미일방위조약과 같은 양자동맹관계를 대신할 만한 안보적 역할을 수행할 수도 없다는 것이다(Lee Hamilton, Zbigniew Brzezinski and Richard Lugar, *Foreign Policy into the 21st Century: The U. S. Leadership Challenge*, Center for Strategic & International Studies, 1996, pp. 53~54).

114 鄭先武,「東亞共同體 願景的虛幻性析論」,『現代國際關係』4期, 2007, 59쪽.

용성, 협상을 통한 합의, 점진적·단계적 추진 등의 원론적이고 포괄적인 원칙을 세워두고 이해관계를 투영하는 중이다.

한국 역시 1990년대부터 APEC, 아세안지역포럼 등에 참여하며 아시아태평양 협력정책을 추진하고, 아세안+3를 통해 동아시아 경제지역주의에 힘을 보태고, 6자회담이 동북아 지역의 발진직 다사주의로 자리잡도록 노력하고 있지만, 아시아태평양·동아시아·동북아라는 지역상은 공존하되 대체적으로 아시아태평양·동아시아에서는 경제 영역의 기능적 협력, 동북아에서는 안보 차원의 전략적 협력에 중점을 두는 양상이다.

이렇듯 역내 국가들이 기능적 접근으로 기우는 큰 이유는 미국의 참입시스템 하에서 미국의 이해와 배치되는 지역주의를 추구하기란 현실적이지 않으며, 역내 국가 간의 경쟁구도를 감안하건대 포괄적이고도 높은 수준의 제도화를 꾀하는 지역주의 시도는 오히려 갈등을 불러일으킬 공산이 크기 때문이다. 그리하여 동아시아 지역주의는 분화되어 있으며 그에 따라 동아시아상은 중층성을 띠게 된다. 유럽의 경우 EU 구성원이라는 범위 안에서 여러 영역의 협력사업이 진행되지만, 동아시아 지역협력은 영역과 이슈에 따라 상정되는 지역 범위가 달라진다.

가령 아세안은 동남아의 10개국으로 구성된 조직공간이고 여기에 한국·중국·일본을 더하면 아세안+3의 지역 범위다. 여기에 다시 인도·오스트레일리아·뉴질랜드를 더하면 동아시아정상회의의 지역 범위다. 여기에 다시 미국·캐나다 등의 태평양 국가들을 포괄하면 APEC의 지역 범위가 된다. 한편 아세안지역포럼, 상하이협력기구, 동북아협력회담NEACD 등은 각각 특정 이슈를 다루는 지역기구로 구성원은 제각각이다. 동북아협력회담의 구성국은 한국·북한·일본·중국·러시아·미국이고, 상하이협력기구는 중국·러시아·카자흐스탄·키르기스스탄·타지키스탄·우즈베키스탄으로 구성되며, 아세안지역포럼은 아세안 국가를 중심으로 24개국이 모인 가장 큰 규모의 지역안보조직이다.[115]

	제도적 기반	관할 사항	제도적 권위의 수준
유럽	EU	포괄적(정치통합 지향)	높음(구속력 있는 결정, 국내법 수준 효력)
미주대륙	NAFTA	경제협력(자유무역지대)	중간(구속력 있는 결정, 제제조치 인정)
	MERCOSUR	경제협력(관세동맹)	중간(구속력 있는 결정, 제제조치 인정)
아시아태평양	APEC	포괄적(자유무역지대 지향)	해당사항 없음
동아시아	ASEAN+3	경제협력(자유무역지대)	낮음(구속력 없는 결정)

이처럼 지역협력, 지역통합 기구들이 분화되어 있고 그 사이에는 경쟁관계도 존재해 단일한 동아시아공동체 형성은 실현이 불투명하다. 가령 동아시아정상회의는 동아시아 지역주의의 가장 뚜렷한 실체가 되어야 함에도 참가국이 비동아시아 국가로까지 확대되어 대화의 장으로서만 기능할 공산이 크다. 미국의 참입시스템뿐 아니라 경제발전수준, 문화, 정치이념, 안보정책 등의 다양성을 고려할 때 동아시아 지역에서는 EU와 같은 높은 수준의 통합을 지향하는 포괄적인 정치적 틀을 일거에 도입하기란 불가능하며, 당분간은 무역·금융·통상 등 경제 영역과 환경·인간안보 등 비전통적 안보 영역에서 기능적 협력을 추구할 가능성이 크다. 〔표 3-3〕에서 확인할 수 있듯이 동아시아의 지역협력체는 관할 사항이 제한적이고 제도적 권위가 낮은 수준에 머물러 있다.

이처럼 동아시아 지역통합의 전망이 불투명한 조건에서 한국지식계와 한국 정부의 지역적 관심은 동아시아로 불리든 동북아로 불리든 일차적으로는 한반도와 주위 4강국들의 공간으로 향한다. 중국과 일본 사이에 위치하고 북

---

115 손열, 「지역, 지역주의, 동아시아」, 『동아시아와 지역주의』, 지식마당, 2006, 22~23쪽.

한과 마주한다는 안보적 위치로 인해 한국지식계의 동아시아 시각과 한국 정부의 지역구상은 경제 영역에만 치중할 수 없다. 특히 동북아는 남북한과 함께 한반도 국제정치의 중심 행위자들을 포함하고, 한국의 최우선 과제인 남북평화가 관건적 문제로서 초점이 맞춰지는 공간이기에 지역구상에서 핵심적 지역상으로 존재해 왔다.[116]

물론 한국이 동북아 지역의 안보협력에만 참여하고 있는 것은 아니다. 한국은 광역(아시아태평양 지역)과 하위(동북아 지역) 수준에서, Track-I, II 수준에서 안보대화에 참여하고 있다. 한국의 지역별 다자안보대화 참가 현황은 [표 3-4]와 같다.

이처럼 한국은 동북아만이 아니라 아시아태평양 수준에서도 다자안보협력체에 참가하고 있지만, 광역 공간에서의 안보대화는 공통의제를 설정하기가 어려우며, 정책적 조율 내지 협력에서도 제약이 커서 낮은 수준의 제도화를 벗어나기 어렵다. 가령 아시아태평양 지역의 최초이자 유일한 다자안보협력체인 아세안지역안보포럼은 국가 간 신뢰구축과 예방외교 실현을 목적으로 삼고 있는데, 총 24개국에 이르는 참가국의 면면을 보면 중남미와 아프리카를 제외한 거의 모든 지역에 분포된 국가들이어서 사실상 지리적 개념을 적용하기가 어렵다. 또한 아세안지역안보포럼은 아세안을 모태로 형성된 기구인 만큼 동남아 지역의 안보협력에 일차적 관심을 기울이고 한반도 문제는 부차적이다. 결국 동북아와 동남아 지역의 상이한 안보상황으로 인해 다자안보대화와 협력의 근간이 되는 안보공동체 인식 형성이 미약할 수밖에 없다. 그리고 한국의 국가 역량에 비춰보건대 의제 설정을 주도하기도 어렵다.[117]

따라서 일차적으로는 한반도에 관한 지정학적 이해관계 및 영향력이 큰 국

---

116 이수훈, 「동북아시대론」, 『동북아공동체를 향하여』, 동아일보사, 2004, 57~58쪽.

117 최강, 「동아시아 안보공동체와 다른 안보협력체 간의 관계」, 『동아시아 공동체: 비전과 전망』, 한양대학교출판부, 2005, 259쪽.

〔표 3-4〕 한국의 지역별 다자안보협력체 참가 현황

	Track-Ⅰ	Track-Ⅱ
아시아태평양 지역	아세안지역안보포럼ARF 아시아협력대화ACD	아시아 안보회의ASC 아태안보협력이사회CSCAP
동북아 지역	동북아안보대화NEASeD	동북아협력대화NEACD

가들이 속한 동북아라는 지역상을 기반으로 전략과 정책을 개발하고 발전시키는 편이 바람직하다고 할 수 있다. 그러나 한국이 동북아에 집중하더라도 미국을 비롯한 중국·일본·러시아 등 세계적 강국들은 세계 정책을 추진하면서 동북아를 하위 단위로 상정하고 있다. 결국 동북아는 이러한 세계적 강국들을 아우르기에는 협소한 지역 공간이며, 동북아를 단위로 한 교섭은 원칙과 규범에 기반한 다자주의적 협력보다는 자국의 이익에 충실한 다자적 교섭으로 진행될 것이다. 다자주의의 형태를 띠더라도 사안별로 관련국이 모이는 이른바 사안별 다자주의issue-based multilateralism가 될 가능성이 크다.

그 사안 가운데 한국의 입장에서 가장 중요한 것이라면 역시 한반도 문제다. 그런데 이처럼 구체적인 사안을 상정하면 동북아라는 단위로 묶어서 표상하던 국가들이 해당 사안에 관여하는 정도와 양상이 크게 다르다는 사실이 드러난다.

〔표 3-5〕는 6자회담 참여국의 안보관련기구 참여 현황이다. 6자회담 참가국은 모두 아세안지역포럼, 아시아태평양안보협력위원회, 동북아협력대화에는 참여하고 있지만, 미국이 주도하는 한반도에너지개발기구와 대북정책조정그룹에 중국과 러시아는 불참하고 있다.[118] 즉 대북정책조정에서 핵심적 역

---

118 한반도에너지개발기구는 1994년 체결된 북미제네바합의의 이행을 위해 한미일을 중심으로 이듬해 설립된 국제 컨소시엄이다. 대북정책그룹은 한미일 삼국이 "어느 나라가 북한과 협상을 하든 삼자 간에 협의된 가이드라인에 따른다"는 원칙 아래 1999년 4월 대북정책에 관한 삼국의 입장을 조율하기 위해 창설된 모임이다.

〔표 3-5〕 6자회담 참여국의 안보관련기구 참여 현황

협의체 협력체	6자회담	아세안지역 포럼 ARF	아시아태평양안 보협력위원회 CSCAP	동북아협력 대화 NEACD	한반도에너지 개발기구 KEDO	대북정책조정 그룹 TCOG
한국	O	O	O	O	O	O
북한	O	O	O	O		
미국	O	O	O	O	O	O
일본	O	O	O	O	O	O
중국	O	O	O	O		
러시아	O	O	O	O		

할을 맡아야 할 중국과 에너지개발에서 실질적 역할을 맡을 수 있는 러시아가 빠져 있다. 이처럼 한반도 문제와 관련해 주위 4강국은 통칭 가능한 동북아 국가라기보다 동맹관계, 남북한과의 경제교역규모, 한반도정전협정 체결 당사국 여부, 한반도 문제의 해결 과정에서 가용한 자원의 종류와 양 등에서 역할과 비중이 크게 달라진다. 여기서 동북아 혹은 동아시아라는 지역상을 외연으로만 접근할 것이 아니라 비대칭성이라는 내포에 착목해야 할 필요성이 생기는 것이다.

그리하여 다음 장으로 넘어갈 텐데, 그 전에 동아시아의 외연에 관한 고찰을 중간단계에서 정리해보자. 이상의 내용을 고려한다면, 한국의 동아시아 지역상은 지역 차원에서 현실성을 획득하기까지 여러 관문을 거쳐야 할 것이다. 먼저 동아시아라는 한국(한반도)친화적 지역상으로 아시아태평양을 무대로 삼는 일본, 여러 아시아에 걸쳐 있는 중국을 유인해내야 한다. 난제는 여기서 그치지 않는다. 동아시아에 위치하지만 여기에 머물지 않으려는 일본과 동아시아에 속하지만 동아시아를 초과하는 중국뿐 아니라 거꾸로 동아시아에 부재하지만 현재하는 미국의 존재가 있다. 미국과 중국의 양극적 경쟁질서가 도래

하는 것을 막고 협력적 지역질서를 정착시키려면 어느 쪽으로 기울 것인가라는 일차방정식이 아니라 동아시아 국제정치의 작동원리를 변화시켜 내는 고차방정식을 풀어내야 할 것이다.

4. 동아시아 담론의 동아시아적 내포 – 세 차원의 비대칭성

냉전기에 동아시아는 자율적 연계를 제약당하고 분열되었다. 냉전체제에 속박된 채 탈식민화 동향 속에서 등장한 동아시아 국가들은 민족적 구획과 영토적 구획뿐 아니라 역외세력(미국과 소련)의 관여에 따른 이데올로기적 대립으로 제도와 관념상의 분절이 초래되었다. 지역정체성을 형성할 기반은 마련되지 않았으며, 더구나 침략과 식민주의의 역사적 유산은 지역정체성 형성 이전에 상호인정조차 용인치 않는 심리적 토양을 낳았다. 이러한 냉전기의 유산은 탈냉전기에도 동아시아 지역주의의 실천을 가로막고 있다.

거기에 동아시아 지역주의는 실천의 빈곤만큼이나 이론의 빈곤도 겪고 있다. 동아시아 지역주의에 관한 이론의 개발과 축적이 부족한 조건에서 동아시아 지역주의론은 유럽의 역사적 사례를 주된 참조항으로 삼아 왔다. 유럽의 경험은 근대국제정치의 세력균형 조정과정에서 전쟁을 거치면서 상호협력의 필요성이 제고되어 다자협력의 길을 걸었다는 점에서 타지역에도 귀중한 시사점을 제공한다. 특히 강대국 간 이익조정과 협력논리 개발, 경제적 상호의존의 확산과 그로 인한 정치군사적 협력 증대, 민주주의 발전으로 인한 국가 간 평화적 협상과 협력 가능성 증가, 다자제도의 창출에서 비롯되는 경로의존성과 환류효과, 거래비용 감소효과, 이익 조정뿐 아니라 지역정체성 창출의 중요성 등이 유럽의 경험으로부터 얻을 수 있는 참조점들이다.[119]

그러나 연구가 축적되면서 유럽의 경험에 기댄 분석틀과 로드맵으로는 동아시아 지역주의를 파악하고 전망하기에 불충분하다는 사실도 드러났다. 유럽의 역사적 경험에서 도출된 지역주의 이론을 동아시아의 현실에 적용한다면 자칫 반역사주의의 우를 범할 수도 있는 것이다. 그 이유는 당연히도 유럽과 동아시아의 지역주의 조건이 상이하기 때문이다.

유럽의 경우를 보면 EU라는 단일기구 안에서 회원국이 늘어나 현재 25개국으로 구성되어 있으며, 그 과정에서 프랑스-독일의 협력축이 유럽통합에 필요한 정치적 리더십을 발휘해 왔다. 그러나 동아시아에는 여러 지역기구가 혼재해 있고 기구마다 구성국이 다르며, 역내에서 구심적 역할을 맡아야 할 중국과 일본 사이에서 이견과 갈등이 가장 크고, 그리하여 지역통합을 아세안이라는 하위 연합체가 주도하는 형국이다. 경제구조를 살펴본다면 EU의 핵심 회원국들인 프랑스·독일·이탈리아·벨기에·네덜란드·룩셈부르크 등은 비교적 유사한 수준의 경제발전을 이룩했고, 1970~80년대에 걸쳐 무역·금융·환율 등에서 국민경제의 수렴화를 거쳤다. 반면 동아시아는 한국·중국·일본 삼국만 놓고 보더라도 발전 정도가 크게 다르고, 동남아 국가들을 포함한다면 그 격차는 더욱 커지며, 무엇보다 경쟁적이고 위계적인 동아시아 생산구조가 경제통합을 저해하고 있다.

유럽이 지역통합을 이룩한 것은 유럽적 가능조건을 활용하고 제약조건을 극복해나간 결과다. 따라서 유럽의 사례가 갖는 선구적 중요성과 유럽 모델의 일반화 가능성을 혼동해서는 안 된다. 유럽의 사례를 유용하게 참고하려면 유럽 모델을 들여오는 것이 아니라 오히려 유럽적 조건을 동아시아적 조건과 면밀하게 비교해 어떤 이유로 동아시아는 유럽과 같은 행보를 보일 수 없는지를

---

119 동북아역사재단, 『동아시아공동체 논의의 현황과 전망』, 동북아역사재단, 2009, 23~24쪽.

먼저 밝혀내야 할 것이다. 그렇다면 방금 언급한 차이 이외에 보다 구조적이고 본질적인 차이를 주목해야 할 필요가 생긴다. 그것은 위와 같은 차이들을 낳는 차이, 즉 국가 형태의 상이성, 그리고 국가 간·국가관계 간의 비대칭성이다.

1) 국가 형태의 상이성

근대국가를 단위로 하는 유럽의 지역질서는 오랜 시간을 두고 진화해 왔다. 1648년 베스트팔렌조약이 체결되며 신성로마제국이 사실상 붕괴되고, 주권 근대국가가 등장하고, 복수적 주권단위들이 경합하고, 그로써 장기간의 전쟁이 축적되고, 그러면서 근대국제체제가 형성되고, 두 차례의 세계대전을 겪고, 냉전적 세력균형을 거쳤다. 그렇게 제국의 붕괴 이후 4세기에 가까운 진통 끝에 지역통합에 이르렀다. 물론 지금도 여러 문제점이 드러나고 있다.

　동아시아는 중화제국이 해체되는 계기였던 1840년의 아편전쟁에서부터 어림한다면 근대질서에 편입된 시간이 2세기에 못 미친다. 그리고 19세기 후반부터는 근대국제질서가 서구 제국주의 세력에 의해 강제적으로 그리고 기형적으로 이식되었다. 근대국제질서가 국가의 주권성에 기반하는 것이라면 동아시아 국제질서는 주권적 평등·내정불간섭·영토의 보존과 같은 근대국제규범이 정착하지 않은 상태에서 국제법이 아닌 불평등조약을 통해 제국주의 대 식민지라는 근대국제정치의 특정 단계로 편입되어 국민국가로의 이행이 왜곡되었다. 강제된 개국 이후 주권국가 간 국제질서를 형성하는 데 실패해 조선은 식민지, 청국은 반식민지, 일본은 제국주의의 길을 걸었다. 이후 대동아전쟁에서 패배한 일본은 전범국이 되어 소위 1945년 체제의 질곡에 묶여 비정상국가로 남았고, 중국과 한반도는 통일된 영토국가를 수립하지 못한 채 분단되었다.

　제2차 세계대전 이후에는 세계적 차원의 냉전논리가 동북아에 이식되고 한국전쟁을 거치며 냉전체제가 정착하고 미국과 소련의 주도권 아래 동북아 지역이 양분되어 미국 – 일본 – 한국 – 타이완의 자유 진영과 소련 – 중국 – 북한의 공산 진영의 대결이 반세기 동안 이어졌다. 냉전기의 안보질서는 주권국가들 간의 동맹결성과 안보경쟁으로 짜여 불완전하나마 세력균형체제의 성격을 띠었으나 초강대국 간의 세계적 냉전체제가 지역 내 주권 문제를 덮어둔 것이었다. 그리하여 냉전체제가 해체된 뒤에도 각국이 타국의 주권을 존중해 협력적 지역질서가 안착하고 다자주의적 규범을 마련해내기가 어려웠다.[120]

이처럼 동북아 삼국은 근대로의 편입부터 냉전적 대립까지를 외부 세력에 의해 강제당했고 정상적 국민국가로의 이행을 부정당했다. 탈냉전기에 이르렀지만 중국과 한국은 하나의 국민국가를 이루지 못한 채 분단상태로 남아 있고, 일본은 아시아태평양 전쟁에서 패배한 이후 여전히 보통국가화를 목표로 내걸고 있다. 그리하여 탈냉전기에 동북아 지역의 안보상황에는 시간대를 달리하는 모순이 여러 겹으로 깔리고 얽혀 있다.

가령 동북아의 안보 현안으로 거론되는 사안들로는 독도·조어도·일본 북방도서 등의 영토분쟁, 중일 간 가스전, 한일 간 동해 어업 및 영해 문제와 같은 해양 분쟁, 역사교과서와 야스쿠니신사 참배 등으로 불거지는 역사인식 충돌, 중국의 부상에 따른 미중 간 패권경쟁과 중일 간 세력경쟁, 국가 간 무역분쟁, 북핵문제, 대량살상무기 비확산 문제 등이 있다.

그런데 평면적으로 나열하면 여러 양상의 안보 현안이지만 실상은 층위를 달리하는 문제들이 뒤섞여 있는 것이다. 영토분쟁은 전근대적 영토 및 국경 개념에 의해 규정되었던 영토적 경계가 근대적 주권국가의 논리에 맞춰 이행하지 못했거나 제국주의적 근대질서에 의해 이중으로 왜곡되어 현재까지 남겨진 문제다. 역사갈등도 대체로 아시아적 전후 처리가 불완전해서 남겨진 문제다. 그렇다면 다자주의적 안보협력체를 형성한다고 해결할 수 있는 문제들

---

120 전재성, 「EU와 동아시아 공동체」, 『동아시아 공동체 신화와 현실』, 동아시아연구원, 2008, 61쪽.

이 아닌 것이다. 한편 세력경쟁과 패권경쟁, 군사질서 문제 등은 주권국가의 확장적 국가 의지가 충돌해서 빚어지는 문제이니 다자주의적 안보협력체가 기능을 발휘할 시안이다.

이처럼 동북아 지역의 국가 간 갈등은 서양 제국주의의 침략, 역내에서 벌어진 침탈, 진영 간 대결이라는 삼중구조가 겹쳐진 위에 자리하고 있다. 더욱이 중국 대륙, 한반도, 일본 열도 간에 존재하는 비대칭적 규모의 차이와 이처럼 20세기에 부과된 삼중구조의 하중은 각국의 국가 형태를 비균질적으로 만들었고, 이것이 또한 지역협력의 커다란 장애요인으로 작용하고 있다. 한국·북한·중국·일본·타이완은 국민국가라는 동일평면에서 모아두기 힘든 정치체들이다. 분단 한반도, 양안관계 그리고 오키나와-일본 관계 등을 직시했을 때 동북아란 균질적인 국가들의 조합이 아니라 비균질적인 정치체들의 장에 가깝다. 따라서 유럽처럼 주권국가 간 세력과 이익을 조정하고 협력을 제고하기 위해 주권의 일부를 내어 공동체를 만드는 '주권의 모아두기'pooling sovereignty를 시행하기가 몹시 어려운 조건이다. 주권국가로서의 성립이 지체되고 영토적 통일이 과제로 남아 있는 불완전한 주권 상태에서 주권은 오히려 지고의 가치를 지닌 신성불가침의 영역으로 간주되어 여러 지역문제를 야기하고 있다.

한국지식계의 동아시아 담론 가운데도 이 지점에 착목한 논의가 존재한다. 즉 국민국가를 단위로 더욱 큰 규모의 정치체를 지향하는 지역주의론도 있지만, 국민국가의 불완전성이라는 동아시아적 조건에 근거해 국민국가와는 다른 정치체를 모색하려는 시도인 것이다. 분단체제론에 입각한 창비 진영의 복합국가론이 대표적 사례다.

복합국가론이라는 개념 자체는 1972년 남북공동성명이 발표되자 한반도의 상황 변화에 착목하고자 천관우가 제기한 것이었다.[121] 그는 단일한 국가의

---

121 백영서, 「복합국가와 '근대의 이중과제'」, 『핵심현장에서 동아시아를 다시 묻다』, 창비, 2014,

단계로 가기 전 남한과 북한이 "거리를 좁히고 결합력을 굳혀가는" 과정, 즉 "한동안은 남은 남대로, 북은 북대로의 체제를 유지하고 그러면서도 일정한 한도 안에서나마 한 민족이 한 덩어리로 얽히는 국가의 형태"를 '복합국가'라고 불렀다. 그 내용은 그의 표현대로 "전적으로 우리의 형편에 맞는 전혀 새로운 유형의 것이 될 수밖에 없는 것"이었다.[122]

백낙청은 이 발상의 중요성을 일찍이 발견하고 이를 분단체제 극복을 위한 구체적 과제로서 정리해냈다. 백낙청이 분단체제론이라는 개념을 제시한 이유는 한반도가 분단되어 있다는 표면적 특징과 더불어 분단된 남한과 북한이 서로를 매개해 자기 체제를 재생산하는 작동 방식을 들춰내기 위함이었다. 그리하여 백낙청은 진정한 적대성은 "남북에 걸쳐 상호대결 중에서도 묘하게 공생하는 양쪽의 기득권세력들과, 기본적으로 반민주적이고 비자주적인 이 범한반도적 체제에 억눌리는 남북의 민중들"[123] 간에 존재한다고 강조했다. 그런데 오히려 분단으로 인한 정상국가의 결핍 상태는 한반도 주민들에게 단일형 국민국가에 대한 강한 집착을 불러일으키며, 이 집착은 국가주의·민족주의·개발지상주의 등에 동원되어 다시금 분단과 대치 상태의 유지에 기여하게 된다.[124] 따라서 백낙청은 분단체제를 극복한 한반도에서의 국가 형태는 국민국가가 아닌 복합국가여야 한다고 주장한다. 복합국가란 자민족중심주의와 국가주의의 폐해를 경계하면서도 자칫 섣부른 반국가주의의 편향을 범하지 않도록 창안된 민주화된 국가구조라는 것이다.[125]

최원식과 백영서 역시 같은 문제의식을 공유한다. 최원식도 "종래의 국민국가의 틀을 넘어선 통일 한반도의 유연한 미래상을 구상해야 한다"[126]고 역설

160쪽.

122 천관우, 「민족통일을 위한 나의 제언」, 『창조』 1972년 9월호, 1972, 31쪽.

123 백낙청, 『흔들리는 분단체제』, 창작과비평사, 1998, 202쪽.

124 백낙청, 「한반도에서의 식민성 문제와 근대 한국의 이중과제」, 『창작과비평』 105호, 1999, 15쪽.

125 위의 글(1999), 23쪽.

126 최원식, 「남북 통일에 관한 정치경제적 담론의 유효성과 한계」, 탈냉전시대의 한반도 평화를 위한

했으며, 백영서도 "부국강병을 추구하는 국민국가에 흡입당한 20세기 문명을 넘어서려는 문명론 차원에서 변화가 있어야 한다"[127]고 촉구하며 "국민국가를 감당하면서도 그것을 극복하는 이중과제를 동시에 수행하는 과정에서 그 모습이 구체화될 '복합국가'에 대한 사고가 절실한 시점"[128]이라고 강조한 바 있다. 나아가 이들은 복합국가론의 문제의식을 지역 차원에 확대 적용해 한반도의 변혁을 동아시아의 변화를 추동하는 계기로 삼고자 모색을 심화했다.

박명규 역시 비슷한 문제의식에서 '복합적 정치공동체'라는 개념을 제안한다. 그것은 국민국가 안팎의 변화를 착목하기 위함인데, 먼저 내부적 변화는 국민국가의 결속원리인 경계의 고정성, 권한의 집중성 및 국민통합이 흔들리면서 그와는 다른 대안적 원리들, 즉 경계의 유연성, 권한의 분산성 및 연대의 다층성에 의해 새로운 결합이 이뤄지는 것을 의미한다. 그 변화는 일차적으로 기존의 국민국가가 민주적이고 관용적인 공동체로 변화하는 데서 시작하는데, 정치적 민주화운동과 시민세력의 활성화가 그 동력이 된다. 그리고 '복합적 정치공동체'의 형성과정이 순탄하려면 지역협력을 통해 평화의 질서가 자리잡는 외부적 변화도 일어나야 한다.[129]

하지만 복합국가는 여전히 "구체화될" 미래형의, 가능형의 국가형태로 상정되어 있는 상태다. 백영서는 복합국가란 "단일국가가 아닌 온갖 종류의 국가 결합 형태, 즉 각종 국가 연합과 연방국가를 포용하는 가장 외연이 넓은 개념"[130], "복합국가는 국가권력에 대한 획기적인 민주적 통제의 원리를 관철시킴으로써 정당성을 확보해, 한민족공동체를 통합할 다층적 복합구조의 정치체제를 구상하려는 '지향으로서의 국가'"[131]라고 밝히지만, 이로써는 복합국가

대안적 패러다임의 모색, 1998년 12월 11일.

127 백영서, 「중국에 '아시아'가 있는가?」, 『동아시아의 귀환』, 창작과비평사, 2000, 63~66쪽.

128 위의 글(2000), 35쪽.

129 박명규, 「복합적 정치공동체와 변혁의 논리」, 『창작과비평』 107호, 2000, 18~20쪽.

130 백영서, 「중국에 '아시아'가 있는가?」, 『동아시아의 귀환』, 창작과비평사, 2000, 63쪽.

131 백영서, 「20세기형 동아시아문명과 국민국가를 넘어서」, 『창작과비평』 106호, 1999, 27쪽.

가 배타적 주권을 기반으로 한반도의 주민만을 정치구성원으로 삼는 단일형 국민국가가 아니어야 한다는 지향성을 확인할 수 있을 따름이다. 복합국가론를 구체화하지 않는 것은 도식화를 우려해서겠지만 "온갖 종류의 국가 결합형태", "가장 외연이 넓은 개념"으로 남겨둘 뿐이라면 지적 상상을 자극하는 이상의 기능을 해내지 못할 수 있다. 따라서 이어진 인용문의 "획기적인", "민주적", "다층적" 등의 형용사구가 구체적인 문장으로 풀어지는 과정을 거쳐야 할 것이다.

　복합국가론은 주권국가로서의 불완전성, 영토국가로서의 분단 상태, 국민국가로서의 미확립이라는 동아시아적 조건에 기반하고 있는 만큼 동아시아 담론의 중요한 모색처이며 그 문제의식을 구체화하는 것은 창비 진영만의 몫이 아닐 것이다. 특히 북한 주민과 더불어 세계 4강 지역에 집중해 있는 해외 동포와의 관계를 고려하며 국가상을 재고해야 한다는 창비 진영측 주장에 관해서는 대大한국주의라는 혐의론으로 맞받아치거나 현실성이 떨어진다는 회의론을 내비치는 데서 그치지 말고, 공동의 논제로 삼아 고민을 축적해가야 할 것이다. 지역적 현실에서 유리된 무지개빛 구상들만큼이나 그저 타당할 뿐인 비판들은 동아시아 담론의 두 가지 주요 형태이자 동아시아 담론의 성장을 가로막는 요인이었다. 양자 모두 지적 책임을 동반하지 않기 때문이다.

2) 국가 간 규모와 국력의 비대칭성

동아시아의 대안적 지역질서를 모색할 때 EU의 형성과정을 준거로 삼기 어려운 또 다른 이유는 동아시아 역내의 비대칭성 때문이다. 동아시아 국가들 간 규모와 국력의 차이는 유럽과는 사뭇 다르다. 그리고 규모와 국력에서 빚어지는 낙차는 국민국가에 대한 감각도 불균등하게 만들고, 불균등한 국가감각은 각국의 지역구상 간에 커다란 균열을 낳는다.

〔표 3-6〕 동아시아 국가현황

국가/항목	면적(천km2)	인구(백만 명)	GDP(억 달러)
한국	100	48.7	8,329
북한	122.7	23.3	224
중국	9,600	1,330	56,448
일본	378	127	51,376
대만	36	23	4,332
몽골	1,564	3	47
베트남	330	89.6	1,011
태국	514	66.4	2,942
인도네시아	1,904	240.3	6,704
필리핀	300	98.0	1,896
말레이시아	330	28.3	2,298
브루나이	6	0.4	136
라오스	237	6.9	61
미얀마	677	53.4	296
캄보디아	181	14.8	117

출처 : 한국수출입은행, 『2010 세계국가편람 아시아』, 한국수출입은행, 2010.

〔표 3-6〕은 아세안+3에 속하는 국가에 북한과 타이완을 포함해 기본 지표들을 정리한 것이다. 이를 보면 중국의 면적과 인구는 타국과 현저히 다르다. 중국 다음으로 면적이 넓고 인구가 많은 인도네시아와 비교해 봐도 5배 가까이 차이가 난다. 양국의 GDP 차이는 90배에 이른다. 한국지식계에서는 규모와 국력의 차이를 간과하고 국민국가라는 일률적 전제 아래 한중일처럼 나라 명을 나열해 동아시아를 표상하곤 하지만, 중국은 면적을 기준으로 보았을 때 한국보다 100배 가까이 큰 나라다.

동아시아의 중심에 자리한 중국은 물리적 규모만이 아니라 경제적·외교적 역량에서도 타국들을 압도한다. 오로지 일본만이 경제적 역량에서 중국과 견줄 만하지만 양국 간 격차는 점차 벌어지고 있다. 탈냉전기에 서구 학계가 동아시아를 주목한 것도 중국 요인이 가장 컸다. 대서양에서 태평양으로 세계 정치경제의 축이 이동하는 원인도, 21세기가 아시아의 세기 내지 동아시아의 세기가 되리라는 전망의 근거도 중국의 부상에 있다. 중국은 1979년 이래 개혁개방정책을 지속하며 연평균 10%의 고도성장을 달성했다. WTO에 가입한 2002년 이미 중국은 8%의 성장, 세계 5위의 교역, 세계 2위의 외환보유, 세계 1위의 외국인 투자 유치를 기록하며 세계경제의 중심적 국가로서 진입했음을 보여줬다.[132]

한국지식계에서 동아시아 담론의 융성도 중국의 존재와 운동에 힘입은 바 크다. 문화정체성론, 대안체제론, 지역주의론은 모두 중국으로 지역적 시야가 확장되어 출현할 수 있었고 중국의 역동성을 주된 논거로 삼는다. 동아시아 담론 가운데서 유독 중국의 존재감이 미약한 발전모델론은 1990년대 말 동아시아 경제위기에 직면해 침체했으며, 이후 동아시아 경제를 진단하고 전망하는 논의들은 중국 요인을 일차적으로 거론한다. 그리고 동아시아 경제위기 이후 세를 모은 지역주의론에서는 중국의 존재감이 압도적이다. 그런데 역설적으로 동아시아공동체 구상을 실질적으로 촉발하는 요인도 중국이지만, 동아시아공동체 구상의 실현가능성이 높지 않은 이유도 중국에 있다. 동아시아를 초과하는 광활한 규모로 인해 중국은 타국과 좀처럼 공유 불가능한 지역상을 갖게 되는 것이다.

이처럼 동아시아는 비대칭성이 가로놓인 지역이다. 각국이 국민국가로서 평등한 지위를 갖는다는 근대국제질서의 이념만으로는 지역 현실을 제대로 포착하기 어렵다. 동아시아 담론 중 대안체제론은 대국과 소국이 공존한다는

---

132 이수훈, 『세계체제, 동북아, 한반도』, 아르케, 2004, 124~125쪽.

이러한 동아시아적 조건을 주목한 바 있다. 앞서 언급했듯이 일본 지식인들과의 지적 교류에 비해 중국 지식인들과는 그 폭과 양이 제한적이지만 비대칭성 그리고 거기에 결부된 위계적 인식hierarchical perception에 관한 비평적 토론이 오갔으며, 그것은 한국지식계의 동아시아 담론에서 중요한 문제의식을 촉발하기도 했다.

1998년 『창작과비평』 편집진은 베이징대학과 『독서』讀書 편집부를 방문해 아시아 연대, 전지구화, 민족주의 등을 주제로 토론을 가졌다. 이후 1999년 『독서』 8기에 백영서의 「세기의 전환기에 동아시아를 다시 생각하다」世紀之交再思亞洲가 실렸고 그에 대한 반응으로 2002년 『시계』視界 8집에 왕후이의 「아시아 상상의 계보」亞洲想像的譜系와 쑨거의 「주체의 확장과 변방의식」主體的弥散與邊界意識이 수록되면서 국민국가 극복, 중심-주변의 구도 성찰에 대한 내용으로 논의가 심화되었다.

이 무렵 창비 진영은 탈국민국가주의와 더불어 탈중심주의를 심화해야 수평적인 지역연대가 가능하리라는 전망 속에서 복합국가론·소국주의론·주변으로서의 동아시아론 등의 이론적 진화를 거치고 있었다. 1998년 최원식은 「세계체제의 바깥은 없다」에서 '소국주의와 대국주의의 내적 긴장'이라는 형태로 중심과 주변의 문제를 제출했다. 중국의 중화주의와 일본의 동양주의에 깃든 대국주의를 견제하는 동시에 한반도 통일 과정에서 나타날 수 있는 대국주의(대한국주의)의 편향을 제어하려면 중형국가인 한국은 소국주의와 결합된 복합국가를 국가 형태로 삼아야 한다는 논지였다. 아울러 한국에서 소국주의를 지향한다는 것은 동아시아 지역질서의 주변부로서 안분하기 위함이 아니라 중국과 일본의 소국주의 유산을 일깨우고 양국의 대국주의적 발전전략을 수정하도록 이끌어 평화와 공생의 동아시아를 형성하기 위함이라고 강조했다.[133]

133 최원식, 「세계체제의 바깥은 없다 – 소국주의와 대국주의의 내적 긴장」, 『창작과비평』 100호, 1998,

그리고 백영서는 한반도의 지정학적 위치에 대한 숙고를 거쳐 주변성에 관한 시각을 보강했다. "이제 우리는 동아시아 안팎의 '이중적 주변의 눈'으로 새로운 동아시아의 지도를 그리는 작업에 착수한다. 그 과정은 동아시아에서 역사적으로 형성된 주변의 정체성을 새롭게 정립하여 전체 구조를 변화시키는 동력을 확보함으로써 주변에 내재하는 비판성을 제대로 발휘하게 하는 지적·실천적 수행에 다름 아니다."[134] 여기서 이중적 주변의 눈이란 동아시아가 세계체제의 주변부에 있으며 또한 한국은 동아시아에서 열위에 있다는 조건에 내재한 지적 시각을 말한다. 백영서 역시 이처럼 주변성에 관한 시각을 가다듬어 중국과 일본의 대국주의적 성향을 경계하면서 주변부인 한국의 중재적 역할을 강조했다.[135] 아울러 한반도에서 실현되어야 할 복합국가 역시 국민국가를 극복한다는 실질적 내용을 갖추려면 부국강병을 추구하는 패권주의 – 대국주의를 해체하는 방향으로 나아가야 한다고 역설했다.[136]

그런데 이들의 논의는 대국과 소국이 공존하는 동아시아적 조건에 기반하고 있지만, 한국의 주변성으로부터 한국의 역할을 도출해내는 논리에 관해서는 해명되어야 할 문제들이 남아 있다. 제국주의를 자처한 적이 없고 역사적으로 동아시아 지역질서 속에서 소중심의 역할을 맡아온 한국이기에 여러 중심들 사이의 균형자로서, 평화와 번영의 촉진자로서 역할하리라는 기대와 전망은 현실화되는 과정에서 동북아시대론처럼 현실성의 한계를 드러낼 공산이 크다. 더욱이 지적 실험으로서도 규모와 국력의 차이에서 빚어지는 비대칭적 관계를 위계적 관계로 등치시킬 수 있는지, 위계적 관계라고 판단할 때 판단 기준은 근대국제질서의 원리가 아니라면 어디서 마련할 수 있는지, 위계적 관계라고 판단하더라도 극복해야 하거나 극복할 수 있는 관계인지, 대국주의를

31쪽.

134 백영서, 「주변에서 동아시아를 본다는 것」, 『주변에서 본 동아시아』, 문학과지성사, 2004, 36쪽.

135 위의 글(2004), 33~34쪽.

136 백영서, 「20세기형 동아시아문명과 국민국가를 넘어서」, 『창작과비평』 106호, 1999, 28쪽.

곧 패권주의로 간주할 수 있는지, 중소국인 한국이 대국들 간의 균형과 완충의 역할을 맡는다면 그 자원과 방안은 무엇인지, 균형과 완충의 역할에도 불구하고 국가 간 비대칭성은 해소되지 않을 텐데 그렇다면 국가 간 비대칭성에 근거한 대안적 지역질서는 어떠해야 하는지 등은 보다 면밀하게 검토되어야 할 것이다.

이러한 물음들 가운데 몇 가지 항목에 대한 답변으로서 천하질서, 중화질서, 화이질서, 조공질서, 책봉질서 등의 개념들로써 전통적 지역질서를 포착해 중심과 주변 간의 비대칭적 관계에서 구현 가능한 지역질서의 참조물로 삼자는 주장이 나온 바 있다. 이 또한 중국지식계와의 토론을 통해 형성된 중요한 논제다. 가령 중국사회과학원 근대사연구소의 부평은 「동아시아의 아이덴티티와 국경을 초월한 역사 인식」에서 화이질서는 강대하고 부유한 중국과 상대적으로 열위인 주변국 사이에서 형성된 지역질서였지만, 지배와 종속을 뜻하지 않았으며 중국이 주변국을 직접 통치하려 들지도 않았음을 강조한다. 중심부의 중국은 주변국의 군주를 책봉하는 방식으로 간접적으로 영향력을 행사하며 지역의 안정을 유지했다. 그리고 주변국은 중국과의 조공관계를 통해 안전을 보장받고 내정의 자주성을 확보했다. 그런 의미에서 근대 제국주의 세력이 비서구 지역을 지배하고 착취한 경우와는 판이하다는 것이다.[137]

왕후이 역시 국민국가체제 이전의 제국질서와 조공체제를 재조명해 대안적 아시아 질서의 참조물로 삼겠다는 의도를 뚜렷하게 드러낸 바 있다. 왕후이는 조공체제를 정치·경제·문화 영역에 걸친 평등주의적 복합체라고 해석한다. 그것은 각국의 통치상의 자율성을 존중하면서 보호적 성격을 띠는 협력 관계가 제도화된 형태로서, 오늘날의 신제국 형태와는 질적으로 다르다고 강조한다. 그리고 현대 중국은 조공체제의 평등주의적 유산을 계승하되 주권국

---

137 부평, 「동아시아의 아이덴티티와 국경을 초월한 역사 인식」, 『역사적 관점에서 본 동아시아의 아이덴티티와 다양성』, 동북아역사재단, 2010, 20쪽.

가의 모델에 따라 개조했다면서, 국민국가체제가 초래하는 내외적 곤경을 초월할 가능성을 조공체제로부터 발굴해내자고 제안한다.[138]

이러한 발상에 대해 한국지식계에서는 주로 비판론이 제기되었다. 대안적 지역질서를 구상할 때 중화질서나 조공체제를 참조하자는 중국지식인들의 제안은 이면에 중국중심주의를 깔고 있는 까닭에 인국에 대한 수평주의적 사고를 결여해 패권주의로 전화할 가능성이 크다는 것이 주된 내용이었다.[139] 그러나 중국 지식인의 입장에서는 이 제안이 동아시아에 엄연히 실재하는 역학관계의 비대칭성이 패권주의로 변질되지 않고, 중심과 주변의 관계가 위계화되지 않는 방법을 동아시아사에서 건져 올린 노력의 결과일 수 있다. 따라서 중국 지식인의 발화라는 이유로 중국중심주의라는 혐의를 씌워서는 안 될 것이다. 중국발 지역구상에서 중국중심주의를 짚어내기란 사실상 간단하기 때문에, 그러한 비판은 중국 정부와 지식계의 다른 구상들과 비교한 뒤에야 정교하게 가해져야 할 것이다.

오히려 중화질서 내지 조공체제와 같은 역사적 지역질서를 활용하자는 주장에 대한 검증은 중국중심성보다 현실가능성에 맞춰져야 할 것이다. 조공체제는 문명과 세계관을 공유하는 지역 속에서 막대한 부를 창출해내는 중심과 그로부터 방사형으로 이어지는 주변 간의 호혜적 관계가 수립되어야 기능할 수 있었다. 그러나 앞 절에서 살펴보았듯이 서세동점 이후 동아시아의 정치체들은 근대국가질서에 편입된 이래 한 세기에 걸쳐 상이한 양상으로 국가형성과정을 거쳤다. 거기에는 중국도 예외일 수 없는 탈중화과정이 동반되었다. 또한 그 20세기에 걸쳐 일본은 중국에 우위를 점할 만큼 경제적으로 성장했다. 한국 역시 고도성장을 경험했다. [표 3-6]에서 확인할 수 있듯이 한국과 중국은 지리 면적에서는 100배 가까이 차이가 나지만 GDP의 차이는 10배에

---

138 왕후이, 「아시아 상상의 계보」, 『새로운 아시아를 상상한다』, 이욱연 외 옮김, 창비, 2003, 197쪽.
139 고성빈, 「중국의 동아시아담론」, 『국제지역연구』 18권 3호, 2009, 88~89쪽.

도 이르지 않는다. 무엇보다 반세기에 걸쳐 미국의 내재화가 진행되었다. 이처럼 조공체제를 성립시켰던 역사 조건은 20세기에 변질되었다. 따라서 전통적 지역질서를 참조하려거든 오늘날의 동아시아적 조건을 보다 면밀하게 고찰해야 한다. 그리고 그 가운데서 중요한 것은 후술하겠지만 전통적 지역질서에서는 존재하지 않았던 국가관계, 특히 동맹관계 간의 비대칭성이다.

한편 중심과 주변의 관계는 국가 간에서만이 아니라 국가 내부 혹은 지역 간에도 존재한다. 정근식은 '지역'으로서의 동아시아에 접근하는 세 가지 각도를 정리한 바 있다. 하나의 통합된 전체로서 접근하는 방식이 있다면, 이를 구성하는 국가 간 관계와 상호작용에 초점을 맞추는 방식도 있으며, 끝으로 동아시아의 주변지역들, 즉 강력한 민족국가들 간의 경계에 자리잡고 있어 정체성이 유동적이거나 이중적일 수 있는 장소들에 초점을 맞출 수도 있다는 것이다.[140]

동아시아는 중국·일본·한국 등의 국민국가뿐 아니라 대만·오키나와와 같은 국가 내지 지역들을 포함하고 있다. 남북한관계, 양안관계, 오키나와-일본관계를 종합적으로 고려한다면 동아시아는 평면적이고 균질적인 국가들의 조합이라기보다는 비균질적인 중심부와 주변부의 이중적이고 복합적인 구성이라고 말할 수 있다. 그리하여 국가와 중심부의 억압이 집중된 주변부의 현장들을 연결해 탈국민국가·탈패권적 동아시아 지형도를 그려내는 실천도 한 가지 지향성으로 존재해왔다.

정근식이 말하는 세 번째 접근법을 취할 경우 채택할 수 있는 전략적 장소 가운데 한곳이 오키나와다. 정근식은 오키나와를 관통하는 역사적 구조와 그 변화를 통해 동아시아의 장기적 사회변동, 즉 중화체제로부터 일본제국체제를 거쳐 전후 동아시아 냉전체제로 이어지는 경로를 탐색할 수 있다는 점에서 '방법으로서의 오키나와'를 거론한다.[141] 한국의 연구자들은 일본 식민주의의

---

140 정근식 외, 『기지의 섬 오키나와』, 논형, 2008, 6쪽.

지배와 동아시아 냉전의 억압성이라는 측면에서 오키나와로 관심이 모여 공동연구를 수행하기도 했다.[142]

또한 금문도 역시 오키나와와 함께 '냉전의 섬'으로 명명된다. 금문도는 역사적으로 초국경적 지역문화의 요충이었다. 청조 때부터 동남아 등지로 향하는 화교의 배출지이자 중계지였고, 푸젠 남부인 민난 지역 문화의 핵심고리였다. 금문도는 1949년 이후 공산당과 국민당 사이에서 국경선을 획정하는 전투가 벌어진 끝에 중화민국 영토로 귀속되었다. 1958년에는 중국이 금문도를 포격해 첨예한 양안관계가 드러나기도 했다.

백영서는 금문도에 관한 연구가 일국적 시각을 넘어 동아시아를 바라보는 데서 풍부한 암시를 제공할 수 있다고 강조한다. 첫째, 청조 이래 화교 송금 네트워크로 엮인 민난 경제권과 민난 문화를 규명하는 데, 둘째 일본제국권을 이해하는 데, 셋째 동아시아 냉전의 역사를 돌이켜보는 데, 넷째 대만사를 재고하는 데, 특히 오늘날 대만에서 주류 담론인 대만독립론을 비판적으로 검토하고 대만의 정체성 위기에 새롭게 접근하는 데 유용하다는 것이다.[143] 이런 시각에서 2008년 한국과 대만과 학자들은 '금문학'金文學의 가능성을 탐색하는 회의를 개최하기도 했다.[144]

---

141 정근식, 「동아시아 냉전·분단체제의 형성과 해체」, 『한국학의 학술사적 전망』 2권, 2014, 43쪽.

142 공동연구의 중요한 일례로서 총 29명의 필자들이 참여해 『기지의 섬, 오키나와』(논형, 2008), 『경계의 섬, 오키나와』(논형, 2008)가 출간되었다. 책의 부제가 말해주듯 하나는 '현실과 운동'을, 다른 하나는 '기억과 정체성'을 다루고 있다.

143 백영서, 「지구지역학으로서의 한국학의 (불)가능성: 보편담론을 향하여」, 『사회인문학의 길』, 창비, 2014, 83쪽. 백영서는 '이중적 주변부'라는 지역 설정이 중심에 의한 피동적 정의임을 고려해 이처럼 동아시아의 시공간적 모순이 응축된 장소, 중화제국-일본제국-미제국으로 이어지는 역사적 모순이 집중된 장소의 중요성을 부각하고자 '핵심현장'이라는 개념을 사용했다(백영서, 「'핵심현장'에서 찾는 동아시아 공생의 길」, 『핵심현장에서 동아시아를 다시 묻다』, 창비, 2014, 17쪽). 그는 오키나와, 금문도 이외에도 한반도 서해의 평화협력특별지대, 개성공단, 두만강 유역 등을 핵심현장으로 거론하며, 시야를 확장한다면 분단체제하의 한반도, 대만이 핵심현장에 속한다고 밝혔다(백영서, 앞의 책(2014), 56~57쪽). 그리고 이런 '핵심현장'은 모순의 집결지인 만큼 여기서의 변화는 지역 수준의 변화를 추동하리라고 내다본다.

144 林富士 外, 『亞洲視野下的金文學』, 臺灣臺中中興大學, 2008.

3) 국가 간 동맹구조의 비대칭성

한 번 더 유럽적 조건과의 차이를 주목해보자. 동아시아는 유럽과는 다른 양상으로 냉전기를 거쳤다. 전간기 유럽에서는 세계주의적 안보질서와 지역주의 안보질서 사이의 간극으로 잦은 충돌이 빚어졌다. 기존의 동맹외교는 붕괴되었고, 미국이 주도하는 국제연맹은 유럽의 안보 현실과 유리되어 있었기 때문이다. 그러나 제2차 세계대전 이후에는 세계적 차원의 냉전, 미국의 대유럽 외교정책, 국제연합 그리고 유럽의 지역질서가 조합되어 북대서양조약기구 같은 지역다자동맹이 성립했다.

반면 냉전기 동아시아에는 동아시아식 북대서양조약기구도 유럽안보협력회의CSCE도 경제협력개발기구OECD도 없었다. 미국은 개별 국가에 대한 영향력을 극대화하고자 다자적 틀이 아닌 쌍무적 동맹을 중심으로 안보질서를 구축했고, 이로 인해 동아시아 국가들은 집단적 관계를 발전시키기가 어려웠다. 물론 아세안으로 결속된 동남아와 지역협력체를 구축하지 못한 동북아의 양상은 크게 달랐다. 동북아 지역은 한미동맹·미일동맹·북중동맹과 같은 쌍무적 동맹관계가 안보질서의 기본틀이어서 양자안보체제를 대체할 대안적 안보체제를 형성하지 못했다. 여기에 동아시아 국가들 간의 역사적 반목과 미국의 헤게모니를 제어할 만한 힘의 부재로 인해 미국의 헤게모니가 서유럽보다 훨씬 강하게 작용했다. 이러한 차이를 표로 정리하면 다음과 같다.

탈냉전기로 접어들어 국제적·지역적 안보 상황이 변화하자 다자안보체제의 필요성에 관한 인식이 확산되었지만, 유럽과 달리 동북아에서는 냉전이 완전히 종식되지 않았으며 오히려 군비경쟁이 가속화되는 등 다자안보체제로의 이행이 순조롭지 못한 상태다. 동북아의 안보질서는 여전히 양자간 동맹관계가 기본틀이다.

한반도를 중심에 두고 이러한 안보질서를 서술하자면, 한반도동맹구조는 6개국 15개 양자관계들과 여러 형태의 다자관계들로 짜여 있다. 한반도동맹구

〔표 3-7〕 냉전기 서유럽과 동아시아 지역협력 양상의 차이

	서유럽	동아시아
집단안보체제	유럽 방어를 위해 미국이 참여하는 북대서양조약기구NATO 성립	미국과 각국 간의 쌍무적 안보조약
경제협력	유럽석탄철강공동체ECSC를 바탕으로 유럽경제공동체EEC 성립	동남아는 아세안 성립 동북아는 경제협력기구 부재
공동의 가치	유럽안보협력회의와 헬싱키협약 등을 통해 동서분할선을 가로질러 평화공존과 인권중시를 공동 의제로 설정	적대 진영을 포괄해 보편가치를 중시한다는 공동 인식의 결여
주도국 간 관계	독일과 프랑스의 파트너십 구축	일본과 중국은 제로섬적 적대관계 유지

조의 기본 논리는 한반도에서의 남북한 대립과 지역 차원의 해양세력과 대륙세력 간의 대립이다. 이에 따라 한반도동맹구조의 핵심은 한반도 차원에서는 한미동맹과 북중동맹이며, 지역 차원에서는 미일동맹과 중러전략협력관계다.

한반도동맹구조는 탈냉전기에 접어든 이후에도 세력균형 유지, 강대국 역학관계의 지배, 동맹과 적대의 상호 연계를 기본 메커니즘으로 하여 작동하며 현상유지 기조를 보이고 있다.[145] 특히 세력균형은 한반도동맹구조의 형성 배경이자 작동원리다. 냉전기에는 한미동맹과 미일동맹 그리고 한일우호협력관계를 기반으로 하는 남방 삼각동맹과 북중동맹·북러동맹·중러전략협력관계를 기반으로 하는 북방 삼각동맹 간의 대립이자 세력균형이 지속되었다. 그리하여 한 측 세력의 결집과 확대는 반대 세력의 상응으로 이어지는 동맹과 적대의 상호연계 양상을 보여왔다. 북한 군사력의 증강과 현대화는 한미동맹의 강화를, 한미연합사의 전력 확대는 북한에 대한 소련과 중국의 군사·경제

---

145 김동성, 『한반도동맹구조와 한국의 신대외전략』, 한울, 2011, 107~111쪽.

적 지원 확대를, 그리고 탈냉전기에 들어서도 중국의 부상은 미일동맹의 결속력 강화를, 미국의 단극적 패권 확보는 중국과 러시아의 상호접근과 협력강화를 불러일으켰다.[146] 또한 한반도동맹구조는 강대국 역학관계에 구속된다. 한미동맹·북중동맹보다는 상위 강대국인 미국과 중국의 관계가 관건적이며, 한미동맹·북중동맹의 변천을 설명하고 변화를 전망하려면 해당 국가의 상황이나 양자관계를 파악하는 것으로는 부족하고 상위 강대국들의 경쟁 및 협력관계를 주목해야 하는 것이다.

물론 냉전기에는 미국과 소련이라는 초강대국 간 관계가 한반도동맹구조에 지배적인 영향을 미쳤다. 미국이 한국전쟁에 참전하고 일본·한국과 동맹관계를 구축한 것은 공산진영의 맹주국가인 소련과의 경쟁관계에서 비롯된 선택이며, 중국과의 관계를 개선한 것도 소련을 견제하기 위한 포석이었다. 그런데 소련이 해체되고 러시아가 자본주의의 길을 채택하자 패권국인 미국과 잠재적 도전국가인 중국 간의 역학관계가 한반도동맹구조의 중요 변수로 대두되었다. 양국의 관계가 대립적이면 상호 전략적 이유에서 자국의 기존 동맹관계를 강화하고 상대방 동맹관계의 균열을 선호하고 상대방 동맹국의 유인을 시도하며[147], 양국의 관계가 우호적이면 그만큼 자국동맹 강화 및 상대방 동맹관계의 균열이 지니는 효용은 약화된다.[148]

따라서 같은 동맹세력에 속하더라도 강대국과 약소국의 동맹관계는 비대칭적이다. 한국전쟁 이후 한반도의 남과 북에서 추진된 자주안보 노력은 상대

---

146 위의 책(2011), 108쪽.

147 박홍서, 「중국의 부상과 탈냉전기 중미 양국의 대한반도 동맹전략 동맹전이 이론의 시각에서」, 『한국정치학회보』 42집 1호, 2007, 299~317쪽.

148 중국의 대북정책은 대국, 특히 미국과의 관계에 크게 영향을 받는다. 1993년 1차 북핵위기와 2002년의 2차 북핵위기 때 중국이 보여준 상이한 대응은 이를 잘 보여준다. 1차 북핵위기 시에 중국은 방관자적 자세를 취했다. 당시는 미국의 중국 견제로 인해 미중관계가 경쟁적·갈등적이었다. 반면 2차 북핵위기 시에는 적극적으로 문제해결을 시도했다. 당시는 미중관계가 우호적으로 변하는 중이었다(박홍서, 「북핵위기 시 중국의 대북 동맹안보딜레마 관리 연구: 대미관계 변화를 주요 동인으로」, 『국제정치논총』, 46집 1호, 2006, 103~122쪽).

의 반작용을 초래해 오히려 대외안보환경을 저해하고 강대동맹국에 대한 의존도를 높이는 결과를 초래했다. 북한은 1960년대 중소갈등에 연루되지 않고 자주적 활로를 모색하고자 주체노선을 적극 추진했지만 이에 위협을 느낀 한국이 국방비를 증액하자 북한의 대남 안보환경은 악화되었다. 한국도 1970년대 들어 자주국방 정책을 추진했는데 이것은 북한의 군사력 강화라는 역풍을 불러일으켜 1980년대 초반 한국의 대북 안보환경이 악화되었다. 1980년대 후반 한국의 방위력 개선사업과 북방정책도 유사한 결과를 초래했다. 점점 벌어지는 남북 간의 군사력 격차를 만회하고 국제적 고립에서 탈피하고자 북한이 핵무기 개발에 집착하게 된 것이다. 결국 한반도동맹구조의 약소동맹국들인 남한과 북한의 자주적 노력은 상호 간의 안보모순을 초래해 각자의 상위 동맹국에 더욱 의존하는 것으로 귀결되곤 했다.[149]

반면 미국과 중국의 국방력 강화는 상호 간의 안보딜레마를 야기하더라도 동맹의존의 강화로 이어지지는 않는다. 미국과 한국, 중국과 북한 간의 현격한 국력 차이로 인해 동맹관계에 의존할 필요성이 크지 않기 때문이다. 그러나 미국과 중국의 국방력 강화는 한국과 북한의 동맹의존성을 증대시킨다. 결국 한반도동맹구조에서 안보 경쟁은 약소동맹국들이 촉발했던 강대동맹국들 간의 경쟁에서 비롯되었든 약소동맹국들의 강대동맹국들에 대한 의존성을 심화시켰으며, 이에 따라 약소동맹국들에 대한 강대동맹국들의 영향력이 확대되었다.

한반도동맹구조에서 약소동맹국과 강대동맹국 사이에 존재하는 이러한 비대칭성을 먼저 한미동맹의 각도에서 구체적으로 확인해보자. 한국전쟁 이후 한국 외교안보전략의 핵심은 북한의 무력공격에 대한 억지 및 방어였다. 냉전기 동안 한국의 군사전략·외교전략·동맹전략은 남침 억지와 한국 방어를 전

---

149 조동준, 「'자주'의 자가당착 - 한반도 국제관계에서 나타난 안보모순과 동맹모순」, 『국제정치논총』 44집 3호, 2004, 25쪽.

략적 핵심목표로 삼아왔다. 한미동맹 체결, 베트남 파병, 한미연합사 군사력 강화뿐 아니라 한소수교, 한중수교 등 북방정책 추진과 다자간 안보협력체 구축 노력 등은 기본적으로 한반도와 남북관계를 중점에 두는 지역 전략에서 비롯되었다.

그러나 미국의 전략은 세계 전략이며 한미동맹의 관계는 미국의 동아시아 전략에서도 일부이자 하위 영역에 해당한다. 한미동맹은 한국의 대북안보위협 인식과 미국의 동아시아 전략에 따른 교두보 확보의 필요성이 맞물려 성립되었으며 '경제와 안보의 교환전략'trade-off between economy and security이라는 형태로 한국전쟁 이후 지속되어왔다. 그런데 한국 측에게 한미동맹은 한국이 체결한 유일한 동맹이지만, 미국은 아시아태평양 지역에서 한미상호방위조약[150]뿐 아니라 미일상호방위조약·미필리핀상호방위조약을 체결하고 오스트레일리아·뉴질랜드와의 태평양상호방위체제를 결성해 동맹벨트를 형성하고 아시아태평양 일대에서 영향력을 유지하고 있다.

한미동맹의 성립 이후 한국의 대외전략은 한미동맹의 유지를 위해 미국의 세계 및 동아시아 전략에 적극 편승하는 '충실한 동맹'의 기조를 유지했다. 국제무대에서 미국을 추종하고, 국내외의 비판에도 불구하고 박정희 정권은 베트남전에, 동북아균형자론을 내세웠던 노무현 정권조차 이라크전에 파병해 미국을 도왔다. 물론 수동적 자세로만 일관한 것은 아니어서 이승만과 박정희

---

150 한미상호방위조약은 한국전쟁을 계기로 1953년 10월 체결되었다. 제2조는 "당사국 중 어느 일국의 정치적 독립 또는 안전이 외부로부터의 무력공격에 의하여 위협을 받고 있다고 어느 당사국이 인정할 때에는 언제든지 당사국은 서로 협의한다. 당사국은 단독적으로나 공동으로나 자조와 상호원조에 의해서 무력공격을 방지하기 위한 적절한 수단을 지속하고 강화시킬 것이며 본 조약을 실행하고 그 목적을 추진할 적절한 조치를 협의와 합의하에 취할 것이다"라고 규정해 유사시 한국 방위를 위한 미국의 개입 근거를 명문화했다. 또한 제4조는 "상호 합의에 의하여 미국의 육군·해군·공군을 한국의 영토 내와 그 부근에 배치하는 권리를 한국은 허용하고 미국은 이를 수락한다"라고 규정해 미군의 한국 주둔 근거를 마련했다. 한미상호방위조약은 외면적으로는 '상호방위조약'의 형식을 취하지만 미국의 한국 안보지원이 핵심이라는 점에서 동맹국간 힘의 차이가 뚜렷한 비대칭적 동맹의 산물이다.

정권기에는 태평양동맹과 아시아태평양각료이사회를 주창해 한미동맹에 기반한 반공의 최선전으로서 입지를 다지려 했으나, 미국이 또 하나의 아시아 방벽인 일본을 더욱 중시하는 등의 이유로 현실화되지 못했다. 탈냉전기에도 북방외교나 동북아균형자론 등으로 대외전략의 다기화·독자화를 꾀했지만 한미동맹의 허용반경을 벗어나지 않았으며, 중국과의 관계 진전도 한미관계에 미칠 영향에 따라 속도를 조절하고 있다.[151]

북중동맹에도 유사한 비대칭성이 존재한다. 국제적으로 고립된 북한에게 중국의 지원과 원조는 사활적 국가 이익에 해당된다. 따라서 외교적 선택에서 중국은 북한으로부터 비교적 자율적이지만 북한은 중국에 의존적이다. 그런데 탈냉전기에 접어들어 북중동맹은 한미동맹과 달리 대외적 전략의 공동 추구보다는 대내적 상호통제에 중점을 두는 기형적 형태로 변화했다. 이는 냉전의 종식이 동북아에서는 공산주의 진영의 해체, 자본주의 진영의 온존으로 이어진 데서 기인한다. 즉 북중동맹에서는 국제사회주의운동의 추진과 한반도의 공산화를 겨냥한다는 공동의 목적이 이미 유효성을 상실하고 한미일 남방 삼각동맹에 대한 견제적 측면만이 일부 남게 된 것이다. 냉전의 종언에 앞서 1978년 덩샤오핑鄧小平이 개혁개방정책을 추진한 이래 중국은 서방국가들과의 관계개선에 나섰으며 한반도의 적화통일이라는 북한의 국가목표는 수용하기가 어려워졌다. 동북아의 평화와 안정이라는 상위 목표에 따라 한반도 상황의 현상유지에 무게가 실렸고, 따라서 중국의 입장에서 북중동맹은 북한에 대한 안정적 관리가 핵심기능이 된 것이다.[152]

---

151 불행한 가정이지만 향후 대만 해협에서 미중간 군사분쟁이 발생하는 등 미중 간의 갈등이 고조되어 미국이 한국의 지원을 요청한다면 한국은 난처하고도 심각한 상황에 처하게 될 것이다. 한미상호방위조약 제3항에 따르면 태평양지역에서 한국과 미국에 대한 무력공격이 발생했을 때 양국은 서로에 대한 방위의무를 지게끔 되어 있다. 이런 극단적 가정이 아니더라도 미국의 이해관계에 따라 한국이 대중 봉쇄축에 관여해야 하는 상황에 직면할 가능성은 높다.

152 조명철, 「북한의 대중국 경제의존 실태와 함의」, 『제21회 한반도 평화포럼 자료집』, 한반도 평화연구원, 2010, 32~46쪽.

이러한 조건에서 북한은 중국에게 포기abandonment의 위협을, 중국은 북한에게 연루entrapment의 위험을 갖게 되며, 북한과 중국은 상대의 위협 의식을 활용하고 있다. 개혁개방 이후 중국의 지도부는 전통적 대외안보전략보다는 실용적 대외경제전략에 상대적 주안점을 두었고, 이에 따라 중국에게 북한의 안보전략적 가치는 상대적으로 저하된 반면 북한의 돌출행위로 인한 연루의 위험성은 높아졌다. 중국에 대해 느끼는 포기의 위협이 커져 북한이 멀어져가는 중국을 붙들기 위해 강도 높은 돌발행위, 벼랑 끝 전술을 구사하기 때문이다. 결국 중국은 북한의 돌출행동으로 인한 급변사태를 방지하고자 북한과의 전통우의를 강조하고, 북한은 전략적으로 계산된 행위들을 통해 중국을 지속적으로 결박하고 경제지원을 이끌어내려 하고 있다.[153] 이처럼 북한과 중국 간에는 '전통우의'라는 외양 아래 상호전략적 이해의 차이로 인한 긴장관계가 존재한다.

그런데 여기서 주목해야 할 대목은 강대동맹국인 중국과 약소동맹국인 북한의 비대칭적 관계가 중국이 우위이고 북한이 열위라는 비대칭적 양상으로만 전개되지는 않는다는 사실이다. 적어도 강대국과 약소국의 비대칭적 관계는 영토·인구·경제력·군사력 등 경성국력의 크기에 꼭 비례하지는 않는다.[154] 약소국은 강대국 간에 협력보다 갈등이 고조될 때 우방의 강대국과의 협상에서 입지를 제고할 수 있고, 전략적 요충지에 자리한다면 지정학적 이점을 활용할 수도 있다. 또한 역으로 약소국은 자신의 취약함을 무기로 우방의 강대국을 유인하거나 위협할 수도 있다.[155] 중국의 항의와 저지의 노력에도 불구하고 북한이 '계산된 모험주의'에 나서는 것은 북한체제의 유지와 동북아의

---

153 최명해, 「북한의 대중 '의존'과 중국의 대북 영향력 평가」, 『주요국제문제분석』 2010-15, 외교안보연구원, 2010, 11~12쪽.

154 Michael Hendel, *Weak State in the International System*, Frank Cass, 1981, p. 10.

155 Ulf Lindell and Stefan Persson, 1986, "The Paradox of Weak State Power: A Research and literature Overview", *Cooperation and Conflict* 21-79, pp. 81~91.

안정이 중국의 중요한 국가이익이기에 중국이 강하게 제재하거나 북한을 포기하지 않으리라고 판단하기 때문이다. 이 사실은 북한의 핵실험과 장거리미사일 발사 사례를 통해 드러났다.[156] 이 사례들은 중국의 대북 영향력이 제한적이며, 역설적으로 북한의 대중국 협상력이 작지 않다는 사실을 보여주었다.

한미동맹의 비대칭적 관계에서도 이러한 사례가 없는 것은 아니었다. 연루의 위험으로 인해 미국은 한국전쟁의 확전 방지에 공을 들였고 이후 이승만 정부의 북진통일 주장, 박정희의 핵개발 시도를 차단해왔고, 1968년 울진삼척지구무장공비 침투사건, 1976년 판문점 도끼만행사건, 1983년 버마 랭군 폭탄테러 등이 있었을 때 한국 정부의 보복계획을 만류해왔다.[157] 그리고 한국 정부는 북한의 남침 가능성과 국가안보위기를 강조하며 지속적인 주한미군 주둔과 한국군 군사력의 강화를 이끌어냈다. 그러나 1970년대 중반 이후 경제가 고도성장하면서 한국이 국가의 존립을 내거는 모험주의를 감행하기는 어려워졌다.

그런데 북한이 이러한 모험주의적 행보에 나서는 데는 북중동맹관계의 비대칭성 이외에 또 다른 한반도동맹구조의 비대칭성이 배경으로 자리한다. 그것은 한미동맹과 북중동맹의 비대칭성이다. 미국은 중국에 비해, 한국은 북한에 비해 국력이 우위이며, 한미동맹의 군사적 결속력은 북중동맹의 경우보다 훨씬 강하다. 다자안보협력체가 부재한 동북아 군사안보질서에서는 동맹국 간 쌍무적 군사안보협력이 차지하는 중요성이 무척 클 수밖에 없다. 한미·미

---

156 북한이 안보환경의 변화와 수세국면의 타개를 위해 위험을 무릅쓰고 벌인 전략적 도발은 적지 않다. 1968년 1월 미해군 정보수집함 푸에블로호 나포, 1969년 4월 EC-121 미정찰기 격추는 중국의 외적 위협과 연루 위험을 자극해 북중동맹관계의 대외적 기능을 복원하고자 한 사례이다. 1976년 8월 판문점 미군장교 도끼살해사건 역시 중미 간 데탕트에 위기를 느낀 북한이 한반도에서 긴장국면의 조성을 꾀한 의도적 도발이라는 분석이 유력하다. 1983년 버마 랭군 폭탄테러도 당시 한반도 문제 해결을 위해 중국이 북한에게 미국·한국·북한의 삼자회담을 종용하자 이를 무산시키기 위한 소행이라는 분석이 일반적이다(김동성, 『한반도동맹구조와 한국의 신대외전략』, 한울, 2011, 117쪽).

157 김동성, 위의 책(2011), 121쪽.

일 간 군사안보협력, 북중·중러 간 군사협력이 대표적 사례다. 그런데 양 진영 간의 군사협력관계는 그 수준이 상이하다. [표 3-8]을 보자.

[표 3-8] 동북아 군사협력 관계

구분	협력 국가	내용
군사안보협력	한미, 미일	제도적이고 정례화된 합동군사훈련
군사협조	한일, 한미일 vs 북러, 북중	일시적이고 한시적인 군사훈련
군사교류	한중, 한러, 중일, 중러 등	단순한 군사분야의 교류

한미·미일 간에는 제도적이고 정례화되고 고강도인 군사안보협력이 진행 중이지만, 북중·중러 간 군사협력은 일시적이고 상대적으로 저강도다.[158] 더욱이 탈냉전기에는 소련의 해체와 함께 소련을 중심으로 한 사회주의 진영의 동맹체제도 와해되었지만, 미국이 주도하는 자본주의 진영의 동맹체제는 오히려 강화되며 대상범위도 확장되었다. 한미동맹은 온존하지만 북중동맹은 이완되어가고 있으며, 한미동맹은 미일동맹 등에 지지받을 수 있지만 북한은 고립이 심화되는 추세다. 한국은 중국·러시아와 수교를 맺었지만, 북한은 미국·일본과 관계정상화에 이르지 못했다. 오히려 미국과 일본은 탈냉전기에 군비 증강과 동맹 강화를 목적으로 북한위협론을 활용하고 있다.

이렇듯 복잡하게 짜인 한반도동맹구조의 비대칭성을 배경으로 탈냉전기에 접어들자마자 북핵문제가 불거졌고 이후로도 해결하지 못한 채 지속되고 있다. 북핵문제는 분명히 북한의 모험주의적 선택의 결과지만, 그 배경에는

---

158 이윤식, 「동북아안보딜레마와 군사협력 현황」, 『동아시아, 갈등을 넘어 협력으로』, 오름, 2011, 90~100쪽. 중러 간 군사협력은 2005년 8월 18~25일 미국을 견제할 목적으로 실시한 '평화사명 – 2005'라는 합동군사훈련이 최초였다.

역시 동북아의 국가 간·국가관계 간 비대칭성이 자리하고 있다. 즉 열세에 처한 북한이 핵 문제의 국제적 쟁점화를 통해 강대국 간의 경쟁구도를 조성해 전략적 선택지를 넓히고 중국에 대해서는 연루의 위험을 자극하려는 것이다. 따라서 북핵문제는 '북한 문제'이자 '동아시아의 문제'로 접근해야 할 사안인 것이다.

그런데 오랜 기간 축적되어 온 동아시아 담론에서도 국가 간·국가관계 간의 비대칭성이라는 동아시아적 조건에 천착하는 논의는 아직 충분히 개진되지 않았다. 이미 살펴보았듯이 국가 간 규모의 비대칭성에 착목한 논의들은 존재하지만 이론화도 구체화도 불충분한 상태이며, 국가관계 간의 비대칭성에 관해서는 단편적 언급이 있을 뿐 이에 입각한 동아시아 시각은 개발되지 않았다. 특히 동아시아공동체 건설을 지향한다면 국가 간의 비대칭성을 주목하는 편이 중요하겠지만, 북핵문제를 비롯한 한반도 문제의 해결에 관심을 갖는다면 동맹관계를 포함한 국가관계 간의 비대칭성은 결코 간과해서는 안 될 논제다.

5. 한반도 문제와 동아시아 담론의 동아시아화

이상과 같이 유럽과는 조건이 다르다는 결과, 다시 말해 국가 형태의 상이성, 국가 간·국가관계 간의 비대칭성이라는 동아시아 조건이 반영된 결과, 미소 냉전의 해소가 유럽에서는 냉전체제의 해체로 이어졌지만 동아시아에서는 분단구조가 엄존했다. 유럽에서는 서독이 동독을 평화적으로 흡수통일하고 동유럽 사회주의 동맹이 해체되어 서유럽 중심의 국제질서로 빠르게 재편되었다. 그러나 동아시아에서는 휴전선을 경계로 한 한반도의 분단과 대만 해협을 사이에 둔 중국의 분단이 유지되었다. 이 사실은 세계적 냉전체제로 환원되지 않는 동아시아 분단체제의 특수성을 시사하며, 동시에 동아시아의 대안적 지역질서를 형성해가는 노정이 유럽의 행보와는 다를 수밖에 없음도 알려준다. 그리고 한반도 문제도 독일의 사례와는 접근 방식이 달라야 함을 짐작케 한다.

한국의 동아시아 담론은 탈냉전을 시대적 배경으로 삼아 등장했다. 그러나 보다 정확히 말하자면 탈냉전의 세계적 추세와 동아시아적 지체 사이에서 특히 대안체제론은 출현했고, 한반도 문제의 해결에 관한 모색을 통해 자신의 필요성을 입증할 수 있었다. 한반도 문제와 결부된 동아시아적 시각은 동아시아 담론의 출현과 함께 존재했으며 동아시아 담론이 이행과 분화를 겪고 특정 계열의 동아시아 담론이 쇠퇴하는 동안에도 한반도 문제의 지속과 함께 이어지고 있다.

동아시아 시각을 통한 한반도 문제에 관한 접근, 보다 적극적으로 표현해 동아시아 시각을 견지한 한반도평화체제구축론은 지속적 논제이고 정책적 파급력이 큰 동시에 정치·경제·문화 등 여러 영역의 현실적·이론적 쟁점이 중층화되는 논제다. 거기에는 국가 형태, 민족적·국민적 정체성, 경성·연성 국력, 국제관계와 외교전략 등 한 사회와 국가의 경로를 조건 짓는 거의 모든 사항이 응축되어 있다. 아울러 지정학적 차원과 지경학적 차원을 두루 검토해야 하며, 역내 타국의 동아시아공동체에 관한 인식·한반도 문제에 관한 인식을 정밀하게 분석해야 하며, 국가 간 비대칭성과 국가관계 간 비대칭성을 심층적으로 파고들어야 하는 복합적 논제다.

동아시아 시각을 견지한 한반도평화체제구축론은 동아시아 담론의 초기부터 대안체제론의 중심 주제였으며, 지역주의론이 부상하면서는 한반도평화체제 구축과 동아시아공동체 형성의 선순환, 공진화에 관한 연구가 대거 등장했다. 그러나 양자 간의 선순환·공진화는 아직 기대어린 수사일 뿐 분석적 개념에 이르지 못했다. 일례로 동북아균형자론이 불러일으켰던 논란 가운데 하나였던 동북아다자안보체 형성과 한미동맹 유지 사이의 복잡한 관계, 한국의 균형자 역할과 한미동맹의 약소동맹국 역할 간의 모순적 관계는 선순환·공진화라는 수사로는 처리하기 어렵다. 보다 근본적으로 동아시아분단체제의 한반도분단체제에 대한 규정성을 검토하고, 역으로 한반도평화체제 구축이 동아시아공동체 건설에서 지니는 실질적 의의를 해명하는 것은 여전히 중요한 과제로 남아 있다. 한반도평화체제론과 동아시아공동체론 사이에 존재하는 내재적 논리가 해명되지 않고 양자를 선순환·공진화와 같은 모호한 수사로 결부지을 뿐이라면, 이때의 동아시아는 그저 지리적 인접성에 기초한 지역 범위에 머물고 말 것이다. 따라서 한반도평화체제론이 동아시아 담론에서 관건적 사항이 되어야 할 필연성을 확보할 수 없을 것이며, 더욱 심각한 문제로는 한반도평화체제론이 한국적 상황과 필요에 기대어 실천의 당위성만을 과도하게 주장하는 내수용 논의로 전락하고 말 것이다.

1) 동아시아 담론의 사각지대 – 북한

여기서 동아시아 담론의 형성 국면으로 돌아가보자. 동아시아 담론의 단초가 되었던 최원식의 「탈냉전시대와 동아시아 시각의 모색」이 동아시아 시각의 방향과 과제를 천명했음은 이미 살펴본 바다. 다만 최원식이 한반도분단체제의 해결을 동아시아 시각의 과제로 설정하며 거기에 어떤 의의를 부여했는지는 다시금 확인할 필요가 있다. "한반도에 작동하고 있는 분단체제를 푸는 작업은 풍부한 문명적 자산을 공유해왔음에도 파행으로 점철되었던 동아시아가 새로운 연대 속에 거듭나는 계기가 되며, 미·소 냉전체제 이후의 새로운 시대를 여는 종요로운 단서를 제공"[159]하리라는 것이다. 하지만 이 논문은 한반도분단체제의 해결을 위한 방법론도 한반도분단체제 해결과 동아시아 연대 간의 연관성에 관한 구체적 분석도 내놓지 않았다. 다만 중요한 경고가 담겨 있었다. "동아시아론이 북한을 포위하는 반북동맹에 말려드는 것을 무엇보다 견결히 경계하지 않으면 아니된다."[160] 동아시아 담론이 북한을 에워싸고 시장경제로 흡수통일하는 데 활용되어서는 안 된다고 지적한 것이다.

이후 동아시아 담론의 전개 양상을 살펴보면 최원식의 우려처럼 동아시아 담론이 반북동맹용으로 쓰이지는 않았다. 하지만 어쩌면 보다 심각한 문제가 드러났는지도 모른다. 북한의 존재 자체가 동아시아 시각의 사각지대가 되어버린 것이다. 물론 대안체제론의 경우는 한반도분단체제 극복이라는 지향을 견지했지만 그 주제가 동아시아 담론에서 주된 논점을 형성하지는 못했으며,

---

159 최원식, 「탈냉전시대와 동아시아적 시각의 모색」, 『창작과비평』 79호, 1993, 219쪽.
160 위의 글(1993), 214쪽.

다른 계열의 담론들은 무의식적인 반북동맹을 결성해 왔다고도 말할 수 있다.

동아시아 문화정체성론은 한중일 삼국을 일러 동아시아라고 표상하곤 하는데 여기서 이미 북한의 존재가 누락되어 있다. 물론 한국 대신 한반도라고 통칭하기도 하지만, 이 경우에도 동아시아 문화정체성이라는 각도에서 현대 북한사회를 읽어내려는 시도는 찾아보기 어렵다. 정치 이념이 상이한 북한은 논외인 것이다. 북한식 사회주의에 내재된 유교주의적 요소를 포착한 연구가 있긴 하지만, 인국과의 문화적 유대관계를 주목하기보다 북한식 사회주의의 특수성을 도출해내는 데 목표를 두고 있으니 동아시아 담론보다는 북한 연구로 분류해야 할 것이다.

동아시아 발전모델론도 근대화가 지체된 혹은 근대화가 이질적인 북한은 논외로 친다. 시간이 지날수록 남한과의 차이가 벌어지는 북한의 몇몇 경제지표들이 남한의 눈부신 경제발전을 수식하기 위해 간혹 등장할 따름이다. 정치학대사전편찬위원회에서 편찬한 『21세기 정치학대사전』에서 '동아시아' 항목을 확인하면 이렇게 서술되어 있다. "동아시아는 한반도, 중국, 일본 등을 가리키는 단순한 지리적인 장소의 호칭뿐만 아니라, 1970년대 이후 유교 문화권 또는 한자 문화권에서 과거 경제발전을 경이적인 속도로 이룩한 지역을 가리키는 의미를 갖는 말로서 사용되어 왔다. (……) 동아시아는 조선민주주의인민공화국(북한)을 제외하고 전지역이 유교 문화권 또는 한자 문화권으로 경이적인 속도로 경제발전을 이룩한 지역이 되었다."[161] 여기서는 북한이 동아시아 표상에서 '제외'되는 이유로 문화적 이질성 말고도 경제적 낙후성이 거론되고 있다.

역으로 동북아시대위원회가 동아시아가 아닌 동북아라는 지역명을 고집한 사정은 이러한 경제중시적 풍토, 좀 더 분명히 말하자면 북한경시풍토와 무관하지 않다. "동아시아라는 개념에는 역사적, 문화적, 경제적 의미와 함축이 들

---

161 정치학대사전편찬위원회, 『한국사전연구사』, 네이버 지식백과, 2010.

어 있다. 한중일 삼국을 주로 뜻한다는 전통적 용법도 있다. 동아시아라는 개념으로 포착하기 힘든 차원이 있는데 바로 북한 문제이다. 남북관계에 대한 적극적 관심이나 안보저 함축이 부족하나. 특히 1970년대 이후, 동아시아라는 용어가 경제발전론에 의해 집중적으로 동원됨으로써 북한이 실종되고 안보적 관심이 상대적으로 결여되기에 이르렀다."[162] 따라서 이때의 동북아는 단순히 동아시아의 하위 범주가 아니었다. 〔그림 3-1〕에서 확인했듯이 동북아라는 지역상은 아세안＋3라는 범주의 동아시아에서는 빠지는 미국과 러시아만이 아니라 북한도 포함하고 있다.

또한 동아시아 지역주의론조차 북한을 시야 바깥에 두든지 종속변수로 다루는 경향이다. 아세안＋3나 동아시아정상회의 같은 동아시아 지역주의의 추진과정에서 북한은 스스로 불참하거나 소외되어 있다. 뿐만 아니라 동아시아 지역주의론에서 북한은 동북아의 평화와 안보환경을 저해하는 제약요소로 묘사되곤 한다. 이런 추세라면 동아시아 지역주의의 전개가 자칫 북한을 고립된 섬으로 만들 공산이 있다.[163]

역으로 북한의 명시적 반대 내지 무반응은 한국의 지역구상이 실효성을 잃게 된 주요 원인이었다. 한국의 동북아 구상도 북한경시풍토를 경계한다지만 이로부터 자유롭지 않다. 한국의 동북아 구상이 구사하는 논리를 살펴보면 한국발 동북아 구상이 제기되어야 할 이유로는 한반도가 동북아의 지정학적 요충지이며, 한반도 문제가 동북아에서 중심적인 안보현안이며, 한반도 통일이 동북아 지역질서를 바꿀 수 있는 중요한 계기라는 점 등이 거론된다. 그런데 이상의 조건들은 곧이어 역내에서 한국의 입지를 다져주는 데 쓰이고, 한반도의 행위주체로는 한국만이 설정되고 북한은 종속변수처럼 다뤄져 정작 한

---

162 대통령자문 동북아시대위원회, 『평화와 번영의 동북아시대구상』, 동북아시대위원회, 2003, 21쪽.

163 권영경, 「아시아태평양 지역협력 추세에 비추어 본 남북경협의 발전방향」, 『북한연구학회보』 7호, 2003, 277쪽.

반도 관계가 가려지고 만다. 따라서 한반도 문제를 지역 차원에서 접근하려는 동북아 구상이 정작 북한으로부터 지지를 이끌어내지 못하는 것이다.

더욱이 중요한 것은 동아시아 담론에서 사각지대인 북한이야말로 국가 형태의 상이성, 국가 간·국가관계 간 비대칭성, 탈냉전의 추세에도 불구한 동아시아 분단체제의 지속 등의 동아시아적 조건이 겹겹이 응축된 장소이며, 따라서 북한 문제에는 동아시아 전체 문제가 반영되어 있으며, 아울러 북한 문제는 약한 고리로서 동아시아 전체 문제를 집약적으로 표출하고 있다는 사실이다.

다시금 최원식의 논문이 발표됐던 1993년으로 돌아가 보자. 한국지식계에서 동아시아 담론이 출현했다고 할 그 해에 한반도에서는 제1차 북핵 위기가 발발했다. 이를 두고는 북중동맹이 이완되자 북한이 자위 차원에서 핵개발을 서둘렀다는 분석이 일반적이다.[164] 그런데 북중동맹의 최대 위기는 다름 아닌 1992년 한중수교였다. 소련이 해체된 이후 자국의 유일한 동맹국인 중국이 적대국인 한국과 국교를 맺자 북한으로서는 동맹 포기의 위협을 강하게 느꼈다. 이후 북중관계는 급속히 소원해졌고 북한은 '주체'와 '선군'을 기치로 내걸고 핵개발에 주력했다. 즉 핵개발은 냉전체제의 한축이 무너져 북한만이 홀로 남는다는 것에 관한 위기감의 발로였다. 한국지식계에서는 동아시아라는 지역상을 복원하는 계기였던 한중수교가 북한 정권에게는 북한을 포위하는 도넛형의 동아시아상으로 다가왔던 것이다.

이러한 위기감 가운데 북한이 핵개발을 서두른 것은 자위력을 끌어올리기 위한 것일 뿐 아니라 중국과의 관계에서 동맹포기의 위협에 노출되자 연루의 전략을 사용한 것이라고도 해석할 수 있다. 핵무장이라는 자구책으로써 자국의 지정학적 가치를 부각시키고, 지역 차원의 불안정을 불러일으켜 중국을 안보 위기에 몰아넣을 수도 있음을 경고한 것이다.[165] 더 나아가 중국과의 군사

---

164 허문영, 『북핵보유선언: 향후 정세전망과 우리의 정책방향』(KINU 정책연구시리즈 2005-01), 통일연구원, 2005, 4쪽.

동맹에 대한 의존도를 줄이면서 중국의 북중동맹 포기가 실제로 발생할 경우에 대비한 최후의 생존전략이라는 성격도 지닌다.[166]

하지만 중국과 북한의 비대칭적 동맹관계에서 북한과 적대국들 사이의 갈등이 지속되면 중국은 그만큼 대북정책의 행동반경이 넓어질 수 있다. 즉 적대국들과 장기적이고도 심각한 갈등을 빚고 있는 군사안보환경으로 인해 북한의 동맹이탈 가능성이 크지 않은 까닭에 중국은 유연한 동맹정책을 구사할 수 있는 것이다.[167] 실제로 제1차 북핵 위기 이후 긴 호흡으로 보았을 때 중국은 서방국가들뿐 아니라 세계적 수준에서 대외관계를 넓히고 지역통합을 주도하고 경제발전을 이뤄냈지만, 북한은 고립화와 체제위기를 겪고 있다. 그동안 북중동맹이 해체되지는 않았지만 북중관계는 혈맹관계로부터 정상적 양자관계로 격하되었다.

그런데 간과해서는 안 될 지점은 북한 핵개발의 배경이었던 한중수교는 또한 북일관계의 개선을 배경으로 삼고 있었다는 사실이다. 1990년 9월 가네무라 방북단은 북한 노동당과의 공동성명에서 식민지 지배에 사죄하고 북일국교정상화 교섭을 개시하기로 합의했는데, 이것이 중국 정책결정자들의 경계심을 자극해 한국과의 국교정상화를 서두르게 된 것이다. 북한과의 수교 교섭으로 한반도에서 일본의 영향력이 확대될 것을 우려해 중국은 한국과의 국교정상화를 조기에 마무리했다.[168] 그러나 소위 이은혜 문제[169]와 이후의 북핵 문제 등으로 북일국교정상화 교섭은 실질적인 진전을 보지 못했다.[170]

---

165 최명해, 「북한의 대중 '의존'과 중국의 대북 영향력 평가」, 『주요국제문제분석』 2010-15, 외교안보연구원, 2010, 9쪽.

166 김동성, 『한반도동맹구조와 한국의 신대외전략』, 한울, 2011, 120쪽.

167 위의 책(2011), 110쪽.

168 杜攻 主編, 『轉換中的世界格局』, 世界知識出版社, 38쪽; 이원봉, 1994, 「한중관계 발전의 요인과 과제」, 『아태연구』 1호, 1992, 138~140쪽.

169 이은혜 문제란 1987년 대항항공 여객기 폭파범으로 지목된 김현희의 일본어 교사인 이은혜가 납치된 일본인 다구치 야에코田口八重子와 동일인이라고 일본 정부가 주장하고 북한 정부는 날조라고 항변하며 발생한 사건이다. 이 사건으로 인해 1992년 12월 제8차 북일수교교섭이 중단되었다.

그리고 북일국교정상화 교섭은 일본으로서는 탈냉전기에 대미의존 일변도의 대외정책에서 벗어나 자율적인 아시아 외교에 나선다는 시험대의 의미를 지닌 것이었다. 먼저 일본은 중국에 대해서는 1989년 천안문 사태에도 불구하고 관계개선을 위한 노력을 이어갔다. 미국과 유럽 등 서방국가가 중국에 대한 경제제재를 강화하던 때도 일본은 중국을 고립시켜서는 안 된다며 중국 관여정책을 유지했고, 1992년 천황의 중국 방문은 근린외교의 최정점을 보여주었다.[171] 그리고 일본은 탈냉전기에 접어들자 전후 처리와 한반도 영향력 확대라는 대외정책의 오랜 과제를 해결하기 위한 여건이 조성되었다고 판단해 북한과의 관계 개선에 나섰다. 그런데 이처럼 일본이 전향적 행보를 보이게 된 계기의 하나가 1990년대 초 남북관계의 진전이었다. 즉 일본은 남북관계가 안정적으로 발전하기 전에 북한과의 국교정상화 교섭을 통해 한반도에서 입지를 확보해 둘 필요가 있다고 판단했다. 그러나 일본은 중국과의 관계 개선에서는 성과를 냈지만, 북한과의 관계에서는 미국의 대북정책 반경에서 벗어나지 못했다.

1989년 미소정상회담에서 냉전 종식이 공식적으로 선언된 이후 1993년 제1차 북핵 위기에 이르기까지 그야말로 격동했던 4년간, 중국은 일본과의 관계를 개선하고 한국과 수교를 맺고 국제외교무대에 성공적으로 등장했지만,

---

170 이후 1999년 12월 무라야마 도미이치 전 총리를 단장으로 하는 일본의 초당파 의원단이 북한을 방문해 북일대화 재개의 전기가 마련되었다. 뒤이어 양국은 1999년 12월에 베이징에서 북일적십자회담을 열고 북일정부 간 수교교섭 예비회담을 개최했다. 그러나 2000년 4월부터 10월까지 열렸던 제9차~제11차 수교회담이 주요 현안에 대한 입장 차이만 확인하고 성과 없이 종료된 이후 2001년 11월 일본 경찰의 조총련본부 강제수색, 2001년 12월 북한의 일본인 납치의혹조사 중단 선언, 2001년 12월 일본 해상보안청의 배타적 경제수역 침범, 북한 공작선 격침 등으로 북일 관계는 급격히 냉각되었다. 또한 2002년 9월 17일에 고이즈미 준이치로 총리가 일본 총리로는 최초로 방북해 김정일 국방위원장과 정상회담을 갖고 '평양선언'에 합의함으로써 관계가 급진전되었으나 2년 만에 재개된 2002년 10월의 제12차 수교회담에서 북한의 핵개발과 납치피해자 8명의 사망에 대한 의구심이 증폭되며 교섭이 중단되었다. 이후 일본 정부가 일시 귀국한 납치피해자 5명을 돌려보내지 않자 양국의 대립은 심화되었다.

171 田中昭彦, 『アジアのなかの日本』, NTT出版, 2007, 137~144쪽.

북한은 일본과의 국교정상화에 실패하고 한국을 포함한 주변국들로부터 고립된 채 핵개발의 길을 걸었다.[172] 이 결과에는 중국과 북한 지도부의 정치적 선택만으로는 환원할 수 없는 중국과 북한 간의 비대칭적 동맹관계와 국력 격차, 미일동맹 하에서 일본 아시아외교의 자율성 범위 등 동아시아적 조건이 복잡하게 반영되어 있다.

따라서 북핵문제는 북한으로만 귀속시킬 문제가 아니다. 물론 북핵문제는 강력한 핵보유 의지를 보이며 핵개발을 추진해온 북한 측에 일차적 책임이 있다. 하지만 1990년대 초기 미국 정부는 동아시아 전략의 혼동을 겪는 와중에서 북한과 일본이 국교정상화를 시행할 경우 초래될 역학구도의 변화를 우려해 제동을 걸고 변화의 조짐을 일단 봉합시켰다. 일본 정부 역시 북한과의 국교정상화 과정에서 납치 문제를 국내 정치용으로 활용하고 이후로도 북한혐오론을 조성해 악용했다. 한편 한국 정부는 1993년 북한의 벼랑 끝 전술에 반응한 미국이 북한과 북미고위급회담을 시작하자 핵연계전략을 선언하며 미국과 북한의 직접대화에 반대했다. 중국 정부는 북한과의 비대칭적 동맹관계에서 점하고 있는 우위를 활용해 결과적으로 북한의 위기감을 자극했다.[173] 이렇듯 역내질서의 급변을 배경으로 국제적 고립과 경제난 심화 등으로 정상적 체제경쟁이 불가능해진 북한 내부의 사정이 주요하게 작용해 북한은 핵개발을 핵심 국가전략으로 삼았던 것이다. 이처럼 북핵 개발은 뒤얽힌 동아시아사가 응집되어 표출된 사태였다.

따라서 북핵은 복합적 의미를 지닌다. 북핵은 북한 정권을 유지하고 강화하기 위한 북한 내부의 정치적 수단이다. 남북관계에서는 국방력의 열세를 만

---

172 그 이전에도 1988년 서울올림픽은 1980년 모스크바 올림픽이나 1984년 LA올림픽과 달리 세계적 참가가 이뤄져 중국도 참여했지만 북한은 참여하지 않았다.

173 물론 한국이 중국과 수교해 타이완도 한국과의 수교가 단절되었지만, 대미관계·대일관계에서 지원을 받고 있고 동남아시아로의 진출, 경제발전 정도를 감안한다면 한중수교로 인한 타이완의 국제적 고립화 정도는 북한보다 훨씬 덜하다고 말할 수 있다.

회하고 나아가 군사균형을 흔들기 위한 군사무기이자 남한에 압박을 가하기 위한 외교적 수단이다. 북중관계에서는 중국에 대해 연루의 전략을 행사하는 동시에 중국으로부터 자율성을 확보하기 위한 방편이다. 북미관계에서는 냉전 종식 이후 악화된 국제환경 속에서 직접적 위협을 가하거나 테러집단으로의 핵무기·핵기술 이전 여지를 빌미로 대미협상력을 제고하고 국가 생존을 도모하는 안전판 역할을 한다. 또한 이란, 시리아, 파키스탄처럼 미사일과 핵을 개발하는 타국과 거래한다면 경제적 수단이 되기도 한다. 북한의 핵은 분단국가의 핵이자, 동북아의 전략적 요충지에 존재하는 완충국가의 핵이며, 미국 주도 세계질서에서 살아남은 공산국가의 핵이다.[174]

이처럼 북핵문제는 단순한 무기개발의 문제가 아니라 동아시아적 조건과 상황을 집약해 보여주는 문제다. 일부이면서 전체인 그런 속성의 문제다. 따라서 규범적 차원에서 비확산이라는 대처방식으로는 해결할 수 없다. 북핵 문제의 해결과정에는 북한 경제개발, 한반도분단체제, 동북아다자안보협력, 미북 간 국교정상화 등 정치·경제·안보 사항들이 결부되어 있다. 북핵문제의 해결은 북미·북일관계 개선, 북한경제 회생, 한반도평화체제 수립, 역내 다자주의 진전 등을 전제하거나 촉진할 것이다.

이것들 가운데 한반도 차원에서는 핵심 과제인 한반도평화체제 수립을 위해서는 먼저 정전협정 당사국 간의 적대관계가 종결되어야 할 것이다. 한국과 중국은 이미 1992년 국교가 수립되어 외교정상화를 거쳤다. 수교 당시 경제협력에 치우쳤던 한중의 '우호협력관계'는 1998년에 '21세기 한중 협력동반자 관계', 2003년에는 '전면적 협력동반자 관계'로 발전하면서 경제·안보·사회·문화 등의 영역에서 협력관계가 심화되었다. 남아 있는 중요 과제는 북미 간 적대관계 해소다. 북한이 핵실험을 강행하면서도 한반도비핵화를 강조하는 것은 미국과의 관계정상화 의지라고 읽어낼 수 있으며, 실제로도 북한은

---

174 전재성, 『동아시아 국제정치』, EAI, 2011, 11~12쪽.

미국을 향해 북미평화협정을 누차 제의했다. 그런데 비핵화와 관계정상화의 관계에 대해 북한과 미국은 입장이 다르다. 북한은 비핵화와 관계정상화를 일괄타결하려는 데 반해 미국의 입장은 선비핵화 후 점진적 관계정상화를 고수해 협상이 공전하곤 했다.

2005년에 도출된 9·19 공동성명에는 북한은 모든 핵무기를 파기하고 NPT, IAEA로 복귀하며, 거기에 부응해 북한에 대한 경제적 지원, 한반도평화체제로의 전환, 북한에 대한 핵무기 불공격, 북미 간의 신뢰구축 등이 명시되었다. 9·19 공동성명은 북한의 핵폐기에 대해 경제적 보상과 함께 북미관계 정상화라는 외교적 보상, 평화체제로의 전환이라는 안보적 보상을 결합한 종합적 방안이었던 것이다. 그런데 이것은 비핵화와 관계정상화 문제의 상호관계·이행순서 등에 관해 상이한 해석의 여지를 남겨두고 있었다. 북한은 비핵화와 관계정상화가 맞교환될 수 있는 정책수단이라고 간주했다. 그러나 미국은 관계정상화를 위해서는 비핵화 이외에 북한의 생화학 무기 및 미사일 개발, 재래식 군사적 위협, 위조지폐·마약·위조상품 거래의 중지 같은 다른 조건들이 필요하다는 입장이었던 것이다.

이처럼 비핵화와 관계정상화는 가치가 동일하지도 등질하지도 않기 때문에 교환의 등가성 여부에는 외부 요소, 특히 북한과 미국 간의 비대칭적 역학관계가 크게 반영될 것이다. 더욱이 북핵문제가 지닌 복합성을 감안한다면 북한과 미국 사이의 비대칭성만이 아니라 동아시아 국가 간·국가관계 간 비대칭성 등 변수가 여럿인 고차방정식이 만들어질 것이다. 그리하여 북핵문제는 하나의 문제지만 일부이면서 전체인 그런 문제다.

그러나 한국지식계의 동아시아 담론에서 북핵문제는 여러 안보현안 중 하나로 나열되는 양상이었다. 동아시아 담론과 북핵문제는 냉전의 종언, 한중수교 등의 발생 배경을 공유해 같은 시기에 출현했지만 제대로 된 접점을 마련하지 못한 채 이제 동아시아 담론은 쇠퇴 기미를 보이고 북핵문제는 심화되고 있다. 현상태라면 북핵문제는 동아시아 담론보다 오래 지속될 전망이다. 동아시아 담론이 유동하는 현실 상황에서 문제접근력과 문제해결력을 갖추고 있다면, 응당 담론의 유통기한이 문제의 수명보다 길어야 하는데 말이다.

물론 북핵문제의 해결을 위한 체계적 로드맵을 작성하는 것이 동아시아 담론의 몫은 아닐 것이다. 그러나 북핵문제의 발생·지속·심화·난맥상 등에 관한 고찰을 통해 동아시아 시각을 가다듬는 노력은 부족했다고 보인다. 더욱이 북핵문제가 아니라 북한 인식 자체가 동아시아 담론의 한계점이자 임계점이라고 말할 수 있다. 동아시아 담론에서 북한 인식이 결락된 것은 북한에 대한 오리엔탈리즘적 시선, 근대화론적 접근, 이념적 거부감, 강대국 중심의 사고방식 등에서 기인하는데 이것들이야말로 동아시아 담론이 극복해야 할 인식론적 장애물이기 때문이다.

거듭 말하지만 북한 문제에는 세계적 탈냉전의 추세에도 온존한 지역적 분단구조, 국가 형태의 상이성, 국가 간·국가관계 간 비대칭성이라는 동아시아적 조건이 집약되어 있다. 따라서 북한 문제를 한반도 문제로 옮겨내고 그것을 동아시아의 과제로 번역해가는 과정에서 한국의 동아시아 담론은 동아시아화될 수 있는 중요한 계기를 구할 수 있을 것이다. 그것은 북한을 한국의 동아시아 담론으로 내재화함으로써 한국의 동아시아 담론을 동아시아에 내재화하는 과정인 것이다.

그러나 이처럼 북한 인식을 강조한다고 해서 변형된 형태의 한반도 중심주의를 주장하려는 것은 아니다. 중국·일본·타이완·오키나와 등 동아시아의 국가와 지역들은 모두 일부이면서 전체인 동아시아의 문제를 끌어안고 있으며, 따라서 각 문제들은 고유한 문제이자 동아시아적 조건이 집약된 문제로서 재형상화되어야 한다. 북핵문제처럼 일부이면서 전체를 집약하는 동아시아의 여러 현안이야말로 동아시아 담론이 맞닥뜨리고 거기서 성장의 계기를 거머쥐어야 할 소중한 자원들인 것이다. 그런데 각 문제는 고유한 형상과 질감을 가질 테니 그것들 사이에서 접점을 발견하고 번역을 이뤄내는 것이 동아시아 담론이 동아시아화되는 길이다. 이를 위해 한국지식계는 시급히 자신의 문제를, 즉 한반도 문제를 동아시아화해야 할 필요가 있다.

2) 한반도분단체제의 동아시아적 제약성

한반도 문제란 한반도에서 대한민국과 조선민주주의인민공화국이 병존하고 적대하는 분단 상황으로 말미암아 한반도와 주변 지역에서 생기는 정치·군사·경제·사회·문화의 문제를 가리킨다. 한반도 문제는 제2차 세계대전 이후의 한반도 분단과 적대적 정부의 수립 그리고 한국전쟁 이후의 분단 고착화로 인해 발생했다. 한국전쟁은 내전인 동시에 주변 강대국들의 이해가 충돌한 국제분쟁이었다. 막대한 인명이 희생된 한국전쟁을 거치며 남북한의 적대상태가 돌이킬 수 없을 만큼 심화되었을 뿐 아니라 미국과 소련 간의 세계적 냉전 대결이 공고해졌고, 지역 수준에서는 항미원조에 나섰던 중국과 한국을 지원한 미국 간의 대치구도가 형성되고 일본은 재부상해서 중국과의 지역 대결구도가 고착되었다. 한반도 문제는 남북한 양국의 문제인 동시에 지역적 문제라는 복합적 성격을 지닌다.[175]

그렇다면 여기서 한반도 문제의 성격을 보다 명확히 하고자 한반도분단체제라는 개념을 도입할 수 있겠다. 한반도분단체제라는 개념은 분단체제라는 중간항을 생략하고는 남한사회와 북한사회의 작동 방식을 제대로 해명할 수 없기에 필요한 동시에[176] 한반도 분단이 지닌 동아시아 분단의 하위범주적 속성을 포착하기 위해서도 필요하다. 즉 동아시아분단체제의 규정력이 한반도분단체제를 유지·존속하는 데서 주효하게 작용하고 있음을 드러낼 수 있는 것이다.

한반도분단체제는 국제적인 미소대결구도에 따라 성립되었으며 동아시

---

175 박명규, 「복합적 정치공동체와 변혁의 논리」, 『창작과비평』 107호, 2000, 20~21쪽.

176 백낙청, 「한반도에서의 식민성 문제와 근대 한국의 이중과제」, 『창작과비평』 105호, 1999, 14~17쪽.

아분단체제의 하위체제다. 동아시아분단체제는 중일전쟁부터 베트남전쟁까지 이어진 동아시아 지역의 장기 전쟁으로 기존의 식민지-제국체제가 해체되며 형성된 지역질서로서, 미소간의 냉전대립을 기반으로 하면서도 일본과 아시아 국가들 사이에 특수한 형태의 대립이 가로놓여 있다.[177] 동아시아분단체제는 한반도의 분단, 중국과 타이완의 분단, 베트남의 분단, 일본에서 오키나와의 분리 등으로 표면화되며, 따라서 한반도의 38도선은 대만해협, 베트남 17도선·라오스·캄보디아·미얀마·태국 등의 국경선으로 연결되는 동아시아 분단벨트의 일부다. 그 가운데서 한반도 분단은 국제·지역·한반도 수준에서 소련-중국-북한 연합세력과 미국-일본-남한 연합세력이 마주해 미소 냉전이라는 두 초강국들 간의 갈등구도, 중국과 일본이라는 두 차상위국 사이의 갈등구도, 남한과 북한의 갈등구도라는 형태로 중층화되어 있었다.

그런데 세계적 차원의 탈냉전 추세에도 불구하고 동아시아분단체제는 이완되었을 뿐 해체되지 않았다. 소련의 붕괴로 인해 3층 가운데 국제 수준의 냉전이 부분적으로 해체되었으나 지역분단은 온존하고 한반도 분단도 지속되고 있다. 특히 한국전쟁을 거치며 형성된 미중대치구도와 중일대결구도는 유럽과는 다르게 소련의 붕괴에 따른 세력공백의 여파를 약화시켜 동아시아분단체제와 한반도분단체제가 유지되는 데 결정적으로 기여했다.

또한 동아시아분단체제가 국제분단체제로 환원되지 않듯이 한반도분단체제 역시 동아시아분단체제로 환원되지 않는다. 탈냉전기에 중국이 자유진영 국가들과 외교 관계를 넓히자 동아시아분단체제가 이완되었지만 한반도분단체제는 해소될 조짐을 보이지 않았으며, 거꾸로 남북적대의 완화가 한미·한일·북일·북중·북미·미중·중일 간의 종속적·경쟁적·대립적 양자관계를 크게 바꿔내지도 못했다. 이는 한반도 문제가 한반도를 둘러싼 국제관계의 종속변수는 아니지만 남북관계도 동아시아 지역질서에서 독립변수일 수 없음을

---

177 정영신, 「동아시아 분단체제와 안보분업구조의 형성」, 『사회와역사』 94집, 2012, 8~12쪽.

시사한다. 그리고 당연하게도 한반도분단체제는 동아시아분단체제의 하위체제인 만큼 동아시아분단체제의 한반도분단체제에 대한 규정력이 한반도분단체제의 동아시아분단체제에 대한 영향력보다 크다. 다시 말해 한반도분단체제는 동아시아분단체제로 인해 유지·존속되지만, 한반도평화체제 실현이 동아시아분단체제의 해체로 직결되는 것은 아니다.

이런 맥락에서 박명림은 한반도를 '세계 유일의 냉전의 섬'이라는 식으로 불러서는 분단 상황에 대한 이해를 그르친다고 지적한다. 한반도 분단은 국제분단·지역분단·민족분단이라는 세 층위의 분단으로서 탈냉전기에도 동아시아분단체제에 제약당하고 있으며, 역으로 한반도분단체제가 해소되지 않았다는 것은 북미·한미·북일관계 등의 지역관계 역시 냉전 상태를 온전히 벗어나지 못했음을 함축하기 때문이다.[178] 따라서 한반도 분단만을 고유한 냉전적 유물처럼 간주해서는 안 된다는 것이다.

또한 이삼성은 냉전구조로 환원되지 않는 동아시아 분단구조의 성격을 드러내기 위해 동아시아 '대분단체제'와 '소분단체제'라는 별도의 개념을 제시한다. 동아시아의 대분단체제는 한반도의 남북분단, 대만해협을 사이에 둔 중국과 대만의 분단이라는 소분단체제를 거느린다. 그리고 소분단체제들은 미일동맹체제와 중국 사이의 갈등 구조로 형성되었으며, 역으로 소분단체제는 미일동맹체제와 유라시아대륙 사이의 갈등 구조를 유지하는 역사적 기제로서 기능했다는 것이다.[179]

그리고 정근식은 지구적 냉전하의 동아시아를 이해하는 한 가지 시각으로 '동아시아 냉전·분단체제'라는 개념의 발전가능성을 탐색한다. 냉전과 분단이 서로 긴밀하게 결부되어 있으나 동의어는 아니어서 구별되어야 하기 때문

---

178 박명림, 「한국분단의 특수성과 두 한국: 지역냉전, 적대적 의존, 그리고 토크빌 효과」, 『역사문제연구』 13호, 2004, 243쪽.
179 이삼성, 「대분단체제로 본 동아시아」, 『한국과 국제정치』 22권 4호, 2006, 58~60쪽.

이다.[180] 또한 그는 유럽의 정세와는 다르게 전개되는 동아시아적 상황에 착목하고자 1990년 무렵을 탈냉전기로 명명하는 것이 아니라 미중회담·오키나와의 반환·일중국교회복·미중수교 등이 이어졌던 1972년 전후를 제1차 체제전환이라고 명명하고, 1990년 전후에 탈냉전·유엔동시가입·남북기본합의서 채택 등을 거치며 동아시아 냉전·분단체제가 장기적 해체 국면에 들어섰다고 파악한다.[181]

이들은 모두 한반도 분단을 지역 분단과의 관계 속에서 고찰하고 있다. 그런 맥락에서 박명림의 지적처럼 한반도를 '세계 유일의 냉전의 섬'이라고 불러서는 안 되겠지만 '동북아에 남아 있는 정전 지역'이라고 부를 수는 있을 것이다. 이 표현은 한반도 문제와 동북아 지역질서의 긴밀한 관련성을 드러내준다는 점에서도 유용하다. 그 관련성은 가장 직접적으로는 남북한이 주변국들과 각기 군사안보협력관계를 유지하고 있다는 데서 확인된다. 군사동맹조약이 발효 중이고 한국에는 외국군이 주둔 중이다. 남북한과 주변 강대국 간에는 세 가지의 군사동맹조약이 존재한다. 한미상호방위조약, 조러우호협력 및 상호원조조약, 조중우호협력 및 상호원조조약이다. 이들 군사동맹조약은 유사시 한반도에 대한 군사적 무력개입, 주변국 군사전략체계로의 편입, 남북한에 대한 군사적 지원, 외국군 주둔의 정당화 여지를 남겨두고 있다. 그리하여 한반도에서 전쟁이 발발하면 군사동맹조약상의 군사개입조항으로 인해 주변 강대국들이 간여할 수 있다. 조중우호협력 및 상호원조조약 제2조와 조러우호협력 및 상호원조조약 제1조의 '자동군사개입조항'은 한반도 내의 전쟁이 국제전화할 가능성을 열어두고 있다.[182] 한미상호방위조약 제3조 역시 미군의

180 정근식, 「동아시아 냉전·분단체제의 형성과 해체」, 『한국학의 학술사적 전망』 2권, 2014, 44쪽.

181 위의 글(2014), 65~68쪽.

182 옐친 러시아 대통령은 1994년 6월 러시아를 방문한 김영삼 대통령과의 회담에서 러시아의 자동개입을 규정하고 있는 조러우호협력 및 상호원조조약이 사실상 사문화되었음을 공식적으로 밝힌 바 있다.

한반도에서의 군사개입에 대한 법적 근거를 마련해 두고 있다.

역으로 한반도 군비통제 및 군축 문제도 그 대상에서 남북한의 군사력 말고도 국제적 요소들을 내포하고 있다. 군사동맹조약의 존속 문제, 정전협정의 평화협정으로의 대체 문제, 한반도 내 외국군의 주둔 문제, 외국에 의한 핵우산 유지 문제, 핵무기 배치 및 핵무기 사용 문제, 무기이전 및 군사적 지원 문제 등이 그 대상으로 포함되는 것이다.[183]

더욱이 한반도평화체제 구축은 동아시아의 군사안보뿐 아니라 정치·경제·문화 등 다양한 영역에 걸쳐있는 복합적 문제이자 역량과 이해가 다른 역내외의 행위자 사이에서 합의점을 도출해내야 하는 복잡한 문제다. 냉전기에 한국 정부는 한반도의 평화적 분단 관리를 외교안보전략의 현실적인 최고 목표로 설정해 왔으며, 외교정책은 이 목표 아래서 수립되고 추진되었다. 따라서 한국의 외교안보전략에서 한반도 통일이라는 현상타파적 목표는 선언적 의미를 부여받았을 뿐 실질적 추진은 지체되었다. 탈냉전기에는 북방정책을 추진하고 이를 여건으로 대북화해조치를 채택한 후 2000년에는 남북정상회담을 개최하고 5개항 공동선언문을 채택했지만, 이후 한반도를 둘러싼 주변 강대국들 간의 치열한 외교 각축전이 벌어지고 남북관계도 일진일퇴를 거듭했다. 분단된 한반도가 하나가 되려는 구심력이 강해질수록 지역 차원에서는 세력 재편을 경계하거나 한반도에서의 현상 변경을 자국에게 유리한 방향으로 이끌고 가려는 주변 국가들의 원심력도 강해졌다.

여기서 한반도평화체제 구축은 또 하나의 동아시아적 조건과 맞닥뜨린다. 그것은 동아시아 지역에 걸쳐 있는 공통성이 아니라 동아시아 각국 간의 이질성으로 나타난다. 먼저 한반도 평화라는 개념 자체가 한국과 주변국에서 의미하는 바가 다를 공산이 크다. 동아시아 지역질서의 차원에서 보았을 때 한반

---

183 이철기, 「동북아다자간안보협력의 필요성과 가능성: 동북아안보와 한반도 문제 간의 관련성을 중심으로」, 『한국정치학회보』 28집 2호, 813~817쪽.

도 평화 정착, 한반도평화체제로의 전환, 그리고 이에 기반한 한반도 통일은 한국에서 가정하듯 연속적이지도 단선적이지도 않다. 주변국들이 한반도 평화 정착을 원한다고 하더라도 그것은 한반도평화체제로의 전환을 지지한다는 의미가 아니며, 또한 한반도평화체제로의 전환은 한국전쟁의 유산인 불안정한 정전상태와 군사적 대립구도를 청산하는 데 의의가 있지 남북한 통일의 전 단계를 뜻하지 않는다. 한반도 주변국들은 대체로 평화적인 현상 유지를 선호하는 양상이다.[184] 따라서 한반도평화체제로의 전환을 지지하더라도 현상 변경을 뜻하는 한반도 통일은 역학구도를 바꾸고 지역정세에 불확실성을 증대시킬 수 있으니 지지할 가능성이 높지 않다. 한반도 차원에서는 한반도 문제의 해결인 통일이 주변국들에게는 새로운 한반도 문제의 등장으로 간주될 수 있는 것이다.

또한 각국마다 한반도평화체제와 한반도 통일에 대한 입장이 다르며 개입 의지와 보유 자원도 상이하다. 이미 검토했듯 미국의 동아시아 정책은 미국의 세계전략 속에서 윤곽이 그려지며 미국의 한반도 정책은 동아시아 정책의 하위 단위다. 2006년도 미국의 국가안보전략보고서에 따르면 동아시아 지역에서 미국의 국가이익은 '아시아 시장에 대한 접근', '역내 항구적인 군사력 유지', '적대세력 혹은 반미세력에 의한 동아시아 패권화 방지', '동맹을 통한 군사기지 유지', '민주적 발전 도모' 등으로 설정되어 있다.[185] 미국의 한반도 정책은 이러한 국익들에 대한 우선순위 설정, 기회비용 검토라는 계산을 거쳐 산출될 것이다.

---

184 평화는 특정한 시기와 장소에서 무력적 충돌이 없는 상태라고 정의된다. 평화체제peace regime란 평화가 오랜 시간 지속될 수 있는 제도적 틀을 의미한다. 한국전쟁 종결 이후 한반도에서는 전쟁이 발발하지 않았다는 점에서 평화 상태라고 표현할 수 있다. 그러나 평화체제 없는 평화는 군사적 충돌이 야기할 공포의 균형에 기반하고 있는 것이다. 반면 평화체제는 전쟁 당사자들이 해당 국가의 폭력에 호소하는 요소들을 제어하는 규범과 제도들을 발전시킨 구조다.

185 The National Security Strategy of the United States of America, March, 2006 (Whitehouse gov/nsc/nss html).

동아시아 지역에서 미국은 무엇보다 우월적 영향력을 유지하며 중국의 역내 패권국가화를 방지한다는 목표를 세워두고 있다.[186] 이를 위해 압도적 군사력 우위를 유지하면서 한미동맹과 미일동맹을 미국의 패권을 유지하기 위한 두 축으로 활용하고 있다. 따라서 한반도에서 미국의 국가 이익은 일차적으로 주한미군을 지속적으로 주둔시켜 중국을 견제하기 위한 진지이자 미국의 유라시아 대륙 진출을 위한 교두보로서 활용하는 데 있다. 결국 한반도 통일이 한반도에서 미국 영향력의 약화를 초래하거나 지역 차원에서 중국과 일본 등을 자극해 세력 균형 상태를 훼손하리라는 전망이 나온다면 한반도의 통일보다 평화적 분단 관리를 선호하게 될 것이다.

한편 한반도평화체제를 구축하기 위해서는 평화협정 체결 및 보장, 한반도 비핵화, 남북한 군비통제, 북미관계의 정상화 등이 필요한데, 이 모든 사항에 깊이 관련되어 있는 미국은 북한이 요구하는 한국을 배제한 북미평화협정에는 기본적으로 반대한다는 입장이다. 사실상 한국전쟁에서 미국이 북한에 대해 단독으로 전쟁선포를 하지 않은 까닭에 미국 의회가 북미평화협정을 비준할 법적 근거도 희박하다. 더욱이 미국은 북핵 포기와 북미관계정상화를 등가물로 간주하지 않는다. 따라서 미국은 여러 쟁점이 뒤얽히고 불확실성이 큰 한반도평화체제로의 전환보다는 한반도의 긴장완화와 신뢰구축에 보다 많은 관심을 가지며, 북핵문제를 풀어나가면서 소위 '두 개의 한국정책'Two Korea policy을 이어갈 가능성이 크다.

중국은 한반도평화체제 건설과 한반도 통일에서 미국에 버금가는 중요 행위자다. 중국은 정전협정의 당사자이며, 주변 4강 중 러시아와 더불어 남북한과 국교를 수립한 나라이자 북한과의 유대가 가장 두터운 나라다. 또한 남북한 모두 중국과의 경제교역 비중이 가장 높고, 특히 중국에 대한 북한의 경제

---

186 Joseph S. Nye, Jr., *United States Security Strategy for the East Asia-Pacific Region*, Department of Defense, 1995, pp. 94~95.

의존도는 상당한 수준이다. 1990년대 이후 중국은 북한에 식량과 에너지를 지원하기도 했다. 중국은 북한에 큰 영향력을 발휘할 수 있는 국가인 것이다. 또한 중국은 북한과 지리적으로 인접해 북핵문제뿐 아니라 조선족과 탈북자 문제 등의 특수관계를 갖는 국가이기도 하다.

한반도 통일에 대한 중국 정부의 공식 입장은 한반도의 자주적이고 평화적인 통일을 지지한다는 것이다. 중국 정부는 내정불간섭 원칙에 입각하여 남북한 당사자 간의 대화와 협상을 통해 한반도 문제를 평화적으로 해결하기를 바란다는 입장을 밝혀왔다. 1992년 한중수교 공동성명 제5조에도 "중국은 한반도의 평화적이고 자주적인 통일을 지지한다. 중국은 한반도가 조기에 평화적으로 통일되는 것이 한민족의 염원임을 존중하고 한반도가 한민족에 의해 평화적으로 통일되는 것을 지지한다"라고 명시되어 있다. 중국 정부는 2000년 남북정상회담과 2007년 남북정상선언에 대해서도 역내 평화와 안정에 도움이 된다며 환영의 입장을 밝힌 바 있다.

하지만 한반도 평화 정착에 대한 지지가 곧 한반도 통일에 대한 지지를 뜻하지는 않는다. 한반도 평화 정착은 인국과의 경제협력 강화, 동북 3성의 경제개발, 대북 원조에서 대북 투자로의 전환, 타이완과의 관계 진전 등의 측면에서 중국의 국가 이익에 부합한다. 그러나 중국이 한반도의 현상 유지보다 현상 변경을 선호할 가능성은 크지 않다. 중국은 한반도 통일 과정에서 무력 충돌 내지 급변사태가 발생하거나 북한의 체제 붕괴로 인해 혼란이 발생할 것을 우려한다. 또한 한국 주도의 흡수통일은 동아시아 지역에서 미국의 패권적 질서를 강화하고 통일 한반도가 미국의 대중국 봉쇄 전략의 전초기지로 활용될 수 있으며, 주한미군의 배치 상황에 따라 미국의 군대와 국경선을 직접 마주해 안보 위협이 증대될 수도 있다. 그리고 통일 한반도의 등장은 일본의 군사력 증강을 야기해 군비 경쟁으로 이어지고 지역의 안보 불안을 키울 여지가 있다. 더욱이 통일 한반도는 간도, 북중국경조약 승계문제 등 복잡한 국제법적 분쟁을 야기하고 조선족 등 중국 내 소수민족의 민족주의를 자극할 수 있다는 점도 부담이다.

이런 조건에서 중국의 한반도 정책은 한반도의 평화 유지, 북한체제의 붕괴 방지, 한국과 북한으로의 영향력 확대, 미국의 영향력 확산 억제로 요약할 수 있다.[187] 이에 따라 남북한의 평화공존을 통한 한반도 안정은 지지하지만, 북한의 핵개발로 인한 역내 불안정도, 북한 체제의 급작스런 붕괴로 인한 주변 강대국들의 한반도 개입도, 급속한 북미관계 개선으로 인한 한반도에서의 영향력 상실도 원치 않는다.[188] 따라서 중국이 "한반도의 자주적이고 평화적인 통일을 지지"한다는 입장을 표명할 때 무게는 실상 통일 자체보다는 통일에 대한 "지지"의 조건절인 "자주적이고 평화적인"에 실린다고 봐야 할 것이다.

그러면서도 중국은 한반도평화체제가 추진된다면 관여하겠다는 원칙을 분명히 세워두고 있다. 중국 외교부는 한반도정전협정의 체결 주체이니 평화협정 체결에서 중국이 배제되어서는 안 된다는 입장을 공식적으로 밝혀왔다.[189] 아울러 중국은 북미관계 개선을 위한 양자 간의 평화협정에 대해서는 반대하지 않겠지만, 북한이 주장하듯 이로써 한반도평화협정을 대체하는 것에는 반대한다.[190]

일본은 정전협정의 서명국이 아니므로 한반도평화협정 체결에서 일차적 당사국은 아니다. 그러나 한반도평화체제를 구축하려면 북한과 일본은 국교정상화를 거쳐야 할 것이다. 그렇다면 북일 간의 국교정상화는 한일기본조

---

187 김동성 외, 『한반도평화체제 논의와 구축방향』, 경기개발연구원, 2008, 72~73쪽.
188 여인곤 외, 『21세기 미·일·중·러의 한반도 정책과 한국의 대응방안』, 통일연구원, 2003, 133쪽.
189 2007년 10월 4일 노무현 대통령과 김정일 국방위원장은 남북정상회담 공동선언문에 합의했는데 그 과정에서 김 위원장이 '3자 또는 4자 정상회담'을 제의한 것으로 알려지자 중국 외교부는 중국을 배제한 3자 정상회담은 수용할 수 없다는 공식입장을 밝혔다. 2007년 10월 9일 류젠차오 중국 외교부 대변인은 "중국은 동북아시아에서 중요한 영향력을 보유하고 있는 국가일 뿐 아니라 정전협정의 체결 당사자이므로 한반도와 동북아의 평화체제에 관해 중요한 역할을 하는 것이 당연하다"라고 강조했다. 「朝鮮半島和平: 中國的作用不容忽視」, 『人民日報海外版』 2007년 10월 10일; 중국외교부홈페이지, http://www.fmprc.gov.cn/chn/xwfw/fyrth/t370715.htm
190 조자상, 「조선 핵위기에 대한 중국의 입장과 역할」, 『통일연구원 학술회의 총서』 04-03, 2004, 통일연구원.

약 제3조에 따라 "대한민국을 한반도에서 유일한 합법정부로 인정"해 오던 일본이 북한을 국가적 실체로 인정한다는 의미와 더불어 일본의 주요한 전후처리 과제가 마무리된다는 의미를 갖게 된다. 그리고 이 과정에서 배상 등의 형태로 일본에서 북한으로 큰 규모의 자금이 유입될 가능성이 높기 때문에 북한 경제에도 상당한 영향을 끼칠 것이다.

일본에게 한반도는 정치·경제·안보상 몹시 중요하다. 따라서 일본은 일차적으로 한반도에서 전쟁 발생과 같은 위기사태가 발생하는 것을 우려하며 한반도의 평화 정착을 희망한다. 또한 한반도 통일 과정은 한반도에서 영향력 확대의 계기가 되리라고 예상할 수 있다.[191] 통일 과정은 막대한 비용을 필요로 하며, 통일 한반도의 일본에 대한 경제의존도는 높아질 가능성이 크다. 아울러 통일 한반도가 중국의 동북3성 개발 및 극동 시베리아 개발에 적극적으로 투자하고 진출할 경우 일본에도 경제적 기회가 제공될 수 있다.

하지만 이에 못지않은 우려사항이 존재한다. 한국은 중국과 국교정상화를 이뤘지만 일본은 북한과 수교하지 못한 상태에서 한반도 통일의 동향이 고조된다면 한반도에서 중국이 일본보다 유리한 입지를 점하게 될 것이다. 또한 한국과 북한의 부정적 대일감정이 결합되어 통일 한반도가 반일 민족주의 노선을 취할 것으로 예상되는 경우에도 일본은 한반도 통일에 대해 부정적 입장을 피력할 것이다. 한반도 통일이 아니더라도 남북 관계의 진전은 일본으로서는 중국과의 관계에서 한반도가 더 이상 완충지대가 아님을 의미하며, 따라서 역설적으로 남북 긴장의 완화는 기존 일본의 경무장 '일국평화주의'의 근간을 뒤흔들 수 있다.[192]

한편 역의 각도에서 일본의 우경화가 한반도 문제 해결에 미치는 부정적 영향도 짚어둬야겠다. 탈냉전기에 일본 사회에서는 반북 감정과 중국에 대한

---

191 박영호 외, 『한반도 통일문제에 대한 주변4국의 입장 분석』, 민족통일연구원, 1997, 13쪽.

192 권혁태, 「'고구려사 문제'와 일본의 동북아시아 인식」, 『황해문화』 45호, 2004, 251쪽.

경계심이 확산되어 북한협오론과 중국위협론으로 표출되었다. 이는 장기불황으로 인한 위기감, 대미편승주의, 식민지배에 대한 책임 회피와 같은 사회적 정서와 동향을 반영하는데 군사력 증강, 헌법 수정과 같은 군국주의화·우경화 추세와 맞물려 지역관계를 악화시키고 있다. 더욱이 한반도 문제 해결에서 한국 측에 큰 부담으로 작용한다. 한국에서는 일본에 대한 경계심으로 민족주의가 확산되고 군비 증강의 여론이 고조되는 동시에 한미동맹강화론도 부상해 오히려 미일동맹체계로의 편입이 심화되어 북한에 대한 신냉전적 포위망을 형성할 수 있는 것이다. 또한 일본이 유사법제를 통해 북한의 위기를 직접적 군사 위협으로 간주해 선제공격의 가능성을 열어두고 핵 문제·미사일 문제·납치 문제·공작선 문제 등으로 북한에 대한 압박노선을 강화한다면, 북한을 포함한 동북아 다자주의의 실현을 저해하고 결과적으로 한반도평화체제 구축에 악영향을 미칠 것이다.[193]

이처럼 주변국들은 한반도 평화 정착에 대해 원론적인 지지 입장을 피력하지만, 평화의 형태와 정도 그리고 평화기제 구축방식에 관해서는 입장이 다르다. 또한 한반도 평화 정착 과정에서 개입의 여지와 그때 가용한 정책 자원도 상이하다. 이것이 한반도 문제에 초점을 두는 동아시아 담론이 직면하게 되는 또 하나의 동아시아적 조건이다.

3) 한반도평화체제 건설의 동아시아적 의의

이처럼 한반도 문제는 남북평화협정 체결과 같은 당사자 합의로 해결되지 않으며 주변국들의 다자적 협력이 동반되어야 한다. 그리하여 한반도 문제의 해

---

193 송주명, 「일본의 민족주의 국가전략: '경제대국'을 넘어 '안보대국'으로」, 『황해문화』 48호, 2005, 32~33쪽.

결은 한반도 차원과 지역 차원의 과정을 거쳐야 하는데, 우선 한반도 차원에서는 정치적·군사적 화해와 협력을 통해 평화공존관계로 전환해야 한다. 이를 위해서는 정전체제를 평화체제로 전환하고 군비를 통제해야 한다. 지역 차원에서는 양자동맹 중심의 진영대결관계로부터 벗어나 북미·북일 등의 양자관계를 정상화하고 지역안보협력체제를 구성해 상호의존 및 협력관계로 옮겨가야 한다.

이미 언급했듯이 동아시아 담론에서 한반도평화체제 구축은 초기부터 동아시아 대안체제론의 중심 주제였으며, 2000년대 동아시아 지역주의론의 부상 속에서는 한반도평화체제 구축과 동북아안보협력체, 나아가 동아시아공동체 구성의 선순환을 모색하는 연구가 이어졌다. 그리하여 단계적이고 중층적인 접근을 통해 한반도평화체제 구축과 동북아다자안보체 내지 동아시아공동체 구성의 동시추진 논리를 만들어내는 데까지 이르렀다. 그 논리는 학술계의 성과물일 뿐 아니라 정부 차원의 지역구상에서도 활용된다. 다음의 표들은 참여정부기에 통일부나 통일연구원을 통해 제출된 한반도의 평화 정착과 다자적 협력제도 간의 교차진행단계에 관한 로드맵들이다.

〔표 3-9〕, 〔표 3-10〕, 〔표 3-11〕은 남북관계가 교류협력, 평화정착, 남북연합으로 진전됨에 따라 요구되는 대내적·대외적 전략, 과제, 사업을 제시하고 있다. 세부적 내용은 조금씩 다르지만 남북관계의 진전 과정에 따른 전략, 과제, 사업을 망라하고 있어 전체적 방향성을 보여준다. 그러나 그로 인한 한계도 뚜렷하다. 남북관계의 진전 과정을 단선적으로 설정해 놓았고, 거론한 사안은 많지만 우선순위가 정해져 있지 않다. 무엇보다 망라된 전략들이 병행 추진될 수 있는지, 각 과제와 사업들 간에 모순이나 마찰이 일어나지는 않을지가 보다 면밀히 검토되어야 한다.

위의 표들만이 아니라 한반도평화체제 구축과 동아시아공동체 형성에 관한 연구들은 대체로 양자 간의 선순환·공진화 관계를 설정하는 경향이다. 선순환과 공진화로 묶을 대상도 한반도평화체제와 동아시아공동체뿐 아니라 한

〔표 3-9〕 한반도평화체제 구축을 위한 단계별 추진전략

1단계 : 북핵문제의 해결과 평화증진 가속화

- 북한 핵문제의 평화적 해결을 위한 전기 마련
- 남북화해협력 지속 및 남북 군사회담 정례화
- 남북정상회담 등을 통한 평화정착의 토대 마련
- 외교역량 강화를 토대로 동북아 평화협력의 분위기 조성
- 북한 핵, 미사일 문제의 해결 합의

▼

2단계 : 남북협력 심화와 평화체제의 토대 마련

- 북한 핵 미사일 해결 합의사항의 구체적 이행
- 남북 실질협력 심화 및 군사적 신뢰구축 조치의 추진
- 동북아평화협력체 구상의 제안 및 추진

▼

3단계 : 남북평화협정 체결과 평화체제의 구축

- 남북 평화협정 체결 및 국제적 보장 확보
- 평화체제 전환에 따른 제반 조치사항 추진
- 남북경제공동체 본격추진 및 운용적 군비통제의 단계적 추진
- 외교역량 강화를 토대로 동북아 평화협력의 분위기 조성
- 동북아평화협력체 구축 실현

출처: 통일부, 『참여정부의 평화번영정책』, 2003, 15쪽.

미동맹과 동북아다자안보, 한중관계와 한미관계, 한미관계와 북미관계 등으로 다양하다.[194] 그러나 가령 한미동맹과 동북아다자안보는 동북아균형자론이 초래한 논란에서 확인되듯 선순환·병행발전이라는 표현으로는 양자 간의 길항관계를 덮어둘 공산이 크다. 남북관계 진전과 함께 추진해야 할 동북아 4강과의 관계 개선도 기초적이지만 만만치 않은 과제다. 특히 중국과의 협력관계와 한미관계를 제로섬이 아닌 포지티브섬으로 전환해내는 논리와 방안의 마

---

194 통일연구원, 『동북아구상과 남북관계 발전전략』, 기획조정실, 2006, 24쪽.

〔표 3-10〕한국의 한반도 전략과 동북아 전략 간의 선순환 관계의 성격과 전략

	한반도 전략	동북아 전략	주변국 외교 전략
교류 협력 단계	• 북핵문제 해결 과정에 로의 본격적 진입 • 남북 간의 경제·사회· 문화 교류의 심화, 확대 • 평화체제논의 시작	• 북핵에 관한 국제적 폐기체 제 마련 • 북한 경제 문제에 대한 국제 적 지원체제 마련 • 북미, 북일국교정상화를 위 한 별도 포럼 시작	• 미국, 중국, 일본, 러시아와 북핵문제 해결을 위한 외교적 공조 노력 • 북핵 폐기/검증체제를 위한 미중과의 협력 • 평화체제를 위한 미중과의 협력 • 국교정상화를 위한 미일과의 협력
평화 정착 단계	•평화공존과 교류 협력 의 본격화	• 북핵문제의 실질적 해결 • 북한의 개혁, 개방을 뒷받침 하는 국제적 지원체제 본격화 • 북한의 시장체제와 국제 경 제 부문 연결 • 평화체제를 뒷받침하는 국제 적 보장체제 완비 • 북미, 북일국교정상화 완성 • 동북아 다자주의 평화체제의 구체적 실행체제 마련	• 평화체제를 위한 한미동맹 조정 • 평화체제 보장을 위한 중국 의 협조와 참여 유도 • 북한의 경제개혁, 개방을 위 한 동북아 국가들의 참여 유도 • 북한에 대한 경제제재 해소 를 위한 대미외교 •평화체제 마련 과정에서 동 북아 국가들을 다자안보기구에 참여시키기 위한 외교
남북 연합 단계	• 통합/통일과정의 시작 • 연합체제의 발전	• 남북 간의 사실적 교류의 완성 • 남북연합체제의 정치적 측면 의 완성을 위한 노력의 본격화 • 남북통일을 뒷받침하는 국제 적 보장체제 마련 • 동북아 다자주의 평화체제의 본격화	• 한반도 통일을 위해 주변국 의 동의를 유도 • 한반도 통일의 지원체제를 동북아 다자주의 평화체제로 변화 • 미중 간의 경쟁체제 방지

출처: 전재성, 「동북아 구상, 남북관계, 국제관계」,『동북아구상과 남북관계 발전전략』, 통일연구원, 2006, 55쪽.

련은 중요하고도 어렵다. 그리고 역시 관건은 세 표에서 최종 목표로 제시되 어 있는 한반도평화체제와 동북아안보협력체, 남북연합과 동북아평화체제의 관계다. 그런데 세 표를 보면 미묘한 차이가 있다. 〔표 3-9〕에서는 한반도평 화체제 건설이 동북아평화협력체 구축과 동시간대의 과제로 설정되어 있으

〔표 3-11〕 한반도의 평화과정과 동북아의 다자적 협력제도 간 선순환 관계 발전을 위한
대북정책 단계별 추진전략과 과제

		교류협력	평화정착	남북연합
목표		• 정치적 신뢰형성과 정치의 화해협력 토대 구축	• 정치적 화해협력의 확대 발전	• 남북공동기구의 제도화
핵심과제	**남북관계차원**	• 북핵의 평화적 해결과정 진입 • 정상회담 추진과 성사 • 남북대화의 제도화와 협의기구의 상설화 • 북한의 본격적 개혁개방 지원	• 초보적 수준의 남북 공동기구 마련 • 북한의 체제전화 유도	• 남북연합기구의 창설과 가동 • 북한의 시장경제 전면화 • 사실상의 통일과정 본격화
	국내차원	• 대북정책 총론에 대한 국민적 공감대 확보 • 정치적 화해협력 위한 국내 인프라 구축	• 정치적 화해협력 확대 위한 남한의 선도 조치	• 화해협력 이후 사실상의 통일과정을 준비하는 국민적 합의 마련
	동북아차원	• 한반도평화체제 구축 본격화 • 북미관계 정상화와 남북미 3자 선순환 관계 정립 • 동북아 다자간 평화 협력의 확대	• 동북아 경제통합 가시화 및 다자안보협력 진전	• 동북아 공동체 형성
주요 추진사업	**남북관계차원**	• 남북 총리급 회담 신설과 남북간 '회담의 구성운영에 관한 합의서' 체결 • 북한의 실리 사회주의 공식 선언 유도 • 서울과 평양에 상주대표부 설치 • 북한의 실리 사회주의 공식 선언 유도 • 서울과 평양에 상주대표부 설치	• 남북 공동으로 가칭 남북협력 공동사무국 설립 및 가동 • 북한 엘리트의 남한경제 시찰단 정례화 • 북한 관료 등 테크노크라트의 해외 연수 직간접 지원	• '남북 공동위원회' 시험 가동 • '남북연합 헌장'의 채택 및 비준
	국내차원	• 종합적 대북정책 합의 체계 구축	• 가칭 '분단 이후 인도적 문제 해결 위원회' 구성	• 범국민적 '과거사 위원회' 및 '남북연합 준비위원회' 구성
	동북아차원	• 동북아 정치대화 제안	• 동북아 정상회의 상설화 제안	• '동북아 경제·안보 협력회의' 남북 공동 제안

출처: 김근식, 「남북관계 중장기 발전전략: 정치분야」, 「동북아구상과 남북관계 발전전략」, 통일연구원, 2006, 131쪽.

며, 〔표 3-10〕에서도 남북연합 단계에 이르러 동북아다자주의 평화체제가 본격화된다고 가정하는 데 반해, 〔표 3-11〕에서는 남북연합단계의 핵심 과제로서 동북아공동체를 상정했지만 이 단계의 주요사업으로는 남북의 동북아경제·안보협력회의 공동 제안을 설정해놓아 실질적으로는 남북연합과 동북아공동체 사이에 시차를 두고 있다.

실제로 남북연합과 동북아공동체, 한반도평화체제와 동북아안보협력체는 결코 무관하지 않지만 연속성을 가진 사안이라고도 단언할 수 없다. 시행 순서도 동시 병행하는 것인지 시차를 두는 것인지가 불분명하다. 위의 표들과 같은 시기에 작성된 국가안전보장회의의 보고서는 한반도평화체제와 다자간 안보협력의 관계에 대해 남북한이 평화협정을 체결하고 국제사회가 이를 지지·보장해 이로써 동북아안보협력을 추동한다는 경로를 설정하고 있다.[195] 즉 선평화체제, 후다자간안보협력이다. 그러나 이 경로라면 동북아 지역질서의 근본적 변화 없이 민족공조만으로 선한반도평화체제 구축이 가능한지가 의무으로 남는다. 한반도평화체제 구축을 위해서는 미국이 북한의 안전을 보장해야 하는데 이를 위해서는 미국이 북한을 정상국가로 인정해야 하고, 그 과정은 지역 차원의 커다란 조율을 동반하게 될 것이다.[196] 또한 한반도평화체제 구축이 동북아안보협력체 형성에 어느 정도의 추동력으로 작용할지도 미지수다. 반면 역순으로 선다자간안보협력, 후평화체제의 경우에는 한반도평화체제가 수립되지 않고 미국이 북한을 정상국가로 인정하지 않은 상태에서 다자간안보협력이 진행된다면, 최원식의 우려처럼 "북한을 포위하는 반북동맹"의 양상을 띠게 될 우려가 있으며, 한반도평화체제는 다자간안보협력의 종속변수가 되어 그 실현은 더욱 요원해질 수 있다. 그리하여 남는 선택지는 한반도

---

195 국가안전보장회의, 『평화번영과 국가안보』, 2004, 37쪽.
196 이삼성, 「미국의 대북한 정보평가 및 정책의 신뢰성 위기와 북핵문제 해결방향」, 『현대북한연구』7권 2호, 2004, 58~68쪽.

평화체제 건설과 동북아안보협력체 형성의 동시 추진인데, 양자가 서로 다른 절차를 요구한다는 사실을 감안한다면 이는 딜레마를 풀기 위해 논리적으로 만들어낸 해법에 가깝다는 것을 알 수 있다.

또한 위의 로드맵은 정치적·경제적 협력의 제고와 심화를 향해 작성되어 있는데, 이는 정치군사적 질서와 경제협력의 질서가 다르게 배치되어 있는 지역적 현실을 담아내지 못하고 있다. 정근식에 따르면 동아시아는 반제연대·냉전연대·발전연대·민족연대 등의 관계가 중첩되고 착종되어 있다. 경제문제에 관해서는 중국과 일본의 패권경합 가운데서도 지역협력 논의가 진행 중이지만, 안보문제에 관해서는 한일 냉전연대가, 일본의 식민지 지배와 유산 문제에 관해서는 한중 반제연대가, 영토문제에서는 민족연대가 형성되어 있다.[197] 목표와 과제를 대거 나열한들 이 복잡한 방정식을 풀어낼 수는 없는 것이다.

그렇다고 위의 표들에서 제시된 로드맵이 결코 무용한 것은 아니다. 다만 로드맵에 나열된 사항들 간의 우선순위와 시행순서를 가려내고 사항들 간의 보완관계와 길항관계가 구체화되어야 한다. 가령 북핵문제의 다층성을 감안한다면 북핵문제 해결은 한반도평화체제로 전환하기 위한 과제일 뿐 아니라 다자안보협력체 형성의 계기이기도 하다. 그러나 한반도 차원과 동북아 차원에서 북핵문제는 의미가 다르며, 따라서 전개 양상도 다르며, 동북아 국가들이 북핵문제를 해결하려는 정책 의지와 가용 자원도 다르다. 그렇다면 표에 적혀 있는 "북핵문제의 실질적 해결"이라는 표현은 여러 층위로 분절되고 구체화되어야 할 것이다.

동아시아 담론은 쇠퇴의 기미를 보이지만, 동아시아 담론이 감당해야 할 과제는 저 표들에서 드러나듯이 여전히 많다. 한국지식계의 동아시아 담론은 한반도 문제에 천착하고 동아시아적 조건에 기반해 동아시아화되어야 하는

---

197 정근식, 「동아시아 냉전·분단체제의 형성과 해체」, 『한국학의 학술사적 전망』 2권, 2014, 68쪽.

과제를 여전히 남겨두고 있는 것이다. 물론 그간의 동아시아 담론에서 이런 시도가 부재했던 것은 결코 아니다. 위의 표들이 동아시아 지역주의론에서 산출된 결과물이라면 동아시아 대안체제론, 특히 창비 진영에서는 한반도 문제를 동아시아 역학관계의 결절점으로 파악해 복합국가론, 소국주의론 등의 화두를 제시한 바 있다.

그 논지는 앞서 살펴봤는데 이 대목에서 되새겨봐야 할 것은 한반도 문제의 해결이 동아시아 지역질서의 변화에서 갖게 될 의의에 관한 창비 논자들의 전망이다. 최원식은 동아시아의 주변부인 한반도에서 분단체제를 변혁한다면 탈패권적 동아시아평화체제로 향하는 출구가 열릴 것이라고 전망한다.[198] 백낙청은 한반도에서 적대적 분단상태를 해소하고 나아가 종래의 민족국가 모델을 넘어선 "다민족 사회를 향해 개방된 복합국가"의 방향을 개척한다면 동아시아의 패권적 국민국가주의를 극복하는 데 크게 일조하고 중국이나 일본의 연방국가화를 유도하지는 못하더라도 티베트, 신장, 오키나와가 자치권을 갖는 지역으로 진화하는 해법을 제공하리라고 내다본다.[199] 백영서 역시 한반도에서 복합국가 건설이 동아시아에서 수평적 사고를 촉진하는 동시에 중국에서는 홍콩·타이완이 공존하는 일국양제, 일국삼제 등 연방제로의 모색을 자극하고 티베트 문제를 해결하는 데도 중요한 참조가 되리라고 기대한다.[200]

하지만 이런 전망을 두고는 여러 비판도 이어졌다. 그 가운데 여기서 주목할 것은 한반도중심주의라는 비판이다. 즉 한반도분단체제의 극복이 동아시아 지역질서의 근본적 변화를 촉발하리라는 전망은 동아시아의 다양하고도 복합적인 모순들을 한반도 문제로 환원하고 있다는 지적이다. 이동연은 "한국

---

198 최원식, 「주변, 국가주의 극복의 실험적 거점」, 『주변에서 본 동아시아』, 문학과지성사, 2004, 321쪽.
199 백낙청, 「한반도 평화통일을 위한 새 발상」, 『한반도식 통일, 현재진행형』, 창비, 2006, 83쪽; 백낙청, 「'동아시아공동체' 구상과 한반도」, 『역사비평』 92호, 2010, 242쪽.
200 백영서, 「중국에 '아시아'가 있는가?」, 『동아시아의 귀환』, 창작과비평사, 2000, 63~64쪽.

의 타자적, 주변부적 위치가 동아시아의 균형적 세력관계를 형성하는 데 어떤 실천적인 의미를 가지는지에 대한 구체적인 설명 없이 인식론적인 당위성만을 주장할 경우 국민-국가주의 극복의 실험적 거점인 한반도의 지정학적인 의미는 상상된 것에 불과하고 자칫 동아시아론의 다양한 쟁점들을 한반도 문제로 환원시키려는 한계를 드러낼 수 있다"[201]라고 비판한다. 임우경은 "동아시아 각 지역의 구체적 현실과 그 상호 연동성에 대한 폭넓은 인식 없이 한반도 통일운동을 중심으로 한 동아시아 담론을 고집하는 것은 심지어 또 하나의 패권주의적 의식이 될 수도 있다"[202]라고 경고한다.

하지만 창비 진영의 논의뿐 아니라 동아시아 담론 일반을 두고 종종 제기되는 한반도중심주의라는 비판은 보다 섬세해질 필요가 있다. 만약 한반도(내지 한국) 측에 유리한 논리를 지역 수준에서 확대재생산하고자 동아시아를 그러한 논리의 적용 공간으로 삼는 식이라면 한반도중심주의로 비판받아 마땅하며 지역담론으로서 공유되지도 못할 것이다. 하지만 한반도 상황으로부터 문제의식을 발굴해 그것을 지역화하는 시도라면 섣불리 한반도중심주의라고 치부해서는 안 될 것이다. 그 경우 한반도 상황에 천착하는 것은 자신이 발 딛고 있는 장소의 문제를 조금이라도 풀어내려는 사상적 집념을 뜻하기 때문이다. 그러나 전자와 후자를 가려내기란 결코 쉽지 않다. 다케우치 요시미의 표현처럼 '종이 한 장 차이'[203]일 것이다.

그리고 그 종이 한 장의 차이를 가르는 것은 바로 동아시아 담론이 동아시아적 담론인지 여부다. 즉 동아시아적 조건에 착근해 있으며 동아시아 지역에서 공유가능한지가 관건인 것이다. 그 각도에서 보았을 때 창비 진영이 제시한 한반도분단체제 해소와 동아시아 지역질서 변화 간의 내적 논리가 해명되

---

201 이동연, 「동아시아 담론형성의 갈래들: 비판적 검토」, 『문화과학』 52호, 2007, 110쪽.
202 임우경, 「비판적 지역주의로서 한국 동아시아론의 전개」, 『현대중국문학』 40호, 2007, 20쪽.
203 다케우치 요시미, 「근대의 초극」, 『다케우치 요시미 선집1』, 윤여일 옮김, 휴머니스트, 2011, 120쪽.

지 않는다면, 다시 말해 한반도에서 대안적 정치체를 창출할 때 그러한 한반도의 변혁이 역내 국가들의 내부 개혁으로 연계되는 논리가 밝혀지지 않는다면, 그때의 동아시아는 그저 지리적 인접성에 기초한 지역 범위에 머물고 말 것이며, 그러한 동아시아 담론 역시 한반도중심주의라는 비판을 면키 어려울 것이다.

가령 앞서 언급했듯이 창비 진영은 한반도에서 복합국가가 형성되면 중국 내부의 티베트·신장위구르의 문제, 중국과 타이완 간의 문제, 일본 본토와 오키나와 간의 문제를 해결하는 데 중요한 계기 내지 참조가 되리라고 전망하는데, 이 문제들은 한반도 문제와 위상이 다르기 때문에 한반도복합국가 형성이 어떤 측면에서 계기 내지 참조로서 기능할 수 있는지가 보다 구체적으로 해명되어야 한다. 가령 역의 각도에서 이렇게 물을 수도 있다. 만약 한반도 문제가 저러한 지역 사안들과 결부되어 있다면 티베트와 신장위구르 자치권의 강화, 양안관계의 평화적 해결, 오키나와 자치권의 인정 등은 한반도 문제의 해결과 복합국가 형성에 어떻게 기능할 수 있는가. 그때의 영향관계란 지적 참조항이 마련된다는 의미인가, 아니면 현실적 파급효과를 뜻하는가.

이 물음을 가지고서 다음 문장을 봐보자. "한반도 남북주민의 서로 다른 경험이 융합되면서 분단체제를 극복하는 운동이 제대로 진행된다면 복합국가는 자연스럽게 요구될 것이고 그 과정에서 주변 국가나 민족과의 개방적인 연계도 가능하여 동아시아 지역공동체가 출현할 수도 있다."[204] 이 문장에서 '한반도 통일', '복합국가 건설', '동아시아 지역공동체 출현'은 너무나 쉽게 조합되고 있다. 방향은 제시되었지만 발걸음을 구체적으로 어떻게 떼야 하는지는 알기 어렵다. 동아시아적 시각과 접목된 한반도평화체제 구축론이 한반도에서 적대적 분단상태를 해소하고 종래의 국민국가 모델을 넘어선 정치공동체의 새로운 방향을 개척하고, 동아시아에서는 국가 간 갈등과 내부 식민화 문제를

---

204 백영서, 「중국에 '아시아'가 있는가」, 『동아시아의 귀환』, 창작과비평사, 2000, 64쪽.

해결하거나 완화하는 데 어떠한 의의를 지닐 수 있는지에 관해서는 치열한 모색과 치밀한 점검이 필요하다. 그리고 이 과제는 동아시아 담론의 중요한 지향처인 만큼 창비 진영의 노력으로만 남겨져서는 안 될 것이다.

이 대목에서 주목해야 할 논문으로 류준필의 「분단체제론과 동아시아론」이 있다.[205] 이 글에서 류준필은 분단체제론과 동아시아론이 내적 논리의 연관성을 가지고 있는지를 추궁했다. 그에 따르면 분단체제론은 한반도 주민을 주체로서 전제하는 담론이니 분단체제론과 동아시아론의 내적 논리의 연관성이 해명되지 않는다면, 분단체제론과 접목된 동아시아론은 한반도를 특권화한다는 혐의에서 벗어나기 어렵다. 아울러 창비 진영의 동아시아론은 동아시아를 지역 범주 이상의 지적 지평, 나아가 대안 문명권으로 삼기를 기도하지만, 류준필은 분단국가론과 접목된 동아시아론이 과연 동아시아를 지리적 인접성에 기초한 지역 범주 이상으로 사고하는지를 따져 묻는다. 또한 창비 진영은 한반도에서 복합국가가 형성되면 중국과 타이완 사이의 문제나 일본 본토와 오키나와 사이의 문제를 해결하는 전기가 마련될 것이라고 전망하지만, 류준필이 보기에 중국-타이완과 일본―오키나와의 관계는 남북한의 복합국가와는 층위를 달리하는 위계적 관계인만큼 한반도분단체제 해소가 지니는 동아시아적 가치는 보다 면밀하게 해명되어야 한다.

류준필이 생각하는 '동아시아적'임의 의미는 한반도에서 대안적 모델을 창출할 때 역내의 현실적 상황을 참조해야만 하며, 아울러 한반도의 변혁이 역내 국가들의 내부 개혁으로 연계될 수 있어야 한다는 것이다. 이 대목에서 류준필은 동아시아 내의 비대칭적 조건을 주목한다. 즉 '한중일'과 같은 국민국가 단위의 착시 현상에서 벗어나 상위 단위인 각국과의 관계를 고려하는 동시에 하위 단위인 각국 내부의 지역(타이완, 홍콩, 오키나와 등)과 연계해 이중의 위상에서 한반도의 국가상을 정립해가야 한다는 것이다.

---

205 류준필, 「분단체제론과 동아시아론」, 『아세아연구』 138호, 2009.

이러한 류준필의 문제의식에서는 1990년대 초 창비 진영의 문제제기가 회귀하고 있다. 1993년 최원식이 제기한 동아시아 시각을 상기하며 20년이 지난 후에 제기된 류준필의 물음에서는 무엇이 구체화되었는지를 읽어보자.

> 동아시아가 유럽연합과 유사한 지역공동체를 이룰 가능성도 희박한데, 무엇보다 지역 내 정치체의 외형적 규모가 판이하기 때문이다. 그런 점에서 남북한 복합국가든 통일국가든, 그 기획에는 반드시 동아시아적 지역질서의 특수성이 포함되어야 한다. 달리 말해, 통일의 과정이 창의적이기 위해서는 서로 규모와 위계를 달리하는 질서가 중첩되어 있는 동아시아 속에서 그 국가의 위상을 어떻게 설정할 것인가 하는 질문이 포함되어야 한다는 것이다. 이 질문은 무엇보다 국민국가적 시각에 따른 '자주–종속' 패러다임에 대한 재검토를 요청한다. 분단체제론과 남북 복합국가(통일국가)론에 내재된 근대 적응과 근대 극복의 이중 과제는 동아시아적 차원에서 다시금 변용될 필요가 있다. 그 핵심은 한반도에 통일국가가 출현한다고 하더라도 그 국가 질서의 층위는 중국이 표상하는 (동)아시아적 질서라는 상위 질서에 일부로 포함되는 하위 질서 단위여야 한다는 것이다. 이것은 자주성의 약화와 종속성의 심화로 해석되지 않아야 한다. 당연히 장기적인 과제이지만, 또한 동시에 바로 이 시점에서부터 그 가능성을 적극적으로 모색할 필요가 있다.[206]

이것은 분명 동아시아 담론상의 지적 계승이며 동아시아 담론만이 견지해 갈 수 있는 지적 과제다. 하지만 류준필의 글은 여전히 제언으로 남겨져 있다. 이 제언에 응하는 것은 거듭 말하지만 창비 진영만의 몫이 아닐 것이다. 이 제언은 바로 한국의 동아시아 담론이 한국의 실상에 근거하되 인국 지식계와 공

---

206 류준필, 「동아시아 담론, 동아시아라는 사유공간」, 『우리 안의 타자, 동아시아』, 글로벌컨텐츠, 2012, 248쪽.

유할 만한 동아시아적 가치를 지닐 수 있는가라는, 즉 동아시아화될 수 있는가라는 물음과 결부되어 있으며, 이 물음은 한국지식계의 내부번역과 인국 지식계와의 상호번역을 통해 가다듬어지고 해명되어야 할 것이다.

그리고 그 물음에 접근하는 한 가지 단서로서 한국지식계에는 중국을 일국으로 표상할 뿐 아니라 형성 중인 동아시아 정치의 장으로 바라보고 접근하는 지적 상상이 요구될 것이다. 중국은 오래된 나라이자 젊은 국가다. 중국의 국가형태는 아직 굳어지지 않았으며 중국의 국가형태가 정립되어가는 과정에서 동아시아 지역질서는 국제관계라는 시각만으로는 포착할 수 없는 변화를 겪게 될 것이다. 중앙집권적 형태가 되느냐 지방의 자율성을 보장하는 분권적 형태가 되느냐에 따라 지역협력 방식도 달라질 것이다. 하지만 그 경로가 무엇이건 간에 중국은 독자적 모델을 취할 것이다. 그렇다면 중국의 운동은 한반도의 변혁에서 어떤 의미를 갖게 될 것인가. 한반도 문제의 특수성과 중국 행보의 독자성은 어떻게 생산적 접점을 마련할 수 있을 것인가. 이 물음들을 남겨둔 채 동아시아 담론이 소멸되어서는 안 될 것이다.

결론

12년 전이다. 동아시아가 화두로 다가온 것은 석사논문을 막 끝낸 무렵이었다. 그리고 그리된 것은 석사논문을 실패한 까닭이 크다.

2004년, 국민국가 형성기 영국의 화폐체제를 분석한 석사논문을 끝마쳤을 때 후련함보다 자괴감이 컸다. 왜 이런 주제도 썼을까, 왜 이런 식으로밖에 못 썼을까 쓰라렸다.

논문을 쓰며 경험했다. 논문이란 물음을 꺼내고 답에 이르는 글쓰기다. 하지만 막상 써보니 그 과정은 거꾸로 진행되었다. 즉 내가 먼저 상정해둔 답이 있고, 물음을 그 답에 끼워맞추게 되었다. 그러면 답할 수 있는 물음만을 꺼내게 된다. 답보다도 본질적일지 모를 '답할 수 없는 물음'은 자제하게 된다.

논문을 쓰며 생각했다. 때로는 답보다도 물음 쪽이 중요하고 오래 살아남지 않던가. 나는 시대의 과제와 대면하며 답을 찾아나선 학자들을 존경하지만, 과격한 물음을 들이밀어 시대의 정신에 파열을 낸 사상가들도 사랑한다. 그런데 세상사를 문답관계로 정돈해놓는 논문의 형식은 어느 지점에 이르면 더 이상 묻지 말 것을 요구하는 듯했다. 그런 의혹을 품은 채로 논문 작성이 순조로울 리 없었다. 사실 시대, 세상사 운운은 당시 쓰고 있던 논문의 내용에 비춰보건대 논문 부적응자의 변명에 가깝다. 하지만 그 부적응자가 나였다.

어떻게든 석사논문을 끝내기는 했다. 그리고 얼마간 시간이 지난 뒤 꺼내 읽어봤다. 이런 식으로 쓰는 것을 못 마땅해 하면서도 어쨌든 쓰면서는 숱한 개념을 동원해 단단히 무장시켜놓았다고 여겼는데 다시 펼쳐보니 논리가 형편없이 허술했다. 순접과 역접의 접속사를 남발하며 문장들을 엮어놓았지만 사고의 비약은 여실했다. 어설프게 기워놓은 문장들은 논문을 들고 흔들면 제각각 떨어져 내릴 것만 같았다. 무엇보다 말의 사체더미였다. 어느 단어 하나 살아 움직이지 않았다. 더욱이 일 년 가까이는 머릿속이 온통 논문 생각이었는데, 끝내놓고 결과물을 돌아보니 어느 문장 하나 내 삶과 닿아 있는 것 같지 않았다. 한동안 공을 들였는데 이렇게까지 무용한 문자놀림으로 읽힌다는 것이 쓰라렸다.

12년 전은 이런 상황이었다. 대체 무엇이 잘못된 것일까. 대체 무엇을 어떻게 공부해야 하는 것일까. 답은 없었다. 하지만 방향은 어렴풋이 알았다. 석사논문처럼 되어서는 안 되었다. 이후로 글을 쓴다면, 주제와 대상이 무엇이건 이런 글이어야 했다. 이론으로 무장하거나 답을 향해 체계적으로 짜인 글 이전에 자신의 물음을 속이지 않는 글. 답을 내야한다는 조바심이 물음을 향한 간절함을 내리누르지 않는 글. 지식의 언어로 구축된 세계와 피부감각의 세계 사이를 가로지르는 단층을 주시하는 글. 사고의 힘이 부족해 비약을 거듭하고는 섣부른 결론에 내맡기는 게 아니라 결론에 이르지 못할지언정 능력이 닿는 데까지 사고의 절차를 구체화하는 글. 방향은 얼추 정해졌다.

동아시아가 아니어도 되었다. 이 방향으로 나아가게 해준다면 무엇이든 한동안 화두로 움켜쥐었을 것이다. 자신을 걸게 만들고 응시하도록 이끈다면 무엇이든 한동안 자신을 맡겨보았을 것이다. 동아시아는 그 갈구가 컸던 때 화두로 다가왔다. 그 갈구가 컸기에 이제껏 여러 주제가 그래왔던 것처럼 스쳐 지나가지 않고 화두로 내 안에서 자리잡을 수 있었다. 나는 홀로 꺼내 읽기조차 부끄러울 만큼 못났던 석사논문에 고마워하고 있다. 그때 제대로 실패하지 않았더라면 거기서 벗어나는 반동력도 얻지 못했을 것이다.

동아시아가 아니어도 되었지만 동아시아가 화두로서 다가왔다. 우연이고 행운이었다. 당시 나는 수유너머에서 공부했고, 마침 수유너머로 인국의 지식인과 활동가들이 종종 찾아왔고, 그때 새로운 공부의 방향으로 이끌어줄 선배들이 곁에 있었다. 이것들은 우연이고 행운이다. 그리고 지난 공부 방식에 관한 나의 회의가 컸다. 이것은 우연이 행운이 될 수 있는 조건이다. 회의가 컸던 만큼 선배들로부터 손님들로부터 새롭게 접한 문제의식에 세게 반응했다.

시간이 얼마간 흐르자 누군가 내게 무엇을 공부하는지 묻는다면 '사회학' 대신 '동아시아'라고 답하게 되었다. '동아시아'는 사회학과 같은 전공명도 아니고, "구조주의를 공부합니다", "현상학에 관해 읽습니다"와 같은 영역과도 달랐다. 사회학은 소속된 전공이고, 구조주의나 현상학은 이미 성립된 영역이다. 사회학을 공부한다는 대답은 과를 옮기지 않는 한 시간이 흐른다고 바뀌지 않을 테니 온전한 대답일 수 없으며, 구조주의나 현상학에 관심이 있다는 대답은 내가 그렇게 대답하든 하지 않든 그 영역은 조금도 달라질 게 없으니 나의 대답 같지 않았다. 그런 식의 대답들이야 내가 아니어도 가능했다. 하지만 동아시아를 공부한다는 대답은 다른 듯했다. 공부를 시작하고 나서 드디어 무엇을 공부하는지에 관한 자신의 답을 갖게 되었다고 여겼다.

하지만 구체적으로 동아시아의 무엇을 공부하느냐고 상대가 재차 묻는다면 제대로 답하지 못했다. 실상 내게 동아시아는 목적어가 아니었다. 즉 동아시아를 공부한다기보다 동아시아에서 공부한다는 것이 보다 올바른 진술이었다. 내게 동아시아는 지역의 이름이라기보다 지식행위를 되묻는 장, 논리와 실감 사이의 괴리를 사고하는 장이었고, 연구대상이라기보다 연구하는 자신의 위치를 문제시하는 지평이었다.

동아시아라는 화두를 접한 이후 박사논문을 쓰기까지 동아시아가 제목으로 등장하는 글을 몇 편 썼다. 하지만 그것들은 동아시아에 관한 연구라고 보기 어렵다. 동아시아라는 화두와 만나자, 아니 동아시아를 화두로서 만나자 시간/공간, 주체/타자, 근대/탈(반)근대, 국가/지역, 이론/역사 등, 내가 알고 있다고 생각하고 소중히 여기던 말들은 운동하는 양상이 달라졌다. 그 글들은 동아시아라는 무대 위에서 펼쳐지는 말들의 연기를 나름대로 기술한 것이었다.

그렇듯 촉발력이 강하고, 그래서 기존의 말의 질서를 내 안에서 뒤집어놓았기에 나는 동아시아라는 말에 이끌렸다. 즉 동아시아는 또 하나의 말로서 덧보태진 게 아니라 말들의 말로 작용했던 것이다. 어떤 시기에 누군가에게 그런 말이 찾아온다. 말들이 수렴되는 말이며 말들을 낳는 말이다. 문학, 근대, 민족, 여성, 자유, 민주주의, 가난, 고통, 기억, 시, 신, 몸, 여행, 윤리, 정의, 죽음 ⋯ 무엇이 되었건 그 말은 그 자에게 사전적 정의를 아득히 초과한다. 다른 말들은 그 말을 거쳐가고, 그로써 굴절각과 색채가 전과는 달라진다. 그 말을 일러 화두라 부를 수 있을 것이다. 내게는 동아시아였다.

화두로서 작용할 이유가 동아시아라는 말에 있던 것은 아니다. 동아시아는 추상명사도 아니다. 지역명의 하나다. 물론 가치함축적일 수 있는 지역명이지만, 그것으로 화두가 된 이유를 설명할 수는 없다. 차라리 말에 배반당하는 게 두려우면서도 말을 갈구하던 당시의 심리상황, 그리고 동아시아에 관한 문제의식을 건네주던 사람들의 열정과 표정 등을 옮겨낼 수 있다면 보다 온전한 설명이 될지 모르겠다. 아무튼 동아시아라는 말이 남들에게도 화두로 작용하지는 않을 테지만, 당시 내게는 그랬다.

그런데 그때는 내게만 그랬던 게 아니다. 어떤 말, 특히 인문사회과학의 어떤 개념은 현실 대상을 지시하는 데서 머물지 않는다. 정의에 의해 의미가 고정되면서도 개념의 살아 있는 부분 내지 잉여성은 유동하며 사람들에게 복잡한 상상을 안긴다. 그런 개념이 사회현실의 여러 측면과 반응해 입체적 담론 공간을 빚어낼 때 그 개념은 하나의 사회적 화두가 된다. 동아시아라는 말은 한동안 그렇게 사회적 화두였다. 적어도 1990년대 초부터 2000년대 중반까지 한국지식계에서는 동아시아 담론이라 부를 만한 논의가 승했다.

이것이다, 저것이다라며 동아시아라는 말을 가지고서 여러 관점과 의지가 오가고 때로는 경합을 벌이며 사회적 화두로 육박했던 까닭은 확실히 동아시아라는 말이 지리상의 명칭이지만 결코 거기에 안착하지 않기 때문이었을 것이다. 그 말은 다양한 가치를 환기하고, 미래의 기획들과 결부되고, 과거의 기억들을 소환했다. 그 까닭에 동아시아 담론은 유동적이었고 복잡했고 모순적이었다. 그만큼 매력적이었다. 다시 논문으로 도전할 가치가 있었다. 석사논문의 실패 경험으로 만났던 동아시아라는 화두는 동아시아 담론이라는 모습으로 박사논문의 대상이 되었다.

탈냉전기 한국의 동아시아 담론에 관한 박사논문을 쓰겠다고 마음먹은 것은 2008년 일본에서였다. 다케우치 요시미를 통로 삼아 전시기와 전후 일본 사상사를 공부하고자 일본으로 향했다. 그리고 2년간 일본에서 머물며 정작 한국의 동시대 사상계 동향에 관한 이해가 너무나 엷다는 자각을 얻었다. 그래서 박사논문의 방향을 선회했다. 동아시아 담론을 연구한다면 한국사상계의 많은 문헌과 마주할 시간을 안정적으로 확보할 수 있으리라고 기대했다.

박사논문은 탈냉전기부터 참여정부기까지의 동아시아 담론을 연구대상으로 삼았다. 이는 동북아시대구상을 내세운 참여정부기가 동아시아 담론의 이행에서 중요 국면이었기 때문이기도 하지만 논문의 방향을 2008년에 결정했다는 사정도 반영되어 있다. 그런데 논문 작성에 착수한 시점에는 거의 동시기의 언설들을 연구대상으로 삼는다는 것이 큰 부담이었다. 당시만 하더라도 동아시아 담론은 마치 인문사회과학의 위기에서 벗어나는 하나의 출구전략이기라도 한듯 많은 인적·물적 자원이 투입되었고 여러 영역에서 논의가 펼쳐져 유동 중이었다. 조망하고 분석하고 평가하기에는 거리가 충분히 확보되지 않았다. 현재진행형의 담론을 다루려다 보니 논문을 써나가는 동안 구성을 여러 차례 수정해야 했다.

그로부터 7년의 시간이 흐르고 박사논문을 마무리할 때가 다가왔다. 7년

전과 견준다면 동아시아 담론은 확실히 활력을 잃은 듯했다. 좀처럼 회자되지도 않았다. 이제야 그 운동이 멈춰 회고의 대상, 연구의 대상으로 안착했다는 느낌마저 들었다. 동아시아 관련 연구의 명맥이 끊긴 것은 결코 아니지만, 집넘어린 소수의 논자를 제외한다면 동아시아 시각을 적극 개진하는 목소리는 들려오지 않았다. 어쩌면 이제야 연구대상으로 다룰 만한 거리가 확보되었다고 할 텐데, 이제 와서는 철지난 담론이 되어 버려 오히려 연구의 시의성이 불충분해 보였다. 7년 전에는 뜨거워서 손대기 어려웠으나 이제는 너무 식어 버린 것이다.

반복하지만 박사논문은 탈냉전기부터 참여정부기까지 동아시아 담론이 형성되고 부상하고 이행해온 궤적을 다뤘다. 그 과정을 쇠퇴 이후에 되돌아본 것이다. 따라서 논문을 써나가는 동안 줄곧 간직했던 물음은 이런 것들이었다. 1990년대 초부터 어림한다면 20년 정도가 동아시아 담론의 유통기한이었던 것일까. 동아시아 담론은 정녕 사상적 체력이 고갈되고 문제제기적 기능을 상실한 것일까.

그리하여 자료를 읽을 목적으로 시작된 박사논문은 다른 목적을 갖게 되었다. 동아시아 담론의 유산화다. 그러나 유산화란 과거사로서 박제화한다는 의미가 아니다. 본문에서는 '동아시아 담론의 쇠퇴'에 한 절을 할애하고 "담론의 지위를 잃다" 등의 표현을 사용했지만 그것은 사후적 평가가 아니라 유산화를 위한 일환이었다. 유산화란 동아시아 담론이 쇠퇴하더라도 사상사의 자원에 값할 문제의식을 골라내고 움켜쥐려는 시도다. 동아시아 담론이 쇠퇴했다는 진단이 실상에서 벗어난 것이더라도 현재의 담론을 사상사의 유산으로 정착시키려는 노력 속에서 그 담론은 앞으로의 성장을 기약할 수 있다고 믿고 있다.

그 목적에서 박사논문은 한 가지 작업에 집중했다. 동아시아 담론의 재역사화다. 동아시아 담론은 복잡한 배경에서 비롯되었고 다양한 수요에 반응하다가 내실이 모호해졌다. 보다 심각한 문제는 동아시아 담론이 외적 성장을 거듭하자 모호한 채로 점차 알 만한 담론이 되어갔다는 데 있다. 따라서 동아시아 담론을 다시 역사화하고자 했다. 혼종하는 동아시아 담론을 뭉뚱그리지 않고 인식론적 토대를 분석해 십여 년에 걸친 이행과 분화의 혼돈상을 정리하되, 그 속에서 내재적으로 동아시아를 필요로 하는 것과 그렇지 않은 것, 사상사적 함량을 갖는 것과 그렇지 못한 것을 가려내고, 실질적으로 지속되는 논점을 추출해 동아시아 담론의 필요성을 지금의 조건에서 재구성하고자 했다. 동아시아 담론의 유산화 작업은 동아시아 담론을 멈춰세워 포괄적 가치판단을 내리기 위해서가 아니라 내재적 비판을 통해 그 사상사적 의의를 도출해내기 위해 필요한 것이다.

동아시아 담론은 일관된 내적 논리를 지닌 단수의 담론이라기보다 여러 시각이 교차하고 착종하는 담론장에 가까웠다. 서구적 가치체계 아래서 평가절하되거나 왜곡폄하된 고전의 재해석과 전통사상의 현대화 방안을 강구하는 시각, 고유한 문화적 요소에 기반해 지역적 정체성을 탐색하는 시각, 역내 신흥발전국가들의 경제적 성공을 사회적·문화적 특성으로 설명하려는 시각, 자본주의적 근대체제를 대신할 대안적 사회원리를 모색하는 시각, 미국패권적 세계질서를 극복하고자 민중 간 연대를 도모하는 시각, 미국의 일극체제와 거리를 유지하되 중국과 일본의 지역패권으로도 기울지 않도록 국가 간 협력을 기획하는 시각, 지역 통합의 추진을 통해 공동의 경제적·안보적 이익을 제고하려는 시각 등이 동아시아 담론 안에서 복잡하게 교직했다.

다만 시각의 차이를 불문하고 동아시아 담론의 기본적 가치를 꼽는다면 서구의 경험을 일반화한 이론을 수입해 자신의 현실에 적용하고 그 이론의 결론에 자신의 현실을 끼워 맞추려는 풍토에서 벗어나 자신의 현실에서 지적 과제를 발굴하고 언어를 개발해냈다는 데 있을 것이다. 물론 동아시아 담론만이 그 가치를 갖는 것은 아니겠지만, 동아시아 담론은 인식론적 난제로 인해 즉 동아시아 인식은 인식주체가 인식대상에 포함되어 되비친다는, 그리하여 동아시아 인식은 인식주체의 자기표상 문제로 되돌아온다는 점에서 다른 담론들과 차별화되었다. 그렇기에 시각이 무엇이건 간에 주체성의 문제의식이 동아시아 담론에는 관류하며, 동아시아 담론은 특정 영역에 국한된 전문적 논의에 머물지 않았다. 지적식민화와 공동언어의 소실 현상이 심각한 한국지식계에서 동아시아 담론의 부흥은 분명 사상사적으로 중요한 의의를 지닌 것이었다.

그러나 이십 년이 지나 돌아보건대 투하된 막대한 인적·물적 자원에 비해 산출물이 적은 것은 아닌지 묻지 않을 수 없다. 물론 의미 있는 성과도 있었다. 그것들이 이 연구를 놓지 않을 수 있었던 동력원이다. 하지만 연구대상인 까닭에 방대한 문헌, 가령 동아시아나 동북아 등이 표제어로 들어가는 논문은 빠뜨리지 않고 읽어봐야 했는데, 비슷한 내용을 찍어내다시피 양산한 것도 함량미달인 것도 많다는 인상을 받은 게 사실이다. 동아시아 내지 동북아가 표제어로 등장하는 조사기간 내의 논문만 모아봐도 2,000편에 이르렀는데, 그러한 양적 증가는 질적 저하를 대가로 치르고 있었다. 동아시아 담론은 지향성이 뚜렷치 않아 여러 논의와 접목될 여지가 많고 이론적 체계가 갖춰져 있지 않아 진입장벽이 낮은데다가 '동아시아'라는 지역상과 결부되면 현실성과 역사성이 담보되는 듯한 효과가 생기고, 지식정책 등에 따른 수요도 컸기 때문에 많은 논자가 동아시아 담론에 뛰어들어 논의를 대거 쏟아냈다. 그런데 시기순으로 문헌들을 읽어가다 보니 그 많은 논자들 가운데 문제의식을 지속적으로 이어나간 경우는 드물다는 사실을 발견하게 되었다. 끈질기게 더군다나 같은 내용을 반복하는 것이 아닌 자기생신해가는 경우는 극소수였다. 동아시아 담론은 누구나 한 번쯤 어렵잖게 손대볼 수 있는, 지적 책임이 요구되지 않는 대표적 담론 영역처럼 보이기도 했다. 그리하여 오랫동안 이어져왔음에도 논의가 공동의 논점을 형성해 충분히 축적되지 못했으며, 논의는 과잉이나 생산성은 낮은 역설적인 양상을 띠게 되었다.

건설적인 동아시아 시각을 개진하는 경우도 결론부는 대체로 다음 개념들로 채워졌다. 자기 성찰, 타자 이해, 오리엔탈리즘 극복, 자민족중심주의 극복, 민족주의적 대결구도 해소, 공존, 교류, 화해, 협력, 연대, 통합, 균형, 조화, 소프트파워, 연성권력, 시민사회 육성, 시민사회 연계 등. 그리고 중층적, 복합적 등의 형용사구와 "~해서도 안 되지만 ~해서도 안 된다"라는 문장구조가 자주 동원되었다. 시간이 지나고 상황이 변해 본문 내용은 바뀌어도 상투적인 결론은 좀처럼 바뀌지 않았다. 결론부는 차라리 지적 의욕보다 지적 나태를 드러내고 있었다. 만약 당면한 문제를 해결하려는 의지가 강하고 끈질겼다면 결론부에서 대기하고 있는 타자, 연대, 조화, 시민사회 등의 개념들은 시간이 지남에 따라 문제제기의 장으로 자리를 옮겨와야 했을 것이다. 다시 말해 타자, 연대, 조화, 시민사회 등의 개념에 기대어 문제 상황에 관한 안이한 처방을 반복하는 것이 아니라 최소한 그 개념들을 동아시아적 조건에서 재고했어야 할 것이다. 동아시아 담론이 한국사상사에서 지녀야 할 의의라면 그 인식론적 난제로 인해 기존의 개념, 관념, 이론이 그 안에서 자명성을 잃고 재역사화되는 일일 것이다. 그러려면 무엇보다 동아시아 담론 자체가 그리되어야 한다.

동아시아 담론의 유산화. 논문의 목적이 이것 하나이듯 논문의 주장 역시 하나였다. 동아시아 담론은 동아시아화되어야 한다. 동아시아 담론은 다양한 영역에서 육성되었다. 지식계와 미디어, 정부에 이르기까지 동아시아를 욕망해 동아시아 담론은 물신화의 함정에 빠졌고, 그 안에 새겨진 한국중심성의 논리로 말미암아 동아시아 담론은 동아시아적 담론이어야 함에도 불구하고 한국지식계에서만 통용되는 내수용 담론으로 굳어갔다.

나는 동아시아 담론이 동아시아화된다는 것은 바깥에서 주어진 정형화된 이론에 의존하지 않고 한국의 조건에 근거해 사고를 숙성시키되 그 사고를 다른 사회의 타자와 공유하는 것이라고 믿고 있다. 그 각도에서 반추하자면 지금껏 동아시아 담론은 전자에서 부분적 성과를 냈을 뿐이다. 한국산 담론에 머물지 않고 다른 사회에도 쓰임이 있을 지역적 자산으로 가다듬어내는 것은 여전히 동아시아 담론의 과제로 남아 있으며, 그래야 동아시아 담론 역시 한국 측의 필요성에 부응하는 현실성을 확보할 수 있을 것이다.

동아시아 담론이 동아시아화되려면, 동아시아로 나아가기 전에 먼저 한국의 조건에 철저히 착근해야 한나. 한국 동아시아 담론의 조건은, 단적으로 말해 동아시아를 아우를 만한 실체가 한국에 없다는 사실에 있다. 한국에는 일본과 같은 제국의 역사적 경험이나 경제적·외교적 능력도, 중국과 같은 거대한 지리적 규모도 없다. 바로 이런 조건에 처해 있기에 한국지식계는 동아시아를 지리적 실체 이상으로 가변화시켜 여러 양상의 '～로서의 동아시아'를 발전시켜야 했다. 때로는 지정학적 주변성을 역전시켜 한국의 역할론을 도출해내기도 했다. 그러나 한국 측의 필요성에 입각해 자신의 조건을 특권화한 동아시아 담론은 역사성과 현실성과 보편성을 성취하지 못한 채 쇠퇴기로 접어들고 말았다.

그러나 바로 그렇기 때문에 한국 동아시아 담론은 한국의 조건에 더욱 천착해야 한다. 사상에서 제약의 조건은 유일한 가능성의 조건이다. 자신의 환경이 지닌 제약을 통해서만 사상은 자신의 가능성을 움켜쥘 수 있다. 한국 동아시아 담론은 으레 각국의 물리적·역사적 규모의 차이를 간과하고 국민국가라는 일률적 전제 아래 한중일처럼 나라명을 나열해 동아시아를 표상하곤 하지만, 동아시아 역내 국가들의 역량과 규모는 비대칭적이다. 이처럼 주체의 내적 의지와 힘을 초과하는 외적 요인과 힘에 의해 주체가 규정되는 조건일 때, 주체는 외적 변수에 가장 능동적으로 대처할 수 있는 방법을 모색해야 하며, 그러면서도 독자성과 자립성을 유지하는 경로를 찾아내야 한다. 한국 동아시아 담론은 비대칭성에 내재함으로써 자신의 원리성을 발굴해내야 하는 상황에 처해 있다. 이 상황에 대입할 공식과 해답이 바깥에 없는 까닭에 한국의 구체적 조건에 육박해 원리성을 창출해내야 한다. 그 원리성이란 외적 규정력이 내적 역량을 초과하는 만큼 현실적 조건과 변수들에 따라 탄력적일 수 있어야 한다. 그리고 이를 위해서는 한국의 조건만이 아니라 동아시아적 조건에 천착해야 한다. 여기까지가 박사논문에서 감당하고자 한 과제였다.

그리고 여기가 내가 멈춘 지점이기도 하다. 한국 동아시아 담론이 동아시아화되기 위해서는 자신의 현실적 조건에서 원리성을 발굴해내는 동시에 그것이 타자에게 가닿을 수 있도록 가다듬어야 한다. 다시 말해 보편성의 층위, 번역의 지평으로 끌어올려야 한다. 그렇게 번역의 가치를 지닌 사상이라면, 그것이 출현한 사회에서 쓰임새를 가질 뿐 아니라 다른 사회에도 그대로 적용될 수야 없겠지만 다른 사회를 해석하는 데 보탬이 될 수 있을 것이다. 이러한 번역의 노력과 시련 속에서야 한국 동아시아 담론은 내수용 담론에서 벗어나 동아시아화될 수 있을 것이다.

후원담론으로서의 지위를 잃고 표류하는 지금이야말로 한국 동아시아 담론은 어떻게 한국사상계 내에서 자립할 수 있는지, 타국 사상계로 번역될 만한 가치를 지닐 수 있는지 물어야 한다. 쇠퇴해 명멸할 것이 아니라 다시금 시작되어야 한다. 그것은 동아시아화의 길이며, 앞으로 나서야 할 나 자신의 노정이기도 하다.

동아시아 담론 연구 문헌

강진아, 「세계체계와 국민국가의 회색지대 – 동아시아론의 성과와 한계」, 『인문연구』 57호, 2009.

고재광, 『'동아시아 담론'에 관한 비판적 고찰』, 서강대학교대학원 정치학석사학위논문, 2000.

박명규, 「한국 동아시아 담론의 지식사회학적 이해」, 『동아시아학의 모색과 지향』, 성균관대학교출판부, 2005.

박민철, 「한국 동아시아담론의 현재와 미래」, 『통일인문학』 63호, 2015.

박상수, 「한국발 '동아시아론'의 인식론 검토」, 『아세아연구』 53집 1호, 2010.

박상진, 「새로운 동아시아 담론의 상상 – 구성과 해체, 재구성의 변이」, 『한국언어문화』 29호, 2006.

박승우, 「동아시아 담론의 현황과 문제」, 『동아시아 공동체와 한국의 미래』, 이매진, 2008.

_____, 「동아시아 지역주의 담론과 오리엔탈리즘」, 『동아연구』 54호, 2008.

_____, 「동아시아 공동체 담론 리뷰」, 『아시아리뷰』 1호, 2011.

이동연, 「동아시아 담론 형성의 갈래들」, 『문화과학』 52호, 2007.

이욱연, 「동아시아론의 지형학」, 『철학과현실』 45호, 2000.

이철승, 「'동아시아 담론'과 중심주의 문제」, 『중국학보』 52집, 2005.

임우경, 「비판적 지역주의로서 한국 동아시아론의 전개」, 『중국현대문학』 40호, 2007.

장인성, 「한국의 동아시아론과 동아시아 정체성」, 『세계정치』 26집 2호, 2005.

전형준, 「동아시아 담론의 비판적 검토」, 『인문학지』 15호, 1997.

조병한, 「90년대 동아시아 담론의 개관」, 『동아시아 연구, 글쓰기에서 담론까지』, 살림, 1999.

허정, 「동아시아론의 재검토와 정전 연구」, 『동북아문화연구』 23호, 2010.

홍석준, 「한국에서의 '동아시아 정체성' 담론들에 대한 비판적 검토」, 『인문학논총』 3호, 2003.

동아시아 담론 관련 문헌(1990~2007)

강내희, 「동아시아의 지역적 시야와 평화의 조건」, 『문화과학』 52호, 2007.

강대훈 외, 『동아시아 지역질서와 국제관계』, 오름, 2002.

강명세, 『동아시아 신지역주의의 정치경제』, 세종연구소, 2001.

강석찬 외, 『남북한과 동북아 국제관계』, 건국대학교출판부, 2006.

강성현, 『21세기 한반도와 주변 4강대국』, 가람기획, 2005.

강수돌, 「아시아적 가치와 경영경제 현상」, 『오늘의동양사상』 2호, 1999.

강일규 외, 『동북아 국가의 인적자원실태 및 개발동향과 인적자원 개발분야의 공동체 형성
　　　가능성 연구』, 통일연구원, 2004.

강정모 외, 『동북아지역의 경제협력 구도와 전망』, 삶과 꿈, 1998.

강정인, 「세계화 · 정보화와 동아문명의 문화정체성: 서구중심주의와 아시아적 가치」, 『한국
　　　정치외교사논총』 24권 2집, 2002.

강태훈 외, 『동아시아 지역질서와 국제관계』, 오름, 2002.

고미숙, 「'새로운 중세'인가 '포스트모던'인가, 『상상』의 동아시아 문화론에 대한 비판적 검
　　　토」, 『문학동네』 1995년 가을호.

＿＿＿, 「동아시아론, 그 '혼돈'속의 길찾기」, 『비평기계』, 소명출판, 1999.

고병익, 「동아시아 나라들의 상호 소원과 통합」, 『창작과비평』 79호, 1993.

＿＿＿, 『동아시아사의 전통과 변용』, 문학과지성사, 1996.

고부응, 「서구의 제3세계 담론」, 『문학과사회』, 1996년 겨울호.

고성빈, 「중국의 한국 인식: 수직적 인식을 넘어서 수평적 인식으로의 발전 전망」, 『국가전
　　　략』 22권 4호, 2006.

＿＿＿, 「한국과 중국의 동아시아담론」, 『국제지역연구』 16권 3호, 2007.

고은 · 백낙청, 「미래를 여는 우리의 시각을 찾아서」, 『창작과비평』 79호, 1993.

고재광, 「동아시아 담론의 정치적 함의」, 『동향과전망』 48호, 2001.

공보부, 『혁명과업 완수를 위한 지도자의 길, 국민의 길: 1962년 시정방침』, 삼화인쇄주식회

사, 1962.

공성진, 「동아시아 상생 구조의 가능성」, 『상상』 1997년 여름호.

공의식, 「동아시아공동체구상에 대한 일본의 입장」, 『국제문제논총』 15호, 2004.

구모룡, 「한국 근대문학과 동아시아적 맥락」, 『한국문학논총』 30집, 2002.

국가기록원대통령기록관, 「남북공동선언원문」, 국가기록원 홈페이지, 2000.

국가안전보장회의, 『평화번영과 국가안보: 참여정부의 안보정책 구상』, 국가안전보장회의 사무처, 2004.

국가정보대학원 편, 『동북아 신질서 경제협력과 지역안보』, 백산서당, 2004.

국가정보원, 『한류의 경제적 활용실태 및 보완방안』, 국가정보원, 2004.

국민호, 「동아시아 경제발전과 유교」, 『한국사회학』 31집, 1997.

국정브리핑, 「노 대통령, 동북아 공동체는 선택 아닌 생존의 문제」, 2007년 2월 13일.

_____, 「한미동맹 기초, 균형적 실용외교 지향: 미국을 포함한 새로운 다자안 보협력제제 목표」, 2007년 2월 13일.

국제관계연구회 편, 『동아시아 국제관계와 한국』, 을유문화사, 2003.

국제문제연구소, 「'동아시아 공동체'의 허와 실」, 『국제문제』 37권 1호, 2006.

권영경, 「아시아·태평양 지역협력 추세에 비추어 본 남북경협의 발전방향」, 『북한연구학회보』 7호, 2003.

권용혁, 「동아시아공동체의 가능성 모색」, 『사회와철학』 5호, 2003.

_____, 「아시아적 가치 논쟁 재론」, 『사회와철학』 9호, 2005.

권혁태, 「'고구려사 문제'와 일본의 동북아시아 인식」, 『황해문화』 45호, 2004.

길병옥·김학성, 「동북아 국제질서의 구조적 특성과 한반도 문제 해결방향」, 『한국과국제정치』 20권 3호, 2004.

김경일, 「동아시아와 세계체제이론」, 『정신문화연구』 21호, 1998.

김계동, 「동북아 질서와 세력균형의 변화」, 『동북아 신질서: 경제협력과 지역안보』, 백산서당, 2004.

김광억, 「동아시아 담론의 실체: 분석과 해석」, 『상상』 1997년 여름호.

_____, 「동아시아 담론의 문화적 의미」, 『정신문화연구』 70호, 1998.

_____, 「동북아시아의 존재양식: 현실과 상상의 사이」, 『21세기 동북아 문화공동체의 구상』, 법문사, 2004.

김교빈, 「한국의 동아시아공동체론」, 『오늘의 동양사상』 15호, 2006.

김규륜, 『동북아 경제협력의 발전방향』, 민족통일연구원, 1992.

김기봉, 「동아시아 담론, 어디서 왔으며 어디로 가야 하는가: 제국주의로부터 제국주의를 넘어서」, 『동아시아문화와사상』 6호, 2001.

_____, 「동아시아의 가능성과 불가능성」, 『역사학보』 186호, 2005.

_____, 「역사분쟁과 '기억의 장'으로서 동아시아」, 『비교문화연구』 10호, 2006.

김기석, 「동아시아 지역주의와 일본 대외경제정책의 딜레마」, 『국가전략』 11권 4호, 2005.

_____, 『동아시아 역학구도』, 한울, 2005.

_____, 「1990년대 동아시아 지역주의와 한일관계」, 『사회과학연구』 6집 1호, 2007.

김기정 외, 『동북아 다자안보협력 제도화 추진방안』, 동북아시대위원회, 2005.

김기정, 「21세기 한국 외교의 좌표와 과제: 동북아 균형자론의 국제정치학적 의미를 중심으로」, 『국가전략』 11권 4호, 2005.

김남두 외, 『동아시아 무역·투자의 구조변화와 향후 과제』 정책연구 97-09, 대외경제정책연구원, 1997.

김대중, 『나의 길 나의 사상 세계사의 대전환과 민족통일의 방략』, 한길사, 1994.

_____, 「문화는 숙명인가?」, 『아시아적 가치』, 전통과현대, 1999.

_____, 『김대중 대통령 연설문집』 1권, 대통령비서실, 1999.

_____, 『김대중 대통령 연설문집』 4권, 대통령비서실, 2002.

김대중·박명림, 「정부수립 60주년 김대중 전 대통령 인터뷰: 민주적 시장경제와 평화 공존에의 여정」, 『역사비평』 84호, 2008.

김동엽·박종국, 『NAFTA의 동아시아 연장에 관한 연구』, 대한상공회의소, 1995.

김동택, 「동아시아 발전모델론과 유교 자본주의론의 상호 소원과 소통」, 『한국정치외교사논총』 22집 2호, 2000.

김명섭 외, 『동북아문화공동체와 유럽문화공동체의 공통성과 차별성』, 통일연구원, 2004.

_____, 『동북아 문화공동체 형성을 위한 유럽연합의 정책사례』, 통일연구원, 2005.

김명섭·이동윤, 「동북아공동체의 이상과 현실」, 『한국과국제정치』 21권 2호, 2005.

김민웅, 「아시아의 새로운 길, 밑으로부터의 연대와 그 대안」, 『당대비평』 5호, 1998.

김상배, 「한류의 매력과 동아시아 문화네트워크」, 『세계정치』 28집 1호, 2007.

김상준, 「동아시아 지역공동체에서 중국과 일본」, 『21세기정치학회보』 17호, 2007.

김석근, 「자유주의와 유교: 만남과 갈등 그리고 화해」, 『전통과현대』 창간호, 1997.

_____, 「유교윤리와 자본주의정신, 베버테제의 재음미」, 『동양사회사상』 2호, 1999.

_____, 「아시아적 가치와 불교: 새문명의 모색과 지적 유산의 재발견」, 『전통과현대』 14호, 2000.

_____,「지역주의, 동아시아공동체, 그리고 중화패권주의」,『오늘의동양사상』11호, 2004.

_____,「유교자본주의? 짧은 유행과 긴 여운 그리고 남은 과제」,『오늘의 동양사상』14호, 2006.

김성건,「아시아 경제위기와 '아시아적 가치' 담론」,『전통과현대』10호, 1999.

김성국,「동아시아의 근대와 탈근대적 대안」,『사회와이론』9호, 2006.

김성인,「ASEAN+3 전망 및 대응과제」,『한국의 태평양경제협력외교』, 대외경제정책연구원, 2002.

김성훈,「동북아 경제권과 통일한국」,『역사비평』28호, 1994.

김영명,「동아시아의 정치경제의 미래상을 생각한다」,『포럼21』1996년 겨울호.

김영명,「유교적인 것이 동아시아와 한국의 자본주의를 설명할 수 있는가?」,『동향과전망』48호, 2001.

김영작,「동북아시아 지역협력체 구상: 이론, 전략적 방법에 관한 시론」,『21세기 동북아공동체 형성의 과제와 전망』, 한울, 2006.

김영철·박창건,「외환위기 이후 동아시아 지역주의: 한중일 3국을 중심으로」,『한국과국제정치』21권 3호, 2005

김영하 외,『동아시아 민족주의의 장벽을 넘어』, 성균관대학교출판부, 2005.

김영호,「21세기를 향한 동아시아의 고뇌와 모색」,『당대비평』5호, 1998.

김영호,「동북아 중심국가론의 기대와 우려」,『시민과세계』3호, 2003.

김완배,「동북아 중심구상의 재검토」,『창작과비평』120호, 2003.

김용운,「한중일의 원형과 미래」,『포럼21』10호, 1994.

_____,「동양문명의 기원과 특징」,『포럼21』13호, 1995.

김원배,「동북아 중심 구상의 재검토」,『창작과비평』120호, 2003.

김유남·노병렬,「동북아 안보레짐의 형성 및 가능성: 다자간 안보협의체와의 상호보완성 연구」,『국제정치논총』39호, 1999.

김유은,「동북아 안보공동체를 위한 시론」,『국제정치논총』44집 4호, 2004.

김은실,「동아시아 담론의 문화 정체성에 대한 문제 제기」,『발견으로서의 동아시아』, 문학과지성사, 2000.

김인환,「동아시아 문화연구의 반성과 전망」,『동아시아문화와사상』1호, 1998.

김일곤,「유교적 자본주의의 인간존중과 공생주의」,『동아시아문화와사상』2호, 1999.

김재철,「중국의 동아시아 정책」,『국가전략』9권 4, 2003호.

김정수,「'한류' 현상의 문화산업정책적 함의: 우리나라 문화산업의 해외진출과 정부의 정책

지원」, 『한국정책학회보』 11호, 2002.

김학성, 『한반도 평화체제에 대한 이론적 접근: 현실주의, 자유주의, 구성주의의 비교』, 통일연구원, 2000.

_____, 「동북아 질서변화와 한반도 평화체제」, 『평화와안보』 2호, 2005.

김현미, 「'한류' 담론 속의 욕망과 현실」, 『당대비평』 19호, 2002.

김형국·김석근, 「동북아문화공동체 형성을 위한 여건과 전망: 문화적 동질성과 다양성 그리고 정체성」, 『세계지역연구논총』 23권 1호, 2005.

김혜숙, 「아시아적 가치와 여성주의」, 『철학연구』 44호, 1999.

김홍경, 「유교자본주의론의 형성과 전개」, 『동아시아문화와사상』 2호, 1999.

김희교, 「한국의 동아시아론과 '상상된' 중국」, 『역사비평』 53호, 2000.

_____, 「극동, 동아시아, 동북아시아의 함의」, 『역사비평』 73호, 2005.

남궁곤, 「동아시아 안보공동체 실천 유형과 관련 6개국 입장 평가」, 『21세기 동북아공동체 형성의 과제와 전망』, 한울아카데미, 2006.

노무현, 「동북아의 평화와 번영을 위한 새로운 질서」, 2002년 9월 12일.

_____, 새천년민주당 대통령 후보 수락연설 「불신과 분열의 시대를 넘어 개혁과 통합의 시대로」, 2002년 4월 27일.

_____, 대통령 취임사 「평화 번영 도약의 시대로」, 2003년 2월 25일.

_____, 「제58주년 광복절 대통령 경축사」, 2003년 8월 15일.

대외경제정책연구원, 『동북아 비즈니스중심 국가 실현방안』, 대외경제정책연구원, 2002.

대통령비서실, 『박정희대통령 연설문집』 4집, 동아출판사 공무부, 1968.

대통령자문 정책기획위원회, 『한국외교정책의 신구상: 한·미·일의 비교시각에서』, 대통령자문 정책기획위원회, 2004.

대통령직인수위원회, 『참여정부의 국정이념과 국정과제』, 2002.

동북아경제중심추진위원회, 「제3차 국정과제 회의자료 제1주제: 동북아경제 중심 실현의 기본방향」, 2003년 5월 2일.

_____, 『참여정부의 국정비전: 동북아경제중심의 비전과 과제』, 2003년 12월 17일.

동북아시대위원회, 『동북아경제중심 추진의 비전과 과제』, 동북아시대위원회, 2004.

_____, 『동북아시아의 협력과 갈등의 역사』, 동북아시대위원회, 2005.

_____, 『평화와 번영의 동북아시대 구상』, 동북아시대위원회, 2005.

_____, 「동북아시대구상 실현을 위한 남북관계 중장기 발전전략」, 『통일논의 리

뷰』 13호, 2006.

_____,『참여정부의 동북아시대구상』, 동북아시대위원회, 2006.

동아시아의 비판적지성 기획위원, 「비판적 지성이 만드는 동아시아」, 『여럿이며 하나인 아시아』, 장비, 2003.

류재갑, 「동북아지역 평화·안보와 한미안보협력체제 개선을 위한 양자-다자주의적 접근」, 『국제정치논총』 43집 3호, 2003.

류준필, 「우리에게 중국이란 무엇인가」, 『문학과사회』 69호, 2005.

리콴유 외, 「문화는 숙명이다」, 『아시아적 가치』, 전통과현대, 1999.

문옥표 외, 『동아시아 문화전통과 한국사회』, 백산서당, 2001.

문옥표·양연균·송동영, 『동북아 문화공동체 형성을 위한 한국 중국 일본의 대중문화산업에 대한 비교연구』, 인문사회연구회 협동연구총서 04-12, 2004.

문우식 외, 「아시아 위기 및 유로화 출범에 대비한 동아시아 통화·금융협력」, 『경제분석』 6권 2호, 2000.

문정인, 「동북아균형자역할론」, 『조선일보』 2005년 4월 11일.

문화관광부, 『세계 5대 문화산업 강국 실현을 위한 참여정부의 문화산업 정책 비전』, 문화관광부, 2003.

민두기, 「동아시아의 실체와 그 전망: 역사적 접근」, 『시간과의 경쟁: 동아시아근현대사논집』, 연세대학교 출판부, 2002.

박건영 외, 『한반도 평화보고서』, 한울, 2002.

박건영, 『한반도의 국제정치』, 오름, 1999.

___, 「동북아 다자간 안보협력의 현실과 전망」, 『한국과국제정치』 16집 2호, 2000.

박광섭, 「노무현 행정부의 동북아 다자안보협력체제 구상과 그 실현 가능성」, 『한국동북아논총』 41집, 2006.

박명규, 「복합적 정치공동체의 변혁의 논리-통아시아적 맥락」, 『창작과비평』 107호, 2000.

___, 「세계화와 국민국가: 동아시아적 시각」, 『황해문화』 42호, 2004.

박봉규, 「동북아 지역주의의 현황과 가능성: 유럽연합(EU)의 경험과 동아시아 지역협력제도를 중심으로」, 『국제평화』 4권 2호, 2007.

박사명, 『동아시아의 새로운 모색』, 이매진, 2006.

박상진 외, 「동북아 자유무역지대 구성에 관한 연구」, 『기업경영연구』 4호, 1995.

박상환, 「'동아시아 법철학에서의 자유주의와 공동체주의'에 대한 논평」, 『법철학연구』 6권 2호, 2003.

박성훈, 「동아시아 경제통합과 지역주의」, 『국제통상연구』 6권 2호, 2001.

박영준, 「'동북아균형자'론과 21세기 한국외교」, 『한국정치외교사논총』 28집 1호, 2006.

박영호 외, 『한반도 통일문제에 대한 주변4국의 입장 분석』, 민족통일연구원, 1997.

_____, 『남북연합 하에서 남북정치공동체 형성 방안』, 통일연구원, 2002.

박인휘, 「미국-동아시아 관계: 지리적 거리감과 지정학적 일체감」, 『동아시아 브리프』 1권
  2호, 2006.

_____, 「미국의 동아시아 인식과 전략」, 『동아시아와 지역주의: 지역의 인식, 구상, 전략』,
  지식마당, 2006.

_____, 「북핵문제의 복합성, 미국의 딜레마, 그리고 동북아 안보의 변화」, 『한국정치외교사
  논총』 28집 2호, 2007.

박자영, 「상호주의를 넘어서-어떤 동아시아론인가?」, 『황해문화』 45호, 2004.

박장식, 「동남아시아 지역성에 대한 인식론적 대비」, 『동남아시아 연구』 10호, 2000.

박정희, 『민족의 저력』, 광명출판사, 1971.

박제훈, 「동북아경제공동체: 쟁점과 주요국 시각」, 『비교경제연구』 11권 2호, 2005.

박종철 외, 『동북아 안보·경제 협력체제 형성방안, 통일연구원, 2003.

_____, 『동북아 협력의 인프라 실태: 국가 및 지역차원』, 통일연구원, 2005.

_____, 『한국의 동북아시대 구상: 이론적 기초와 체계』, 오름, 2006.

박천익, 「한국자본주의정신과 동아시아경제모델」, 『경제경영연구』 2권 1호, 2003.

박홍규, 「동아시아 공동체 및 동북아시아 공동체 구상 연구」, 『주요국제문제 분석』, 외교안보
  연구원, 2000.

_____, 「21세기 동아시아 질서와 한국의 대응」, 『사상』 14권 4호, 2002.

박홍기, 「아시아적 가치 논쟁: 논쟁의 추이와 주요쟁점에 관한 비판적 검토」, 『비교경제연구』
  12권 1호, 2005.

방현석, 「레인보 아시아」, 『아시아』 2006년 여름호.

배긍찬, 「ASEAN의 아태지역 다자안보구상과 전망」, 『동남아시아연구』 2권, 1993.

_____, 『동아시아 정체성 창출방안 연구』, 외교안보연구원, 2001.

_____, 『아세안+3 지역협력의 과제와 전망』, 외교안보연구원, 2001.

_____, 「ASEAN+3 협력과동아시아 정체성」, 『동남아시아연구』 13권 1호, 2003.

_____, 『동북아 지역협력의 과제와 전망: 동북아시대 구상을 중심으로』, 외교안보연구원,
  2004.

_____, 『동아시아 지역 협력 추진 전망』, 외교안보연구원, 2005.

백낙청, 「분단체제의 인식을 위하여」, 『창작과비평』 78호, 1992.

_____, 『분단체제 변혁의 공부길』, 창작과비평사, 1994.

_____, 「민족문학론, 분단체제론, 근대극복론」, 『창작과비평』 89호, 1995.

_____, 「새로운 전지구적 문명을 향하여」, 『창작과비평』 92호, 1996.

_____, 『흔들리는 분단체제』, 창작과비평사, 1998.

_____, 「한반도에서의 식민성 문제와 근대 한국의 이중과제」, 『창작과비평』 105호, 1999.

_____, 「21세기 한국과 한반도의 발전전략을 위해」, 『21세기 한반도구상』, 창비, 2004.

_____, 『한반도식 통일, 현재진행형』, 창비, 2006.

백승욱, 「신자유주의와 중국지식인의 길 찾기」, 『역사비평』 55호, 2002.

_____, 「동아시아 속의 민족주의 – 한국과 중국」, 『문화과학』 52호, 2007.

백영서, 「한국에서의 중국현대사 연구의 의미: 동아시아적 시각의 모색을 위한 성찰」, 『중국
현대사연구회회보』 1호, 1993.

_____, 「진정한 동아시아의 거처」, 『동아시아인의 동양 인식』, 문학과지성사, 1997.

_____, 「20세기형 동아시아문명과 국민국가를 넘어서」, 『창작과비평』 106호, 1999.

_____, 『동아시아의 귀환』, 창작과비평사, 2000.

_____, 「동아시아 평화 구축을 위한 역사 읽기: 몇 가지 제언」, 『황해문화』 45호, 2004.

_____, 「주변에서 동아시아를 본다는 것」, 『주변에서 본 동아시아』, 문학과지성사, 2004.

_____, 「제국을 넘어 동아시아공동체로」, 『동아시아의 지역질서』, 창비, 2005.

_____, 「인문학국학이 나아가야 할 길: 이념과 제도」, 『한국학연구』 17호, 2007.

_____, 「자국사와 지역사의 소통: 동아시아인의 역사서술의 성찰」, 『역사학보』 196집,
2007.

백영서·손호철·유재건·김호기, 「좌담: 근대성의 재조명과 분단체제 극복의 길」, 『창작과비
평』 87호, 1995.

백영서 외, 『동아시아의 지역질서. 제국을 넘어 공동체로』, 창비, 2005.

백원담·이춘길 외, 『동북아시아 문화교류 협력 방안 연구』, 국회문화관광위원회 보고서,
2003.

백원담, 「왜 동아시아인가」, 『실천문학』 2003년 가을호.

_____, 「동북아 평화에 대한 문화적 상상과 역사문제」, 『황해문화』 45호, 2004.

_____, 『아시아 문화연구를 상상하기』, 그린비, 2005.

_____, 『한류: 동아시아의 문화선택』, 펜타그램, 2005.

_____, 「전후 아시아 사회주의권에서의 아시아주의」, 『문화과학』 52호, 2007.

백종국, 「동아시아 모델 위기론에 대한 비판적 고찰」, 『한국정치학회보』 32호, 1998.

백지운, 「동아시아지역질서 구상과 '민간연대'의 역할」, 『동아시아의 지역질서』, 창비, 2005.

_____, 「동아시아에서 한류 소비에 나타난 '아시아 노스텔지어'」, 『중국어문학』 47호, 2006.

변창구, 「아세안의 발전과 현황」, 『아세안과 동남아국제정치』, 대왕사, 1999.

사회와 철학연구회 편, 『동아시아 사상과 민주주의』, 사회와철학연구회, 2003.

새천년준비위원회 편, 『동북아시아 문화의 지역성과 세계성』, 새천년준비위원회, 2000.

서남포럼 편, 『2006 동아시아 연대운동단체 백서』, 아르케, 2006.

성민엽, 「같은 것과 다른 것: 방법으로서의 동아시아」, 『상상』 1997년 여름호.

손병해, 『동북아경제협력권 형성을 위한 선형자유무역지대 구상과 그 기대효과 : 동북아 무역개발의 신 구상』, 대외경제정책연구원, 1992.

손열, 「지역, 지역주의, 동아시아」, 『동아시아와 지역주의』, 지식마당, 2006.

_____, 「동아시아의 매력경쟁, 한국의 매력 찾기」, 『매력으로 엮는 동아시아』, 미래인력연구원, 2007.

손열 편, 『동아시아와 지역주의: 지역의 인식·구상·전략·전략』, 지식마당, 2006.

손호철, 「동아시아 발전모델은 실패했는가」, 『발전과 위기의 정치경제학』, 삼인, 1998.

_____, 『신자유주의 시대의 한국정치』, 푸른숲, 1999.

송두율, 「우리에게 근(현)대는 무엇을 의미하는가」, 『현대사상』 1997년 여름호.

송병록, 「동아시아 공동체 형성을 위한 분야별 협력방안」, 『국제정치논총』 42권 3호, 2002.

송영배, 「서구와 다른 유교식 현대화는 가능한가?」, 『열린지성』 2호, 1997.

송영선·이홍균·홍규덕 편, 『동북아 다자간 안보협력체제』, 한국전략문제연구소, 2004.

송주명, 「탈냉전기 동아시아 태평양의 안보·경제체제와 한반도」, 『역사비평』 53호, 2000.

_____, 「탈냉전기 일본의 동아시아정책과 한반도정책: '아시아주의'와 '친미 내셔널리즘'의 동요」, 『일본연구논총』 14호, 2001.

송하경·유석춘·홍원식, 「동아시아 담론의 오늘과 내일」, 『동아시아문화와사상』 10호, 2003.

송하경, 「동아시아 담론의 장을 열며」, 『동아시아문화와사상』 1호, 1998.

송희연, 「동북아 경제 중심국가 건설」, 『동북아공동체를 향하여』, 동아일보사, 2004.

신광영, 「동아시아 체제의 재구조화」, 『동향과전망』 25호, 1995.

_____, 『동아시아의 산업화와 민주화』, 문학과지성사, 1999.

신동원, 「동아시아 전통 과학사론의 비판적 검토」, 『문학과사회』 1996년 겨울호.

신윤환·이하우 외, 『동아시아의 한류』, 전예원, 2006.

아시아문화산업교류재단, 『한류확산을 위한 동남아 한국문화상품 소비자 및 정책조사 보고서』, 2005.

안병준, 「아태지역의 지역주의」, 『사상』 29호, 1996.

안병직, 「중진 자본주의로서의 한국경제」, 『사상문예운동』 2호, 1989.

안충영, 「동북아경제통합의 비전과 FTA추진」, 『외교』 69호, 2004.

안충영·이창재, 「동북아경제공동체 구축방안」, 『동북아경제협력: 통합의 첫걸음』, 박영사, 2003.

안효승, 『동북아 경제협력체 추진방안』, 외교안보연구원 정책연구시리즈, 2003.

양길현, 「동아시아공동체의 가능성과 전략」, 『동아연구』 48호, 2005.

엄태암, 「동북아 다자안보협의체 구상의 논의 경과와 전망」, 『국방정책연구』 54호, 2001.

_____, 『6자회담의 동북아다자안보기구화』, 한국국방연구원 연구보고서, 국방연구원, 2005.

여운기, 「동북아 안보환경 변화와 우리의 안보정책」, 『다자안보정책의 이론과 실제』, 외교통상부 외교정책실 안보정책과, 2002.

여인곤 외, 『21세기 미·일·중·러의 한반도 정책과 한국의 대응방안』, 통일연구원, 2003.

오명석·한경구·장수현·최호림, 『동북아 문화공동체 형성을 위한 협력적 아시아 인식의 모색』, 인문사회연구회 협동연구총서 04-14, 통일연구원, 2004.

오승렬, 「동아시아 경제협력과 안보·협력 간의 상호관계」, 『동아시아 안보공동체』, 나남, 2005.

외교안보연구원, 『중장기 외교환경 변화와 한국외교의 과제』, 외교안보연구원, 2003.

_____, 『동북아 다자안보협력체 추진방안』, 외교안보연구원, 2004.

외교통상부, 『다자안보정책의 이론과 실제』, 외교통상부, 2002.

원용진, 「한국의 문화연구 지평」, 『문화과학』 38호, 2004.

유석춘, 「'유교자본주의'의 가능성과 한계」, 『전통과현대』 창간호, 1997.

_____, 「동아시아 '유교 자본주의' 재해석: 제도주의적 시각」, 『전통과현대』 3호, 1997.

_____, 「동양과 서양, 그리고 자본주의」, 『사상』 36호, 1998.

_____, 「유교자본주의와 IMF 개입」, 『전통과현대』 6호, 1998.

유석춘·최우영·왕혜숙, 「유교윤리와 한국 자본주의 정신」, 『한국사회학』 39권 6호, 2005.

유용태, 「집단주의는 아시아 문화인가: 유교자본주의론 비판」, 『경제와사회』 49호, 2001.

_____, 『환호 속의 경종: 동아시아 역사인식과 역사교육의 성찰』, 휴머니스트, 2006.

유종철, 『동아시아 국제관계와 영토분쟁』, 삼우사, 2006.

유중하, 「'동아시아'라는 화두의 에움길」, 『민족문학사연구』 12집 1호, 1998.

유현석, 「아시아 경제위기와 아태지역의 지역주의 변화 연구: APEC의 변화와 지역정체성의 정치경제」, 『국가전략』 7권 3호, 2001.

윤상우, 「동아시아 발전국가와 세계체제」, 2006년도 한국사회학회 전기사회학대회, 2006.

윤여준, 「화해상생의 정치를 찾아서: 동아시아연대를 위한 이념적 기반」, 『일본학』 23집, 2004.

윤영미, 「남북한종단철도와 시베리아횡단철도 연계정책의 파급효과를 중심으로」, 『한국정책과학학회보』 8권 2호, 2004.

윤태영, 「북핵 6자회담과 동북아 다자 안보협력 구축 전망: 쟁점, 제약요인, 과제」, 『세계지역연구논총』 24집 3호, 2007.

윤해동, 「억압된 '주체'와 '맹목'의 권력 - '동아시아역사논쟁'과 국민국가」, 『당대비평』 2002년 특별호.

이광일, 2007, 「동아시아 국가주의, 민족주의와 진보좌파의 대응」, 『문화과학』 52호, 2007.

이남주, 「중국문제와 아시아 위기」, 『당대비평』 5호, 1998.

_____, 「'동북아시대' 남북경협의 성격과 발전방향」, 『창작과비평』 120호, 2003.

_____, 「동아시아 경제공동체와 지속 가능한 개방 전략」, 『동향과전망』 64호, 2005.

_____, 「동아시아 협력론에 대한 비판적 검토」, 『창작과비평』 127호, 2005.

이대환, 「아시아의 내면적 소통을 위해」, 『아시아』 창간호, 2006.

이덕무, 「동북아권 국가의 경제현황과 경제협력 증진방안」, 『한국동북아논총』 9호, 1998.

이동연, 「문화운동의 대안모색을 위한 인식적 지도 그리기」, 『대중문화연구와 문화비평』, 문화과학사, 2002.

이동윤·안민아, 「동아시아에서 한류의 확산과 문제점」, 『세계지역연구논총』 25호, 2007.

이동희, 「동아시아적 컨텍스트와 인권 그리고 보편윤리」, 『사회와철학』 5호, 2003.

이득재, 「세계화라는 유토피아: 일본의 신자유주의」, 『문화과학』 47호, 2002.

이삼성, 「탈냉전시대 동아시아에서 미국의 역할과 한국민족주의」, 『창작과비평』 79호, 1993.

_____, 「동아시아 국제질서의 성격에 관한 일고: 대분단체제로 본 동아시아」, 『한국과국제정치』 22권 4호, 2006.

_____, 「21세기 동아시아의 지정학 미국의 동아태지역 해양패권과 중미 관계」, 『국가전략』 13권 1호, 2007.

이삼열, 「아시아적 가치는 있는가? - 문제의 상황과 논점」, 『철학연구』 44호, 1999.

이상균, 「동북아 다자안보 협력체제 구축방안」, 『국가전략』 13권 1호, 1997.

이상환, 「동북아 안보·경제 레짐의 형성 가능성과 한계」, 『21세기 정치학회보』 13권 2호,

2003.

이서항, 「동아시아 다자간 안보협력체: 실태 분석과 평가」, 『동아시아 안보공동체』, 나남출판, 2005.

이수훈, 「동아시아 자본주의와 유교」, 『동아시아비평』 창간호, 1998.

_____, 「동북아시대론」, 『동북아공동체를 향하여』, 동아일보사, 2004.

이승철 외, 『동아시아 공동체: 비전과 전망』, 한양대학교출판부, 2005.

이승철, 『21세기 동북아 국제관계와 한국』, 나남, 2004.

이승환, 「아시아적 가치의 담론학적 분석」, 『열린지성』 가을·겨울 합본호, 1998.

_____, 「한국에서 자유주의―공동체주의 논의는 적실한가?」, 『철학연구』 45호, 1999.

_____, 「'아시아적 가치'의 담론학적 분석」, 『아시아적 가치』, 전통과현대, 1999.

_____, 「반유교적 자본주의에서 유교적 자본주의로」, 『동아시아문화와사상』 2호, 1999.

_____, 「동아시아의 '공동체'」, 『아세아연구』 44집 2호, 2001.

이신화, 「동북아안보공동체 구축에 관한 소고」, 『전략연구』 36호, 2006.

이안제, 「한류열풍의 해부」, 『매력국가 만들기: 소프트 파워의 미래전략』, 21세기 평화재단연구소, 2005.

이어령, 「탈근대문명과 동북아시아의 선택」, 『포럼21』 9호, 1994.

_____, 「아시아 문명의 카오스 도형」, 『포럼21』 14호, 1995.

이영호, 「한국학 연구의 동향과 '동아시아한국학'」, 『한국학연구』 15집, 2006.

이우성, 「동아시아와 한국」, 『동아시아학의 모색과 지향』, 성균관대학교출판부, 2005.

이욱연, 「동아시아 공동체 문화담론에 대한 비판적 고찰」, 『동아연구』 52호, 2007.

이원봉, 「한중관계 발전의 요인과 과제」, 『아태연구』 1호, 1994.

이인배, 「동아시아 다자안보협력의 가능성」, 『통일문제연구』 10호, 1998.

이재영, 「한·러 운송협력의 의미와 전망: '철의 실크로드' 구상을 중심으로」, 『중소연구』 89호, 2001.

이정훈, 「'실천'으로서의 '동아시아' 혹은 '내셔널 히스토리'의 저편」, 『중국현대문학』 35호, 2005.

_____, 「비판적 지식담론의 자기비판과 동아시아론」, 『중국현대문학』 41호, 2007.

이종민, 「한국은 동북아 '중심' 국가인가?」, 『중국학논총』 17호, 2004.

이종오, 「동아시아의 평화와 민주주의, 연대운동」, 『신학사상』 1996년 가을호.

이창재 외, 『동북아 경제공동체 실현을 위한 단계적 추진전략』, 대외경제정책연구원 연구보고서, 2005.

이창재,『러시아 경제개발의 지역별 파급영향』, 대외경제정책연구원, 1994.

이철승,「'동아시아 담론'과 중심주의 문제」,『중국학보』 52집, 2005.

이철호,「동아시아 국제관계의 공간적 변용과 해양아시아: 대륙 – 해양의 역학에 대한 비판지정학적 이해」,『동아연구』 53호, 2007.

이충훈,「유교정치론, 유교자본주의론 비판」,『정치비평』 4권, 1998.

이혜정,『동아시아 국제관계와 한국』, 을유문화사, 2003.

이희옥,「세계화 속의 중국, 자기변혁의 추구」,『당대비평』 10호, 2000.

_____,「동북아 시민사회 교류와 공동체적 지역통합」,『동북아 공동체를 향하여』, 동아일보사, 2004.

임반석,「아시아적 가치와 유교자본주의 담론의 함정」,『동향과전망』 43호, 1999.

임성학,「동아시아 경제공동체 형성의 조건과 전략」,『동아연구』 49호, 2005.

임우경,「비판적 지역주의로서 한국 동아시아론의 전개」,『중국현대문학』 40호, 2007.

임지현·이성시 편,「비판과 연대를 위한 동아시아 역사포럼 취지문」,『국사의 신화를 넘어서』, 휴머니스트, 2004.

임춘성,「동아시아문학론의 비판적 검토」,『중국어문학』 39집, 2002.

임혁백,「동아시아 지역통합의 조건과 제약」,『아세아연구』 47권 4호, 2002.

임형택,「한국문학 연구의 동아시아적 시각과 세계적 지평」,『국어국문학』 131호, 2002.

_____,「20세기 동아시아의 '국학' – 동아시아적 시야를 열기 위한 반성」,『창작과비평』 124호, 2004.

_____,「한국문학연구자는 지금 어떻게 할 것인가?」,『고전문학연구』 25호, 2004.

임홍빈,『인권의 이념과 아시아가치론』, 아연출판부, 2003.

장인성,「자기로서의 아시아, 타자로서의 아시아」,『신아세아』 17호, 1998.

_____,「아시아적 가치와 일본적 정체성」,『신아세아』 8호, 2001.

_____,「한국의 동아시아론과 동아시아 정체성」,『세계정치』 26집 2호, 2005.

장훈,「유럽의 과거는 동아시아의 미래인가: 지역통합으로 본 유럽과 동아시아의 경험」,『21세기 동북아공동체 형성의 과제와 전망』, 한울, 2006.

재정경제부·한국개발연구원,『새천년의 패러다임: 지식기반경제 발전전략』, 재정경제부·한국개발연구원, 1999.

전경만 외,『'동북아시대'의 국가안보전략 연구』, 한국국방연구원, 2005.

전경영,「동북아 다자간 군사안보협력 제도화 방안 연구」,『전략연구』 13집 1호, 2006.

전기원,「동아시아 지역주의를 둘러싼 협력과 갈등: APEC에서 EAS까지」,『국제정치연구』

9호, 2006.

전재성, 「동아시아지역주의와 안보협력의 미래」, 『동아시아와 지역주의』, 지식마당, 2006.

_____, 「동북아다자안보체제: 전망과 과제」, 『한반도군비통제』 41집, 2007.

진제국, 「'아시아적 가치' 관련 동서논쟁의 재조명」, 『한국과국제정치』 30호, 1999.

_____, 「'아시아적 가치' 논쟁의 재평가」, 『동아시아비평』 2호, 1999.

전창환, 「아시아·태평양지역통합과 '동아시아경제지역 구상'」, 『동향과전망』 15호, 1992.

전형권, 「동북아 소지역협력과 지역 거버넌스의 등장」, 『국제정치논총』 46집 4호, 2006.

전형준, 「같은 것과 다른 것」, 『동아시아인의 동양 인식』, 창작과비평사, 1997.

_____, 「동아시아 담론들이 만나고 헤어지고 다시 만나는 자리」, 『상상』 1997년 여름호.

전홍철, 「동아시아적 소설론의 모색」, 『문학과사회』 1996년 겨울호.

정경영, 「동북아 다자간 군사안보협력 제도화 방안 연구」, 『전략연구』 36호, 2006.

정규복, 「동아시아 문화의 동질성과 이질성」, 『동아인문학』 1집, 2002.

정근식, 「동아시아 한센병사 연구를 위하여」, 『보건과 사회과학』 12호, 2002.

_____, 「문제설정」, 『계속되는 동아시아의 전쟁과 전후』, 서울대학교 사회발전연구소 부설 동아시아센터, 2005.

정근식·하종문 편, 『동아시아와 근대의 폭력1』, 삼인, 2001.

정근식·김하림·김용의 편, 『동아시아와 근대의 폭력2』, 삼인, 2001.

정문길·최원식·백영서·전형준 편, 『동아시아, 문제와 시각』, 문학과지성사, 1995.

_____, 『발견으로서의 동아시아』, 문학과지성사, 2000.

_____, 『주변에서 본 동아시아』, 문학과지성사, 2004.

정세진, 『동아시아 국제관계와 한반도: 새로운 평화 모색』, 한울, 2002.

정인교 외, 「동아시아내 자유무역시대 창설의 경제적 효과」, 『국제경제연구』 3호, 1997.

_____, 『동북아 경제협력』, 대외경제정책연구원, 1999.

정인재, 「아시아적 가치 논의에 대한 양명학적 접근」, 『철학연구』 44호, 1999.

정장연, 「'NIEs' 현상과 한국자본주의」, 『창작과비평』 77호, 1992.

정재서, 「동양적인 것의 슬픔」, 『상상』 1994년 여름호.

_____, 「다시 서는 동아시아 문학」, 『동양적인 것의 슬픔』, 살림, 1996.

_____, 「동아시아 문화 그 초월적 기의로서의 가능성」, 『상상』 1997년 여름호.

_____, 「동아시아 문화, 그 보편가치화의 문제」, 『동아시아 연구, 글쓰기에서 담론까지』, 살림, 1999.

_____, 「동양학, 글쓰기의 기원과 행로」, 『동아시아 연구, 글쓰기에서 담론까지』, 살림,

1999.

정종현, 「'동아시아' 담론의 문제와 가능성」, 『상허학보』 9호, 2002.

정한구, 『동북아시아 '에너지안보'와 러시아』, 세종연구소, 2004.

정행득, 「동북아지역 경제협력에 관한 연구」, 『인문사회과학논문집』 24호, 1995.

정현철, 「동북아 경제협력 전망과 협력방안」, 『경영경제연구』 20호, 1997.

제주4·3연구소 편, 『동아시아의 평화와 인권』, 역사비평사, 1999.

제주발전연구원, 동아시아재단 공편, 『동북아 공동체: 평화와 번영의 담론』, 연세대학교 출판부, 2006.

조동일, 「중국·한국·일본 '소설'의 개념」, 『한국문학과 세계문학』, 지식산업사, 1991.

_____, 「소설이론의 방향 전환과 동아시아 소설」, 『세계의 문학』 63호, 1992.

_____, 『동아시아 문학사 비교론』, 서울대학교 출판부, 1993.

_____, 「동아시아근대문학 형성과정 비교론의 과제」, 『한국문학연구』 17권, 1995.

_____, 『세계 문학사의 허실』, 지식산업사, 1996.

조명현, 「통일정책의 과제와 전망」, 『사회과학연구』 4호, 1994.

조병한, 「90년대 동아시아 담론의 개관」, 『상상』 1994년 여름호.

조성원, 「동아시아 경제와 유교」, 『동아시아문화와사상』 1호, 1998.

조성환, 「세계화시대의 동아시아 민족주의」, 『세계지역연구논총』 23집 2호, 2005.

조영남, 「중국의 지역인식과 전략」, 『동아시아와 지역주의』, 지식마당, 2006.

조윤영, 「동아시아 안보와 제도주의」, 『한국정치외교사논총』 27집 2호, 2005.

조종화, 『동아시아의 통화협력 구상』, 대외경제정책연구원, 2001.

조종화·김우진, 『동아시아의 통화협력 구상』, 대외경제정책연구원, 2001.

조한혜정 외, 『한류와 아시아의 대중문화』, 연세대학교출판부, 2003.

조한혜정, 「페미니스트들은 부상하는 '아시아' 담론에 어떻게 개입할 것인가?」, 『성찰적 근대성과 페미니즘』, 또하나의문화, 1998.

_____, 「아시아 지역의 페미니스트, 왜, 그리고 어떻게 만날 것인가?」, 『당대비평』 5호, 2003.

조희연, 「동아시아 성장론의 검토 – 발전국가론을 중심으로」, 『경제와사회』 36호, 1997.

_____, 「우리 안의 보편성: 지적·학문적 주체화로의 길」, 『우리 안의 보편성』, 한울, 2006.

조희연·박은홍, 「사회적 아시아를 향하여」, 『동아시아와 한국』, 선인, 2007.

지명관, 「전환기의 동아시아: 지정학적 발상에서 지정 문화적 발상으로」, 『발견으로서의 동아시아』, 문학과지성사, 2000.

진형준, 「동아시아 담론들이 만나고 헤어지고 다시 만나는 자리」, 『상상』 1997년 여름호.

진홍상·박승록, 『한중일 경제관계와 동북아 경제협력』, 한국경제연구원, 2005.

창비·세교연구소, 「창작과비평 창간 40주년 기념 국제심포지엄 취지문」, 『동아시아의 연대와 잡지의 역할』, 2006.

채재병, 「동아시아의 주권인식과 지역협력: 문화적 정체성의 모색」, 『한국정치외교사논총』, 한국정치외교사학회, 2006.

청와대 정책기획수석실, 「'신지식인'의 필요성과 사례」, 제12차 경제대책조정회의 자료, 1998년 12월 4일.

최종철, 「주한미군의 전략적 유연성과 한국의 전략적 대응구상」, 『국가전략』 12권 1호, 2006.

최배근, 「유교자본주의론의 위기와 상상력의 빈곤」, 『경제와사회』 39호, 1998.

최송화, 『21세기 동북아 문화공동체의 구상』, 법문사, 2004.

최영관, 「동북아안보협력체의 예상모형에 관한 연구 : 한반도를 중심으로」, 『전략논총』 3호, 1994.

최영종 외, 『동아시아 공동체: 비전과 전망』, 한양대학교 출판부, 2005.

최영종, 『동아시아 지역통합과 한국의 선택』, 아연출판부, 2003.

_____, 「동아시아 공동체에 대한 이론적 검토」, 『동아시아 공동체: 비전과 전망』, 한양대학교출판부, 2005.

최영진, 「아시아적 가치에 대한 철학적 반성」, 『동아시아문화와사상』 2호, 1999.

최원식, 「민족문학론의 반성과 전망」, 『한국민족문학론 연구』, 창작과비평사, 1982.

_____, 「민족문학론의 반성과 전망」, 『민족문학의 논리』, 창작과비평사, 1988.

_____, 「탈냉전시대와 동아시아적 시각의 모색」, 『창작과비평』 79호, 1993.

_____, 「동아시아문학론의 당면과제」, 『생산적 대화를 위하여』, 창작과비평사, 1997.

_____, 「세계체제의 바깥은 없다 – 소국주의와 대국주의의 내적 긴장」, 『창작과비평』 100호, 1998.

_____, 「한국발 또는 동아시아발 대안?」, 『문학의 귀환』, 창작과비평사, 2001.

_____, 「주변, 국가주의 극복의 실험적 거점」, 『주변에서 본 동아시아』, 문학과지성사, 2004.

최원식·백영서 편, 『동아시아인의 '동양' 인식: 19~20세기』, 문학과지성, 1997.

최장집, 「2차대전 이후의 동아시아의 가능성」, 『신학사상』 86호, 1994.

_____, 「아시아적 가치는 대안인가」, 『중앙일보』 1998년 12월 1일.

_____, 「동아시아 공동체의 이념적 기초」, 『아세아 연구』 118호, 2004.

최종덕, 「동아시아 담론의 철학적 해명」, 『상상』 1997년 여름호.

최춘흠, 『중국의 동아시아 전략과 대북한 정책: 지속과 변화』, 통일연구원, 2001.

최형익, 「한국 민족주의와 통일의 조건: 하나의 민주주의적 관점」, 『민주주의와 인권』 6권 2호, 2006.

통일부, 『상생공영의 남북관계 발전노력』, 통일부, 1999.

통일연구원, 『통일백서』, 통일원, 1995.

_____, 『동북아구상과 남북관계 발전전략』, 기획조정실, 2006.

_____, 『한반도 평화체제: 자료와 해제』, 통일연구원, 2007.

편집부, 「동아시아 특집을 내면서」, 『사상』 55호, 2002.

하세봉, 『동아시아 역사학의 생산과 유통』, 아세아문화사, 2001.

하종문, 「일본의 '동아시아론'과 그 전망」, 『인문학연구』 31권 2호, 2004.

한경구, 「동아시아적인 것을 찾아서?」, 『문학과사회』 36호, 1996.

한국동북아지식인연대 편, 『동북아공동체를 향하여』, 동아일보사, 2004.

한국문화관광정책연구원, 『동북아 문화교류 활성화를 위한 문화정책 방안 연구』, 한국문화관광정책연구원, 2003.

한국비교경제학회 편, 『동북아 경제협력과 경제특구』, 박영사, 2005.

한국전략문제연구소, 『동북아 전략균형』, 한국전략문제연구소, 2005.

_____, 『동북아 다자안보협력 추진방안』, 한국전략문제연구소, 2008.

한동만, 『동북아 다자안보협력의 현황과 전망』, 외무부집무자(98 - 2, 1998).

한상일, 「동아시아 공동체론: 실체인가, 환상인가?」, 『동양정치사상사』 4호, 2005.

한상희, 「동아시아공동체에 대한 한·중·일의 인식과 전략」, 『안암법학』 15호, 2002.

한승완, 「민주주의 심화와 동아시아공동체」, 『사회와철학』 5호, 2003.

한승주, 『전환기 한국의 선택: 민주화, 평화통일, 민족자존외교의 미래를 향하여』, 한울, 1992.

한용섭 외, 『동아시아 안보공동체』, 나남출판, 2005.

한종만, 「남·북·러 지역경제협력방안의 모색: 시베리아·극동지역을 중심으로」, 『한국동북아논총』 37집, 2005.

한중일3국공동역사편찬위원회, 『미래를 여는 역사』, 한겨레출판, 2005.

한형조, 「근대사의 경험과 동양 철학의 글쓰기」, 『동아시아 연구, 글쓰기에서 담론까지』, 살림, 1999.

함재봉, 「유교의 세계화: 특수성과 보편성의 문제」, 『전통과현대』 창간호, 1997.

_____, 「아시아적 가치논쟁의 정치학과 인식론」, 『전통과현대』 가을호, 1998.

_____, 『탈근대와 유교: 한국정치담론의 모색』, 나남, 1998.

_____, 「아시아적 가치와 민주주의: 유교민주주의는 가능한가?」, 『철학연구』 44호, 1999.

_____, 『유교 자본주의 민주주의』, 전통과현대, 2000.

허성우, 「아시아 민주주의와 젠더 정치학: 젠더 주류화와 정치적 독점의 해체」, 『경제와사회』
    74호, 2007.

현오석, 「동아시아 경제통합의 전망과 과제」, 『비교와전망』 5호, 2006.

홍규덕, 「21세기 동북아 안보협력체 구상에 대한 전망과 과제」, 『외교』 53호, 2000.

홍상익, 「아시아·태평양공동체 운동의 대안: 동아시아 삼국 공동체의 필요성과 전제조건」,
    『국제문제논총』 3호, 1990.

홍용표, 「탈냉전기 안보개념의 확대와 한반도 안보환경의 재조명」, 『한국정치학회보』 36집
    4호, 2002.

홍원식, 「동아시아 담론의 어제와 오늘」, 『오늘의동양사상』 14호, 2006.

황경식, 「아시아적 가치의 지양」, 『철학연구』 44호, 1999.

황병덕, 홍용표, 『미·중 패권경쟁과 동아시아 지역패권 변화 연구』, 통일연구원, 2004.

황석영, 「동아시아의 한마당을 위하여」, 『당대비평』 10호, 2000.

황위주, 「한국 한문학 연구에 있어서 동아시아 담론의 의미」, 『한국한문학연구』 37집, 2006.

찾아보기